国際日本学とは何か？

What is International Japanese studies?

# 中国人の日本観

相互理解のための思索と実践

王　敏　編

三和書籍

カバー版画：「孔子の古里—荒城の月」 **劉　長青**

---

**劉　長青**　略歴

1955年　中国山東省生まれ

1982年　北京・中央美術学院卒業

東京芸術大学客員研究員

山東省版画家協会副会長

# コンセプト

本論文集の基本的コンセプトは二つである。

一つは、外国の日本学研究者の視点を取り入れて、「ジャパン・テクノロジー（日本学研究）」をより科学的に深化させたい。内向きの閉鎖的な研究姿勢と希薄な方法論という、人文科学研究の旧弊を打破するには、内外の補完という不可欠の方法論によって、国際的・学際的な共同研究の可能性を提示する必要があると思われる。

もう一つは、他者の視点による「異文化」という観点から日本文化を再発見・再発掘し、日本文化研究に新局面を切り拓くことにある。日本文化は、近代までは中国、朝鮮などの東アジア地域文化のなかで、近代以降は欧米を中心にした「異文化」の影響を直接・間接に受けながら形成された混成文化と認識されているが、一方、それを成す普遍性と地域性の有機的構成は地球化（グローバル化）の加速のなかで、周辺諸国にも一定の啓発を与えることができると考える。

以上のコンセプトの模索として、中国の研究者による実証的な日本研究成果の一部を編集して本論文集を企画した。日中相互研究の参考資料の一冊となり、読者の参考文献になることを願っている。

二〇〇九年二月一二日

法政大学国際日本学研究所・学術フロンティア「異文化研究としての『日本学』」サブプロジェクト②チーフ（編者）　王　敏

国際日本学研究叢書9
# 『中国人の日本研究――相互理解のための思索と実践――』

目　次

## Ⅱ　時代を追う日本観の変容

## Ⅳ　日中文化研究

# I

# 中国における日本研究の概観

余華（左）と王敏　＊2009年1月、浙江師範大学にて

余華（ユイ・ホア）：1960年、中国浙江省生まれ。作家。文化大革命と改革開放を背景に描いた小説『兄弟』（文芸春秋）は本国では100万部を超えるベストセラーに。85頁参照。

# 中国の日本研究
## ――回顧と展望――

李　玉
（翻訳：坂部　晶子）

中国における日本研究は、中国の社会発展史および中日関係史と密接なかかわりがある。なかでも社会制度や政権の交代は、日本研究に大きな影響を及ぼしてきた。中国における日本研究の時期区分をするさいには、この要因を考慮に入れる必要がある。本稿では、中国の日本研究史を以下のようないくつかの大きな歴史段階に区分する。⑴明代以前、⑵明代、⑶清代、⑷中華民国期、⑸中華人民共和国期。以下、簡単に紹介する[i]。

### 1　明代以前の日本研究

中国で最も早く日本にかんする記載がみられる文献は、古代の地理書である『山海経』である。その「海内北経」第一二には「蓋国在鉅燕之南、倭北、倭属燕」とある。ここでは、蓋国を紹介するさいに「倭」にたいしての言及があり、それが燕の南にあるとされているのだが、ここでいう「倭」が現在の日本であるかどうかは、判断が困難である。『山海経』そのものは、戦国か前漢の頃に成立したといわれている。また、一世紀に書かれた『漢書・地理志』のなかには、

表1

| 書名 | 作者 | 編纂年代 | 名称 | 日本の呼称 | 備考 |
|---|---|---|---|---|---|
| 三国志 | 陳寿 | 晋・太康10（289）年 | 東夷伝 | 倭人 | |
| 後漢書 | 范曄 | 宋・元嘉22（445）年 | 東夷伝 | 倭 | |
| 宋書 | 沈約 | 斉・永明6（488）年 | 夷蛮列伝 | 倭国 | |
| 南斉書 | 蕭子顕 | 梁・天監13（514）年 | 東南夷伝 | 倭国 | |
| 梁書 | 姚思廉他 | 唐・貞観9（635）年 | 東夷伝 | 倭 | |
| 隋書 | 魏徴他 | 唐・貞観10（636）年 | 東夷伝 | 倭国 | |
| 晋書 | 房玄齢他 | 唐・貞観20（646）年 | 四夷列伝 | 倭人 | |
| 南史 | 李延寿 | 唐・顕慶4（659）年 | 夷貊伝 | 倭国 | |
| 北史 | 李延寿 | 唐・顕慶4（659）年 | 四夷伝 | 倭 | |
| 旧唐書 | 劉昫 | 後晋・開運2（945）年 | 東夷伝 | 倭国・日本 | 両呼称の併用 |
| 新唐書 | 欧陽修他 | 宋・嘉佑6（1061）年 | 東夷伝 | 日本 | |
| 宋史 | トクト他 | 元・至正5（1345）年 | 外国伝 | 日本 | |
| 明史 | 張廷玉他 | 清・乾隆4（1739）年 | 外国列伝 | 日本 | |
| 新元史 | 柯劭忞 | 民国9（1920）年 | 外国伝 | 日本 | |
| 清史稿 | 趙爾巽他 | 民国16（1927）年 | 邦交志 | 日本 | |

出典：武安隆・熊達雲『中国人の日本研究史』（日本語版）、六興出版社、1989年、13頁。



「夫楽浪海中有倭人、分為百余国、以歳時来献見云」とあり、これらの記述が、中国で日本の地理的場所が最も早く記載された例であろう。

西暦二八九年（晋の太康一〇年）、陳寿（二三三—二九七）が記した『三国志・東夷伝』（『魏志・倭人伝』）は、比較的系統だって日本のことについて記述している。今を去る千七百年余り前に、中国ではすでに日本研究が始められていたということができよう。

『魏志・倭人伝』から明代にかけて、日本にかんする記載はすべて王朝の正史のなかにみられる。各王朝では、周辺諸国についての記述を行っており、日本もそのなかに含まれているのである。これらの王朝の正史は、表1のとおりである（表1のうち、明史、新元史、清史稿は、清代および民国時代に編纂されたものである）。

これらのうちで、比較的価値があるのは、『三国志』、『後漢書』、『宋書』、『隋書』、『宋史』である。

明代以前の中国における日本研究の特徴は、

（1）日本にかんする記述は、各王朝の官の書籍、すなわち正史のなかに書かれており、かたちとしては外国の記録、「倭国伝」と称され、文章は形式的であり、字数も限られている。たとえば『魏志・倭人伝』は全文で一九八七文字、『宋書・倭国伝』は五六五文字である。

（2）内容としては、事実を紹介し叙述する記載が多い。

（3）方法としては、伝聞によるものや、過去の正史を踏襲したものが多い。たとえば、『後漢書』ではその内容の多くの部分が『魏志・倭人伝』からとられている。それぞれ、いくらか改訂や補足をするところがあるにすぎない。

## 2 明代の日本研究

明の時代になると、中国では日本にたいする研究はかなり大きく発展した。これは当時の政治情勢と密接なかかわりがある。明の王朝は「北虜南倭」に直面していた。「北虜」とは、北方のモンゴル人の侵入を指し、「南倭」というのは日本の海賊集団、和冦による騒乱を意味する。当時和冦は、北から南へ日本列島から朝鮮半島沿いに、しばしば明の商人や住民を襲撃し、中国沿海の海上輸送や人びとの正常な往来を妨げる大きな厄災となっていた。さらに、陸上からの日本の脅威についても無視することはできない。一五九二年三月、日本を統一した豊臣秀吉は、一六万の軍勢を派遣して朝鮮を侵略し、明朝では朝鮮に援軍を派遣した。日本による海上および陸上からの脅威に直面すると、日本研究の強化は一刻の猶予も許さない課題となり、また明の朝廷における対日政策をめぐっての論争が、さらに日本へ研究を進展させるはたらきをした。

明の時代、日本にかんする研究は豊かな成果を生み出した。官選による『元史・外夷伝』のほか、日本について述べた主な著作に、『日本考略』、『籌海図編』、『日本風土記』（もしくは『日本考』）、『図書編』、『皇明書』、『皇明象胥録』、

『潜確居類書』、『国朝献徴録』、『蒼霞書』、『全辺略記』、『博物典彙』、『名山蔵』、『殊域周咨録』、『皇明馭倭録』、『倭変事略』、『靖海紀略』、『両朝平攘録』、『倭患考源』など多くの種類があり、中国の歴史上初めての日本研究ブームとなった。

明代の中国における日本研究の特徴は以下のようである。

（1）編集体制にかんしては、これまでのような官選制度を踏襲して正史として編纂された日本研究のほかに、民間の研究者や官吏、軍人なども日本研究に参加するようになっていった。編集・著作に携わる人びとの範囲が拡大し、専門的知識につうじてさえいれば、誰でも著作を著し、独立して研究成果を発表できるようになった。民間における自主的研究に、新たな道筋を開いたのである。

（2）かたちのうえでは、官選の正史の形式的な格式を打ち破り、専門書のかたちをとった研究がいくつもあらわれた。たとえば、薛俊の編纂した『日本考略』は全三巻（一説では四巻）で、沿革、境界、州郡、属国、山川、特産、戸籍、世紀、制度、風俗、朝貢、貢物、辺寇、文詞、寄語、評議、防御などの一七の部分からなり、内容としては包括的、詳細で、中国人が編纂した初めての日本研究の専門書といえるだろう。また鄭若曽が編纂した『籌海図編』全一三巻は挿絵も多く内容は豊富であり、倭寇の侵入をどのようにして防ぎ、抵抗するかを研究した専門書である。この書の第二巻「倭国事略」は、倭寇の活動にかんする規則性を専門的に記述し、また日本の天皇と中国の皇帝との差異について論評している。

（3）新しい研究分野を開拓した著作もいくつもある。たとえば『日本考略』のなかの「寄語略」は、明代の日本研究を切り開く一つの新しい試みであった。「寄語」とは日本語を中国語に翻訳するという意味であり、「寄語略」は中日対訳の単語集となっている。「寄語略」にはあわせて三百五十余りの日本語の単語が集められており、天文、地理、人物、花草、衣物、飲食など一五種類に区分されている。鄭舜功の編纂による『日本一鑑』もまた多くの新しい分野を開拓した。たとえば、職員欄、人物欄、器用欄、鬼神欄などの領域は、これまでのどんな書物でも扱われたことのない新しい分野である[1]。

（4）　明代の日本研究は、海を隔てた地域としてのかつての日本研究、あるいは過去の正史を踏襲するという研究方法から、まだ完全に脱却していたわけではない。しかし、それ以前の研究に比べれば、現地調査をつうじた検討や比較研究を行うといったことを始めたものも少なくはない。たとえば、『日本一鑑』の作者である鄭舜功は、一五五六年に自ら日本へ調査に赴き、「其の風俗を咨し、其の地位を詢し、其の説を聞くを得、其の書を覧るを得」と記している。半年にわたる直接の調査と観察をとおして、一次資料を入手し、研究を行ったのである。このことから、その研究成果の内容の広範さや、資料の真実性等については、明らかな進歩がみられる。たとえば、当該書の記述のなかには、六一四の日本の郡名や、町村数、官名などがあるが、これらは日本の典籍や資料から取られており、信頼性が高いといえる。

## 3　清代の日本研究

清代の日本研究は、二つの時期に区分される。以下その二つに分けて述べていこう。

第一期は、清朝が成立したとき（一六四四年）から、日本の明治維新（一八六八年）までである。第一期は、ちょうど日本の鎖国時代にあたる。一八五四年の日本の「開港」、一八五八年の「開国」以前、徳川幕府は国内的には日本人の出国を厳しく禁止し、外国人との接触を許さず、対外的には外国人が日本に入ることを厳格に制限していた。許可されていたのは、中国、オランダ、朝鮮の人びとが、指定された地区に入ることだけであった。中国と日本のあいだに外交関係はなく、わずかな貿易も長崎の「唐人館」に限定されていた。またこの時期の清朝は国威隆盛で、日本はただの「朝貢小国」とみなされていた。乾隆年間に朝廷で編纂された『大清統一志』には三十余りの朝貢国が列挙されているが、日本はその第一二位である。この本の「日本条」には「建制沿革」、「風俗」、「土産」のわずか三項目があるだけであり、内容もかつての正史を写したもので、新しい資料はまったくない。また、乾隆年間に編纂された『皇清職貢図』という本では、日本を朝貢国として位置づけ、その紹介はわずか一三九字の至極簡単なものである。こうしたことから、第一期における日本研究の成果は極めて少なく、そのレベルも高くはないといえよう。取り上げる価値があるものには、陳倫炯による『海国見聞録』のなかの「東洋記」、汪鵬の編纂による『袖海編』、さらに翁広平編纂の『吾妻鏡補』（別名「日本国志」）などがある。『吾妻鏡補』は一八一四（嘉慶一九）年の成立であり、三〇巻本と二八巻本の二種類がある。その中身としては、天皇の系統と中日関係史について記述した世系表一〇巻が含まれ、ほかには、地理志（二巻）、風土志（二巻）、食貨志（一巻）、通商条規（一巻）、職官志（一巻）、芸文志（七巻）、国書（一巻）、兵事（一巻）、付属国志・雑記（一巻）がある。この書の内容は広範であり、資料も詳細、精確で、中国人が鎖国時代の日本を研究した第一期の代表的な研究である。

第二期は、日本の明治維新（一八六八年）から中国の辛亥革命、清朝滅亡（一九一一年）に至るまでの時期である。日本は明治維新ののち、積極的に西洋に学び、維新改革を実行し、急速に資本主義的発展の道筋を歩みはじめた。なかでも一八九四年から一八九五年にかけて、日清戦争の黄海海戦（甲午海戦）によって清の軍隊が大敗を喫したことは、中国の朝廷と民間に激震を引き起こした。有識の士はまるで長い夢から醒めたように、日本を理解し、日本に学ばなければならないと差し迫って考えるようになった。とくに一部の急進的な改革派は、より積極的に日本をモデルとし、変法維新を実行することを主張した。こうした背景のもとで、明治維新から二〇世紀初頭にかけて、中国では日本研究と日本学習のブームが巻き起こった。これにより、中国の歴史上、二度目の日本研究ブームがあらわれたのである。その主な内容は以下のようである。

（1）中国の駐日公使館の職員たちが積極的に日本研究に従事した。中日両国は、一八七一年九月に調印された「中日修好条約」により、正式に外交関係を樹立し、一八七七年に中国駐日公使館を建設した。駐日公使館の館員は、駐日という有利な条件を利用し、交際を広げ、多方面で資料を収集し、日本についての研究を行った。その成果は少なくない。たとえば、初めての駐日公使であった何如璋は、日記形式で『使東述略』を編纂し、詩文形式で『使東雑咏』を記した。主任副公使であった張斯桂は『使東詩録』を編纂し、二番目の公使であった黎庶昌は多くの訪日旅行記、雑記を記し、のちに彼の文集である『拙尊園叢稿』に入れている。このほかにも、黄遵憲（参事官）は『日本雑事詩』、『日本国志』を編纂し、また楊守敬（参事官）による『日本訪書志』、姚文棟（随員）編纂の『日本志稿』と『日本地理兵要』、陳家麟（随員）編纂による『東槎聞見録』などが記された。

（2）当時、中国から多くの留学生が日本へ渡っている（一九〇一―一九〇六年における留学生数は一万二九〇九人にのぼる）。彼らは日本の先進技術や先進的思想を学習、研究し、そこから科学技術や文化教育、軍事などの分野で多くの人材があらわれた。これと同時に、多くの中国の学者や愛国の志士たちも次々と日本を訪れ、日本の明治維新について研究し、中国が富強となる道を探求していった。彼らは帰国後に文章や旅行記をあらわし、日本を紹介した。日本の近代化に向けての経験を広めることによって、中国の改革や維新を推進していこうとしたのである。この人びとのなかから日本を研究する研究者や専門家があらわれてきた。彼らの著作は造詣も深く、影響力も比較的大きいものがある。

上述の人びとの編纂した旅行記や著作のうち主要なものに、王韜の『扶桑遊記』、王之春の『談瀛録』、李筱圃の『日本紀遊』と『日本雑記』、伝雲龍の『遊歴日本図経』と『遊歴日本図経余記』、顧厚焜の『日本新政考』、葉慶頤の『策鰲雑摭』、呉慶澄の『東遊日記』、劉学洵の『遊歴日本考察商務日記』、羅振玉の『扶桑両月記』、黄璟の『遊歴日本考察農業日記』、呉汝綸の『東遊叢録』、張謇の『東遊日記』、程淯の『丙午日本遊記』、盛宣懐の『愚齋東遊日記』、程恩培の『日本変法次弟類考』、王先謙の『日本源流考』、康有為の『日本変政考』などがある。

清代（主に後期の）中国における日本研究の特徴は、

（1）歴代の研究と同じように、清朝では乾隆四（一七三九）年に官選の『明史』を編纂した。そのなかに『日本伝』が設けられているが、当該伝は字数も比較的多く、内容も豊かである。主に明朝と日本との関係について記述しており、史料的価値も高い。しかしながら、清代における日本関連の研究書の主要なものは民間から出ており、民間での研究が主導的地位を占めるようになってきている。官選制度はすでに二次的な役割を担うにすぎない。これは、一つの根本的な転換である。このことが中国における日本研究を徹底的に官から民へと推し進めていき、また日本研究に従事する人びとをかなり拡大させたといえるであろう。

（2）日本研究における成果の方向性は多様化し、一般的な著作や専門書のほかにも、旅行記や詩集なども含まれるようになった。

（3）研究のやり方にかんしても、かつてのような海を隔てた地域としての日本研究といった方法は徹底的に改変された。日本研究に関連した専門書や旅行記も、その大部分は、現地調査と大量の一次資料の収集のうえで書かれるようになった。このことから、研究成果の質の向上が保障されるようになった。

（4）内容的には、この時期の日本研究関連の著作では、第一に、多くはその研究領域を国事往来や商業貿易、民間交流などに限定しているとはいえ、以下のいくつかの著作が言及している課題からみても、その研究範囲は拡大しつつあると考えられる。王韜の『扶桑遊記』は、その内容のうちに、人文風貌、山河、文芸、古跡を含んでいる。葉慶頤の『策鰲雑摭』では、その内容は、国名、世系紀年、疆域、徭賦、官制、俸給、軍艦、山川、季節、名勝にわたっている。黄遵憲の『日本雑事詩』で言及されている分野には、日本の神話、歴史、政治、地理、民情、教育、文化、宗教、服飾、医術、商業、技術、鳥獣などが挙げられる。程恩培の『日本変法次弟類考』は全部で二五の部分に区分されており、主なものに、憲法、法院、民法、商法、刑法、官刑、官規、統計報告、外交、地方制度、土地、警察、出版、監獄、衛生、家教、財政、軍事、教育、勧業、鉱業、設計、運輸、郵政などがある。第二に、研究の質のうえでも、いくつかの著作のなかの特定の分野においては、一定の深まりがみられる。この意味で突出した代表例は、黄遵憲の『日本国志』である。この著作は、一表（中日対照年表）一二志からなるが、一二志の中身は、国統志（日本の歴史の記述）、隣交志（中日関係史など）、天文志（暦法史）、地理志（各藩の地理的状況）、職官志（政府機構、官吏の等級、俸給など）、食貨志（戸籍・租税、財政、国の債務、貨幣など）、兵制（陸海軍の状況など）、刑法志（一八八一年に公布された治罪法と刑法）、学術志（漢学、洋学、文字、学制）、礼俗志（祭典、婚礼、葬式、服飾、飲食、楽舞、仏教、氏族、社会）、物産志（物産と貿易）、工芸志（医薬、農事、織工、刀剣、漆器などの工芸技術の発展状況）からなる。本書は、この時期の中国における日本研究のなかで最高の到達点であり、また最も影響力のあった著作である。この時期の中国人による日本研究の代表作といえるだろう[2]。

（5）研究の出発点からみれば、この時期の研究は明確な目的を有するといえる。それはつまり、外国を中国に役立てる（外為中用）ことであり、中国の現状と結びつけて、日本を理解・研究・学習し、中国の近代化を推し進めていくという志向性である。たとえば、前述の黄遵憲の『日本国志』では、その重点は、明治維新について詳細に紹介し、それを中国の実際的状況と結びつけ、啓発的な評論を行うことに置かれている。この部分は、のちの戊戌の変法運動にさいして非常に大きな役割を果たした。またたとえば、康有為の『日本変政考』、全二〇巻一二冊では、明治元（一八六八）年から明治二三（一八九〇）年の期間に発生した重要事件が記述され、その重点は、明治維新が実施した一連の改革について述べ、逐一注釈を加えて、その利害得失と中国がどのようにそれを模倣するべきかについて説明することに置かれている。これらの注釈が、この著書の精髄をなす部分であり、作者の明治維新の研究がけっして一般的な学術研究なのではなく、当時の中国の改革実践と密接に結びついて行われているということが、集中的に表現されている部分である。のちの「百日維新」のなかで、光緒帝が発布した詔書には、当該書の注釈から直接引用されている部分や、あるいはこの注釈に啓発されて書かれた部分が少なくないといわれている。

## 4　中華民国期の日本研究

辛亥革命から中華人民共和国の成立まではわずか三十年余りであるとはいえ、中国における日本研究はこの時期、かなり大きく発展した。この時期の日本研究は、おおよそ三つの段階に分けられる。それぞれみていこう。

第一段階は、一九一二年から一九三〇年で、つまり中華民国成立から満洲事変（「九一八事変」）の前までである。この段階の日本研究は、総体的にみて、数も多くないし、一般的な水準にとどまっている。注意すべきであるのは、この民国期第一段階というのは、中国人の日本観に根本的な転換が起きた時期であるということだ。前述のように、日本の明治維新以降、中国では日本を理解し研究しようとするブームがあらわれた。多くの人びとが日本を訪問、留学し、雑誌や世論では日本の政治社会改革や風土人情が大量に紹介された。当時の人びとの関心は、日本の明治維新を研究してその経験に学び、そこから中国の民主主義革命と現代化のプロセスを推し進めていくことにあった。

しかし、日清戦争、八カ国連合軍の中国侵略ののち、中国の人びとは、日本が表面的には孫文の革命派を支持するように装いながら、実際には密かに北洋軍閥と結び、各種の親日勢力を援助して、矛盾と混乱を引き起こし、中国革命に反対しようとする現実を目にすることとなった。とりわけ一九一五年に日本が提出した「二十一カ条要求」は中国を破滅させるものであり、日本帝国主義による中国侵略が暴露されることとなったのである。このとき、人びとは明治維新へのあこがれという美しい夢から目覚めた。そして、再度日本を認識しなおし、日本帝国主義による中国侵略の本来の姿を見破りはじめた。これにあわせて、中国人の日本観にも根本的な転換が生じたのである。こうして一九一五年以降、とくに二〇年代に入ってから、中国における日本研究の方向性と重点には大きな変化が生じた。すなわち、以前のように、客観的に日本を紹介したり、明治維新と日本の近代改革を喧伝し称揚するものから、しだいに日本の帝国主義を研究し、その本質を暴露し批判するものへと転換していったのである。

この段階の日本研究の特徴は以下のようである。

（1）人びとがさらに深く日本を理解したいという要望にあわせて、日本語の著作の中国語訳と日本旅行記が大量に出版された。日本の研究者・実藤恵秀の統計によれば、一九一一年から一九三一年のあいだに中国で出版された訳書は六六五冊（年平均で約三三冊）、日本旅行記は五〇冊にのぼる[3]。

（2）この時期の研究の中心ははっきりしており、日本はなぜ帝国主義に向かったのか、日本帝国主義はどのように中国侵略を行うかを研究することにあった。これに関連した研究書があいついで出版された。たとえば、『日本帝国主義対中国的経済侵略』（侯培蘭、一九一三年）、『日本侵略満蒙史』（支恒貴、一九二七年）、『日本帝国主義的真面目』（李士剛、一九二八年）、『日本帝国主義侵略中国史』（逸堅忍、一九三一年）、『日本帝国主義与東三省』（許興凱、一九三〇年）などである。

（3）研究領域はいくぶん広がり、研究の水準も部分的に向上した。一般的な研究のほかに、いくつかの専門的な歴史や特定分野の研究による著作が出版された。たとえば、『中日国際史』（史俊民、一九一九年）、『中日外交史』（呉敬恒、一九二八年）、『中日外交史』（陳博文、一九二九年）、『日本社会史』（徐孔僧、一九三一年）、『日本文学史』（謝六逸、一九二九年）、『日本論』（戴季陶、一九二八年）、『日本無産政党研究』（施存統、一九二九年）、『日本関税制度』

（周培蘭、一九二八年）など。学術的なレベルからいえば、戴季陶による『日本論』が最高のものであろう。本書は二四章からなり、政治、経済、歴史、軍事、社会、文化、思想および日本の外交関係などを含んだ内容は広範かつ充実しており、論述も透徹している。とくに明治維新が起きた原因や日本帝国主義の本質、さらに日本の国民性の分析など、他の研究と異なり、独特の見解を示している。本書は、黄遵憲の『日本国志』につづく、中国の日本研究において伝えられるべき名著である。

第二段階は、一九三一年から一九四五年、満洲事変（「九一八事変」）勃発の年から日本帝国主義が崩壊するまでである。この段階での中日関係は敵対状態であり、抗日運動の高まりのなか、全国の誰もが日本の動向に注目していた。各界の人びとはそれぞれの角度から日本にたいする調査や研究を進め、研究成果も大幅に増加し、内容も豊かになった。研究水準も大きく向上し、ものによってはかなりの深さにまで到達するものもあらわれた。この時期は、中国史上、三番目の日本研究ブームということができよう。

この時期、日本研究を急速に進展させた原因として、まず第一に、先ほども述べたように、一九一五年以降、中国人の日本観に大きな変化が生じ、日本認識における一つの飛躍があったことである。そのことが、この段階において日本研究が深まるさいに重要な基礎となった。第二に、満洲事変（「九一八事変」）以降、日本帝国主義は、まず「満蒙」をとり、次いで華北、最終的には中国全土を征服しアジアを制覇する、侵略拡張による世界戦略を加速させていた。一九三七年に盧溝橋事件（「七七事変」）が勃発し、全面的な中国侵略が始まり、次いで一九四一年には太平洋戦争が開始された。中華民族は最も危うい時を迎えていたのである。情勢が緊迫していたため、中国人は日本研究に拍車をかけざるを得なかった。そうすることによってのみ、「己を知り、彼を知る」ことができ、正確な戦略と対策をたてることが可能となる。そして、抗日戦争を最後まで戦い抜き、最後の勝利を勝ち取ることができたからである。

この段階の中国における日本研究の特徴は以下のとおりである。

(1) 研究成果の数も多く、内容も豊富である。筆者が依拠している関連資料のなかの不完全な統計によれば、一九三一年から一九四五年に出版された、中日関係史、歴史、経済、教育、文学芸術、言語、政治制度などの分野の研究書は九二〇冊、そのうちで日本史に関連する研究書は二四七冊である。内容ごとにみれば以下のようである。日本総論三一冊、日本通史・概説二二冊、近代史概説一九冊、戦時期の日本概説九四冊、ファシズム化一三冊、戦時期の日本外交三〇冊、日米関係および太平洋戦争一五冊、日本人民の反戦活動四冊。

(2) 日本研究には、一定の広範さと大衆性があった。このことは主に、以下のようないくつかの点で示される。一つには、三〇年代以降、日本研究は少数の人びとの研究による限定性を超えて、しだいに社会的なもの、人びとの共通の関心事項となり、共同での研究が進んでいった。研究者のグループは、少人数の専門家によるものから、広範囲な知識人を含めた社会の各階層の人びとへと拡大していった。

第二に、日本研究についての叢書が大量にあらわれた。統計によれば、三〇年代に全国で出版された各種の日本研究叢書はあわせて五〇種類にのぼる。そのなかの南京の日本評論社が出版した『日本研究会小叢書』は、「毎週一冊、毎回一つの問題を論ずる」ことによって、「日本近代の破綻を暴き、必ずその真相を完全に暴露し、残らず世間に知らしめる」(『日本研究会小叢書』の「編集目的」)と記している。本叢書は全部で八三冊出版されており、そのうち日本経済にかんするものが二五冊(全体の三〇・一%)、政治と政党にかんするものが五冊(六%)、社会運動関連七冊(八・四%)、文化教育関連八冊(九・六%)、軍事関連一二冊(一四・五%)、国際関係一〇冊(一二・一%)、中日関係九冊(一〇・九%)、その他七冊(八・四%)となっている。この叢書は、規模も最大で、内容も最も充実していた。その他の叢書には、『反日帝国主義叢書』(崑崙書店出版、一二冊)や、『日本国情研究叢書』、『日本知識叢書』などがあった。それぞれが体系的であり、日本研究の各領域を取り上げている。こうした多くの叢書の出版は、中国における日本研究が、すでに一人一冊の研究といった孤立した形式を打破し、分野に応じて、系統に応じて、多くの人びとで一シリーズの研究を生み出す形式があらわれたことを示している。この種の研究協力のかたちは、日本研究の広範さを反映しており、この時期の日本研究の展開を大きく進展させるものであった。

第三には、日本研究にかんする雑誌が大幅に増加している。統計によれば、三、四〇年代に全国で発行された日本研究関連の雑誌は二三種にのぼる。主要なものに、『日本研究』、『日本』、『日本評論』、『戦時日本』、『日文与日語』、『日本論壇』などがあり、これらの雑誌の半数以上は、月刊か隔週刊で、発行数も比較的多い。また上海、南京、広州、重慶といった大都市や中規模都市で広範囲の読者を擁しており、影響力も大きかった[4]。

（3）新しい研究領域の開拓がたえず行われ、また中心的な研究領域がさらに際だつようになった。辛亥革命以降、とくに三〇年代に入ってからは、日本研究が取り上げる領域は、以前の国事往来、商業貿易、民間交流といったことから、哲学、歴史、経済、法律、文学、言語、芸術などの分野へ広がっていった。また日本研究の発展にしたがい、新しい分野がたえず開拓されていった。たとえば、人口学（社会科学関係）、農業経済、工業経済、金融、銀行、交通運輸（経済関係）、図書出版（文化関係）、教育学や各種教育（教育関係）、文学評論、民間文学、児童文学、演劇、絵画（文学芸術関係）などである。

三〇年代以降、日本帝国主義の中国侵略が絶え間なく拡大していくにつれ、日本研究の重点はさらに際だつようになった。それは、つまり、日本の政治や軍事、中日関係、またそれと関連してファシズムや軍国主義、武士道、大和魂などを研究することである。これらの問題は、一つのこと、日本帝国主義を研究し、中華民族の抗日戦争に役立てるという目的のまわりに集中していた。当時、崑崙書店が出していた『反日帝国主義叢書』の序言は、それを最も明確に説明している。当該叢書の序言曰く、「日本帝国主義の打倒は、長期にわたる活動であり、中国民族すべての共通の責任である。けれども、日本帝国主義を徹底して見極めなければ、日本帝国主義を打倒する正しい道筋と手段を手に入れることはできない。わが書店はこのことに鑑み、日本問題に日頃から取り組んでいる研究者にとくに要請し、厳格な科学的立場でもって、日本帝国主義の社会、経済、政治などの状況、その中国侵略の歴史、さらに一般の国際情勢について分析する。分冊で一二巻、毎巻一つの重要テーマについて専門的に研究するが、それぞれの問題は互いに密接に関連している。全巻そろえれば、反日の一大専門書となる。まさしく抗日救国運動における必読の書である」。

（4）比較的水準の高い著作もいくつか出されている。これらの著作には、たとえば『日本帝国主義的特性』（姚宝猷、一九四四年）のように日本の神国思想を批判し解明するものもあり、また『日本与法西斯主義』（傅無退、一九三三年）や『日本主義批判』（李毓田、一九三八年）のように、日本主義やファシズムを批判するものもある。また『中日民族論』（繆鳳林、一九二八年）、『日本民族性』（陳徳征、一九二八年）、『日本人——一個外国人的日本研究』（蒋百里、一九三九年）などのように、日本の民族性を研究し、中日の民族性にたいして比較検討するものもあり、『日本政治経済研究』（許興凱）や『日本的軍部、財閥、政党』（鄭学稼）のように、日本の政治情勢について分析研究するものもある。これらの著作のなかには、かなりのレベルに達しているものもある。蒋百里の『日本人——一個外国人的日本研究』を例に取ろう。本書は、日本の自然、地理、風土、人種的特徴から始めて、日本の歴史、政治、経済などの分野において多くの代表的人物の経験を比較分析し、そこから以下のような結論を得ている。つまり、日本人は、目先が利かず、性格は粗暴であり、かつ、たえず変化し、悲観的、宿命的で、つねに矛盾に満ちているという（これは、心理と個性の二重性を指している）。四〇年代に、アメリカ人のルース・ベネディクトは『菊と刀』を記した。そのなかの日本人の二重性格にかんする記述は最も意義深く鋭いところであるが、この見方は、蒋百里の分析とほとんど同じようによく似ている。蒋の見解はこのアメリカ人より七、八年も早く出されているのであり、ここからも、これらの日本研究の水準の高さをみてとることができよう[5]。

第三段階は、一九四五年から一九四八年、すなわち日本帝国主義の崩壊から新中国成立までである。この短い期間は、当時の国内外の条件の制約により、系統だった研究を展開することは困難であった。何人かの著名な研究者や専門家が、日本の戦後処理や、日本はどのような道を歩むべきかという問題をめぐって、文章を発表し、また戦後の日本状況を紹介する著作をいくつか編纂している。たとえば、『戦後日本秘聞録』（譚若水、一九四六年）、『戦後日本問題』（思慕、一九四八年）、『戦後日本与盟国』（中華学芸社、一九四七年）、『建設新日本的関鍵』（改造日報館、一九四六年）などである。

## 5　中華人民共和国期の日本研究

一九四九年一〇月一日、中華人民共和国が成立し、これより中国における日本研究もまた一つ新しい時代に入った。中華人民共和国の成立は、中国における日本研究に新天地を開いたが、しかし、さまざまな理由から、新中国成立以降の日本研究は苦難に満ちた複雑なプロセスを経験することになる。そして八〇年代以降になって、再び新たなブームを迎えるのである。

中華人民共和国成立から今日までのあいだ、日本研究はおおよそ二つの時期に区分することができる。第一期は一九四九年から一九七八年、第二期は一九七九年から現在までである。以下、それぞれに述べていこう。

第一期の一九四九年から一九七八年にかけては、中華人民共和国成立から中国共産党第一一期中央委員会第三回全体会議（第一一期三中全会）の開催までにあたる。この時期は、二つの段階に分けることができる。

第一期第一段階は、一九四九年から一九六六年まで、新中国設立から「文化大革命」の開始までにあたり、およそ五〇年代と六〇年代前半期に相当する。この時期、中国は五〇年代の回復と発展を経験しており、さらに六〇年代には比較的大きな変化が生じた。けれども、経済はいまだ発達しておらず、五〇年代からは、「三反」・「五反」運動や、反右派闘争、また反右傾闘争などの政治運動が絶え間なく連続した。日本政府は、アメリカの中国敵視政策に追随し、中日の国交は不正常な状態に置かれていた。こうした内外の情勢のもと、大規模で系統だった日本研究は進展しようもなかったのである。そのため、この段階の日本研究には、以下のような二つの特徴があるといえよう。

（1）当時の日本研究は、一般的に対日工作での必要性の範囲に限定されていた。それは、政治的必要性に従属するということであり、このことは以下のような点にあらわされている。①研究に携わるメンバーと機構からみれば、いくつかの渉外部門や日本と行き来のあった単位の研究者が、自身本来の業務とかかわりのある範囲で調査研究を行うということに限られていた。②研究内容の多くは、当時の国際情勢に沿った内容であった。たとえば、五〇年代の日本研究の多くは、日本国内の特定の動向やアメリカの対日政策を暴露し批判するという点に偏重しており、戦後日本の紹介とアメリカによる日本の再武装に反対する著作や論文がいくつか出されている。そのうち重要なものには、『戦後日本問題』（思慕）、『日本平和運動』（鄭森禹）、『日本』（張香山）、『日本問題概論』（李純青）などがある。統計的には、五〇年代に出版された著作は二一部、論文は一八九本である。何らかの学術的問題に触れた少数の例外を除けば、これらの大部分は、戦後日本の政治、経済、社会の変化と、アメリカによる日本の再武装、さらに日本の人びとの平和・民主闘争について記述するものである。このように、全国的な範囲でみても、当時の日本研究はまとまりのない状態であったことがわかる。

（2）日本研究の発展には、党と国家の政策が密接なかかわりを有していた。一九六三年末に、中国共産党中央委員会と国務院が「外国問題研究の強化」の指示を発表すると、全国各地の大学や科学研究機関では、日本研究を強化し充実させる対策を次々ととるようになった。そして、二年もたたないうちに、新しい日本研究機関があいついで設立されたのである。主要なものとして、遼寧大学の日本研究所、吉林大学日本研究所、東北師範大学日本研究所、中国科学院哲学社会科学部東南アジア研究所日本班、天津市歴史研究所日本史研究室、上海国際問題研究所日本研究室、復旦大学世界経済研究所日本経済研究室、北京大学アジア・アフリカ研究所日本研究室などがある。これらの研究機関の設立は、中国の日本研究において安定した基地となるものであり、人材養成や資料の蓄積にたいする基盤を築くものでもあった。

これと同時に、日本研究の学術的雰囲気も高まった。例を挙げれば、一九六一年六月に長春で開催されたアジア史討論会や、同年一二月に北京で開催された北京歴史学年次大会では、ともに明治維新についての討論が行われた。著名な日本史の専門家である周一良、呉廷璆、鄒有恒が、それぞれこのテーマにかんして論文を著した。このほか、日清戦争（中日甲午戦争）や、東方会議と「田中上奏文」などにかんしても、いくつかの著書と論文が発表された。統計的にみれば、六〇年代前半（一九六〇―一九六五年）、日本研究に関連する論文は一七七本、著書は二一部が出されている。なかでも、朱謙之による『日本哲学史』や『日本的古学及陽明学』、『日本的朱子学』は、専門の歴史、テーマ研究として、かなりの分量をもつものであった。

こうして、中国における日本研究は、一時期の半停滞状態を経たのち、六〇年代前半には活発になりはじめていた。しかしながら、一九六六年に始まる「文化大革命」は、このように興隆しかけた日本研究の熱気に冷や水を浴びせたのである。

第一期第二段階は、一九六六年から一九七八年までである。この段階は、さらに二つの小段階に分けられる。

①一九六六年から一九七二年。「文化大革命」によって、学校では授業が停止し、研究所も閉じられ、教員も研究者

もみな下放（農山村に長期滞在し思想改造と社会主義建設に協力すること）された。少数の政府業務部門以外は、すべての日本研究が基本的には休止状態に陥った。

②一九七二年から一九七八年。一九七二年の中日国交正常化が、中国における日本研究に活力を与えた。国内の各日本研究機関は次々と活動を再開し、日本語学校も学生募集を再開した。日本研究は、生気のある新たな局面を迎えたのである。

この段階における日本研究の特徴は、

（1）人材育成の重視。研究機関の回復にともない、研究人員のグループが再建され、若手研究者の育成が行われるようになった。日本語学科や日本語教育研究室を設置した大学は数十校にのぼり、第二外国語としての日本語クラスを設けた大学は百を超える。全国のいくつかの大都市では、余暇に学ぶための日本語放送講座や通信教育のクラスが開設された。日本語学習ブームが急速にあらわれ、このことは、日本研究の人員の拡大と、研究者の業務能力向上のための下地作りとなった。

（2）いくつかの先行的な研究が行われたが、そこにはまだ多くの問題があった。一つの問題は、これらの研究が基本的には、分散し、孤立して行われたものであることだ。二つ目には、「左翼的」思潮の残余の影響で、研究の広がりがなく、内容も比較的単調であった。一九七二年から一九七八年に出版された日本研究に関連する著作や訳書は、その多くが、日本の衣食住や交通手段、冠婚葬祭といった国情や風俗習慣を紹介するもので、ある程度のレベルの著作というのは多くはなかった。

この時期に行われた人材養成と先行的研究は、中国において日本研究ブームが到来するための準備をなすものとなった。この段階は、日本研究の回復期あるいは発動期と呼べるであろう。

第二期は、一九七九年から現在までである。

一九七八年に中国共産党中央第一一回三中全会では、経済を中心とし、思想解放、改革開放、中国の特色ある社会主義建設という一連の方針を打ち出した。このことは、中国における日本研究が大きく発展するのに、根底的な保証を与えるものであった。このときより、全国で日本研究に携わっていた研究者たちは、長期にわたる思想的呪縛から抜け出し、障碍を乗り越えて、思想を大きく解放し、視野を広げたのである。そして、それぞれの職場において、苦心して研鑽を積み、全力で日本研究に向かえるようになった。統計によれば、一九四九年一〇月一日から一九九三年三月末までのあいだに、全国で出版された日本研究関連の書籍は翻訳もあわせて三五二九冊、そのうち一九七九年から一九九三年三月末までに出版されたものが三一五七冊にのぼり、全体の八九%を占めている[6]。これほど大量の研究成果というのもかつてなかったことだが、同時にその研究レベルの向上も明らかである。この時期、全国各地にある科学研究機関と大学における日本研究機関は九八カ所、全国的なあるいは地域的な日本研究関連の学会および民間団体は四三団体、全国で日本研究に従事している研究者の数は一二六〇人にのぼっている[7]。こうしたことからも、一九七九年以降、中国における日本研究は四回目のブームに入っているといえるだろう。

この時期の日本研究の特徴は、以下のとおりである。

(1) 学術雑誌が、日本研究における成果を発表する重要なメディアとなっており、中国の日本研究を推進するうえで重要な役割を果たすようになった。不完全な統計であるが、一九七二年以降、中国には五三種類の日本研究の雑誌がある。これらの雑誌に掲載される論文や資料は、比較的水準が高く、多くの読者を引きつけている。一九七九年から一九八九年における主要な一三誌に発表された論文一三五四本の内訳でみると、経済関係は七八九本で五八%を占める。文化科学・教育関係は一六二本で一二%、言語・文学・芸術は一六九本で一二%、歴史・地理関係は九六本で七%、政治関係は一〇〇本で七％、法律軍事関係は二一本で二％、社会は一七本で一％を占める[8]。これらの雑誌は、橋渡しや方向性を探る役割や、情報提供、レファレンスとしての役割も果たしており、中国における日本研究の発展や学術成果の交流、日本にたいする認識と理解のうえで重要な筋道となっているのである。

（2）交流と協力が日増しに発展している。中日の国交正常化が行われ、両国の往来が頻繁になるにつれ、この第四次の日本研究ブームにおいては、これまでの各ブーム期と比べて、中日の学術交流と相互協力がとくに目立つようになった。この時期における両国の学術交流や相互協力には、政府間のものもあれば、民間の研究機関や学術団体のあいだで行われるもの、また個人間の交流もあり、非常に幅広い。その形式も多様であり、さまざまな規模の学術的・文化的講習といったものから、中レベルから高レベルでの日本研究者養成のための訓練や、修士や博士を共同で育成するための大規模な協力プロジェクト、あるいは研究者の共同主催や参加による国際学術シンポジウム、中日の研究者がともに参画する共同研究（共通の研究テーマを実施することや、日本語の教材や辞典類を協力して編纂することなど）まで行われている。これらの交流や相互協力は、研究者の側からいえば、基本的に二種類ある。一つは「来てもらうこと（請進来）」で、日本の研究者を中国へ招聘する場合であり、もう一つは「出かけていくこと（走出去）」で、中国の研究者が日本へ行く場合である。この種の対面的な交流は、コミュニケーションや相互理解を深めるのに役立つ。ことに中国の研究者が、研修や講義、学術シンポジウムへの参加、資料の閲覧や調査などのために日本へ出かけていくというこことは、日本を最も直接に、最も有効に、また最も深く理解するような日本研究の方法の一つであり、中国における日本研究を力強く推し進め、発展・深化させるものである。北京大学の日本研究センターを例に取ろう。一九八八年のセンター設立から一九九八年までの一〇年間に、日本を訪問した研究者は延べ一四四人、そのうち国際学術シンポジウムへの延べ参加人数は四八人、研究のために行ったものは延べ三五人（一年以上の滞在者は延べ二八人）、講義のために行ったものは延べ一五人（一年以上の滞在の延べ人数は二人）である。日本訪問や調査を通して、多くの一次資料を手に入れることができ、日本研究をさらに深めるうえでの基礎を固めたのである。たとえば、中日文化の比較研究に携わってきた厳紹璗教授は、一九八三年から、日本に収蔵されている漢籍写本（明代および明代以前の典籍）について大規模な調査を実施した。彼は一五年間に一四回、日本へ赴き、漢籍調査を行ったが、日本の研究者の協力のもと、収集できた日本収蔵の漢籍はあわせて七八〇〇種類である。彼は、文化学・文献学・史学史的な研究を通して、『漢籍在日本流布的研究』、『日本蔵宋人文集善本鈎⊠』という二冊の専門書を編纂した。こうして、最終的には、千五百年余りにわたる中日の文献関係の交流において、漢籍が日本に広まっていった基本的状況とその現状を把握することができたのである。これは、「日本漢学」および「日本中国学」研究において基礎的な研究となるものであり、中国の文献学界が新しい研究領域を開拓することにも貢献を果たした。

中国は、世界中で最も早くから日本研究を行ってきた国である。中国における日本研究の淵源は古代にあるが、その最初の時期は、海を隔てた地域としての日本研究であった。明代になると若干の改変が生じ、清朝晩期には明確な変化があらわれた。しかしながら、徹底的な真の変革が生じたのはこの時期である。「出かけていく（走出去）」こと、つまり日本訪問を通した研究というのは、この第四次ブームにおいて、幅広さの点でも、その深まりのうえでも、これまでの三次のブーム期は比すべくもない。日増しに頻繁になっていく中日の学術交流や相互協力は、中国の日本研究の方法が大きな変革を遂げたことを示している。このことは、中国における日本研究が第四次ブームに突入したことの象徴であり、かつまたこのたびのブームを支える一つの原動力でもあった。

（3）研究の広がりと深まりの点においても、明らかな発展と向上がみられる。研究の広さの発展というのは、研究領域が拡大したことを指すが、このことは主に二つの点で確認できる。一つは、日本研究が、哲学、政治、法律、軍事、経済、文化、科学技術、教育、言語、文学、芸術、歴史、地理などのそれぞれの学問分野で全面的に展開されるようになったことである。二つ目には、各学問領域における研究範囲もまた、不断に拡大しているという点である。たとえば、日本経済の研究では、ただ日本経済それ自体にかんする事柄（産業構造や、経済管理、企業文化など）について言及されるだけではなく、環太平洋経済研究や環渤海経済研究、東北アジア（環日本海）経済研究などの、それと関連する多くの領域にまで広がりつつあるのである。

研究の深さの発展とは、研究レベルの深化のことであり、このことはさらに明らかにみてとることができる。当然ながら、研究レベルの深化もまた、段階的に行われるものである。初めに、どちらかといえば直感的な日本紹介が行われた。その後しだいに、何らかの一定方向からの日本研究が発展していった。引き続き、比較的系統立った総合的な日本研究の発展がつづき、さらに、深く入り込み文化的に日本を研究するようになっていった。たとえば日本経済研究についていえば、八〇年代に入り、日本経済にたいする研究の多くは、改革開放に適応し、中国の社会主義的経済改革の現実をスピードアップし、日本の経験から成功と失敗の教訓を取り入れようとすることを出発点としていた。このため、ここでの研究テーマとして比較的重視されていたのは、日本の産業構造や経済構造調整、さらには財政や金融、海外投資などといった、いくつかの現実的に取り組まれた問題などであった。八〇年代後半から九〇年代の初めにかけて、しだいに日本が近代化に成功した経験を系統的、総合的に総括する方向へと転換していき、一定の分量と深まりをもつ著作が出版された。たとえば、『日本経済論』、『日本崛起論』、『日本走向近代化』、『戦後日本経済発展史』、『戦後日本産業政策』、『戦後日本経済基礎結構』などである。とくに全国の日本経済の研究者による共同研究である「日本の発展可能性にかんする研究」プロジェクトでは、比較的深いところから日本の未来の方向性について検討が行われている。そのなかの総論部分では、日本経済が集中的に論述され、マクロな視点から日本の方向性が論じられている。

またたとえば日本史研究では、八〇年代以降、取り上げられるテーマが増え、系統立った総合的研究をつうじて、多くの研究がしだいに深化し、学術的水準もたえず向上していった。これらの研究で取り上げられたテーマや領域には、邪馬台国（その地理的位置や社会的性質などについて）、部民制とその性格、大化の改新、日本の封建社会の特徴、明治維新、自由民権運動、維新政権と天皇制の特徴、東方会議と「田中上奏文」、ファシズム化、戦後民主改革とアメリカ占領政策などがあるが、そのなかでも、明治維新の研究は最も人気がある。争点となる事柄も最も多く（たとえば明治維新の性質や、歴史の時代区分など）、論争も最も激烈で、研究水準も最高であるといえよう。

この時期、最も人びとの注目を集めたことは、日本文化の研究がしだいに研究の焦点となっていったことである。中国の研究者たちによって、日本の伝統文化と現代化、日本人と外来文化、政治文化、日本の国民性、社会構造、社会思潮、思想文化などといった重要な問題にたいして、広範で突っ込んだ研究が展開された。一般的にいって、文化研究というのは、難易度も高く、ハイレベルな研究領域に属している。それは、人文社会科学的研究の総合を体現しているのである。この時期、日本の文化研究が深められていったことは、文化研究の進展によって、中国における日本研究の基盤形成のプロセスが強化されたということを示しているのである。

## 6　結語

西暦三世紀に成立した『三国志・魏志・倭人伝』が正式な日本研究を開始してから今日までのあいだに、中国における日本研究は四回のブームを経験してきた。これまでのところで、わたしたちは、それぞれの時期における中国の日本研究の状況とその特徴について概説してきた。それでは、一〇〇〇年以上に及ぶ中国の日本研究史を、全体をとおして振り返ってみるならば、そこにはどのような特徴があるだろうか。筆者の観点では、おおよそ以下の五つの特徴にまとめられるだろう。

（1）中国は、最も早くに日本研究を行った国であり、その研究の歴史も最長である。この二点については、世界中の国々で、中国に並ぶところはない。

（２）中国の日本研究は、それぞれの時期において、いつも平均的にバランスのとれた発展をしてきたわけではない。ブームの時期もあれば、研究が低調な時期もあった。しかし全体的にみれば、その研究史は、途切れることなく連続しており、また同時に継承されていっている。それぞれの時代の日本研究は、内容の点でも、また形式と研究方法の点でも、すべてその直前の時代の基礎のうえに発展してきたものである。今日の研究成果は、まさにこれまでの研究の経験と成果の蓄積のうえに成り立っているといえるだろう。この連続性と継承性とは、中国における日本研究が長期間にわたって衰えることなく盛んであり続けてきたことの重要な要因である。

（３）中国の日本研究においてみられた曲折と盛衰という事態は、以下の二つの事柄と密接に関係している。その二つとは、中日両国の関係がどのような状態にあるかということと、中国の国内政治情勢の変化である。

中日関係が正常であるか不正常であるかは、中国における日本研究の盛衰と正比例しているわけではない。それは、日本研究が盛んになったり衰えたりするための一つの動力源となっているにすぎない。たとえば、一九三一年から一九四五年にかけて、日本は中国侵略を拡大し、中国と日本は敵対状態に置かれていた。中国は、侵略に抵抗する戦争のために、対日研究に力を入れざるを得なかった。こうして、中国の歴史上、第三次の日本研究ブームが生まれたのである。さらにいえば、一九七二年に中日の国交が正常化される。ことに一九七八年に中日友好条約が締結されて以降、中日両国の友好的な往来が頻繁になった時期にも、中国の日本研究はもう一つのブームを迎えていたのである。

中国の国内政治情勢の変化は、中国の日本研究の盛衰にたいして、しばしば直接的な影響を与える。国内政治情勢がよいか悪いかということと、日本研究の盛衰はしばしば正比例するのである。たとえば、一九六六年以降の「文化大革命」期の一〇年間は、国内の情勢不穏により、大学や研究機関は授業や業務を停止し、研究者たちは農村へ下放され、日本研究は休止状態に陥った。これとは反対に、八〇年代以降、第一一次三中全会が「思想解放、改革開放」方針の貫徹を謳いあげると、中国の改革は途切れることなく進み、国民経済は日増しに向上していった。こうした非常に良好な情勢のなかで、中国の日本研究は、最良の時期を迎えることになり、実り多い成果を挙げることができたのである。

（4）古の時代から、中国における日本研究の多くは、現実の日本にたいする研究を重視してきた。そしてまた、この種の研究はしばしば、政治と密接な関係を有している。すなわち、国家の必要性から発した研究である。中国の日本研究史上、四回のブーム期が出現したことは、このことを示している。

明代には、倭寇に抵抗し、国境を防衛しその守りを強固にするため、対日研究が強化された。そこで第一次の日本研究ブームが出現した。清代には、日本の明治維新以降、日本を理解しその経験に学び、中国の現代化プロセスを推進するために、第二次の日本研究ブームがあらわれた。第三次の日本研究ブームは、先ほども述べたように、抗日戦争における必要性と密接に関連している。日本研究の第四次ブームが生まれたことは、改革開放や、外国の先進的な経験を学びとること、また中国の経済発展と現代化の推進の必要性と切り離せない関係にある。

（5）中国の日本研究の深化と、各時代における研究のあり方や方法上の改革とは、大きな関連がある。前述のように、中国では、古の時代から、海を隔てた地域としての日本研究が行われてきた。それらの多くは、伝聞の記録かあるいは前の時代の正史の踏襲であった。そのため、ハイレベルの研究を求めるには難しいものがあった。明代になると、いくらか改善された。学者によっては現地調査を行う者もあり、比較検討といった方法で研究を行い、それらの著作の信頼性や学術レベルは大幅に向上した。清代には、より多くの人びとが日本に赴き、調査や研究を行うようになった。黄遵憲の『日本国志』などのように、非常に高水準の著作を発表する者もあらわれた。一九二〇、三〇年代には、日本研究の叢書があらわれるようになった。孤立した一人一冊式の研究方法が打ち破られ、系統的な、大勢で一シリーズの研究書を作る方法が行われるようになり、日本研究のさらに深いレベルへの発展が大きく推し進められた。八〇年代以降は、「中国の研究者の訪日（出かけていく）」あるいは「日本の研究者の中国招聘（来てもらう）」といった方法をつうじて、中日の学術交流と相互協力が非常に頻繁となり、多くの高水準の学術研究が絶えず出版され、中国の日本研究は、さらに一歩、新たな高みへと進んでいる。

これまでのところでは、中国の歴史上の各時期における日本研究の状況とその特徴について、大まかに描写してきた。これによって、中国における日本研究史の輪郭をスケッチし、日本研究の発展プロセスとその特徴について、さしあたっての見解を得ることができた。それでは、ここから、未来の二一世紀における、中国の日本研究の発展傾向について、はっきりとした展望を打ち出すことができるであろうか。研究上の立ち入った分析が欠けていることと資料的な制約によって、ここでは、いくつかの一応の展望をしてみることしかできない。さらにいえば、こういった未来への展望とは、中国の日本研究という課題が、今後どのようにしたらさらに発展していくことができるのかといった問題と結びついているのであり、ここでいえるのは、何らかの展望というよりも、いくつかの考え方と提案であるとしたほうがよいだろう。

(1) 中国における日本研究は非常に長期にわたる歴史をもち、かつその研究史は連続性と継承性を有している。それではこの悠久の歴史プロセスにおいて、中国の日本研究はどのように発展し深化していけばいいのか。その優れた伝統とは何であるか。また不足しているところとは何か。一言でいえば、どういった部分を継承し、どういった部分を戒めとすればいいのか。このことは、今後の日本研究の深化、発展を推し進めていくのに、非常に重要である。このためには、各領域における日本研究の歴史と現状を掘り下げて検討すること、さらに、それぞれの領域の各時代における代表的研究者の著作について、また特定テーマの研究における代表的な観点について、および研究上の争点となる問題や焦点にたいして重点的に検討することが必要である。こうした検討をとおして、一方では、各分野で今後深められるべき課題が明らかとなるであろうし、また一方では、中国における日本研究の状況や水準、その特質を全体的に把握することも可能となる。そうすることによって、中国の日本研究における優れた伝統を総括して継承し、その伝統の力を発揮させ、またそれに依拠していくこともできるのである。

（2）研究のやり方や方法の改革は、日本研究の深化と発展にとって非常に重要であるが、今現在の時代において、情報の収集や交流は、中国の日本研究にとってさらに重要となってきている。現在では、ネットワーク系統をとおした情報の収集とその交流によってのみ、中国の日本研究を世界の日本研究へと接続することができるのであり、さらなる高みへと向かうことができるといえよう。具体的にいえば、以下のことが必要である。①日本発信の情報を収集し理解すること。わたしたちが研究対象とする国である日本からのさまざまな情報は、中国の日本研究が必要とする情報の源であり、それを把握してこそ、中国の日本研究を高度な情報化と科学化の基盤のうえに打ち建てることが可能となるといえるのである。②その他の国々、たとえば中国の周辺国家や、アメリカ、ＥＵ、ロシアなどからの日本研究についての情報も、非常に重要である。こういった情報は、わたしたちが各国の研究動向を理解する助けとなり、また中国の日本研究を深化、発展させるうえで、参考となるものである。③国内の各研究機関や学術団体における、日本研究関連の情報を収集し了解しておくことも必要である。そうして、国内での横のつながりを強化し、研究テーマの重複を避け、さらに共同研究を推進していくことで、中国における日本研究の全体としての水準を高めていくことが可能となる。

（3）中国における日本研究を深化、発展させ、その研究水準を向上させるうえで、以下の二点については注意が必要である。一点目は、絶えず新しい研究領域を開拓し、新しいテーマを研究していくことである。とくに学際的な研究を行う必要がある。二点目には、深いレベルでの研究を行う必要もある。たとえば、系統的で、総合的な研究を行うのと同時に、各研究分野やテーマにおいて、ケーススタディにも力を入れなければならない。とりわけ、それぞれの研究における基礎資料の収集と整理に注意する必要がある。人文科学研究の総合を体現したものとしての文化研究を強化しようとするなら、このことは、ある意味、中国の日本研究を深化させる基礎的なプロセスである。要するに、基礎的な研究を強化することによってのみ、中国における日本研究の不断の深化というのは可能となるのであり、日本研究を確固とした基礎のうえに打ち立てること、厚みのある学問的蓄積を有することができるのである。

（4）中国の改革開放と、安定、持続的発展の態勢を維持すること、および安定した基礎のうえに打ち立てられた中日関係をさらに強固にし、発展させることも必要である。これらは、中国の日本研究が深化し発展していくさいの重要な保障となるものである。当然ながら、中国における日本研究が深化、発展することによって、わたしたちは、さらに深く日本を理解し把握することができる。それゆえ、日本にたいする理解と研究を深めることは、中日関係を強固にし発展させていくうえで役立つのである。このことがまさに、今後、日本研究を強化していくときの重要な出発点となるのである。

## 注

[1] 武安隆・熊達雲『中国人の日本研究史』七三頁。
[2] 前掲『中国人の日本研究史』一一六、一二九、一三三―一三八、一四一―一四三、一四七頁。
[3] 前掲『中国人の日本研究史』一七九頁。
[4] 林昶「中国日本研究雑誌沿革初探」『中国的日本研究雑誌歴史回顧与展望』遼寧大学出版社、一九九五年、六―九頁。
[5] 前掲『中国人の日本研究史』二二二―二二四頁。
[6] 中華日本学会・北京日本学研究中心編『中国的日本研究』社会科学文献出版社、一九九七年、二四頁。
[7] 前掲『中国的日本研究』四四―四五頁。
[8] 前掲林昶論文『中国的日本研究雑誌歴史回顧与展望』に掲載、一九頁。

# 参考文献


・武安隆・熊達雲『中国人の日本研究史』（日本語版）六興出版社、一九八九年。
・李玉・劉玉敏・張貴来（主編）『中国日本学論著索引（一九四九―一九八九年）』北京大学出版社、一九九一年。
・北京日本学研究中心（編）『中国日本学文献総目録』中国人事出版社、一九九五年。
・北京日本学研究中心（編）『中国日本学年鑑（一九四九―一九九〇年）』科学技術文献出版社、一九九一年。
・北京日本学研究中心（編）『中国日本学年鑑（一九九二年）』科学技術文献出版社、一九九二年。
・馬興国・崔新京（主編）『中国的日本研究雑誌歴史回顧与展望』遼寧大学出版社、一九九五年。
・中華日本学会・北京日本学研究中心（編）『中国的日本研究』社会科学文献出版社、一九九七年。
・『思考与借鑑――紀念北京大学日本研究中心成立十周年』北京大学日本研究中心編印、一九九八年。

# 中国の日本史研究

## ――日本研究論著の統計的分析を中心に――

李　玉
（翻訳：坂部　晶子）

前章「中国の日本研究――回顧と展望」のなかでは、中国における日本研究の発展をいくつかの歴史的時期に区分し、各時期の特徴について概説してきた。そこでは、中国における日本研究を、明代以前、明代、清代、中華民国期、中華人民共和国期の五つの時期に分け、その比較分析をとおして、中国の日本研究には歴史的に四回のブームがあったことを指摘した。ブームの時期とは、明代、一八六八年（日本の明治維新）から一九一一年（辛亥革命と清朝の滅亡）、一九三一年（満洲事変勃発の年）から一九四五年（日本の敗戦）、一九七九年以降の四つである。日本史にたいする中国の研究というのは、一つの学説史的分野としてそれ自身の特徴はあるものの、歴史的な時期区分や、各段階における特徴、また研究ブームの出現など、基本的には、前章で取り上げた中国における日本研究と大同小異である。それゆえ、本章では、中国における日本史研究の叙述にさいして、もう一つ別の計量的な分析視点から、中国の日本史研究の論文・著作数にたいする統計分析を中心に、その各段階の概況を紹介してみたい。この分析により、前章「中国の日本研究――回顧と展望」での記述を補うと同時に、次章以下で取り上げる中国の日本史研究各論の導入としておく。

ここでは、中国における日本史研究の論文・著作数にたいする統計のやり方について簡単に説明しておこう（表1～表4を参照）。①中国の日本研究の著作、訳書、論文、翻訳論文の文献リストについては、各種の目録・索引や年鑑、関連資料から選び出し、このリストを基礎として分類整理し、各項目のデータを出している。②統計に入っている論文・著作の年代は、古くは古代から、最終的には一九九六年までを扱っている。③一九四九年以前にかんしては、資料上の制約から論文と翻訳論文はこの統計に入っていない。④中華人民共和国の時期の論文・著作については、大陸で発表または出版されたものに限っている。条件的な制約から、収集した論著には漏れがあることと思う。ご了承いただきたい。

## 1　中国の日本史研究の概況

中国の日本史研究については、二つの面から説明することができよう。

まず各時期の日本史研究論文・著作の数から分析を始めよう。古代から現在までの日本研究の著作は合わせて六五七種類あり、そのうち明代以前のものは二二種類（三・三％）、明代のものは二六種類（四・〇％）、清代のものは九二種類（一五・一％）、民国時代のものは三〇七種類（四六・八％）、中華人民共和国時代のものは二〇三種類（三〇・八％）である。ここから計算して、清代以前の研究は合計で一四七種類（二二・四％）あり、民国の時期と中華人民共和国の時期のものは合計で五一〇種類（七七・六％）となる。民国時代と中華人民共和国時代のものをより細かい段階に分けると、一九一二―一九三〇年には三三種類、一九三一―一九四五年には二四七種類（総数六五七種類のなかの三七・六％）、一九四六―一九四八年には二七種類、一九四九―一九七八年には四一種類、一九七九年以降は一六二種類（総数六五七種類のなかの二四・七％）の研究がある。

以上のデータからみると、次のようにいえよう。⑴歴史の発展にともない、中国の日本史研究の著作数は絶え間なく増加していった。とくに二〇世紀に入って民国時代以降になると、研究・著作の数はさらに大幅に増加した。(2)明代、清代、一九三一年—一九四五年、一九七九年以降の研究・著作数の割合は、それぞれ全体での総数(六五七種類)の四%、一五・一%、三七・六%、二四・七%である。ここから、中国の日本研究におけるブーム期の出現と同じように、以下の四つの時期が中国の日本史研究のブーム期であることがみてとれる。四つの時期とは、①明代、②一八六八年(日本の明治維新)から一九一一年(辛亥革命と清朝滅亡)、③一九三一年(満洲事変(「九一八事変」)発生の年)から一九四五年(日本の敗戦)、④一九七九年以降である。

次に、各時期の日本史研究の内容からみると、以下のような数種類に区分することができる。①日本にかんする総論が二三五種類(三五・七%)、②通史や概説は七〇種類(一〇・七%)、③古代史および中世史[ii]は一〇種類(一・五%)、④近代史(一)(一八六八—一九一八年)は五九種類(九%)、⑤近代史(二)(一九一八—一九四五年)は一七四種類(二六・五%)、⑥戦後史は八三種類(一二・六%)、⑦歴史的人物をテーマとするものは二六種類(四%)である。これに時期的な分析も加えると、清代以前の著作は合わせて一四七種類であり、そのうち一四〇種類は総論的な著作(総数六五七種類のうち二一・三%を占める)、五種類は通史的な著作、二種類は歴史的人物にかんするものである(後者の七種は、総数六五七種類の一%である)。民国時代と中華人民共和国期の著作は五一〇種類で、そのうち日本総論は九五種類(全体六五七種類の一四・五%)、通史および概説、古代および中世史、近代史、戦後史と歴史的人物をテーマとするものを合わせて四一五種類(総数六五七種類のうち六三・二%)である。日本総論は、日本について総合的に紹介・記述し、研究する著作のことを指す。たとえば、明代以前の『漢書』、『三国志』、『宋書』、『旧唐書』、『遼史』、『宋史』や、明代の『日本一鑑』、『日本考略』、清代の『明史』、『袖海編』、『扶桑遊記』、『日本雑事詩』、『人鏡盧詩草』などである。これらの著作のなかには、日本の歴史にたいする紹介や記述、研究も少なくないが、厳密にいえば、これらは専門的に日本史をとりあつかった研究とはいえない。やはり、日本通史、古代史および中世史、近代史、戦後史、歴史的人物などに関連する研究が、本当の意味での日本史研究の著作といえよう。このため、清代とそれ以前の時期の著作は、数のうえでは全体の五分の一（二一・三％）を占めるとはいえ、内容的にはほとんどすべてが日本についての総合的な分析と記述によるものであり、日本史の記述と研究は多くはそのなかに織り込まれてしまっている。それはつまり、日本史研究は、いまだ独立した研究分野とはなっていないということである。清代末期と民国の初期になって、日本史の通史やある特定の時代の歴史、特定の専門分野についての歴史などがどんどんあらわれるようになり、しだいに増加していったのである。たとえば、民国の時期に、通史や概説による著作は三二種類、近代史研究の著作は二〇〇種類を数え、合わせて二三二種類の研究が出されている。これらは民国時代の著作全体（三〇七種類）の六五・一％を占め、また日本史研究の著作全体（六五七種類）のうち三〇・四％を占めるものである。このことは、二〇世紀以降、それまで各分野の総合的研究のなかに織り込まれていた日本史研究が、しだいに一つの独立した研究分野となっていったということを示している。

## 2　清代以前の日本史研究

前述のように、清代より以前の時期における日本史研究は、その多くが日本を総合的に紹介、記述し、分析する著作のなかに織り込まれていた。しかしそうはいっても、これらの著作のなかで日本史研究に言及した部分から、中国における日本史研究の最も早い時期の豊かな研究成果をみいだすことは可能である。

## ❖―――（1）明代以前の日本史研究

中国古代の地理書『山海経』の「海内北経」には、「倭」にたいする言及がある。本書には「蓋国在鉅燕之南、倭北、倭属燕」と記されている。『山海経』の成立は戦国か前漢の時期といわれている。またこのほかにも、前漢時代の歴史学者である班固は、『漢書・地理志』のなかに、「夫、楽浪海中有倭人、分為百余国、以歳時来献見云」と記している。これらは、日本の地理的な位置にかんしての記述として最も初期のものである。いっぽう、日本についての全面的な紹介と記述は、陳寿の『三国志・魏志・倭人伝』（西暦二八九年、晋の太康一〇年）が最も早期のものである。『倭人伝』は全部で一九八七文字あり、倭の地理的位置や、占卜、嗜好、結婚、刑罰、貿易、官吏、階級文化、信仰、政事、倭と魏の関係などについて記したもので、西暦二、三世紀、日本の弥生時代における社会の様相を全般的に映しだしている。ここから、中国における日本研究は、一七〇〇年前の『魏志・倭人伝』から始まっているということについては、確実にいえるだろう。また当然ながら、中国における日本史研究もまた、ここを起点としている。

『三国志・魏志・倭人伝』から明代に至るまでのあいだ、中国における日本についての記述は、すべて公式な正史のなかにみられる。それぞれの王朝では、本国の歴史についてのほかに周囲の隣国にかんしてもその正史のなかで述べており、日本もそのなかに含まれている。これらの王朝の正史には、『三国志』、『後漢書』、『宋書』、『南斉書』、『梁書』、『隋書』、『晋書』、『南史』、『北史』、『旧唐書』、『新唐書』、『宋史』がある。このほか、官の編纂による類書、たとえば宋代の『太平御覧』や『冊府元亀』のなかにも、日本に関連する資料がいくらか保存されている。

上述の官による正史のなかでも価値があるのは、『三国志』、『後漢書』、『宋書』、『隋書』、『宋史』である。『後漢書・東夷伝』の成立は四四五年（宋の元嘉二二年、范曄の編纂による）、その内容の大部分は『三国志・魏志・倭人伝』を踏襲したものであるが、部分的に削除、補充されたところがある。たとえば元の本では「倭人在帯方東南大海之中」とされていたものが、「倭在韓東南大海之中」と修正されているところなどである。『宋書・夷蛮列伝』の成立は四八八年（斉の永明六年、沈約による編纂）、全文で五六五文字である。この本では以前の正史を踏襲することをせず、すべて新資料によっている。そのなかには、讃、珍、済、興、武という倭の五王の系譜とその日本統一の過程が記されており、史料的価値が極めて高い。『隋書・東夷伝』の成立は六三六年（唐の貞観一〇年、魏徴らの編纂）、全文で一二九三文字、倭国の地理的位置や、倭の王とその官制、倭人の服飾、兵器、法制、裁判、生産、冠婚葬祭等について記している。なかでも、倭王（この王は推古天皇であろうと推定されている）が、使節をとおして隋の煬帝に「日出処天子致書日没処天子、無恙」と書かれた国書を送ったということが、とくに記されている。ここで解説しておく必要があるのは、『後漢書』から『隋書』まではすべて倭国伝、倭人伝、倭伝であったのが、『旧唐書』（成立は九四五年、後晋の開運二年、劉昫の編纂による）からは、倭国伝に代えて日本伝が設けられたという点である。「日本伝」の冒頭部分には、「日本国者、倭国之別称也」と記されている。『宋史・外国伝』の成立は一三四五年（元の至正五年、トクトらの編纂による）で、本書では、以前の正史のなかで用いられていた南蛮、東夷、西戎、北狄といった蔑視的呼称を廃止し、「外国」と呼ぶようになっている。『宋史・日本伝』には、以前の正史から引用された資料は少なく、大部分は新しい資料を利用して、日本の歴史と行政区画、さらに日本の神話時代の神々や歴代の天皇、またその間に発生した重大事件などについて詳細に記している。また日本の皇統の「万世一系」や、聖徳太子の伝説、漢字と仏教の伝来等の関連知識についても紹介している。

総じていえば、明代以前の日本史研究は、それぞれの王朝の官による書籍のなかに散見され、比較的詳細なものもあれば、簡略なものもある。ただし内容的には紹介と記述にとどまり、また多くは伝聞や以前の正史の踏襲によるもので、字数も限られており、形式的記述である。以上のことから、まだ一つの研究といえるものとなってはいないと考えられる。

## ❖――――（２）明代の日本史研究

明の時代は、「北虜」（北方のモンゴル人の侵入）と「南倭」（日本の海賊集団である倭寇の騒乱）に悩まされており、このため日本にたいする研究が強化されている。この時期、日本史に関連する研究書は非常にたくさん出され、官選による『元史・外夷伝』のほかに、『日本考略』、『籌海図編』、『日本風土記』（もしくは『日本考』）、『倭変事略』、『倭患考源』など多くのものがある。これらの民間の人びとが編纂に携わった著作においては、官選制度と官選による正史といった杓子定規な形式や、海を隔てた地域としての日本研究、さらに以前の正史の踏襲という研究の方法が打ち破られ、形式に限らず、内容や研究領域の面でも大きな変化があらわれた。このとき中国の日本史研究における第一次ブームが出現したのである。これらの総合的に日本を取り上げ紹介した著作のなかには、日本史関連の研究において、その形式のうえでも内容のうえでも新たな展開と深まりがみられるものがある。この点について、『日本考略』や『籌海図編』などの著作のなかにみていこう。たとえば薛俊による『日本考略』は、『魏志・倭人伝』や『隋書・東夷伝』、『宋史・日本伝』の内容を抜粋して、整理分類したものである。全体で一七篇あり、日本の沿革、辺界、州郡、属国、山川、特産、戸籍、世紀、制度、風俗、朝貢、防御などがある。そのなかでも「属国略」、「疆域略」、「朝貢略」、「寇辺略」は史料的価値がある。「寇辺略」は、明朝の洪武年間、永楽年間、正統年間、嘉靖年間に起きた倭寇騒乱の重要なものを記載している。本書は、官の編纂による歴史書の枠組みを打ち破り、独自な記述と紹介の方法をとったことにより、形式的にも内容的にもめざましい進歩と深まりを示すことができたのである。

『籌海図編』は、鄭若曽の編集によって明の嘉靖年間に成立した。全部で一三巻、挿絵も多く、日本を仮想敵国とした海防全書である。本書の「倭国事略」は、倭寇の行動規範やその出身地などについて分析研究を行っており、また中国の皇帝と日本の天皇の相違についても比較・論述を行っている。「倭国事略」のなかの「寄語島名」という節では、八一の島々の名前が挙げられている。『日本一鑑』は鄭舜功による著作である。作者は、一五五六年に日本を訪れその状況を探るという命を受け、六カ月のあいだ日本に滞在した。「其の風俗を咨し、其の地位を詢し、其の説を聞くを得、其の書を覧るを得」て、現地調査を行い、帰国後に『日本一鑑』を執筆した。本書は、「桴海図径」、「絶島新編」、「窮河話海」の三つからなる。「窮河話海」は七つの項目に分けることができ、それぞれ日本の歴史沿革、職員、人物、祭喪、尊崇、称呼、風土等について記述され、内容は豊かでかつ詳細である。そのうち、職員欄では三百余りの官職名が紹介され、また国君欄では天皇が譲位したあとの上皇の院号を記述している。人物欄では歴史上の有名人物の紹介が行われ、室宇欄では住まいの名称を紹介している。こうした内容は、これまでの正史のなかでは扱われたことのないものであり、なおかつ現地調査と歴史書の調査、閲覧をとおして得られたもので、信頼性があり、史料的価値も比較的高い。

このほか、注目に値するものとして、『日本考略』のなかの「日本地理図」や、『籌海図編』のなかの「日本国図」、『日本風土記』のなかの「日本国図」、『日本一鑑』のなかの六幅の「日本国図」といったものは、非常に貴重な日本の歴史地図であり、重要な史料的価値を有している。

## 3　清代の日本史研究

清代に入り、とりわけ一九世紀中葉以降、明治維新によって日本が急速に資本主義の道を進むようになる。これにともなって、多くの中国の留学生や研究者、愛国の志士たちが日本留学や訪問を行い、日本の明治維新を研究して中国の富強への道を探求するようになった。こうした背景のもと、明治維新の頃から二〇世紀初頭にかけて、中国では日本を研究しそれに学ぼうというブームが巻き起こった。こうして中国における日本史研究の第二次ブームがあらわれたのである。

この時期の、日本を記述し研究する著作のなかで、①日本通史、概説に類するものは五種類ある。たとえば、『日本沿革』（傅雲龍撰、王錫祺輯、一八九七年）、『日本歴史』（張楠撰、一九〇六年）など。②歴史的人物にかんするものには二種類、すなわち『日本近世豪傑小史』（商務印書館編、一九〇三年）、『伊藤博文』（民友社編、一九〇三年）である。③日本総論は九二種類で、これらの総合的に日本を紹介・研究した著作のなかには、日本の歴史研究に関連するものも少なくない。たとえば、官の出版による『大清統一志』の「日本条目」には、日本の「建制沿革」の簡単な紹介がある。『明倭寇始末』（谷応嘉撰、曹溶輯、一八三一年）は倭寇の騒乱について記しており、『外国紀』（張玉書撰、沈懋徳輯、一八三三年）や『五千年中外交渉史』（屯廬主人輯、一八三三年）などは、中日の交流について言及している。しかし、以下に取り上げる著作が日本史研究とより密接な関連を有していることは、注目に値するものである。

### ❖――（1）『日本源流考』、『吾妻鏡補』および『日本国志』

『日本源流考』は王先謙によるもので、全二二巻。二一巻までは天皇の系譜に従い、日本の建国から明治二六（一八九三）年までの歴史を記述しており、最後の一巻では、日本の国号、地理、礼俗、兵器、物産等についてそれぞれ紹介している。当該書では、比較的全面的で系統立った日本の歴史と明治維新の紹介、記述が行われている。『吾妻鏡補』は翁広平の編纂によるもので、全三〇巻（二八巻本もある）である。一巻から一〇巻は系譜表で、二三代の神話時代の天皇とその後の一二〇代までの天皇の系譜（神武天皇から光格天皇まで）を紹介し、あわせて各天皇の在位期間における重大事件について記載している。第一八巻の職官制では、四四種類八三の官職名を列挙し、第二九巻兵事のなかの「平壌録」では、豊臣秀吉の朝鮮侵略戦争について記している。『日本国志』は黄遵憲の著作で、全四〇巻。一表（中東年表）と一二志からなっている。「中東年表」の「中」は中国、「東」は日本を意味し、中日対照年表のことである。中国の周の恵王三七年から光緒七年まで、すなわち日本の神武元（紀元前六六〇）年から明治一四（一八八一）年までで

後ろの二巻は日本と西洋各国との交流史に当てられている。隣交志（五巻分）の初めの三巻は中日関係史について、要求する自由民権運動までの日本の歴史について述べている。

ある。国統志（三巻分）では、日本の高天原の神話時代から、明治一一―一二（一八七八―一八七九）年の国会開設を

## ❖――（2）『日本新政考』と『日本変政考』

『日本新政考』は顧厚焜によるもので、作者が一八八七年に訪日したときの報告書である。二巻本で、巻一は洋務部、財用部、陸軍部、海軍部、巻二は考工部、治法部、紀年部、爵禄部、輿地部からなり、日本の明治維新が推進するところの新政について全般的に紹介し、記述するものである。

『日本変政考』は、康有為によって書かれた編年体による歴史学の著作である。明治元（一八六八）年から明治二二（一八八九）年までの重要な出来事について述べており、とくに明治政府が実施した一連の改革について取り上げている。著者である康有為は、それぞれの改革措置にたいして注釈を加え、その利害得失を指摘している。注釈は全体で一五三項目ある。光緒帝が「百日維新」にさいして発布した詔書では、この注釈を参考としたものが少なくないといわれており、そのため本書は「百日維新の教科書」と呼ばれている。この編年体による明治維新史は、この時期の日本史の研究書のなかで最も重要なものである。

総じていえば、清代の日本史研究は、主として日本を総合的に紹介し記述する著作のなかに体現されているが、一九世紀半ば以降、日本研究が深まるにつれて、『日本変政考』を代表例とした専門的な歴史研究書があらわれてくるようになる。このほか、清代には、日本人が編纂したいくつかの日本史研究書が中国語に翻訳され、中国に紹介されるようになった。この時期における、日本史研究の訳本は四六種類、そのうちで、日本総論は一種類、通史概説は二七種類、古代史および中世史二種類、近代史は一〇種類、歴史的人物については六種類である。このことから、一九世紀半ば以

降、とくに一九世紀末から二〇世紀初頭において、中国の日本史研究は一つの独立した研究領域として始動したことがわかるだろう。

## 4 中華民国期の日本史研究

民国期の中国における日本研究は相当大きく発展したが、日本史研究についても同様である。この時期の日本史研究は、主に一九一二―一九三〇年と、一九三一―一九四五年という大きな二段階に分けられる。一九四六―一九四八年はもう一つの小段階とみていいだろう。

まず全体的な研究状況をみておこう。民国期の日本史研究の著作は合わせて三〇七種類（そのうち、一九一二―一九三〇年の段階は三三種類、一九三一―一九四五年は二四七種類、一九四六―一九四八年は二七種類）である。その内容によって区分すれば、①日本総論は五二種類（そのうち、一九一二―一九三〇年は二一種類、一九三一―一九四五年は三一種類）、②通史、概説は三二種類（そのうち、一九一二―一九三〇年は六種類、一九三一―一九四五年は二二種類、一九四六―一九四八年は四種類）、③古代史および中世史が一種類（そのうち一九三一―一九四五年が一種類）、④近代史は二〇〇種類（そのうち、一九一二―一九三〇年は六種類、一九三一―一九四五年は一八一種類、一九四六―一九四八年は一三種類）、⑤戦後史は一〇種類（そのうち一九四六―一九四八年が一〇種類）、⑥歴史的人物については一二種類（そのうち一九三一―一九四五年が一二種類）となる。

このほかに、当該時期の日本史研究の翻訳書は一二一種類（そのうち、一九一二―一九三〇年は二〇種類、一九三一―一九四五年が八五種類、一九四六―一九四八年が一六種類）ある。内容区分を以下に記せば、①日本総論が一〇種類（そのうち一九三一―一九四五年が一〇種類）、②通史、概説が三八種類（そのうち一九一二―一九三〇年は九種類、一九三一―一九四五年が二四種類、一九四六―一九四八年が五種類）、③近代史が六三種類（そのうち一九一二―一九三〇年は一〇種類、一九三一―一九四五年は四四種類、一九四六―一九四八年は九種類）、④戦後史は二種類（そのうち一九四六―一九四八年が二種類）、⑤歴史的人物については八種類（そのうち一九一二―一九三〇年が一種類、一九三一―一九四五年が七種類）である。

次に、一九三一―一九四五年の研究状況についてみてみよう。この段階では、①日本史研究の著作は全部で二四七種類あり、民国期全体での総数（三〇七種類）の八〇・五％を占める。②日本史の翻訳書はあわせて八五種類で、民国期の総数（一二一種類）の七〇・二％を占める。ここから、一九三一―一九四五年段階、つまり満洲事変（「九一八事変」）の勃発から日本帝国主義の崩壊までの段階において、日本史研究の著作数は大きく増加し、内容も豊富になったことがみてとれる。この段階は、中国における日本史研究の第三次ブームといっていいだろう。

以下では、一九一二―一九三〇年段階と、一九三一―一九四五年段階の二つの主要な時期における研究の概況をみていこう。

## ❖―――――（1）一九一二―一九三〇年

この段階における日本史研究の著作数は三三種類である。内容的な区分としては、①日本総論が二一種類。主なものに『新元史・外国伝』（柯劭忞、一九二〇年）、『清史稿・邦交志』（趙爾巽他、一九二七年）、『日本論』（戴季陶、一九二八年）、『日本研究』（陳彬和、一九三八年）、『日本生活』（李宗武、一九二九年）、『日本帝国主義』（一九二九年）、『日本帝国主義与東三省』（許興凱、一九三〇年）、『日本帝国主義的真面目』（李士剛、一九二五年）、『日本民族性』（陳徳征、一九二八年）、『日本徳意志民族性之比較研究』（潘光旦、一九三〇年）がある。②日本通史、概説は六種類で、主要なものとして、『日本小史』(章柳泉、一九二六年)、『日本全史』(陳恭禄、一九二七年)、『日本史ABC』(李宗武、一九二九年)、『日本社会運動史』(馬公越、一九二九年)がある。③近代史は六種類で、主なものとして、『日俄戦争』(呂思勉、一九二八年)、『日本資本主義研究』(巴克編著、一九二九年)、『日本政党史』(盛小明、一九二九年)、『日本収回関税権之経過』(盛俊、一九二五年)がある。

一九一二―一九三〇年における日本史研究の翻訳書は二〇種類あり、内容的には、①通史、概説が九種類、②近代史が一〇種類、③歴史的人物が一種類である。

この段階における、中国の日本史研究については、以下のような諸点が注目に値しよう。

(1)日本史の研究書と翻訳書にかんして、清代と比べても数量的にいくらか増加している。

(2)この時期は、中国人のもつ日本観が根本的な転換を遂げるのに従い、日本にたいする研究も、かつてのような客観的に日本を紹介したり、明治維新や日本の近代改革を宣伝・称揚する研究から、しだいに日本帝国主義を研究しその本質を暴露し批判するものへと変化していった時代である。そのため、『日本帝国主義的真面目』といった著作もあらわれるようになった。

(3)研究は深まりをみせ、いくつかの専門の歴史やテーマの研究書も出されている。たとえば、『日本論』、『日本民族性』、『日本徳意志民族性之比較研究』、『日本資本主義研究』、『日本政党史』、『日本社会運動史』など。またたとえば、戴季陶の『日本論』は日本にかんする総合的な研究書であるが、その文中の日本史に関連する部分(たとえば明治維新史の研究)などは、かなり高度な内容の研究である。

## ❖―――(2) 一九三一―一九四五年

この段階における日本史研究の著作は、全部で二四七種類あり、内容区分からみると、①日本総論が三一種類で、その主要なものに、『日本国民性』(王文萱、一九三三年)、『中日民族論』(繆鳳林、一九三三年)、『日本神国思想的形成及其影響』(姚宝猷、一九三五年)、『日本人——一人外国人的研究』(蔣百里、一九三九年)、『日本主義批判』(李毓田、一九三八年)、『日本主義没落』(謝光南、一九四四年)、『日本研究』(陳伯康、一九三九年)、『日本的軍部、財閥、政党』(鄭学稼、一九三七年)などがある。②通史、概説が二三種類で、主なものとして、『日本現代史』(陳鋒、一九三一年)、『日本財閥史論』(鄭学稼、一九三六年)、『六十年来日本経済発展史』(査士驥、一九三一年)、『日本史』(盧文迪、一九三五年)、『日本歴史』(蘇国図、一九三五年)、『日本通史』(章欽亮、一九四二年)、『日本歴史概説』(王迅中、一九四二年)、『日本史——一部軍閥専政史』(卜少夫、一九三九年)などがある。③古代史および中世史は一種類で、『幕府時代之日本外交』(李馨畹、一九三九年)である。④近代史は一八一種類、⑤歴史的人物は一二種類である。

この段階における日本史研究の翻訳書は八五種類あり、内容的に分けると、①日本総論が一〇種類、②通史、概説が二四種類、③近代史が四四種類、④歴史的人物が七種類である。

一九三一—一九四五年段階の中国における日本史研究で、注目に値する点は以下のようである。

(1) 日本史の研究書と翻訳書の数は、この時期以前よりも目にみえて増加している。たとえば、この段階の日本史の研究書数は二四七種類で、民国期の日本史の研究書全体(三〇七種類)の八〇・五%を占める。日本史研究にかんする翻訳書は八五種類で、民国期の日本史研究の翻訳書全体(一二一種類)の七〇・二%を占める。日本の通史と概説についての研究書の数と、日本近代史の研究にかんする著作数を、一九一二—一九三〇年段階と一九三一—一九四五年段階についてそれぞれ比べると、通史・概説は六種類から二三種類へ、近代史は六種類から一八一種類へと増加している。

(2) 研究の幅も広がり、内容的にも深まりをもつようになった。近代史研究を例にとろう。一八六八—一九一八年の期間を対象とした研究を近代史(一)とすれば、一九三一—一九四五年段階での近代史(一)の研究著作数は二五種類である。そのうち、①近代史概説は一九種類で、主要なものに、『日本廃除不平等条約小史』(崔万秋、一九三八年)、

『日本政党史』（曹右芹、一九三五年）、『日本制憲史』（趙南柔・周伊武、一九三三年）などがある。②明治維新研究は六種類で、その主要なものに、『日本維新三十年』（古同資、一九三五年）、『日本明治維新運動』（李建芳、一九三七年）、『日本明治維新史綱（上篇）』（鄭学稼、一九四〇年）、『日本明治維新前史』（張水淇、一九四一年）、『日本維新史』（何茲全、一九四二年）などがある。

一九一八—一九四五年を対象とした研究を近代史（二）とすると、一九三一—一九四五年段階での近代史（二）の著作数は一五六種類であり、これらの著作の主要なもののテーマとしては以下のものがある。①戦時期の日本概況についての研究をテーマとするものは九四種類あり、そのうちの多くは、戦時期の日本の政治、経済、軍事といった状況を紹介し記述するものである。②日本のファシズム化をテーマとする研究書は一三種類で、その主なものに、『日本法西斯蒂運動之研究』（楊偉昌、一九三二年）、『日本法西斯主義』（傅無退、一九三三年）、『日本法西斯運動之展望』（周伊武、一九三三年）、『日本的財閥、軍部与政党』（思慕、一九三七年）、『日本二・二六政変与中日問題』（張雲伏、一九三六年）、『近衛体制批判』（林煥平、一九四〇年）、『日本軍部与法西斯蒂』（柳仁、一九三八年）などがある。③日本の戦時外交をテーマとする研究書は三〇種類で、主なものに、『日本的外交』（江蘇省立教育学院編、一九三一年）、『日本之東亜門羅主義』（蒋震華、一九三三年）、『日本与遠東問題』（楊剣秀、一九三四年）、『戦時日本之外交』（潘昂立、一九三八年）、『日俄関係概観』（一九三五年）などがある。④日米関係と太平洋戦争の研究書が一五種類あり、主要なものに、『日美在太平洋上之経済戦』（蒋震華、一九三三年）、『日美遠東対立史的考察』（蔡可成、一九三四年）、『日美関係概観』（一九三五年）、『太平洋戦争之研究』（呉光傑、一九四二年）、『太平洋戦争第一年』（一九四三年）などがある。⑤日本の敗戦降伏と日本人民の反戦活動についての研究書が一〇種類あり、主要なものに、『日本帝国的毀滅』（江肇基、一九四五年）、『日本人民的反戦運動』（宋斐如、一九三八年）などがある。

これらの研究は、おおよそ二つに大別できる。①は、明治維新関連やファシズム化といった特定テーマの研究にかんする著作であり、それぞれのテーマの研究としては初歩的なものであるとしても、これらの研究はすべて日本史研究の専門書に属するものである。②は、戦時期の日本外交、日米関係、太平洋戦争、日本の敗戦降伏などの分野の研究であり、その大半は、一九三一―一九四五年の期間の日本の現状（政治、経済、軍事、外交等）について紹介、記述、研究するものである。これらの研究書もまた、広い意味では、この時期の現代日本史ということができるだろう。

## 5　中華人民共和国期の日本史研究

中華人民共和国建国から現在までの日本史研究は、この時期の中国における日本研究と同様に、大きく二つの時期に分けることができる。第一期は一九四九―一九七八年の期間（この時期は、一九四九―一九六六年と一九六六―一九七八年の二段階に分けられる）であり、第二期は一九七九年以降現在までである。以下にみていこう。

統計的にみると、中華人民共和国期の日本史研究の概況は以下のとおりである。

（1）日本史の研究書は、合わせて二〇三種類（そのうち一九七九年以降のものが一六二種類で、八〇％を占める）である。その内容から区分すると、①日本総論が四三種類（そのうち一九七九年以降のものが四三種類）、②通史、概説は三三種類（そのうち一九七九年以降のものが二一種類）、③古代史および中世史は九種類（そのうち一九七九年以降のものが八種類）、④近代史が三三種類（そのうち一九七九年以降のものが三〇種類）、⑤戦後史が三八種類（そのうち一九七九年以降のものが二四種類）、⑥歴史的人物についてが一二種類（そのうち一九七九年以降のものが一二種類）である。

（２）日本史の翻訳書は合わせて一九三種類（そのうち一九七九年以降のものが一三二種類で、六八・四％を占める）である。内容から区分すると、①日本総論が二二種類（そのうち一九七九年以降のものが一九種類）、②通史、概説は三三種類（そのうち一九七九年以降のものが二〇種類）、③古代史および中世史は二種類（そのうち一九七九年以降のものが一種類）、④近代史が五〇種類（そのうち一九七九年以降のものが三三種類）、⑤戦後史が三三種類（そのうち一九七九年以降のものが二一種類）、⑥歴史的人物についてが五三種類（そのうち一九七九年以降のものが三八種類）である。

（３）日本史の研究論文は、合わせて一九五六本（そのうち一九七九年以降のものが一八四九本で、九四・六％を占める）にのぼる。その内容的区分でみれば、①日本史研究にかんする評論が二二七本（そのうち一九七九年以降のものが二一二本）、②古代史が一三一本（そのうち一九七九年以降のものが一二五本）、③中世史は一三〇本（そのうち一九七九年以降のものが一一九本）、④近代史が九七一本（そのうち一九七九年以降のものが九三〇本）、⑤戦後史が三九〇本（そのうち一九七九年以降のものが三六四本）、⑥歴史的人物については一〇七本（そのうち一九七九年以降のものが九九本）である。

（４）日本史研究の翻訳された論文は、合わせて三一六本（そのうち一九七九年以降のものが二八一本で、八九％を占める）にのぼる。その内容的区分でみれば、①日本史研究にかんする評論が七〇本（そのうち一九七九年以降のものが六〇本）、②通史、概説が一〇本（そのうち一九七九年以降のものが一〇本）、③古代史および中世史は四三本（そのうち一九七九年以降のものが四〇本）、④近代史が一一五本（そのうち一九七九年以降のものが一〇四本）、⑤戦後史が二六本（そのうち一九七九年以降のものが二〇本）、⑥歴史的人物については五二本（そのうち一九七九年以降のものが四七本）である。

上記のような統計データは、次のことを示しているといえよう。①中華人民共和国の成立以降、中国における日本史研究はもう一つ新しい時代に入ったのであり、かなり大きな発展があった。これまでの日本史の研究書はすべて合わせて六五七種類あるが、そのうち中華人民共和国期のものが二〇三種類であり、全体の三〇・八%を占めている。日本史研究の翻訳書は全体で三六〇種類であり、そのうち中華人民共和国期のものは一九三種類、全体の五三・六%を占める。②中華人民共和国期の日本史研究は、八〇年代の改革開放以降に盛んに発展した。一九七九年以降の、日本史研究の著作数、翻訳書数、論文、翻訳された論文数は、中華人民共和国期全体のなかで、それぞれ著作が八〇%、翻訳書は六八・四%、論文は九五%、翻訳論文は八九%を占めている。この点から、一九七九年以降、中国における日本史研究が第四次ブームに入ったことがみてとれる。

中華人民共和国成立後の第一期(一九四九—一九七八年)のあいだには、「文化大革命」のために、一九六六年以後一〇年にわたって、日本史研究が停滞状態に陥っていた期間がある。そのため、この第一期における日本史研究は、主にその第一段階、つまり一九四九—一九六六年の期間のものに代表される。統計的には、一九四九—一九六六年のあいだの日本史の研究書は三七種類で、一九四九—一九七八年の研究書総数四一種類の九〇・二%を占める。

一九四九—一九六六年にかけての、日本史の研究論文数は七九本で、一九四九—一九七八年の研究論文総数一〇七本の七三・八%を占める。内容的な区分でみれば、①日本史研究にかんする評論が一〇本(一九四九—一九七八年における論文総数一五本のうちの六七%)、②古代史および中世史は一五本(一九四九—一九七八年における論文総数一六本のうちの九四%)、③近代史が二八本(一九四九—一九七八年における論文総数四一本のうちの六八・三%)、④戦後史は二二本(一九四九—一九七八年における論文総数の八五%)、⑤歴史的人物については四本(一九四九—一九七八年における論文総数八本のうちの五〇%)となる。

一九四九—一九六六年にかけての日本史研究の内容からみると、その研究の多くは当時の国際情勢とタイアップし、戦後日本の紹介、および日本国内のいくつかの動向とアメリカの対日政策の暴露と批判を行っている。六〇年代前半になると、明治維新や、東方会議と「田中上奏文」といったテーマをめぐって、いくつかの著作や論文が発表・出版されている。たとえば、一九四九―一九六六年に発表された明治維新研究の論文は一七本で、その主なものとして、「明治維新前後的農民運動」（周一良）、「明治維新前日本社会各階級的分析」（韓承文）、「関於明治維新的幾個問題」（周一良）、「明治維新和維新政権」（呉廷璆）などがある。このことは、日本史研究において学術的雰囲気が強くなってきたことを示しているが、しかしこの状況はすぐに「文化大革命」によって中断されてしまった。

前述のように、一九七九年以降、中国の日本史研究は精力的に発展し、研究のレベルのうえでも、またその深まりの点でも目にみえる発展と向上があった。

（1）一九七九年以降、日本総論に類する著書は四三種類、日本通史、概説の類は二一種類、古代史および中世史の研究書は八種類、近代史の研究書は三〇種類、戦後史の研究書には二四種類がある。これらの著作には、通史もあれば、特定の時代の歴史、特定の専門についての歴史もあり、また資料集、論文集、目録索引などもあり、形式は多様である。たとえば通史の主要なものに『日本通史』（趙建民・劉予葦主編、一九八九年）、『日本史』（呉廷璆主編、一九九四年）があり、特定の時代の歴史にかんする主要な研究には『簡明日本古代史』（王金林、一九八四年）、『日本近代史』（万峰、一九七八年、増訂版一九八一年）、『簡明日本近代史』（呂万和、一九八四年）がある。専門テーマの歴史としては『邪馬台国』（汪向栄、一九八二年）、『日本大化改新』（禹碩基、一九八五年）、『日本産業革命史』（劉天純、一九八四年）、『日本資本主義史研究』（万峰、一九八四年）、『日本改革史綱』（劉天純、一九八八年）、『明治維新史』（伊文成・馬家駿主編、一九八七年）、『日本戦後体制改革』（田桓、一九九〇年）、『戦後日本外交史』（宋成有・李寒梅他、一九九五年）、『日本歴史人物伝（古代中世篇）』（伊文成・王金林他、一九八四年）、『日本歴史人物伝（近現代篇）』（伊文成・湯重南他、一九八七年）などがある。これらの著作、とくに通史や特定の時代の歴史、専門テーマの歴史にかんする著作の出版は、中国における日本史研究をさらに一歩向上させるものであった。

（2）一九七九年以降、中国における日本史研究では、日本史の主要な分野にたいする言及が行われてきた。日本史にたいする研究論文の統計データと合わせて説明していこう。

中華人民共和国期になってからの日本史研究の論文は合わせて一九五六本あり、そのうち一九四九—一九六六年までのものが七九本（全体の四%）、一九六六—一九七八年のものは二八本（一・四%）、一九七九年以降のものは一八四九本（全体の九四・六%を占める）である。一九七九年以降の一八四九本の論文は、その言及されている分野も比較的大きい。以下大きく七つに区分してみていこう。

A．日本史研究の評論では、合わせて二一二本の論文がある（一八四九本中の一一・五%を占める）。そのうち、日本における日本史研究にたいする評論が七一本、中国における日本史研究への評論は六九本、その他の国における日本史研究にたいする評論は一一本である。そのほかにも、国内の日本史研究の書評が六二本ある。

B．古代史研究の論文は一二五本ある（全体で一八四九本あるなかの六・七%を占める）。そのうち、古代史についての概説的な論文、五八本を除いた場合の、テーマと論文本数は、①日本の起源（一四本）、②邪馬台国（一九本）、③大和朝廷（大和国家）の統一（七本）、④大化の改新（二七本）となっている。

C．中世史の研究論文は一一九本ある（一八四九本中の六・四%）。そのうち、研究テーマと論文数は、①日本の封建社会総論（二四本）、②鎌倉・室町幕府の概説（一〇本）、③豊臣秀吉と朝鮮侵略戦争（七本）、④徳川幕府における鎖国政策や商品経済、武士階級、農民闘争、洋学など（七八本）である。

D．近代史（一）（一八六八—一九一八年）の研究論文は四九三本ある（一八四九本中の二六・七%）。その研究テーマと論文本数は、①明治維新（二二八本）、②明治期の対外関係（一〇八本）、③明治期の社会運動と社会的思潮（一四本）、④日本の近代化（八三本）である。

E．近代史（二）（一九一八―一九四五年）の研究論文は四三七本ある（一八四九本中の二三・六％）。その研究テーマと論文本数は、①農民・労働者運動と社会主義運動（一五本）、②民主運動と政党政治（一四本）、③ファシズム化（五一本）、④日英関係（七本）、⑤日独・日伊関係（一五本）、⑥日ソ関係（三一本）、⑦日本と東南アジア関係（一二本）、⑧日米関係と太平洋戦争（一一二本）、⑨日本の敗戦降伏（一二三本）、⑩日本人民の反戦活動（五七本）である。

F．戦後史研究の論文は三六四本ある（一八四九本中の一九・七％を占める）。その研究テーマと論文本数は、①戦後史概説（一三本）、②アメリカの対日占領政策（一九本）、③日本の戦犯裁判（三〇本）、④戦争賠償問題（一八本）、⑤対日講和条約問題（二本）、⑥戦後初期の民主改革（二九本）、⑦吉田内閣とその政策（一五本）、⑧戦後政治体制（三九本）、⑨戦後経済史（一四本）、⑩社会的思潮と社会運動（一五本）、⑪戦後の対外関係（七一本）である。

G．歴史的人物にかんする研究論文は九九本ある（一八四九本中の五・四％）。研究テーマと論文本数は、①古代・中世史の人物（八本）、②近代史の人物（二五本）、③戦後政界の人物（三〇本）、④天皇と皇族（七本）、⑤著名な学者と作家（二七本）である。

（3）一九七九年以降、中国における日本史研究の学界で注目されてきたテーマと話題には、以下のものがある。

A．古代史研究［一九七九年以降、古代史研究の論文には一二五本ある］。①邪馬台国：研究論文は一九本（一二五本中の一五・二％）。そのうち邪馬台国の地理的位置に関連した論文は六本、邪馬台国の社会的性格についての論文は六本、その他の七本は総合的な研究論文である。②大和朝廷（大和国家）：研究論文は一九本で、主に大和朝廷の国家統一プロセスについて、大和の国の社会制度と社会的状況、および対外関係について取り上げられている。③大化の改新：研究論文は二七本で、主に大化の改新の歴史的背景、「改新の詔」の真偽について、改新のプロセスと改新政策の実施、改新以降の日本社会、改新の評価などについて取り上げている。

B．中世史研究［一九七九年以降、中世史の研究論文は一一九本ある］。①日本の封建社会への移行とその特徴について：研究論文は二四本（一一九本中の二〇％）。②鎌倉幕府と室町幕府に関連した問題（武家社会の形成とその社会経済状況等について）：研究論文は一〇本（一一九本中の八・四％）。③徳川幕府に関連した問題：研究論文は七八本（一一九本中の六六％）。そのうち、鎖国政策についての論文は八本、商品経済についての論文は九本、武士階級についての論文は一二本、洋学を扱った論文は一六本である。

C．近代史（一）（一八六八―一九一八年）研究［一九七九年以降、近代史（一）研究の論文は四九三本ある］。

①明治維新：研究論文は二二八本（四九三本中の四六・二％）。その研究テーマと論文本数は、明治維新以前の国内外情勢について（一四本）、倒幕運動（二六本）、明治維新の性格について（四二本）、維新における歴史的人物（二六本）、維新以後の改革について（三五本）、明治維新と産業革命（三六本）、明治維新と近代政治体制の確立（二七本）、明治憲法と近代天皇制（二二本）である。ここからも、明治維新の研究は、一貫して中国の日本史研究の重要テーマ、あるいはホット・トピックであったことが分かる。

②大陸政策と軍国主義：研究論文は三九本（四九三本中の七・九％）。

③日本の近代化：研究論文は八三本（四九三本中の一六・八％）。

D．近代史（二）（一九一八―一九四五年）研究［一九七九年以降、近代史（二）研究の論文は四三七本ある］。

①日本のファシズム化：研究論文は五一本（四三七本中の一一・七％）。

②日米関係と太平洋戦争：研究論文一一二本（四三七本中の二五・六％）。その研究テーマと論文本数は、日米関係（一五本）、日本の「南進」と「北進」（一二本）、太平洋戦争勃発（二六本）である。

③日本の敗戦降服：研究論文は一二三本（四三七本中の二八・一％）。その主要な研究テーマと論文本数は、日本の降服についての総論（一三本。そのうち、日本は「有条件」降服か無条件降伏かの論争にかかわる論文が八本ある）、日本の降服の原因（三一本）、「大東亜共栄圏」の破滅と日本の降服（三六本）、天皇の戦争責任（一五本）、戦争にたい

する日本の反省（二八本）である。

E．戦後史研究［一九七九年以降、戦後史研究の論文は三六四本ある］。

①アメリカの対日占領政策とその変遷、またこれと関連した日本の戦犯裁判、戦争賠償問題、対日講和条約問題など：研究論文は六九本（三六四本中の一九％）。

②戦後初期の民主改革（財閥解散、農地改革、憲法改正、労働改革など）：研究論文は二九本（三六四本中の八％）。

③吉田内閣とその政策：研究論文は一五本（三六四本中の四％）。

④五五年体制と戦後の国内政局、および戦後経済史（戦後の高度経済成長の原因、政府のマクロ経済管理、それに相関する経済政策とその変遷など）：研究論文は五三本（三六四本中の一五％）[1]。

⑤戦後の対外関係（外交政策とその変遷、大国政治と日本の国際化など）：研究論文は七一本（三六四本中の二〇％）。

表１　中国における日本史研究論著の統計（著作と翻訳書）[iii]

| | | 総計 | 清代以前 | | | | 民国時代 | | | | 中華人民共和国時代 | | | | | | |
|---|---|---|---|---|---|---|---|---|---|---|---|---|---|---|---|---|---|
| | | | 計 | 時期区分 | | | 計 | 時期区分 | | | 計 | 1949－1978 | | | 1979－ | | |
| | | | | | | | | | | | | 小計 | 時期区分 | | 小計 | 時期区分 | |
| | | | | 明代以前 | 明代 | 清代 | | 1912～1930 | 1931～1945 | 1946～1948 | | | 1949－1966 | 1946－1948 | | 1979－1989 | 1990－ |
| 著作 | （1）日本総論 | 235 | 140 | 22 | 26 | 92 | 52 | 21 | 31 | | 43 | | | | 43 | 24 | 19 |
| | （2）通史・概説 | 70 | 5 | | | 5 | 32 | 6 | 22 | 4 | 33 | 12 | 10 | 2 | 21 | 10 | 11 |
| | （3）古代史・中世史 | 10 | | | | | 1 | | 1 | | 9 | 1 | 1 | | 8 | 7 | 1 |
| | （4）近代史（一） | 59 | | | | | 31 | 6 | 25 | | 28 | 3 | 1 | 2 | 25 | 15 | 10 |
| | （5）近代史（二） | 174 | | | | | 169 | | 156 | 13 | 5 | | | | 5 | 2 | 3 |
| | （6）戦後史 | 83 | | | | | 10 | | | 10 | 38 | 14 | 14 | | 24 | 6 | 18 |
| | （7）歴史的人物 | 26 | 2 | | | 2 | 12 | | 12 | | | | | | 12 | 9 | 3 |
| | 合　計 | 657 | 147 | 22 | 26 | 99 | 307 | 33 | 247 | 27 | 203 | 41 | 37 | 4 | 162 | 82 | 80 |
| 翻訳書 | （1）日本総論 | | 1 | | | 1 | 10 | | 10 | | 22 | 3 | 3 | | 19 | 10 | 9 |
| | （2）通史・概説 | | 27 | | | 27 | 38 | 9 | 24 | 5 | 33 | 13 | 13 | | 20 | 16 | 4 |
| | （3）古代史・中世史 | | 2 | | | 2 | | | | | 2 | 1 | 1 | | 1 | 1 | |
| | （4）近代史（一） | | 10 | | | 10 | 18 | 8 | 8 | 2 | 25 | 14 | 14 | | 11 | 11 | |
| | （5）近代史（二） | | | | | | 45 | 2 | 36 | 7 | 25 | 3 | 3 | | 22 | 14 | 8 |
| | （6）戦後史 | | | | | | 2 | | | 2 | 33 | 12 | 7 | 5 | 21 | 12 | 9 |
| | （7）歴史的人物 | | 6 | | | 6 | 8 | 1 | 7 | | 53 | 15 | 5 | 10 | 38 | 32 | 6 |
| | 合　計 | | 46 | | | 46 | 121 | 20 | 85 | 16 | 193 | 61 | 46 | 15 | 132 | 96 | 36 |

表２　中国における日本史研究論著の統計（論文と翻訳論文）

| | | | 中華人民共和国時代 | | | | | | |
|---|---|---|---|---|---|---|---|---|---|
| | | | 計 | 1949－1978 | | | 1979－ | | |
| | | | | 小計 | 時期区分 | | 小計 | 時期区分 | |
| | | | | | 1949－1966 | 1966－1978 | | 1979－1989 | 1990－ |
| 論文 | 1 | 日本史研究評論 | 227 | 15 | 10 | 5 | 212 | 107 | 105 |
| | 2 | 古代史 | 131 | 6 | 5 | 1 | 125 | 68 | 57 |
| | 3 | 中世史 | 130 | 11 | 10 | 1 | 119 | 54 | 65 |
| | 4 | 近代史（一） | 526 | 33 | 21 | 12 | 493 | 287 | 206 |
| | 5 | 近代史（二） | 445 | 8 | 7 | 1 | 437 | 228 | 209 |
| | 6 | 戦後史 | 390 | 26 | 22 | 4 | 364 | 154 | 210 |
| | 7 | 歴史的人物 | 107 | 8 | 4 | 4 | 99 | 41 | 58 |
| | | 合　計 | 1956 | 107 | 79 | 28 | 1849 | 939 | 910 |
| 翻訳論文 | 1 | 日本史研究評論 | 70 | 10 | 10 | | 60 | 38 | 22 |
| | 2 | 古代史 | 10 | | | | 10 | 6 | 4 |
| | 3 | 中世史 | 43 | 3 | 3 | | 40 | 32 | 8 |
| | 4 | 近代史（一） | 48 | 6 | 5 | 1 | 42 | 29 | 13 |
| | 5 | 近代史（二） | 67 | 5 | 4 | 1 | 62 | 49 | 13 |
| | 6 | 戦後史 | 26 | 6 | 6 | | 20 | 11 | 9 |
| | 7 | 歴史的人物 | 52 | 5 | 5 | | 47 | 39 | 8 |
| | | 合　計 | 316 | 35 | 33 | 2 | 281 | 204 | 77 |

表３　中国における日本史研究論著の統計（著作分類細目）

| | | 総計 | 清代以前 | | | | 民国時代 | | | | 中華人民共和国時代 | | | | | | |
|---|---|---|---|---|---|---|---|---|---|---|---|---|---|---|---|---|---|
| | | | 計 | 時期区分 | | | 計 | 時期区分 | | | 計 | 1949−1978 | | | 1979− | | |
| | | | | | | | | | | | | 小計 | 時期区分 | | 小計 | 時期区分 | |
| | | | | 明代以前 | 明代 | 清代 | | 1912−1930 | 1931−1945 | 1966−1978 | | | 1949−1966 | 1966−1978 | | 1979−1989 | 1990− |
| 1 | 日本総論 | 235 | 140 | 22 | 26 | 92 | 52 | 21 | 31 | | 43 | | | | 43 | 24 | 19 |
| 2 | 通史・概説 | 70 | 5 | | | 5 | 32 | 6 | 22 | 4 | 33 | 12 | 10 | 2 | 21 | 10 | 11 |
| 3 | 古代史・中世史 | 10 | | | | | 1 | | 1 | | 9 | 1 | 1 | | 8 | 7 | 1 |
| 4 | 近代史（一） | 59 | | | | | 31 | 6 | 25 | | 28 | 3 | 1 | 2 | 25 | 15 | 10 |
| | （1）近代史概説 | 49 | | | | | 25 | 6 | 19 | | 24 | 3 | 1 | 2 | 21 | 11 | 10 |
| | （2）明治維新 | 10 | | | | | 6 | | | 6 | 4 | | | | 4 | 4 | |
| 5 | 近代史（二） | 174 | | | | | 169 | | 156 | 13 | 5 | | | | 5 | 2 | 3 |
| | (1) 戦時期日本概説 | | | | | | 94 | | 94 | | | | | | | | |
| | (2) ファシズム化 | | | | | | 13 | | 13 | 2 | | | | | 2 | | 2 |
| | (3) 戦時期日本外交 | | | | | | 30 | | 30 | | | | | | | | |
| | (4) 日米関係と太平洋戦争 | | | | | | 17 | | 15 | 2 | | | | | | | |
| | (5) 日本の敗戦降伏 | | | | | | 11 | | | 11 | 2 | | | | 2 | 2 | |
| | (6) 日本人民の反戦活動 | | | | | | 4 | | 4 | 1 | 1 | | | | 1 | | 1 |
| 6 | 戦後史 | 83 | | | | | 10 | | | 10 | 73 | 25 | 25 | | 48 | 15 | 33 |
| | (1) 戦後史概説 | 45 | | | | | 7 | | | 7 | 38 | 14 | 14 | | 24 | 6 | 18 |
| | (2) 日本の戦犯裁判 | 6 | | | | | | | | | 6 | | | | 6 | 1 | 5 |
| | (3) 対日講和条約問題 | 4 | | | | | 1 | | | 1 | 3 | 3 | 3 | | | | |
| | (4) 戦後の社会運動 | 5 | | | | | | | | | 5 | 5 | 5 | | | | |
| | (5) 戦後経済史 | 10 | | | | | | | | | 10 | | | | 10 | 5 | 5 |
| | (6) 戦後の外交関係 | 13 | | | | | 2 | | | 2 | 11 | 3 | 3 | | 8 | 3 | 5 |
| 7 | 歴史的人物 | 26 | 2 | | | 2 | 12 | | 12 | | 12 | | | | 12 | 9 | 3 |
| | 合　計 | 657 | 147 | 22 | 26 | 99 | 307 | 33 | 247 | 27 | 203 | 41 | 37 | 4 | 162 | 82 | 80 |

表４　中国における日本史研究論著の統計（論文分類細目）No.1

| | | 中華人民共和国時代 | | | | | | |
|---|---|---|---|---|---|---|---|---|
| | | | 1949－1978 | | | 1979－ | | |
| | | | | 時期区分 | | | 時期区分 | |
| | | 計 | 小計 | 1949－1966 | 1966－1978 | 小計 | 1979－1989 | 1990－ |
| 1 | 日本史研究評論 | 227 | 15 | 10 | 5 | 212 | 107 | 105 |
| 2 | 古代史 | 131 | 6 | 5 | 1 | 125 | 68 | 57 |
| | （1）古代史概説 | 60 | 2 | 2 | | 58 | 25 | 33 |
| | （2）日本の起源 | 15 | 2 | 2 | | 14 | 8 | 6 |
| | （3）邪馬台国 | 20 | 1 | 1 | | 19 | 15 | 4 |
| | （4）大和国家の統一 | 8 | 1 | 1 | | 7 | 2 | 5 |
| | （5）大化の改新 | 28 | 1 | 1 | | 27 | 18 | 9 |
| 3 | 中世史 | 130 | 11 | 10 | 1 | 119 | 54 | 65 |
| | （1）日本の封建社会総論 | 25 | 1 | 1 | | 24 | 16 | 8 |
| | （2）鎌倉、室町幕府総論 | 12 | 2 | 2 | | 10 | 7 | 3 |
| | （3）豊臣秀吉と朝鮮侵略戦争 | 9 | 2 | 2 | | 7 | 4 | 3 |
| | （4）徳川幕府 | 83 | 5 | 5 | | 78 | 27 | 51 |
| | 1.徳川時代概説 | 19 | 2 | 2 | | 17 | 5 | 12 |
| | 2.徳川時代の鎖国 | 9 | 1 | 1 | | 8 | 3 | 5 |
| | 3.徳川時代の商品経済 | 9 | | | | 9 | 4 | 5 |
| | 4.徳川時代の農民闘争 | 4 | 2 | 2 | | 2 | 2 | |
| | 5.徳川時代の武士階級 | 14 | | | | 14 | 4 | 10 |
| | 6.徳川時代と中国 | 12 | | | | 12 | 4 | 8 |
| | 7.徳川時代と洋学 | 16 | | | | 16 | 5 | 11 |
| 4 | 近代史（一） | 526 | 33 | 21 | 12 | 493 | 287 | 206 |
| | （1）明治維新 | 252 | 24 | 17 | 7 | 228 | 152 | 76 |
| | 1.明治維新以前の国内情勢 | 18 | 4 | 4 | | 14 | 11 | 3 |
| | 2.倒幕運動 | 27 | 1 | 1 | | 26 | 19 | 7 |
| | 3.明治維新の性格 | 54 | 12 | 9 | 3 | 42 | 30 | 12 |
| | 4.明治維新の中の人物 | 26 | 0 | | | 26 | 23 | 3 |
| | 5.明治維新後の改革 | 37 | 2 | | 2 | 35 | 22 | 13 |
| | 6.明治維新と産業革命 | 36 | 0 | | | 36 | 22 | 14 |
| | 7.明治維新と近代日本の政治体制 | 54 | 5 | 3 | 2 | 49 | 25 | 24 |
| | 1）近代政治体制の確立 | 27 | 0 | | | 27 | 8 | 19 |
| | 2）明治憲法と近代天皇制 | 27 | 5 | 3 | 2 | 22 | 17 | 5 |
| | （2）明治期の外交関係 | 116 | 8 | 4 | 4 | 108 | 68 | 40 |
| | 1.岩倉使節団 | 7 | | | | 7 | 5 | 2 |
| | 2.征韓論と朝鮮侵略戦争 | 13 | 1 | 1 | | 12 | 9 | 3 |
| | 3.大陸政策と軍国主義 | 41 | 2 | 1 | 1 | 39 | 18 | 21 |
| | 4.日露戦争 | 55 | 5 | 2 | 3 | 50 | 36 | 14 |
| | （3）明治期の社会運動と社会的思潮 | 75 | 1 | | 1 | 74 | 44 | 30 |
| | 1.自由民権運動 | 6 | | | | 6 | 5 | 1 |
| | 2.福沢諭吉とその思想 | 35 | | | | 35 | 12 | 23 |
| | 3.早期社会主義運動 | 34 | 1 | | 1 | 33 | 27 | 6 |
| | （4）日本の近代化 | 83 | | | | 83 | 23 | 60 |

表４　中国における日本史研究論著の統計（論文分類細目）No.2

| | | 中華人民共和国時代 | | | | | | |
|---|---|---|---|---|---|---|---|---|
| | | | 1949－1978 | | | 1979－ | | |
| | | | | 時期区分 | | | 時期区分 | |
| | | 計 | 小計 | 1949－1966 | 1966－1978 | 小計 | 1979－1989 | 1990－ |
| 5 | 近代史（二） | 445 | 8 | 7 | 1 | 437 | 228 | 209 |
| | （1）労働者・農民運動と社会主義運動 | 17 | 2 | 2 | | 15 | 11 | 4 |
| | （2）民主運動と政党政治 | 14 | | | | 14 | 9 | 5 |
| | （3）ファシズム化 | 53 | 2 | 1 | 1 | 51 | 39 | 12 |
| | （4）日英関係 | 7 | | | | 7 | 1 | 6 |
| | （5）日独・日伊関係 | 15 | | | | 15 | 4 | 11 |
| | （6）日ソ関係 | 31 | | | | 31 | 17 | 14 |
| | （7）日本と東南アジアの関係 | 12 | | | | 12 | 5 | 7 |
| | （8）日米関係と太平洋戦争 | 113 | 1 | 1 | | 112 | 61 | 51 |
| | 1. 日本の「南進」と「北進」 | 12 | | | | 12 | 9 | 3 |
| | 2. 日米関係 | 16 | 1 | 1 | | 15 | 4 | 11 |
| | 3. 日米交渉と太平洋戦争勃発 | 26 | | | | 26 | 16 | 10 |
| | 4. 太平洋戦争の経過 | 32 | | | | 32 | 21 | 11 |
| | 5. 太平洋戦争と中国 | 6 | | | | 6 | 1 | 5 |
| | 6. 戦争中の日本 | 21 | | | | 21 | 10 | 11 |
| | （9）日本の敗戦・降伏 | 124 | 1 | 1 | | 123 | 46 | 77 |
| | 1. 日本降伏についての総論 | 13 | | | | 13 | 7 | 6 |
| | 2. 日本降伏の原因 | 32 | 1 | 1 | | 31 | 12 | 19 |
| | 3.「大東亜共栄圏」の壊滅と日本の降伏 | 36 | | | | 36 | 18 | 18 |
| | 4. 天皇の戦争責任 | 15 | | | | 15 | 8 | 7 |
| | 5. 戦争にたいする日本の反省 | 28 | | | | 28 | 1 | 27 |
| | （10）日本人民の反戦活動 | 59 | 2 | 2 | | 57 | 35 | 22 |
| 6 | 戦後史 | 390 | 26 | 22 | 4 | 364 | 154 | 210 |
| | （1）戦後史概説 | 14 | 1 | 1 | | 13 | 9 | 4 |
| | （2）アメリカの対日占領政策 | 20 | 1 | 1 | | 19 | 9 | 10 |
| | （3）日本の戦犯裁判 | 36 | 6 | 6 | | 30 | 21 | 9 |
| | （4）戦争賠償問題 | 18 | | | | 18 | | 18 |
| | （5）対日講和条約問題 | 11 | 9 | 9 | | 2 | 1 | 1 |
| | （6）戦後初期の民主改革 | 29 | | | | 29 | 27 | 2 |
| | （7）吉田内閣とその政策 | 15 | | | | 15 | 4 | 11 |
| | （8）戦後の政治体制 | 39 | | | | 39 | 15 | 24 |
| | （9）戦後経済史 | 14 | | | | 14 | 3 | 11 |
| | （10）社会的思潮と社会運動 | 16 | 1 | 1 | | 15 | 6 | 9 |
| | （11）戦後の対外関係 | 71 | | | | 71 | 18 | 53 |
| 7 | 歴史的人物 | 107 | 8 | 4 | 4 | 99 | 41 | 58 |
| | （1）古代史・中世史上の人物 | 9 | 1 | 1 | | 8 | 2 | 6 |
| | （2）近代史上の人物 | 25 | | | | 25 | 18 | 7 |
| | （3）戦後の政界人 | 34 | 4 | 4 | | 30 | 7 | 23 |
| | （4）天皇および皇族 | 7 | | | | 7 | 5 | 2 |
| | （5）著名な学者および作家 | 32 | 3 | | 3 | 29 | 9 | 20 |

## 訳注

[i] 本文は李玉・湯重南・林振江（主編）『中国的日本史研究』（世界知識出版社、二〇〇〇年）より翻訳、整理したものである。

[ii] 本文での「中世史」は、日本史における時代区分でいえば中世史および近代史を含むと考えられる。

[iii] 本表1～4中の数字は中国側提供資料のままである。

## 注

[1] 戦後日本の政治体制、対外関係と経済発展にかんしては、それぞれ政治、外交、経済の研究分野に属するため、統計をとるときには主要な論文のみを入れている。

# 現代中国における日本文学の紹介
## ——日本文化の一環として——

王　敏

## 1　はじめに　中国人の芥川賞受賞を切り口に

日本文化の特徴が「情」であるなら、中国は「意」と「理」の文化になろう。性格の異なる二文化の間を越境するのは簡単ではないが、原理原則にとらわれない個人の感性を奔放に筆先に任せるありかたを、二〇〇八年に楊逸さんの芥川賞受賞作『時が滲む朝』（新潮社、二〇〇八年）を読んで知った。天安門事件にかかわって日本に移り住んだ青年の夢と挫折を扱っている。

最後が象徴的である。「ふるさとはね、自分の生まれたところ、そして死ぬところです。お父さんやお母さんや兄弟たちのいる、温かい家ですよ」。こう主人公が子どもたちに語った時、幼い〝たっくん〟に語らせて締めくくる。「じゃ、たっくんのふるさとは日本だね」。たっくんは、日本人残留孤児との間に生まれた子である。

地理的祖国意識を越境して、日本人のふるさと志向をうけ入れた象徴的なせりふだと思う。主義や思想のむずかしい論争と無縁のふるさと志向が明らかにうかがえる。

日本人にとって、ふるさとは山・川・海・野原・田んぼの景観に集約される。東京や大阪で生まれ育つと「ふるさとがない」とこぼす人も多いが、自然を核とするふるさと志向は日本人が共有しているように思える。「兎追《うさぎ》いし彼の山、小鮒《こぶな》釣りし彼の川……」という、よく口ずさまれる唱歌は、理屈でない自然との一体感が基調になっている。理屈優先の大義名分よりも、自然風土への帰属感が本能的に働いたと考えられる。原理原則を唯一の判断基準に基づく思考からは分かりにくい、強い「自然体」の望郷であろう。

受賞作の中では、何度も尾崎豊の曲が流れ、歌われる。主人公と親友は日本で再会しカラオケに行く。「俺の孤独、この胸に仕舞った、この拝金社会に生きる人間には理解の出来ない狼の孤独を、がっちり守ってくれてるような気がするんだ」。画面の尾崎に向かって、友との間に理屈ではない一体感がよみがえる場面が濃厚に描かれている。

楊さんは早くから日本への好奇心があったという。ハルビンでの中学生時代、日本にいた親類が送ってきたカラー写真で美しい日本に魅力を感じたという。あこがれの日本留学を選び、卒業後も帰国しないで日本で暮らしているという。がむしゃらに話しかけ、日本語の習得が早かったのは、日本に溶け込みたいという熱意だけでなく、日本の文化風土に引かれ、持ち前の気性と適合したからだろう。

理念と論理を重視する伝統のある中国で、小説は理屈を説く手段とされてきた。日本の私小説のように個人的心理体験に重点を置いて、感性で記述する手法は少なかった。その点で言えば、受賞作には理屈をこねくり回すシーンはほとんどなかった。体験描写手法に終始した小説は日本の小説風土にマッチしたと言えそうである。

天安門事件で挫折し学業を放棄せざるを得なくなった、作者のような世代にとって、愛国主義や民主主義、自由、個人と国家について問い直すことは宿命でもあろう。それが小説のテーマともなっている。天安門世代には、母国の適度な情報が得られ、適度な距離を置くことのできる一衣帯水の日本ほど適度な思考の「書斎」はなかったかもしれない。

楊さんの受賞は日中の間を越境できる文学が日中両国で育ちつつある証しであり、表現手法など幅広いジャンルで相互補完しあい、完成度の高い作品を産みだし得る方向性を示している。同時に、一九九七年の在日韓国人・柳美里の芥川賞受賞から十年余で中国籍からも受賞者が出たわけで、日本が確実に多文化共生の時代にあることを告げている。

感性的な日本文化は言葉での発信の難しさを内包しているという一面もあるが、楊逸さんの芥川賞は、外国籍の日本文化への参入者が増えて、日本文化の可能性を開き、世界平和に貢献すべき時代の到来を示している。

楊逸さんは中国にいた時にも日本文学を愛読していたという。さて、日本文学は中国でどのように読まれているのであろうか。それに触れる前にまず、日本文学に関する紹介事情を調べてみた。そこで中国の近現代史で、日本文学の翻訳と紹介のブームは過去に少なくとも二回あったことが分かった。

一つは一九一九年の「五・四」運動で目覚めた新文化運動をきっかけに始まった。もう一つは一九七〇年代末、改革開放政策の後であった。拙文では二回目のブーム、つまり一九四九年の新中国成立後の日本文学の翻訳紹介に注目し、その展開状況を関連させ、概説に絞ることとする。

## 2 中国における日本文学の紹介時期

### ❖——(1) 三つの時期

新中国における日本文学紹介は特徴的な三期に分けることができよう。

【第一期・建国期：一九四九〜六六年】

翻訳された日本作家は四四人、作品数は七五点にとどまった。五〇〜六〇年代、中国に大きな影響を与えていた文学は旧ソ連の作家と作品である。文学にも階級性を求め、階級闘争の武器として文学を位置づけた。日本文学を代表するのはプロレタリア文学と反戦文学作品であり、代表的作家には、小林多喜二、徳永直と宮本百合子の三人がいた。

【第二期・文化大革命期：一九六七～七六年】

この一〇年間、中国の文学作品も批判され、外国文学の翻訳・研究活動はほとんどストップした。そのなかで、一九七一年に三島由紀夫の『憂国』が軍国主義を審美的に賛美した内容によって復活する軍国主義を批判するテキストとして出版した。

【第三期・リアルタイム期：一九七八～　】

西洋文学と比べて、日本文学の魅力が弱いと言わざるを得ないとしても、八〇年代には日本文学の翻訳は西洋文学を上回る年もあった。日本文学ブームが八〇年代を通して続いたことが大きい。

八〇年ごろから九〇年代のほぼ二〇年で、不完全な統計によれば五二九種類の純文学作品、四四種類の児童文学作品が翻訳された。豊子愷訳『源氏物語』、王以铸訳『枕草子』『徒然草』、周作人・申非共訳の『平家物語』、申非訳『日本能・狂言選集』などである。古代女流文学という編集方針で八〇年代に出された『日本古代随筆選集』に『源氏物語』や『枕草子』が収録された。

同時に、戦後復興を成し遂げた高度成長の先進国日本への関心とともに、純文学も取り上げることができるようになったのはこの時期である。夏目漱石、志賀直哉、有島武郎、谷崎潤一郎、芥川龍之介、川端康成、大江健三郎、安部公房など、日本近代・現代文学を代表する一連の作家群である。単発的にではなく比較的系統的に翻訳されてきた。

一九八六年、二つのシリーズの発刊が相次いだ。一つは『日本文学流派代表シリーズ』で、森鷗外の『舞姫』や島崎藤村の『家』、田山花袋の『蒲団』、正宗白鳥の『泥人形』、徳田秋声の『戦災者の悲み』、夏目漱石の『坊っちゃん』『草枕』、石川達三の『愛の終わりの時』、山崎豊子の『女系家族』、永井荷風の『踊子』、佐藤春夫の『更生記』、舟橋聖一の『好きな女の胸飾り』など重厚な作家群一一人が収録された。もう一つ、『日本文学現代シリーズ』（全五巻）の第一巻は水上勉『五番町夕霧楼』などの中編小説選、第二巻は三浦綾子『氷点』ほかの女流作家選、第三巻は石川達三(『青春の蹉跌《さてつ》』)中心の長編小説選、第四巻は安部公房(『砂の女』)中心に中長編小説選、第五巻『仙惑』は映画脚本や詩歌選である。

## ❖――――(2)代表作家の紹介

一連の代表的作家を紹介した翻訳出版の功績が大きい。二〇〇〇年までの主な出版を並べると――

【夏目漱石】

一九五八年　『夏目漱石文集』
一九八二年　『それから』
一九八三年　『心』『三四郎』
一九八四年　『明暗』『夏目漱石小説選集』
一九八五年　『門』『道草』

【川端康成】

一九八一年　『雪国』『古都』
一九八五年　『川端小説選集』
一九九三年　長谷川泉の『川端康成論考』
一九八八年　『川端康成の散文文集』(三二編の散文)
一九九六年　『川端康成文集』一〇巻(「雪国」「古都」「伊豆の踊子」「千羽鶴」「名人」「舞姫」「日も月も」「浅草紅団」「山の音」ほかに散文、創作ノートなど)

一九九八年　『川端康成叢書』（「女であること」「東京の人」「女性開眼」「再婚者」「雪国」「古都」）
【永井荷風】
一九八八年　『踊子』
一九九四年　『地獄の花』
一九九七年　『永井荷風散文選集』
【谷崎潤一郎】
一九八四年　『春琴抄』
一九八五／一九八九年　『細雪』
一九九一年　『抱擁家族』『乱世四姉妹』
一九九二年　『陰翳禮讃』
二〇〇〇年　『悪魔』『瘋癲《ふうてん》老人日記』『痴人の愛』『饒舌《じょうぜつ》録』
【芥川龍之介】
一九八〇年　『芥川龍之介小説十一篇』
一九九一年　『疑惑』『羅生門』『芥川龍之介短編小説』
一九九八年　『芥川龍之介作品集』
【井上靖】
一九八〇年　『夜声』
一九八二／一九八六年　『敦煌』
一九八三年　『北の海』

一九八四年　『井上靖西域小説選集』『楊貴妃伝』『壁』
一九八五年　『蒼き狼——チンギスハンの生涯』『海神』『戦国城砦群』
一九八六年　『蒼き狼』『愛』
一九八七年　『黒い潮』『射程』
一九九二年　『風林火山』
一九九八年　『井上靖文集』三巻（「楼蘭」「敦煌」「孔子」「天平の甍《いらか》」「蒼き狼」「異域の人」「闘牛」など）

【三島由紀夫】（七〇年代、軍国主義復活の反面教材として中国で紹介された）
一九八七年　『愛の渇き』
一九八八年　『金閣寺』
一九八九年　『深閨風流』
一九九二年　『潮騒』
一九九四年　『近代能楽・歌舞伎集』
一九九五年　『春の雪』『三島由紀夫文学シリーズ』（「暁の寺」「奔馬」「仮面の告白」「潮騒」「愛の渇き」「午後の曳航」「憂国」「ラディゲの死」「豊饒の海」〈「春の雪」「奔馬」「暁の寺」「天人五衰」の四編〉「天人五衰」「仮面の告白」「金閣寺」「アポロの杯」「椿説弓張月——近代能楽歌舞伎集」ほか一一作品集録）
一九九九年　『三島由紀夫小説文集三巻』（「愛の渇き」「禁色」「鏡の家」）『春の雪』『純白の夜』『恋の都』『橋づくし』『沈める瀧』『川端康成・三島由紀夫　往復書簡』

【大江健三郎】
一九九四年　『大江健三郎作品選集』（「個人的体験」「ヒロシマ・ノート」「死者の奢り」「性的人間」「われらの時代」

など）

一九九六年　『大江健三郎最新作品集』（「同時代ゲーム」「ピンチランナー調書」「日常生活の冒険」ほか）

文学思潮別に主な作家と作品を並べると――

【白樺派】

武者小路実篤『友情』

志賀直哉『志賀直哉小説選集』『朝顔花』『暗夜行路』

有島武郎『或る女』

【自然主義派】

田山花袋『蒲団』『田舎教師』

島崎藤村『破戒』『家』『春』

【新感覚派】

横光利一『上海』『横光利一文集』（「紋章」ほか）『日輪』『蠅』

【存在主義派】

安部公房『砂の女』『箱男』『安部公房文選』

【新戯作派】

太宰治『斜陽』

中国人にとって近代文学も含めて日本文学の最大の魅力は何だろう。個人差がある中でもし、最大公約数一つを挙げれば、おそらく日本文学に溢れている独自の美意識に引かれるからではないか。西洋の作品や中国の作品に比べれば、日本文学には美意識や心の動きを感性のままに追う描写が顕著である。大義や正義という論理の是非を思案する度合がはるかに少ない。極論すれば「わび」「さび」にかかわる美意識に、どこかでかかわっているという見方も成り立つ。中国の社会でも個人主義が強まるにつれ、中国の読者が日本文学にその先取り現象を見ているとも言える。中国では、二〇〇七年に山岡荘八の『徳川家康』(南海出版社)が、二〇〇八年には田辺聖子の『新源氏物語』(上海訳文出版社)がそれぞれ翻訳出版されて話題になった。日本文学の魂を「艶」と「侘び」とする日本文学研究者もいる。さらに、日本の美意識の中核を「物哀」と「幽玄」に決める見方もある。

日本の美意識を意識しながら、問いかけたいところも多く持たれているという。例えば、日本独特の美意識はどのように形成し、いつから日本人の心に定着したのか、などなどである。

日本文学は日本社会の映しの側面は否めない。比較文化の視点から、中国における日本近代文学の概略と展望をすれば、中国人にとって日本人と日本文化を知るための指針を与えられよう。なお、新しい社会・政治制度のもとで再スタートした中国で、外国文学の中でも日本文学に払われてきた紹介の努力は大きい。その実態の一端を日本文化への受容および研究の一環として特に記しておきたい。

## 3 現代中国における日本と日本文化研究の概略

中国は一九四九年一〇月、社会主義体制国家としてスタートした。以来、政治、経済、社会、科学・医学、教育・文化など全ての分野に変化を引き起こした。日本研究においても例外ではなかった。その流れを箇条書きすると——

①戦後の冷戦構築による日中関係暗転の中で日本語教育、日本研究を開始した（一九四九〜六五年）。
②文化大革命による停滞期（一九六五〜七一年）。
③日中国交正常化以降の回復期と日本ブームの到来（一九七二〜八六年）。
④改革開放を受けての発展期（一九八七〜二〇〇〇年）。
⑤日本の生活文化と大衆文化の浸透とともに、グローバル化の視座で捉える日本研究の開花と盛況（二〇〇〇年〜）。

改革開放が世界との協調を育んだ結果、新語「接軌」（世界の情報、基準、水準に繋ぐという意味）に象徴されるように、中国は日本文化の翻訳と研究にも世界に「接軌」していこうとする努力が垣間見える。ポストモダンとされている村上春樹の翻訳出版およびそれをめぐる研究を見てみよう。『ノルウェイの森』が一九八九年に発行されて以来、二〇〇四年には累計で一〇万部を突破した。『海辺のカフカ』が二〇〇四年四月に初版一二万部を発行し、五月には五万部を増刷した。二〇〇五年に村上春樹のシリーズが三二冊となり、総発行部数は三〇〇万部に上っている。また、石黒謙吾の『盲導犬クイールの一生』は二〇〇四年のベストテンに入る。二〇〇六年に宮沢賢治の六冊セット本（中国社会科学出版）が発刊され、中国にある七〇〇〇の小学校、福祉施設に贈呈されているなど、日本への関心の高まりを背景にしている。日本研究に関する刊行物は、著書、論文とも百家争鳴の状況が出現している。傾向として内容を深め領域の広がりを示しつつある。斬新な視点を提起するものが少なくない。

## 4　ここ数年の日本文化研究の特徴

日本文化研究の特徴を見渡せば、第一に、日本という現場と同じ「時差」で、リアルタイムに取り組む論文が顕著である。内容から言えば、社会と文化を一体に捉える論著が多い。二〇〇二年の例で、『日本学研究』一〇号の「日本における熟年夫婦関係の研究」、『社会学研究』二号の「個人化と青少年問題の研究」、『遼寧教育学院学報』五号の「日本の少子化を論じる」などである。また、中国制作の日本学研究成果の二〇〇五年の統計で明らかになっている論文約四一〇三件のうち、二〇〇七件は、「社会・文化」に集中し、著書の七五二冊のうちに一九七冊が「社会・文化」分野である。

なお、中国の文化研究総覧誌『復印報刊資料・文化研究』によれば、二〇〇二年は日本についての文化研究が他国の文化研究より多かったという。

第二は、現代文芸作品の翻訳出版の高揚である。日本文学への理解が広がり深まるにつれ、売れっ子作家の翻訳をリアルタイムで競う黄金期の現在に繋がる。二〇〇一年、『中日女性作家の作品集』もその一つ。津島佑子の『笑いオオカミ』、柳美里の『女学生の友』、山田詠美の『ベッドタイムアイズ』、小川洋子の『妊娠カレンダー』、高樹信子の『透光の樹』、多和田葉子の『三人関係』、川上弘美の『溺れる』、笙野頼子の『レストレス・ドリーム』、中沢恵の『海を感じるとき』、松浦理恵子の『ナチュラル・ウーマン』などが収められた。二〇〇四年には、一〇四回芥川賞の小川洋子『妊娠カレンダー』、一〇八回芥川賞の多和田葉子『犬婿入り』、一一一回芥川賞の笙野頼子『タイムスリップ・コンビナート』、一一五回芥川賞の川上弘美『蛇を踏む』が中国社会科学院外国文学研究所所属の『世界文学』二〇〇四年に特集された。同『世界文学』二〇〇五年第二期・第三期に、それぞれ第一三〇回芥川賞を受賞した金原ひとみの『蛇にピアス』（秦嵐訳）と綿矢りさの『蹴りたい背中』（楊偉訳）が掲載されている。

渡辺淳一ブームが一九九〇年代以来続いている。二〇〇一年までの翻訳は約三四点になっている。話題の作家をリアルタイムで紹介する企画が多くなった。編集方針にも工夫が凝らされる。上海訳文出版社が芥川受賞作品集『しょっぱいドライブ』（祝子平訳、二〇〇五年）、ネット小説『電車男』（李曉光・曹建南共訳、学林出版社、二〇〇五年）が出されている。

ポストモダン作家としての村上春樹の『ノルウェイの森』が一九八九年出版された後、『ダンス・ダンス・ダンス』『世界の終りとハードボイルド・ワンダーランド』『ノルウェイの森』『象の消滅』『羊をめぐる冒険』『国境の南、太陽の西』『風の歌を聴け』などが若者の愛読書になっている。また、吉本ばななは「女性村上春樹」と呼ばれ、「癒し系」文学の代表者として研究されている。周閲『吉本ばななの文学世界』（寧夏人民出版社、二〇〇五年）と楊偉『少女漫画・女流作家・日本人』（寧夏人民出版社、二〇〇五年）は斬新な論考である。一方、村上春樹を中心とする現代文芸作品をテキストに日本文化の有様を読み解きたい論著が増えてきた。林少華の『村上春樹と彼の作品』（寧夏人民出版社、二〇〇五年）、郭守運の「『ノルウェイの森』における〝枯れ井戸〟のイメージから日本文化の性格を見る」（『東方叢刊』二〇〇五年）が目を引く。

第三の特徴は、日中文化の違いを捉え直す研究がますます重視されていることである。文化の特殊性に対する認識を深めたうえで、価値観の違いに着眼した研究が発表されている。日中異文化研究の先端として二〇〇六年に、国際文化出版公司から『世界の中の日本文化——摩擦と融合』が発刊された。同書は二〇〇四年一〇月一五〜一八日、中国社会科学院日本研究所の主催による同題の国際シンポジウムにおける研究報告を収録している。

李卓の『中日家族制度の比較研究』（人民出版社、二〇〇四年）、石雲艶の『梁啓超と日本』（天津人民出版社、二〇〇五年）、李光来、張東明の「二一世紀東アジアの価値観——比較思想の角度から」（『遼寧大学学報：社会科学版』二〇〇五年）、趙稀方の「〝新時期〟の構造における日本文学：森村誠一と川端康成を例に」（『中国比較文学』二〇〇五年四月）、梁策の『日本之謎』（貴州人民出版社、一九八六年）、周一良の『中日文化関係史論』（江西人民出版社、一九九〇年）、劉振瀛の『日本文学論集』（北京大学出版社、一九九一年）、李兆忠の『中国の「道」と日本の「技」』（『東方文化』二〇〇二年第三期所収）、同『真か幻か東洋の花』（同第五期所収）、李文の『日本文化——中国における伝播と影響』（中国社会科学出版社、二〇〇四年）、許金生の『日本園林と中国文化』（上海人民出版社、二〇〇七年）、郭連友の『吉田松陰と近代中国』（中国社会科学出版社、二〇〇七年）、劉暁峰の『日本の顔』（中央編訳出版社、二〇〇七年）などが好論である。

第四の特徴は、日中交流史研究、なかでも民間交流についての研究は、狭い民族主義の限界を超越したいという研究態度が生成されている。筆者の参加した中国社会科学院日本研究所主宰のシンポジウム「日中青年論壇」（二〇〇二年一二月六〜八日）がその傾向をよく物語っている。そのときの発表は二〇〇三年に世界知識出版社から『中日両国の相互認識』という題で出版した。社会科学院日本研究所・崔世広教授の『中日相互理解についての提案』のほか、どれも優れた論述と思われる。そのなかで特に北京国際関係学院・尚会鵬教授の『中国人の日本観・その深層分析』が力作である。

第五の特徴としては、日本文学と教育の分野において研究が深まりを見せていることである。『中国報刊索引』（哲学社会科学版、二〇〇二年）五〜一二号に日本文学関係論文が一一三点収録された。それはアジア文学全体の約五〇％という。二〇〇四年には数々の研究が競い合うなかで、張暁寧の『日本近代文学の女流鬼才——与謝野晶子論』（中国科学文化出版社）を紹介しておきたい。二〇〇七年の刊行物に劉徳潤の『小倉百人一首』（外国語教学と研究出版社）、李光貞の『夏目漱石の小説研究』（外国語教学と研究出版社）のほか、多様多彩であるが、研究テーマへの関心の焦点は従前の古典文学と近代文学研究から、現代文芸への移行傾向が見られている。

また、日本教育の分野でも次々と研究が発表されている。二〇〇二年には六五点が出版された。二〇〇四年に劉震生の『「満州国」日本留学史研究』（吉林大学出版社）ほか、その後も地道な研究が増えていることは確認している。一人っ子問題も含めて教育改革の参考を求める期待も日本の教育界に関心を向けさせていると言える。

文学と教育関係の研究現状について、『相互理解としての日本研究』（法政大学国際日本学研究所、二〇〇七年）に掲

表１　2005 年度に出版された図書の分野別一覧

<table>
<tr><th colspan="2">図書分類</th><th>中国語<br>著書</th><th>日本語からの<br>訳書</th><th>総数<br>(752)</th></tr>
<tr><td rowspan="5">文　学</td><td>文学研究</td><td>11</td><td>4</td><td rowspan="5">90</td></tr>
<tr><td>小説</td><td>1</td><td>35</td></tr>
<tr><td>エッセイ</td><td>1</td><td>12</td></tr>
<tr><td>児童文学</td><td></td><td>25</td></tr>
<tr><td>詩歌</td><td></td><td>1</td></tr>
<tr><td rowspan="4">教育・教材・参考書</td><td>教育研究</td><td>8</td><td>2</td><td rowspan="4">285</td></tr>
<tr><td>教材・参考書</td><td>181</td><td>24</td></tr>
<tr><td>日本語普及書</td><td>40</td><td>11</td></tr>
<tr><td>辞書</td><td>11</td><td>8</td></tr>
</table>

表２　2005 年に発表された論文の分野別一覧

<table>
<tr><th colspan="2">論文内容による分類</th><th colspan="2">分野別の統計データ</th><th>論文総数</th></tr>
<tr><td>文　学</td><td>総　合</td><td>26</td><td>291</td><td>4103</td></tr>
<tr><td rowspan="2">日本語研究と<br>日本語教育</td><td>言語学理論</td><td>73</td><td rowspan="2">538</td><td rowspan="2"></td></tr>
<tr><td>日本語研究と日本語教育</td><td>465</td></tr>
</table>

載されている楊偉氏のデータを転用させていただく。

第六の特徴は、質の高いシンポジウムの相次ぐ開催である。二〇〇五年に開かれた一部のものから見ることにする。

①方法論への注目を反映したと思われる二件。三月二七～二八日、浙江工商大学日本文化研究所の主催、日本国際交流基金の協賛による、「中国文献資料における日本画像の研究」が杭州で開催された。

一〇月二二～二三日、清華大学東亜文化講座の主催、日本国際交流基金、中国社会科学院文学研究所、中国社会科学院「アジア文化フォーラム」の協賛による「視点と方法としての民間：戦後東アジア六〇年の歴史回顧」が北京西郊賓館で開催された。民間交流の方法論に着眼している。

②多文化関係への留意を示し、翻訳と異文化コミュニケーションに関するものとして、七月二四～二六日、中国日本語教学研究会と大連民族学院外国語文化学院の共催による「中日翻訳とクロスカルチャーコミュニケーション」が大連民族学院で開催された。

八月三～四日、天津アジア・太平洋研究センターの主催による「アメリカのグローバル戦略と中日関係」が南戴河で開催された。

八月六日、中国社会科学院日本研究所とアジア研究センターの共催による「中日韓の協力関係と地域秩序」が北京で開催された。

③漫画やアニメは中国でアカデミックな「芸術」の分野に位置づけられている。学際ではその芸術性は高く評価されている。

一〇月一四～一五日、北京日本学センター創立二十周年ならびに「全国日本語教師トレーニングクラス」（中国では大平学校と呼ぶ）創立二十五年を記念するイベントの一環として、アニメの拠点である「ＳＴＵＤＩＯ　ＧＨＩＢＬＩ」をテーマとするシンポジウムが北京外国語大学で開催された。アニメをテーマとする盛大な国際会議の開催は中国において初めてである。

一〇月二八～二九日、中国動画学会、日本動画協会、手塚プロダクション、SUNRISEプロダクションの協賛、中国人民大学所属の「人文奥運研究センター」、日本人文社会研究センター、徐悲鴻芸術学院の主催による「創意の世界：動画芸術と産業発展の国際フォーラム」が開催された。

第七の特徴は、これまでに比べて規模が大きい出版の企画がどんどん進んでいることである。国際交流基金の協賛による『日本学基礎精選叢書』八冊（高等教育出版社、二〇〇一年）が大学教材としても読まれている。浙江工商大学日本文化研究所編纂の研究叢書『晩清東遊日記彙編』（杭州大学出版社、一九九九年）、『中日文化交流文集』（上海古籍出版、二〇〇一年）シリーズ、王暁平の編纂による『日本中国学文萃』叢書（中華書局、二〇〇五年）と『人文日本新書』叢書（中華書局、二〇〇五年）などは労作である。

研究叢書の制作に積極的に取り組んでいる商務印書館は、一九六〇年代より日本の哲学、政治、経済、文化、歴史、宗教に関する翻訳出版に乗り出して評価されている。一九九一年に既刊の日本関係翻訳本を「日本叢書」としてシリーズ化し、五分野二〇冊の日本論を刊行した。五分野という分類は中国における分類習慣に基づき、「哲学・思想」「政治・外交」「経済」「社会・文化」「歴史・宗教」になっている。日本研究領域における数々の開拓事業はきっと後進の研究者に寄与するに違いない。

第八の特徴は、多角的な日本認識を求めたく、国内外、戦前の研究成果を積極的に出しつづけている。二〇〇五年の刊行物からその一端をうかがえる代表作を選んで紹介する。

三島由紀夫の翻訳者として著名な日本研究者であるジョン・ネイサン（John Nathan）・カリフォルニア大学サンタバーバラ校教授の『約束の無い日本』（華東師範大学、二〇〇五年）、中川徳之助の「日本文学に対する『荘子』の影響を論じる」（『日本研究』二〇〇五年三月）、香港の鳳凰衛視（フェニックステレビ）の首席評論員である阮次山の『透視日本』(九州出版、二〇〇五年)などは好例であろう。

世界百科事典全書の性格を持つ一八〇巻シリーズの一作として『列国誌:日本』(孫叔林ほか、社会科学文献出版社、二〇〇五年)は発行されている。戦後日本のありかたを比較的に詳しく紹介している中で、特に戦後日本の「非軍事化」と「民主改革」についての記述があり、憲法と自衛隊の問題を扱った項目では、憲法第九条が引用されている。ちなみに同シリーズは「中国社会科学院重大課題」という中国社会科学院の研究プロジェクトでもあると同時に、「国家〝十五〟重点出版項目」という政府による出版プロジェクトにも入っている。

同シリーズは戦前の中国人日本留学生の日本研究を意図的に出している。三大文化人である魯迅・郭沫若・巴金《はきん》による『私の日本印象』(復旦大学出版社、二〇〇五年)、戴季陶の『日本論』(海南出版社と九州出版社両社から出ている)、周作人の『周作人論日本』(陝西師範大学出版社、二〇〇五年)、王芸生の『中国与日本の六十年』全八巻(生活・読書・新知・三聯書店、二〇〇五年)は発刊されている。

第九の特徴は、世界に通じる普遍性や方法論の探求をめぐる思索が深まりつつある。『東亜三国的近代史』(社会科学文献出版社、二〇〇五年)は、日本・中国・韓国の三カ国の共同研究の成果である。その効果は売れ行きにも反映されている。中国語版一一万部、日本語版七万部、韓国語版四万部が発行されている。二〇〇六年五月には改訂版が出版されたという。

さらに東アジア三国における思想の差異を取り上げ、西欧中心主義との比較によってアジア的機軸の再構築が試みられている。この機運を裏付けるのが、竹内好の「方法としてのアジア」をアプローチする『近代の超克』(三聯書店、二〇〇五年)の翻訳出版である。

第三者の視点として二〇〇四年に『再び奮い立つ日本』が中信出版社より発刊された。著者はフランスで博士号を取った李培林。中国社会科学院社会学研究所副所長を務める社会学者である。二〇〇三年、日本学術振興会の助成により初めて日本に滞在して慶応大学で研究にいそしんだ。その期間の体験を記したのが本書である。二〇〇七年、遼寧教育出版社から世論の代表格・趙啓正氏の『同じ世界で』が発刊され、日本を含め世界に向かうべき姿勢を訴えた。

## 5 最新の研究動態に示唆的研究成果 ——「中日文化交流と中国近代文学」国際学術会議を中心に——

二〇〇九年一月九～一一日、浙江師範大学人文学院主催による「中日文化交流と中国近代文学」国際学術会議が浙江師範大学で開催され、日本、韓国、モルドバ、中国大陸、台湾地区から約四十名の専門家と学者が今回の会議に参加した。会議は中国文学と日本に留学した学生、日本と中国および西洋の文化交流、近代中国の作家と日本文化の関係、日本経験と中国の近代文学、文学の翻訳と近代文学、日本文学思潮と中国近代文学などのテーマについて深い交流と探求が展開された。極めて密度の高い報告がされていた同会議の実態をリアルに紹介したく、以下に会議のまとめ報告を長文引用させていただく。引用文は浙江師範大学人文学院教授・朱利民さんの執筆、法政大学国際日本学研究所客員研究員・及川淳子さんの翻訳によるものである。

「中国の近代文学と日本文学の関係の問題は、中国の近代文学の研究領域において避けることのできないテーマであり、中国の近代文学がどのように始まったかという根本的な問題にも関わるものである。中国近代文学の発生については、学界ではすでに一定の研究成果が得られているが、しかし不足な点も存在している。これまでの研究の多くは、中国の学者が自らの視点で中国文学の発生を扱ったもので、他者の視点が不足していたが、中国近代文学の発生はまさに外国文学の刺激の下で出現したものである。日本の近代文学の経験は中国の近代文学にとって非常に貴重な資源であり、芸術的かつ思想的にも、中国の近代文学に対して積極的な影響を有している。中国と西洋の文化と文学の交流において、早くから日本は重要な「乗り換え駅」の役割をも果たしており、「五・四」の時期には、多くの重要な西洋文学の著作がいずれも日本語から翻訳された。よって、日本文学の中国近代文学に与えた影響をおろそかにして中国の近代文学の発生を論じることは、十分な論拠に欠けるものである。今回の会議では、中国の学者がこのテーマを重要視しただけでなく、より大きな意義は日本の学者も日本の視点から中国の近代文学について詳細な観察と解釈を行ったことであり、これは中国の近代文学研究において重要な意義を有するものである。中国近代文学の発生という問題は、複雑かつ系統的なプロジェクトであり、このテーマそのものが包括している豊かさが、言説の多様な可能性を見せているのである。故に、中日文学関係の問題を探究することは、中国近代文学の発生を探究する重要な一面となっている。

今回のシンポジウムにおいては、中国近代文学の発生という問題について深い探求を行った。中国近代文学会前会長である汕頭大学文学院の王富仁教授は、近代文学を研究する際には方法論を把握しなければならないという認識を示した。文学研究会、創造社などの社会団体はいずれも日本留学の学生が創設したもので、「七月詩派」も日本留学の学生たちの中から生まれた。それゆえに、日本の文学は中国近代文学の発生と発展に対していずれも重要な役割を果たしたのである。日本へ留学した知識人たちは、このような影響の重要な媒介者となっており、日本留学の知識人たちが日本で経験した豊富かつ複雑な感銘というものが文学の創作に重要な影響を及ぼしていたのである。指摘すべきは、このような感銘が自身の文化的な背景と相互に結合して特殊な文化的心理構造を形成し、そうした心理構造がダイナミックに発展して、ある種多元的な中国文化を構成し、早期の中国文化の縮図となったのである。しかし、研究においてはこのような感銘というものはしばしば単純に片付けられるか歪められてしまい、日本へ留学した知識人たちの感銘が文学の創作と中国近代文学に影響を与えたことについては未だしっかりと研究されてこなかった。一方で、イギリスやアメリカに留学した学生たちと比較して、日本に留学した知識人たちが中国の近代文学の発生と発展に果たした役割には著しいものがある。よって、日本へ留学した知識人たちが日本で形成したある種の特殊な中国文化の心理構造というもの、この種の文化的な心理構造とは中国の作家が日本で生活した体験であり、中国近代文学に重要な意義を有している。北京師範大学の李怡教授は第三文化空間論を打ち出し、日本へ留学した知識人たちの日本における体験が独特であり、特殊な文化的心理空間を形成したという見方を示した。作家は異郷にあって自身の文化的な心理空間を構成し、その内心は絶えず自己の生命と生活体験に密着し、それによって自己の放出と文化的心理構造の再建を完成させ、そのような実体験は、例えば魯迅、周作人、郭沫若などのように近代の作家の文学創作にとって重要な役割を有している。また同時に、このような実体験は、具体的な人と人との間における交流に基づくものであり、このような交流はまた個別のグループを形成し、例えば浙江出身の作家たちの異郷における体験は比較的独特で、文学研究会と創造社の作家たちの経験も一様ではない。その背景は、更に深い中日の体験がもたらしたので、これも実際には中日における一種の文化的対話であり、しかもその対話は双方向で、中国文学の近代性はまさに作家のこのような独特な実体験から出発しているのである。『文学評論』編集部の王保生研究員は、日本の近現代文学の中国近代文学に対する役割について自身の見方を打ち出し、中日文学関係の研究の現状について深く掘り下げた解説を行った。浙江師範大学の王嘉良教授は、浙江出身の日本留学作家たちの日本における生活経験と中国近代文学との関係について分析を行い、日本に留学した浙江出身の作家たちが中国の新文学の発生に大きな推進的役割を担い、中日文学関係と文化交流は日中間の調和を保つ媒介者であったという考えを明らかにした。浙江師範大学の駱寒超教授は、中国の新文学と日本文学の関係について整理し、中国新文学の発生が日本文学とは切り離せないという見方を示した。

文学の翻訳の問題は、文学の関係を研究する上で重要な課題のひとつである。日本の東京大学の代田智明教授は、翻訳家は二種類の言語文化における媒介者であり、優秀な翻訳家とは、原文と翻訳文の間で、自己分裂や縺れ、甚だしきに至っては疎外さえも起こさざるを得ないのだという考えを明らかにした。彼は魯迅と梁実秋の翻訳を例にして、本当の翻訳というものは、自身の苦痛や自身さえも新たな世界に開放させる態度であると述べた。日本の三重大学の浜森太郎教授は「引用と創造」というテーマで、翻訳に対する自身の考えについて詳細に述べた。彼は、翻訳を通じて異なる背景を有する人びとに同一の物事に対する「共感」を引き起こすことができるという見方を表した。浙江師範大学の高玉教授は、翻訳文学は「二重性」を有しており、それは外国文学的でもありまた中国文学的でもあって、単純に翻訳文学を「外国文学」と称することができないと述べた。翻訳文学は原著者と訳者によって共同で構成されたもので、訳者もまた著作権を有している。テキストは中国語式であり、中国の文学性を有している。読者も中国語式の読み方に基づいており、その意義と価値は中国語の文脈の制約を深く受けている。台湾静宜大学の柳瀬善治教授は、翻訳に存在する政治性と言語の異質性の問題、言語間の代替不可、漢字文化圏内部の差異の問題などについて自身の見方を発表した。彼はある種の言語が別の言語の外殻を打破することが可能だという見方を示した。その外、早稲田大学の呉念聖教授は、東京で最も早く創刊されたマンガ雑誌『東京パック』に対する考察を通じて、明治後期の中日文学の対訳の問題を研究した。呉念聖の見方によれば、いくつかの日本語を「対訳」した中国語は更に生き生きとしており、対訳の過程とは、実質的には言語が相互に影響し合う過程であり、現在の中国語の多くの語彙が日本語から来ていることがひとつの良い証明であるという。モルドバの学者の伊内莎は『エヴゲーニイ・オネーギン』第一章の英中翻訳を例に、翻訳における「審美」と「情の伝達」の問題を探求した。浙江師範大学の付建舟先生は、清末民国初期中国の文壇の日本文学の翻訳状況について探求した。

今回のシンポジウムにおけるもうひとつの重要な議題は、作家の作品の思想文化交流に対する意義についてであった。中国社会科学院の趙京華研究員は、戦後日本の魯迅研究を中心に、戦後日本の中国学の起源と発展状況について探求した。近代来の日本における中国学の発展状況を整理し、趙先生は魯迅研究及び中国近代文学研究は戦後日本の中国学において重要な地位を占めていたと肯定した。竹内好、丸山昇、伊藤虎丸、木山英雄などの学者の著作を結合させ、戦後しばらくの間、日本の魯迅と中国近代文学の研究には、ある種の中国革命のイメージが内在していたと明らかにした。一方で、彼は日本の学者の科学的な実証的方法論の体系の形成と影響を強調し、中国の学者が日本の中国研究の経験を参考にして革命中国の思想資源を再発見し、グローバル化による新帝国主義時代において一般の民衆が国際資本に抑圧される危機的局面に対応すべきだと述べた。中山大学の呉定宇教授は、郭沫若と日本文化、日本文学の関係を例に、日本文化と文学が郭沫若などの日本に留学した知識人たちに与えた影響について探求し、中日文化交流と中国近代文学が緊密な関係を有していることから、研究者はその関係について正視すべきであると述べた。上海師範大学の都市文化研究センター主任の楊剣竜教授は、陶晶孫の著書『給日本的遺書』に着手し、『給日本的遺書』が新しい日本と新しい中国の絆になるという見方を示し、現在の研究はグローバル化を背景とする中で、その民族の文化的弱点を反省し、日中間の睦まじい関係を発展させることを思考しなければならないと述べた。湖南師範大学の譚桂林教授は、池田大作の『論語』における「師生の心」の影響について指摘した。池田大作の『論語』の内に容対する主な関心は、神仙の「共生の哲学」と人の修身の面に集中しており、これは西洋の人本主義思潮の弊害を是正する上で深い意義を論すものである。南開大学の羅振亜教授は、「五四」の小詩における中国以外の伝統的主体は日本の俳句だという考えを明らかにした。俳句の精神に共通点を感じ、小詩に純粋な詩情を構築させることに注意を払い、叙景詩が発達して、ある種の「瞑想」の趣と感傷的な情緒を併せ持っている。俳句の形式を取り込み、物象化によって想いを歌いあげる含蓄のある美しさと、繊細な審美趣味を薄めて空間再生による瞬間の「写実的」風格を小詩に与えている。小詩が俳句を受け入れた際には中国的な処理が行われたため、小詩は本当の意味で俳句の「わびさびの精神」と「写意のような」手法の重要な意味を獲得してはいない。首都師範大学の張志忠教授は、『狂人日記』と『沈淪』における「あいまいな自己」から始め、これらの作品がいずれも柄谷行人が言うところの「風景の発見」、「内面の発見」、「自白制度の確立」、「病の発見」という多重の特性を有していることから、近代文学における近代性の問題を探求した。南西大学の王本朝先生は、中国の近代文学の発生と文学活動の展開について、日本の経験の矛盾性と日本文学の多様性は一定程度中国の近代文学の矛盾性に影響を与え、中国の近代文学における「左」と「右」は常に一つの事柄の両面ではなく、むしろ一面であると述べた。静宜大学の陳斐寧女史は『源氏物語』と遣唐使の関係について詳細に研究し、それによって日本と中国の間の文化の関係を考察した。曲阜師範大学の張全之教授は、アナーキズムの「東京派」の発生と発展、及び二〇世紀の中国文化と文学の発展において生じた重要な影響について考察した。

今回のシンポジウムでは、作家の作品を主体とした文化交流の研究を、文化交流の方法と態度に対する研究にさらに高めることも行われた。日本の法政大学の王敏教授は国際的な日本文化研究の現状と国際日本学研究の方法論等を整理し、相互理解の視点に基づく日本研究の必要性を指摘した。彼女は、また比較文化の角度から、中日の文化を研究する過程においては相手の文化を尊重すべきで、相互認識に達して研究における「内向」を克服し、平等な文化観を確立して平和的に日本文化を伝播すべきであると述べた。日本の神戸大学の寺尾智史先生は、日本の「民族」の概念の発生、発展と語義の変化から着手し、「民族」の語義の変化を探求することによって、その背後にある複雑かつ豊富な文化的内包を発掘し、日本の「民族」の概念の東アジア各国に対する影響を探求し、東アジア地区の民族の概念に対して更なる批判と探求を行った。韓国の忠北大学の裴徳列先生は、近代社会に至ってからは、人と人の間には本当の意思疎通が行われておらず、次第に孤立した立場に陥っているという考えを明らかにした。新しい文化的環境の下で、私たち相互の理解を増進させなければならず、平等な基礎の上で相互の認識を実現させなければならない。韓国の学者の金栄煥は、文化の視点から文化生態の重要性を強調し、個人の自由と公共性の関係を探求し、公共性に対する東洋と西洋の理解の不一致について詳しく述べた。

有名な作家の余華先生は自らの経験を例に挙げて語り、自身の経歴——川端康成とその創作に与えられた影響について、中日文学の緊密性について詳細に述べた。彼は、中日文学の関係はひとつひとつが対応した単純な関係ではなく、知らず知らずのうちに感化し、深層部分において影響する、日光と青葉のようなものだと語った。

中国現代文学館の呉福輝研究員は、国内外の文学の関係が中国文学研究、特に近代文学研究において重要な部分であるという認識を示した。しかしこのような課題は、この数年来一貫して本来あるべき重視がなされておらず、このような背景の下で「中日の文化交流と中国の近代文学」の国際学術会議が開催されたことはとりわけ重要な意義を有していると語った。」

もう一つの講座には筆者がかかわっている。第四三回清華大学東アジア文化講座である。まず、清華大学東アジア文化講座ホームページに掲載されている二〇〇九年三月六日付けの同講座の速報を引用してあげておく。

「北京の清華大学で二〇〇九年二月二八日（土）、第四三回東アジア文化講座が開催された。今回は講師として招かれた法政大学国際日本学研究所教授の王敏先生が「温故創新―日中文化の新時代・異文化の視点による」というテーマで講演をした。

日中両国は東アジア文明圏の隣国として、古来密接な文化交流を積んできた。一般的には、日本文化は中国文化の長期にわたる影響下で発展してきたと言われている。しかし、この見方は日本文化の発展の一面に過ぎないのではないか。歴史的な積み重ねによって、日本は独自の文化を形成してきたという面が見逃されている。中国とよく似ている文化現象の裏側に、実際に、日本人の独特な文化の「筋」が潜んでいる。王敏先生は講演で、日中文化の異同の分析を紹介しつつ異文化理解の可能性と現実的な進路を示唆された。日中文化の比較を通して東アジア研究の視座を示された。

講座には、清華大学のほか、北京大学、北京師範大学、中国社会科学院、中国人民大学、首都師範大学、北京言語文化大学、北京外国語大学、外交学院、中国青年出版社、北京市社会科学院の研究者、編集者、大学生、大学院生、博士及

び日本留学生、韓国留学生などから計五十人余が聴講した。王敏先生の講演は、集った聴講者に多大な興味を呼び起こした。午後二時に始まった講義は質問時間を入れて夜一〇時半まで熱気が終始教室に満ちた。

北京言語文化大学の大学院生は「王敏先生の講演を拝聴してとても勉強になりました。広い視野で、日本研究の西欧状況にも言及されたので豊かな情報を得ました」と言った。清華大学の大学院生は「生活文化に即したデータには、きめ細かい生活像が浮かぶようでした。普通の物事と簡単な言葉の裏側まで解釈されているのがよくわかり、個性的な研究法が参考になりました」と感想を話した。

この講座を司会した清華大学の劉暁峯博士は評価して次のように語った。

「女性特有の綿密さに国際的視野が相乗している。日本文化研究における一つの典型を見せて、これは〝王敏式〟というべきものだ。今日の講座は、中国の研究者に新たな日本観を提供したことは間違いない。特に、中日歴史文化関係、国民性比較研究などの領域に、非常に貴重な視点を示唆していただきました」。こう講座をしめくった。

王敏先生は講義の中で、青木保先生の著作『異文化理解』や『多文化社会』『日本文化論の変遷』に触れ、二〇〇九年中国青年出版社からの翻訳出版を紹介された。王敏先生はこの出版に大変尽力されたのである。講演後に中国青年出版社の庄志霞氏が詳細な紹介し、聴講者は青木先生の著作を贈られて、書名にあやかって中日両国間の「異文化理解」を進めていくことを誓ったに違いない。」

(http://www.tsinghua.edu.cn/qhdwzy/index.jsp)

続いて東京大学にあたる清華大学(Tsinghua University)の概略を述べておく。

清華大学は一九一一年創立。前身の「清華学堂」は、清朝政府によって設立されたアメリカ留学予備学校。一九一二年に清華学校と改名。一九二五年に大学となって一九二八年に「国立清華大学」と改名。一九三七年抗日戦争勃発後は、北京大学他と共に国立長沙臨時大学として移転し、一九三八年に昆明で国立西南連合大学と改名。一九四六年に北京に戻り、文・法・理・工・農の五つの学部と二六の学科を設置。中華人民共和国建国後は、総合工業大学として技術系の人材育成の重点校となり、「エンジニアの揺りかご」と呼ばれるようになる。一九七八年以降は、理科、経済、管理、文科などの学科と大学院を増設。〝二一一工程〟、〝九八五計画〟の実施により、大学改革の中心に位置付けられる。現在一四学部五五学科。理学、工学、文学、芸術学、歴史学、哲学、経済学、管理学、法学、教育学、医学などの総合的な研究型大学となっている。「自強不息・厚徳載物」が校訓。教職員数は約七〇〇〇人、学生数約三万人いる。

ちなみに清華大学東アジア文化講座の概略である。

清華大学歴史学部の教授・王中忱、同大助教授・劉暁峰、中国社会科学院・董炳月の三氏が主宰し、様ざまな角度から東アジアの問題を探究することを目的に、二〇〇四年から現在まで続けられている開放型文化講座。「世界経済と地域の発展、中国の文化復興に伴い、新しい世界の枠組みの中で東アジアの問題を改めて思考する」ことが、この文化講座のめざすところ。日本関係の講座が多く、中国人日本研究者、日本人研究者、在日中国人研究者など、幅広いネットワークによりさまざまな講演者が講座を行っている。二〇〇九年二月末までに四三回実施。

おそらく、今後も日中双方向の相互理解を目指す取り組みが必須である。研究成果の進化もこの大前提を意識すべきと思われる。

## 6 終わりに

中国全体の変化という「大環境」の改善とともに、研究の新世代が確実に成長した。彼らは多分野の手法を生かして日中文化ないし東アジアにおける人文科学の発展に補完の可能性を提示し、生産性の高い貢献をしている。上述の浙江師範大学人文学院主催による「中日文化交流と中国近代文学」国際学術会議の成果が一事例である。同会議に発表された論文を貫く共通の認識から、極めて重要な論点が提出されている。

「中日の文化交流と中国の近代文学は緊密な関係を有しており、中日文学関係の問題を研究するというスタンスは中国の近代文学の発生に関する問題であり、中国の近代文学の発生は中国の文学が今も昔も繋がっているという重要な一部分でもあって、外国文学の影響から離れて中国文学の古今の変遷の問題を語ることは現実的ではない。そのため、中日の文学関係を研究して、中国文学の古今の変遷におけるいくつかの難題を突破することができるのである。」(「中日文化交流と中国近代文学」国際学術会議まとめより。)

よって、今回の会議は、昨今の中国近代文学を切り口の中国文学および中国文化研究にとって構想を開けたものにし、同時に日本の視点を真摯に受け止め、国内外の学者の交流を促進させ、日中文化の相互発展のためにモデルを示し、示唆的貢献を果たすものであった。ちなみに本論文集は浙江師範大学人文学院主催による「中日文化交流と中国近代文学」国際学術会議における発表報告の一部を納めている。

・浙江師範大学教授・付建舟「清末民初における日本語文学漢訳題材の特徴を論じる」

・南開大学教授・羅振亜「五四時期の小詩による俳句の取り込みについての総論」
・北京師範大学教授・李怡「中国近代文学の発生と発展における中日関係——文化交流から生存体験まで——」
・上海師範大学教授・楊剣龍「新しい日本と新しい中国とを結ぶべき紐——陶晶孫『日本に残す遺書』を読む——」

こうして、中国の人文系の研究者が確実に進んでいる。社会文化研究の全体像を変質させる機関車になっている。ここで特に注目していただきたい。外国語・日本語専門以外の社会文化研究者の日本研究への参与である。いずれも中国における日本文化ないし人文研究に躍動を感じさせる一部である。それは日本文化研究の新世紀を構築させていく力強いパワーであろう。それに伴われて日本文学の未来像が描かれていくと思われる。

## 参考文献


・法政大学国際日本学研究所編『国際日本学の構築に向けて』二〇〇五年。
・王敏編『〈意〉の文化と〈情〉の文化——中国における日本研究』中公叢書、二〇〇四年。
・『相互理解としての日本研究——日中比較の新展開』法政大学国際日本学研究所、二〇〇七年。
・『東アジア共生モデルの構築と異文化研究——文化交流とナショナリズムの交錯』法政大学国際日本学研究所、二〇〇五年。
・王敏編『日中文化の交差点』三和書籍、二〇〇八年。
・『「中日文化交流と中国近代文学」国際学術会議報告書』中国・浙江師範大学人文学院、二〇〇九年。
・王敏『日本と中国——相互誤解の構造』中公新書、二〇〇八年。

# Ⅱ　時代を追う日本観の変容

# 唐宋詩人の「日本」の想像

葉　国良
（翻訳：林　恵子）

## 1　はじめに

日本と中国大陸は、かなりの距離の海で隔てられているため、隋朝以前は往来がきわめて少なかったが、遣隋使・遣唐使が中国を訪れるようになり、日本人の中国での活動は次第に多くなってきた。しかし、宋朝末年に至るまでずっと、中国人が日本に行き、それが記録に残っているものはきわめて少ない。したがって、『後漢書』『三国志』『宋書』『梁書』『北史』『南史』『隋書』などにはみな「倭国」または「扶桑」の記載があるが、中国人の日本に対する理解は実はきわめて曖昧なものである。おそらく、日本の役人や学者、僧侶と往来があったにしても、言葉の壁や、民族のプライドなどから、彼らの日本への理解には限界が生じ、想像の部分が多くを占めるようになったのではないか。

本稿では、特に想像力が発揮されやすい詩歌を選んで論じ、時代は唐宋代に限定し、当時の文人の日本に対する一般的印象を考察する。もちろんこれは、信頼できる資料によって具体的に分析していく研究方法とは、目的においても研究の進め方においても同じものではない。しかし、ここに当時の一般的な知識人の認識を見てとることができるのではないか。

本稿を書くにあたって、筆者はまず『全唐詩』[1]『全唐詩外編』[2]『全唐詩補編』[3]『全宋詩』[4]の詩題、詩序、あるいは詩に「日本」の語がある中国人の作品（中国に滞在する日本人、渤海・朝鮮人は含まない）を検索した。それ以外は、日本と関係があっても（たとえば、日本人に送られた詩）、入れていない。全部で八六首になり、内訳は『全唐詩』二四首、『全唐詩外編』一首、『全唐詩補編』一五首、『全宋詩』四六首である。その後、詩の内容を分類し、当時の中国人の、日本の地理的位置・人物と文化・風俗と物産についての想像を考察した[5]。

## 2 「日本」という語の出現

中国の正史では、『随書』以前はみな日本を「倭」としており、「日本」という語はまだあらわれない。旧・新『唐書』以降にようやく「日本」と称されるようになる。案ずるに、旧・新『唐書』はそれぞれ五代人と宋人の撰であり、書中の「日本」は古い文献の「倭」を書き改めたものである可能性がある。たとえば、『旧唐書・則天皇后』大足二年「冬十月、日本国遣使貢方物（冬十月、日本国使をして方物を貢がしむ）」などである。したがって、証拠力がやや弱い。結局のところ中国でいつ「日本」の語を使用し始めたかを証明するには、別に有力な証拠が必要である。

『隋書』は、太宗時代の魏徴らが編纂したものなので、唐初にはまだ「日本」という名称がなかったことは容易に確定できる。「日本」の語を使用した年代は、『新唐書・東夷列伝・日本』に以下のようにいう。

咸亨元年、遣使賀平高麗。後稍習夏音、悪倭名、更号日本。使者自言、国近日所出、以為名。或云日本乃小国、為倭所并、故冒其号。

咸亨元年、使をして高麗を平らぐるを賀せしむ。後稍《やや》夏音を習ひ、倭の名を悪《にく》みて、更に日本と号す。使者自ら言ふ、国日の出づる所に近し、以て名と為すと。或いは云ふ、日本は乃《すなは》ち小国にして、倭の并《あは》する所と為る、故に其の号を冒すと。

筆者が思うには、「更に日本と号す」の原因を中国の文献からは推定しようがないが、「日本」という国号が出現した年代については中国の文献から推定できる。咸亨（西暦六七〇〜六七三年）は唐の高宗の年号であり、「後」についてはもちろん何年かは明確にはわからないが、史官が「更に日本と号す」を「長安元年」（訳注：西暦七〇一年）の前に置いているということは、西暦六七〇年から七〇一年の間のことであるはずである。

筆者は史官が述べることは根拠があるはずだと考える。なぜなら、筆者が台北で発見した「唐徐州刺史杜嗣先墓誌」の原石に次のようにある[6]。

（長安中）又属皇明遠被、日本来庭、有敕令公与李懐遠、豆盧欽望、祝欽明等賓于蕃使、共其話語。……以先天二年二月二日、与夫人鄭氏祔葬于洛都故城東北首陽原当陽侯塋下、礼也。

（長安中）又皇明の遠く被ふに属し、日本来庭す。敕令有りて公李懐遠、豆盧欽望、祝欽明等と蕃使に賓し、其の話語を共にす。……先天二年二月二日を以て、夫人鄭氏と洛都故城の東北首陽原の当陽侯の塋下に祔葬せらる、礼なり。

誌文に述べる「日本来庭」は、武周長安年間（七〇一〜七〇四年）のことであり、まさしく日本の史書と合致する。王国維先生の二重証拠法の考え方により、西暦六七〇年から七〇一年までの間に、すでに「日本」という国号が受け入れられていたといえる。

これに疑問を持つ者は、墓誌は後人が作るものであり、長安年間またはそれ以前に「日本」と称せられていたことの証明にはならないのではないか、というかもしれない。もしそうであったとしても、この墓誌は玄宗先天二年（七一三年・この年は後に開元元年に改められる）に刊されたはずであるから、最も控えめに判断しても、遅くとも西暦七一三年には、唐人は確実に、すでに「日本」という語を使用し、日本人は「日本」を国号としていたことになる。これより早いことはあっても、遅いことはありえない。

つまり、玄宗が即位した時には、確実に「日本」の国号はあった。これは「杜嗣先墓誌」にその証を得ることができるもので、開元二二年に刊された「井真成墓誌銘并序」まで証明を待つ必要はない。そしてこのことによって、なぜ開元年間の詩歌に続々と「日本」の語が出てくるようになったかを説明することができる。

## 3　地理的位置の想像

古人は地球の緯度経度の観念がなく、その上船旅では潮流や風向きの影響も受けた。中国の史籍における海外諸国の地理的位置についての記載は、当然のことながら、曖昧で不正確である。具体的な里程の数字がある場合も、それはやはり実際に曲折して進む日程と道のりであり、直線距離ではない。たとえば『梁書・諸夷列伝』で倭国へいたる行程を以下のように描写している。

去帯方万二千余里、大抵在会稽之東、相去絶遠。従帯方至倭、循海水行、歴韓国、乍東乍南、七千余里始度一海、海闊千余里、名瀚海、至一支国。又度一海千余里、名未盧国。又東南陸行五百里、至伊都国。又東南行百里、至奴国。又東行百里、至不弥国。又南水行二十日、至投馬国。又南水行十日、陸行一月日、至邪馬台国、即倭王所居。

帯方を去ること万二千余里、大抵会稽の東に在り、相去ること絶遠。帯方より倭に至るは、海を循りて水行し、韓国を歴《へ》て、乍《たちま》ち東し乍ち南し、七千余里にして始めて一海を度《わた》る。海の闊《ひろ》きこと千余里、名は瀚海、一支国に至る。又一海の千余里なるを度る、名は未盧国。又東南のかた陸行すること五百里、伊都国に至る。又東南のかた行くこと百里、奴国に至る。又東のかた行くこと百里、不弥国に至る。又南のかた水行すること二十日、投馬国に至る。又南のかた水行すること十日、陸行すること一月日、邪馬台国に至る、即ち倭王の居る所なり。

このような叙述に対しては、老練な遠洋船乗り以外は掌握するすべもなく、一般の人々には、これによって外国の位置について明確な概念を持つことは非常に難しい。

このような曖昧な概念を詩歌に詠む場合には、想像の成分が自然と多くなるはずである。試みに詩人たちがどのようにその遠さを想像したかを見てみよう。

積水不可極、安知滄海東。（王維「送秘書晁監還日本国」唐一二七）
積水極むべからず、安《いずく》んぞ知らん滄海の東。

万国朝天中、東隅道最長。（儲光羲「洛中貽朝校書衡朝即日本人也」唐一三八）
万国朝天の中、東隅道最も長し。

東海是西鄰。（包佶「送日本国聘賀使晁巨卿東帰」唐二〇五）
東海は是れ西鄰。

雲涛万里最東頭。（皮日休「重送円載上人帰日本国」唐六一四）
雲涛万里最も東頭。

連夜揚帆去、経年到岸遅。（方干「送人遊日本国」唐六四九）
連夜帆を揚げて去り、経年岸に到ること遅し。

四極雖云共二儀、晦明前後即難知。西方尚在星辰下、東域已過寅卯時。大海浪中分国界、扶桑樹底是天涯。満帆若有帰風便、到岸猶須隔歳期。（方干「送僧帰日本」唐六四九）

四極二儀を共にすと云ふと雖《いへど》も、晦明前後即ち知り難し。西方尚ほ在り星辰の下、東域已に過ぐ寅卯の時。大海浪中国界を分かち、扶桑の樹底是れ天涯。満帆若し帰風の便有らば、岸に到るに猶ほ須《もち》ゐん歳期を隔つるを。

無風亦駭波、未午已斜暉。（呉融「送僧帰日本国」唐六八四）

風無くも亦《また》駭波、未だ午ならずして已に暉《ひ》を斜めにす。

帰程数万里、帰国信悠哉。（朱少端「送空海上人朝謁後帰日本」唐補九七八）

帰程数万里、帰国信《まこと》に悠《はる》かなるかな。

今日送君帰日東、便成永別恨難窮。海邦万里波涛隔、不似青山有路通。（釈文珦「送禅上人帰日本」宋三三二六）

今日君の日東に帰るを送る、便《すなは》ち永別を成すに恨み窮め難し。海邦万里波涛を隔て、青山の路有りて通ずるに似ず。

右に引用した詩を見ると、事実上は唐朝時代に中国と往来のあった諸国の中で最も遠いのは、中央アジア・西アジアの国々であったはずだが、唐人はむしろ日本を最も遠いと思っていた。だから「万国朝天の中、東隅道最も長し」というのである。その主な原因は、もちろん東方の大海についての理解がなかったことである。まさしくこのことによって、行程の長さを「雲涛万里最も東頭」「海邦万里波涛を隔つ」「帰程数万里」と形容するのである。

「万里」とは古い漢語で非常に遠いことを描写する語である。しかし、ある詩人はやはり「万里」では十分にイメージが湧かないのを嫌って、当時の、天円地方、日出日落の宇宙観によって、中国と日本の両地の太陽の射し方の差に思いをめぐらすのである。方干は「西方尚ほ在り星辰の下、東域已に過ぐ寅卯の時」といった。「西方」の句は中国がまだ夜中であることをいい、「東域」の句は日本ではすでに太陽が出ていることをいう。この種の想像は、呉融の「未だ午ならずして已に暉を斜めにす」と類似している。呉融は中国がまだ正午にならない時に日本はすでに黄昏になっていると想像した。しかし、もしこれが長安と日本の距離を指すとすれば、地球の経度と時差からして、当時の人の想像は確かにいきすぎであり、日本を過度に遠く思っている。

海を渡るのに要する時間については、「年」単位で数え、そのため「連夜帆を揚げて去り、経年岸に到ること遅し」「満帆若し帰風の便有らば、岸に到るに猶ほ須ゐん歳期を隔つるを」というのである。

注目に値するのは、遣唐使は宋朝まで持続しなかったのに、民間の往来は次第に多くなり、釈広聞「答日本国丞相令公」詩に「人言千里本同風、何似如今一信通。（人言ふ千里本より同風、何ぞ似たるや如今一信の通ずるに）」（宋三一〇〇）とあることから、宋代には日本との往来がより密接になってきたことがわかる。このことが、宋朝の詩人が日本は実はそれほど遠くないということを知り、次第に日本がはるかかなたであることを強調しなくなってきた原因かもしれない。

付け加えると、『梁書』と『南史』は倭と扶桑を二つの国として区別し、新・旧『唐書』になってようやく日本と称する。このことはやはり唐詩・宋詩にそれぞれに反映している。唐人の多くは日本は扶桑の東にあると考え、中晩唐は次第に扶桑を日本だと考える人が増えてきて、宋人は日本はすなわち扶桑であると考えた。たとえば、

遥指来従初日外、始知更有扶桑東。（劉長卿「同崔載華贈日本聘使」唐一五〇）

遥かに指さす初日の外より来ると、始めて知る更に扶桑の東の有るを。

絶国将無外、扶桑更有東。（徐凝「送日本使還」唐四七四）

絶国将《は》た外無し、扶桑更に東あり。

扶桑已在渺茫中、家在扶桑東更東。（韋荘「送日本国僧敬龍帰」唐六九五）

　扶桑已に在り渺茫の中、家は在り扶桑の東の更に東。

以上の唐人の詩は、みな日本は扶桑の東にあると思っている。

扶桑一念到、風水豈労形。（呉顗「台州相送詩一首」唐補九四四）

　扶桑一たび念じて到る、風水豈《あ》に形を労せんや。

家与扶桑近、煙波望不窮。（全済時「送最澄上人還日本国」唐補九四五）

　家は扶桑と近く、煙波望みて窮めず。

帰到扶桑国、迎人擁海壖。（許蘭「送最澄上人還日本国」唐補九四六）

　帰りて扶桑国に到れば、迎人海壖を擁す。

刧返扶桑路、還乗旧葉船。（幻夢「送最澄上人還日本国」唐補九四六）

　刧《お》して返る扶桑の路、還て乗る旧葉の船。

はじめに引用した二首では、日本と扶桑の関係は曖昧であり、後の二首は扶桑を日本としている。
宋代になって、扶桑と日本は区別されることはなくなった。

光芒曽射扶桑島。（梅尭臣「銭君倚学士日本刀」宋二五九）

　光芒曽て射す扶桑島。

臨風極遐睇、目断扶桑阪。（鍾唐傑「送僧還日本」宋二六六五）

　風に臨んで遐睇を極むれども、目断す扶桑の阪。

一箇拳頭、硬如生鉄。放開則日耀扶桑、捏聚則乾坤黯黒。（釈普度「日本瓊林侍者請賛」宋三三一七）

　一箇の拳頭、硬きこと生鉄のごとし。放開すれば則ち日は扶桑に耀き、捏聚すれば則ち乾坤黯黒。

笑下扶桑国、帰来致泰平。（陳深「送耕存大参使日本」宋三七二四）

笑ひて下る扶桑国、帰来して泰平を致す。

以上の宋人の詩（最後の一首の作者は、元に仕えたはずである。）は皆直接「扶桑」で日本をあらわしている。総じて唐宋詩人の扶桑・日本の呼称は、史書に述べるところの変遷と符合しており、詩歌も当時の学界の認知を反映していることが見てとれる。

中国に来た日本人が帰国する季節については、唐詩に見られるのはみな秋である。

来朝逢聖日、帰去及秋風。（徐凝「送日本使還」唐四七四）

来朝して聖日に逢ひ、帰去秋風に及ぶ。

老思東極旧岩扉、卻待秋風泛船帰。（陸亀蒙「和襲美重送円載上人帰日本国」唐六二六）

老い思ふ東極の旧岩扉、卻《かへつ》て秋風を待ち船を泛《うか》べて帰る。

欲帰還待海風秋。（斉己「送僧帰日本」唐八四七）

帰還を欲して待つ海風の秋。

朱千乗「送日本国三蔵空海上人朝宗我唐兼方物而帰海東詩并序」（唐補九七八）では、空海について「去秋而来、今春而往（去秋来たりて、今春往く）」「去歳朝秦闕、今春赴海東（去歳秦闕に朝し、今春海東に赴く）」というが、その往来朝赴は長安への行き来を指しており、海岸から長安に到るには、路程は半年を要するので、海辺で船に乗って東へ航海をするまさしくその時を指すのではないのかもしれない。

研究によれば、日本から大陸まで来るには、季節風によって、秋に日本を出発し、夏に日本に帰るのが最も理想的な時期である。しかし実際は、遣唐使は季節風に反して夏に日本を出発し、秋または冬に日本に帰る。ある説では、もし遣唐使が秋に出発すると、正月に長安に到着して元旦の朝拝に参与することができないからであるとする。しかしこの説はまだ学界に認められておらず、やはり、なぜ秋冬に日本に帰ろうとしたのかを説明することはできない[7]。

宋代になって、帰国の季節は詩歌の中にうかがえなくなった。筆者の推測では、これは詩中に見られる来華した日本人の多くは僧侶であり、彼らは決まった使命を負っているわけではなく、帰国の時期についての制約がなかったからであろう。

## 4　人物と文化の想像

唐宋詩中の、詩人と往来のあった日本人は、主に官員と僧侶であるが、僧が多かった。宋詩中では、どの詩も日本の僧が仏法を学ぶために艱難を恐れずやって来ることを賞賛している。これはもちろん歴史的事実と合致している。

為愛華風好、扶桑夢自消。（王礪「送日本僧」宋五四）

華風の好を愛するが為に、扶桑の夢自ら消ゆ。

上人海東秀、才華衆推優。学道慕中国、於焉一来遊。（鍾唐傑「送僧還日本」宋二六六五）

上人海東に秀で、才華ありて衆優を推す。学道中国を慕ひ、焉に於て一たび来遊す。

上人幼負凌雲志、十五為僧今廿二。鯨波不怕嶮如崖、遠渉要明西祖意。（釈紹曇「日本玄志禅人請語」宋三四二五）

上人幼くして凌雲の志を負ひ、十五にして僧と為り今廿二。鯨波怕《おそ》れず嶮なること崖のごとし、遠渉して明らかにせんことを要《もと》む西祖の意。

これらの僧侶に対する当時の評価は非常に高い。それは、その求法の意志が強固であること、領悟の力がずば抜けていることのほかに、彼ら（日本の官員も含む）が漢文の読み書きができる上に、中国語を学ぶ努力をするからである。応酬詩の中には、ほめ過ぎの辞が時に見られるのは免れないが、かなりの日本人がこの方面の能力を有していたことは無視できない。

便風送来颿、夙昔多人物。始信天地間、見聞豈云悉。惆悵蓬莱説、胡為波自黜。夷倭与侏離、九訳迷彷彿。書問顧已同、紙墨存落筆。俛仰六十年、挙指不任屈。（劉攽「王四十処見舅氏所録外祖与日本国僧詩并此僧詩書作五言」宋六〇〇）

便風来颿を送り、夙昔人物多し。始めて信《あきら》かにす天地の間、見聞豈《あ》に悉く云はんや。惆悵す蓬莱の説、胡為《なんす》れぞ波自ら黜《さ》らんや。夷倭と侏離とは、九訳迷ひて彷彿たり。書問顧て已に同じ、紙墨存して筆を落とす。俛仰六十年、挙指屈するに任せず。

但見神僧巍跨水、弗聞君子陋居夷。（釈居簡「贈日本国僧順侍者」宋二七九七）

但《た》だ見る神僧の水を巍跨するを、聞かず君子の夷に陋居するを。

仏子親従日本来、人天随歩歎奇哉。（釈慧遠「送日本国覚阿金慶二禅人遊天台」宋一九四五）

仏子親しく日本より来たる、人天歩に随ひて歎ず奇なるかな。

隠隠孤帆絶海来、虚空消殞鉄山摧。大唐国裡無知識、己眼当従何処開。（釈智愚「示日本智光禅人」宋三〇一八）

隠隠として孤帆絶海より来たり、虚空に消殞す鉄山摧。大唐国裡知識無くんば、己眼当に何処に従《よ》りてか開くべし。

師道厳明善応酬、石橋過了問竜湫。一花一草人皆見、是子知機独点頭。（釈智愚「日本源侍者游台鴈」宋三〇一八）

師道厳明にして応酬を善くし、石橋を過ぎ了りて竜湫に問ふ。一花一草人皆見るも、是の子機を知りて独り点頭す。

大唐国裡無人会、又却乗流過海東。（釈智愚「日本紹明知客請賛」宋三〇一九）
大唐国裡人の会ふ無し、又却て流に乗りて海東を過る。

鉢盂捧入大唐来、飯裡無端咬著砂。一粒砂蔵諸国土、方知寸歩不離家。（釈了恵「送日本俊上人」宋三一七五）
鉢盂捧げ入りて大唐に来たり、飯裡端無《はしな》くも砂を咬著す。一粒の砂は蔵す諸国の土、方に知る寸歩も家を離れざるを。

大唐不許蔵蹤、日本那容隠迹。（釈妙倫「日本見上人請賛」宋三二六四）
大唐蹤を蔵すを許さず、日本那ぞ迹《あと》を隠すを容れんや。

上人幼負凌雲志、十五為僧今廿二。鯨波不怕嶮如崖、遠渉要明西祖意。老松陰下扣煙扉、未透慈渓劈箭機。満口郷談学唐語、帝都丁喚那斯祈。（釈紹曇「日本玄志禅人請語」宋三四二五）
上人幼くして凌雲の志を負ひ、十五にして僧と為り今廿二。鯨波怕れず嶮なること崖のごとし、遠渉して明らかにせんことを要《もと》む西祖の意。老松陰下煙扉を扣《たた》き、未だ透らず慈渓劈箭の機。満口郷談唐語を学び、帝都に丁喚す那斯の祈。

中国に来た日本人の多くは、中国語を話すことはできなかった。しかし「書問顧て已に同じ、紙墨存して筆を落とす」は、閲読と書写の能力を示している。「満口郷談唐語を学ぶ」は、おそらくやや久しく逗留している日本人が皆試みているのであろう。
日本人の漢文化のレベルを鑑みて、詩人たちは、日本人は秦人の後裔であると想像した。これは主に中国に昔からある徐福伝説を受け継いでいる。

無限属城為裸国、幾多分界是亶州。自注：州在会稽海外、伝是徐福之裔。（皮日休「重送円載上人帰日本国」唐六一四）

無限の属城裸国為《た》り、幾多の分界是れ亶州。自注：州は会稽の海外に在り、是れ徐福の裔なりと伝ふ。

其先徐福詐秦民、採薬淹留丱童老。百工五種与之居、至今器玩皆精巧。（欧陽脩「日本刀歌」宋二九九）

其の先の徐福秦の民を詐り、薬を採って淹留し丱童老ゆ。百工五種之と与に居り、今に至って器玩皆精巧なり。

東方九夷倭一爾、海水截界自区宇。地形広長数千里、風俗好仏頗富庶。土産甚夥并産馬、船来中国通商旅。徐福廟前秦月寒、猶恨旧時嬴政苦。自注：倭有徐福廟。（鄭思肖「元韃攻日本敗北歌」宋三六二八）

東方の九夷倭一のみ、海水界を截りて自ら区宇たり。地形広長たること数千里、風俗仏を好み頗《すこぶ》る富庶たり。土産甚だ夥《おほ》くして并せて馬を産し、中国に船来して商旅を通ず。徐福廟前秦月寒く、猶ほ恨む旧時嬴政の苦なるを。自注：倭に徐福廟有り。

またさらに、日本人が帰国時にみな大量の書籍を持ち帰るのを見て、日本の政教文化と文学気風は中国と似ているはずであると想像した。それで王維は「正朔本乎夏時、衣裳同乎漢制（正朔は夏の時に本づき、衣裳は漢の制に同じ）」と考え、その他の詩人は次のように述べている。

王文久已同。（徐凝「送日本使還」唐四七四）

王文久しく已に同じ。

九流三蔵一時傾、万軸光凌渤澥声。従此遺編東去後、却応荒外有諸生。（陸亀蒙「聞円載上人挟儒書洎釈典帰日本国更作一絶以送」唐六二九）

九流三蔵一時傾き、万軸光いに凌ぐ渤澥の声。此より遺編東のかた去りて後、却て応《まさ》に荒外に諸生有るべし。

穎士声名動倭国、楽天辞筆過雞林。（孫覚「客有伝朝議欲以子瞻使高麗大臣有惜其去者白罷之作詩以紀其事」宋六三二）

穎士の声名倭国を動かし、楽天の辞筆雞林を過ぐ。

前朝貢献屢往来、士人往往工詞藻。徐福行時書未焚、逸書百篇今尚存。令厳不許伝中国、挙世無人識古文。先王大典蔵夷貊、蒼波浩蕩無通津。（欧陽脩「日本刀歌」宋二九九）

前朝に貢献して屢《しばしば》往来し、士人は往往にして詞藻に工《たく》みなり。徐福の行く時書は未だ焚かず、逸書百篇今も尚ほ存す。令厳しくして中国に伝ふるを許さず、世を挙げて人の古文を識るもの無し。先王の大典夷貊に蔵す、蒼波浩蕩として津を通ずる無し。

日本国与大唐国、一片皇風無間隔。（釈紹曇「示日本景用禅人」宋三四二五）

日本国と大唐国とは、一片の皇風間隔無し。

唐朝の蕭穎士と白居易の詩文は、日本人に非常に愛好され、かつかなりの影響を与えた。「穎士の声名倭国を動かし、楽天の辞筆雞林を過ぐ」「前朝に貢献して屢往来し、士人は往往にして詞藻に工みなり」はもとより事実である。しかし、「徐福の行く時書は未だ焚かず、逸書百篇今も尚ほ存す」「先王の大典夷貊に蔵す」は想像の過度を免れない。とはいえ、日本には現在に至るまでいくつかの隋唐の佚書が残っており、人を驚かせうらやましがらせるのは事実である。総体的にいって、唐宋詩人は日本の政教文化と文学気風に対して、とても好ましいものであると想像していた。

5 風俗と物産の想像

遥かかなたの、めったに行った人がいない海外の異国に対して、その風俗を理解しようとするのはもともと困難なことである。だから唐朝の方干の「送人遊日本国」詩に「蒼茫大荒外、風教即難知（蒼茫大荒の外、風教即ち知り難し）」（唐六四九）という。それにもかかわらず、詩人たちはいくらかの聞き知ったことを歌に詠んだ。

たとえば仏教に関しては次のような詩句がある。

想到夷王礼、還為上寺迎。自注、有僧遊日本、云、彼祇有三寺。上寺名兜率、国王供養。中寺名浮上、極品官人供養。下寺名祇上寺、風俗供養。有徳行即漸遷上也。（貫休「送僧帰日本」唐八三二）

夷王の礼に想ひ到るに、還りて上寺の迎と為る。自注：僧の日本に遊ぶ有りて云ふ、彼祇《た》だ三寺有るのみ。上寺は名を兜率といひ、国王供養す。中寺は名を浮上といひ、極品官人供養す。下寺は名を祇上寺といひ、風俗供養す。徳行有らば即ち漸く遷上するなりと。

東方九夷倭一爾、海水截界自区宇。地形広長数千里、風俗好仏頗富庶。（鄭思肖「元韃攻日本敗北歌」宋三六二八）

東方の九夷倭一のみ、海水界を截りて自ら区宇たり。地形広長たること数千里、風俗仏を好み頗《すこぶ》る富庶たり。

当時の日本は仏を好み寺があったということは正しいといえる。しかし、詩人たちは日本固有の神道については知らなかった。

喪葬の習俗についてもわずかに見られる。

不食至七日、能将礼自居。既然厳像設、亦復奠朝哺。自注：親喪、七日不食、設座為神像、朝夕拝奠。（林同

自注：親喪ければ、七日食らはず、座を設けて神像を為《つく》り、朝夕拝奠す。

食らはざること七日に至り、能《よ》く礼を将《もっ》て自居す。既然として厳像を設し、亦た復す朝晡を奠ずるを。

「扶桑国」宋三四一八）

筆者の知るところによれば、林同が述べているのは、日本の友人から聞いたことではなく、『南史・夷貊下・扶桑国』の「親喪、七日不食。祖父母喪、五日不食。兄弟伯叔姑姐妹、三日不食。設座為神像、朝夕拝奠、不制縗絰。（親喪ければ、七日食らはず。祖父母喪ければ、五日食らはず。兄弟伯叔姑姐妹は、三日食らはず。座を設けて神像を為り、朝夕拝奠し、縗絰を制せず。）」（『梁書』ほぼ同じ。ただ「座」の字を「霊」に作る。）の記載に基づく。林同の詠んだのは一組の詩で、中国国境外のいくつかの国を含んでいるが、その中に扶桑はあるが日本はない。彼は宋朝の人であり、当時はすでに扶桑が日本と同じであるとされていたので、その詩は日本を指すはずである。しかしこの風俗はおそらく日本のものではない。

一般の民間の風俗については、歌詠にはあまり見られない。ただ、宋末元初に蒙古軍が海を越えて日本を攻めた時、鄭思肖が作った予言的な絶句が見られる。

涉険応難得命還、倭中風土素蛮頑。縦饒航海数百万、不直龍王一怒間。（鄭思肖「元賊謀取日本二絶」宋三六二八）

険を渉《わた》り難に応じ命を得て還る、倭中の風土素《もと》より蛮頑。縦饒《たと》ひ航海数百万たれども、直《あた》らず龍王の一怒の間。

詩中の「倭中の風土素より蛮頑」については、鄭思肖は「元韃攻日本敗北歌」（宋三六二八）の「序」で次のように述べる。

倭人狼不懼死、十人遇百人亦戦、不勝倶死。不戦死、帰亦為倭主所殺。

倭人狼にして死を懼《おそ》れず、十人百人に遇ひて亦た戦ひ、勝たずんば倶《とも》に死す。戦死せずんば、帰りて亦た倭主の殺す所と為る。

「蛮頑」は、武士の「勇敢」以上のものをあらわす。しかし、日本の武士がいくら「勇敢」であっても、つまるところ大きな戦争の勝敗は時に天候によって決定される。後に蒙古軍が果たして「竜王」と「神風」の手のうちに敗れたのは、鄭思肖の予言のとおりであった。

物産については、唐詩に次のように見られる。

身著日本裘、昂蔵出風塵。自注：裘則朝卿所贈、日本布為之。（李白「送王屋山人魏万還王屋」唐一七五）

身には日本の裘を著け、昂蔵風塵を出づ。自注：裘は則ち朝卿の贈る所、日本布にて之を為《つく》る。

禅林幾結金桃重、梵室重修鉄瓦軽。自注：日本金桃、一実重一斤。以鉄為瓦、軽于陶者。（顔萱「送円載上人」唐六三一）

禅林幾《いくばく》か結ぶ金桃の重きを、梵室重ねて修む鉄瓦の軽きを。自注：日本の金桃、一実重さ一斤。鉄を以て瓦と為す、陶よりも軽し。

日本裘、鉄瓦については、古器物についての学術資料研究が必要である。

宋人を驚嘆させたものの筆頭は日本刀である。

日本大刀色青熒、魚皮帖欛沙点星。……干将太阿世上無、払拭共観休懊悩。（梅尭臣「銭君倚学士日本刀」）

日本の大刀色は青熒、魚皮欛《つか》に帖《は》る沙点の星。……干将太阿世上に無ければども、払拭して共に観ずれば懊悩休む。

宝刀近出日本国、越賈得之滄海東。魚皮装貼香木鞘、黄白閑雑鍮与銅。百金伝入好事手、佩服可以禳妖凶。……令人感嘆坐流涕、鏽澀短刀何足云。（欧陽脩「日本刀歌」宋二九九、一作司馬光「和君倚日本刀歌」

宋四九九）

宝刀近ごろ日本国に出で、越賈之を滄海の東に得たり。魚皮もて装貼す香木の鞘、黄白閑雑す鍮と銅と。百金もて伝へ入る好事の手、佩服すれば以て妖凶を禳《はら》ふべし。……人をして感嘆して坐《そぞ》ろに涕を流さしむ、鏽澀の短刀何ぞ云ふに足らんや。

日本刀に対しては、梅尭臣が干将・太阿（訳注：いずれもいにしえの名刀の名）と比していることから、その精巧さがわかる。だから、鄭思肖は「倭刀極利（倭刀極めて利なり）」（「元韃攻日本敗北歌・序」宋三六二八）ということを蒙古軍敗北の原因の一つと見なしたのである。日本刀の装飾の美については、いうまでもないことである。

唐宋時代に日本から中国に伝えられた物品は、もちろんまだ他にもある。たとえば扇子などが他の文献にも見られるが、残念ながら詩中に見られるものは多くない。しかし宋人が日本の品物について良い印象を持っていたことについては疑いない。

其先徐福詐秦民、採薬淹留丱童老。百工五種与之居、至今器玩皆精巧。（欧陽脩「日本刀歌」宋二九九）

其の先の徐福秦の民を詐《いつは》り、薬を採って淹留し丱童老ゆ。百工五種之と与《とも》に居り、今に至って器玩皆精巧なり。

東方九夷倭一爾、海水截界自区宇。地形広長数千里、風俗好仏頗富庶。土産甚夥并産馬、舶来中国通商旅。徐福廟前秦月寒、猶恨旧時嬴政苦。（鄭思肖「元韃攻日本敗北歌」宋三六二八）

東方の九夷倭一のみ、海水界を截りて自ら区宇たり。地形広長たること数千里、風俗仏を好み頗る富庶たり。土産甚だ夥くして并せて馬を産し、中国に舶来して商旅を通ず。徐福廟前秦月寒し、猶ほ恨む旧時嬴政の苦なるを。

器物の精良を徐福が連れて行った多くの職人のおかげだとしているが、これはもちろん中国人のうぬぼれである。

## 6　終わりに

日本の遣唐使と、後に中国に遊歴した僧侶は、彼らの著作の中に、中国の制度・学術・風俗に対する描写を残した。これは日本の眼から見た中国ということができ、比較的具体的である[8]。本稿では、唐宋詩の範疇で、当時の詩人（彼らは同時に影響力のある学者や役人であった。）の日本に対する印象と想像を分析したものであり、中国人の眼から見た日本といえる。これは相対的に曖昧である。しかし、本稿の討論が及ぶ所によれば、唐宋時代は双方のお互いに対する印象と交情はとても友好的であった。元代以降、蒙古が日本を攻め、倭寇が周辺を騒がせ、日本軍が中国を侵略し、双方に摩擦が生じ、遺憾なことになった。歴史が私たちに与えた教訓とは、文化と商業の往来は双方に利をもたらし、土地と物品の収奪は双方に害を及ぼすということである。そしてその選択のいかんに、知恵がうかがえるということである。

### 訳注

引用された詩文に付した書き下し文のうち、王維「送秘書晁監還日本国」（唐一一二七）・李白「送王屋山人魏万還王屋」（唐一七五）・欧陽脩「日本刀歌」（宋二九九）については、それぞれ以下に拠った。

- 釈清潭訳『淵明・王維全詩集』（『続国訳漢文大成』）日本図書センター。
- 久保天随訳『李白全詩集』（『続国訳漢文大成』）日本図書センター。
- 松枝茂夫編『中国名詩選』（「日本刀歌」）岩波文庫。

# 注

[1]『全唐詩』北京・中華書局、一九八五年。以下すべてこの書から引用し、「唐」の字で示した。後に付した数字は巻次である。

[2] 王重民・孫望・童養年輯録『全唐詩外編』台北・木鐸出版社影印本、一九八三年。以下すべてこの書から引用し、「唐外」の字で示した。後に付した数字は頁数である。

[3] 陳尚君輯校『全唐詩補編』北京・中華書局、一九九二年。以下すべてこの書から引用し、「唐補」の字で示した。後に付した数字は頁数である。

[4]『全宋詩』北京・北京大学出版、一九九八年。以下すべてこの書から引用し、「宋」の字で示した。後に付した数字は巻次である。

[5] この草稿が完成した後に、松原朗「唐詩の中の「日本」」の一文を読むことができた（『遣唐使の見た中国と日本』所収。東京・朝日新聞社、二〇〇五年）。この文は『全唐詩』から二六首を選んで素材としており、本稿の議論の範囲やサンプリングとは全く同じというわけではない。

[6] 葉国良「唐代墓誌考釈・徐州刺史杜嗣先墓誌」参照。『石学続探』（台北・大安出版社、一九九九年）所収。一二七―一三三頁。

[7] 参考　古瀬奈津子撰・高泉益訳「遣唐使眼中的中国」（台北・台湾商務印書館、二〇〇五年）三四―一三五頁。

[8] 参考　古瀬奈津子撰・高泉益訳「遣唐使眼中的中国」（前掲）。しかし、この書は唐代の礼制がどのように日本に影響したかの議論に偏っており、日本人が中国の文化に対してどのような評価をしたかについての議論は十分ではない。

# 近代における中国人の日本観の変遷

王　暁秋
（翻訳：王　雪萍）

日中両国間の相互認識の過程を考察し、中国人の日本観および日本人の中国観の変遷を分析することは、日中関係史研究のうえで非常に重要な課題の一つである。この認識過程は、日中両国間の関係および両国の政治、経済、文化、ひいては思想、観念の変化と密接に関わるものである。同時に、両国の歴史および関係の発展に重大な影響を与える。

本論は、筆者が中国および日本において収集した大量の歴史資料に基づいて、主に一八四〇—一九一九年における、中国人の日本認識が次第に深化する過程、すなわち近代における中国人の日本観の変遷に焦点を当て、比較的系統立った考察および分析を加えたものである。

## 1　軽視から重視へ

古代中国人の日本認識は、以下の二点に概括できる。ある意味では、中国は最も早く日本を認識した国家である。西暦一世紀に書かれた『漢書』には既に日本について「夫楽浪海中有倭人、分為百余国（楽浪海中に倭人あり、分かれて百余国をなす）」という明確な記述がなされている。また、三世紀に書かれた『三国志』「魏志・倭人伝」では、さらに日本列島の政治経済および社会風俗について二〇〇〇字に及ぶ記述をしており、今日でも二、三世紀の日本の歴史を研究するうえでは最も権威のある文献資料である。以後、歴代の中国史書の日本に対する記載は続いた。『三国志』から『清史稿』に至るまで、一六部の官修正史中に日本伝が見られる。

しかし、別の意味において、古代中国の日本の認識の発展は非常に緩やかなものであった。その主な原因は古代中国人の日本を軽視する態度にある。おそらく、中国古代文明が日本を上回っていたため、さらに中国有識者の色濃い中華文化優越感と「華夷意識」が加わり、一般的に中国の士太夫は日本を「蕞楽三島」の「東夷小国」と呼び、真剣に理解し研究しようとはしなかった。中国古籍では往々にして日本を茫漠として限りない仙境として、神秘的に描いている。歴代の正史における日本伝はそのほとんどが古くからの伝説を踏襲したもので、深く研究したものは少なかった。明代、倭寇に対処する必要性から、日本を紹介する著述も現れたものの、全体的に見れば、清代中半まで中国人の日本に関する知識は貧しいものであった。例えば、乾隆年間に私銭が取り締まられた際、沿海地方のある土地で日本の銅銭「寛永通宝」が一枚発見されたが、文武百官および各省の大官の中で知っている者は一人もいなかった。朝廷では、誰かが貨幣を不正に鋳造しているのではないかと考え、厳しく追跡調査し、「守令倉皇、莫知所措」[1]の騒ぎとなった。このことからも当時の日本に対する認識の程度の低さをうかがい知ることができよう。

アヘン戦争以後、先見の眼のある中国のインテリたちは世界を意識しはじめ、世界各国史やその土地柄を研究紹介し、「制夷之策」を模索した。しかし、彼らが注目したのは主に中国を侵略した西洋列強であり、東方の隣国日本については、やはり重視していなかった。ただ一部の著述においては、既に日本を世界の大局中に据えた考察がなされはじめていたことが、少しの進歩だと言えよう。例えば福建の巡撫・徐継畬が一八四八年に編纂した『瀛環志略』第一〇巻の第一巻は東洋二国、つまり日本と琉球についての記述である。書中には「東洋の広々とした海、アメリカまで続く西海、数万里にわたり土地はなく、中国の付近にあるものといえば、日本と琉球の二国しかない。神州（中国）を補佐する右腕である」。徐継畬はさらに「西洋人が日本三島を朝鮮以北に並べているのは、誤りである」と指摘している。しかし、彼自身も日本地理を正確には把握しておらず、書中で日本を対馬、長崎、薩（薩摩のこと）の三島から成るとしている。実際には、長崎、薩摩は九州にあり、対馬は朝鮮海峡に浮かぶ小さな島である。作者が自らの日本に対する理解が足りないと認めた原因は、日本が「中国から遠く離れた夷であり、車を雇っても行きがたく、往来するものはみな商売人の類で、その内情を詳しく知る術もない」[2]からである。

魏源の名著『海国図志』の五〇巻本および六〇巻本にはともに日本に関する記述はなく、一八五二年に増補された一〇〇巻本上にようやく日本が加えられた。彼は「日本島国録」部分において、『明史』、『海国聞見録』、『坤輿図説』等十数種の国内外の文献を引用していながら、最も主要な資料として写し取っているのは上述した『瀛環志略』の日本に関する記述なのである。さらにこれに基づいてイギリス人の世界地図を批評し、その結果、徐継畬と同じ過ちを犯した[3]。したがって、後に薛福成は徐継畬と魏源を「西洋から遠く離れた国において、なおその概略を記しているが、ただ日本についての考証は欠如している。またわずかに述べていたとしても曖昧ではっきりしない。結局、その系譜や国土を調べることができず、まるでいにしえから伝わる三神山を望めども至らずのようである」[4]と批評している。

上記のように近代初期に至るまで、中国人の日本に対する認識は非常に曖昧模糊としたものだった。黄遵憲の二句詩「ただ一衣帯水なれど、十重の霧を隔てる」[5]は、まさにこのような状況を描き出している。一九世紀六〇、七〇年代、中国人が関心を持ちはじめたのは、日本で連続して起きた三つの事件だった。つまり、一八六八年明治維新、一八七一年中国との外交関係締結、そして一八七四年台湾侵略である。明治維新は日本史上、画期的な意味を持った分岐点である。徳川幕府を覆し、創立した明治政府は資産階級改革を打ち出し、同時に中国との外交貿易を企図した。一八七〇年柳原前光等が中国を訪れ条約締結を談判した。清政府総理衙門は当初「大信不約」を口実に拒絶する意向だったが、洋務派官僚・李鴻章は条約締結を主張した。彼は「日本は自ら西洋と条約を締結し、機器や兵船を購い、鉄砲や鉄道を模倣製造し、また人を西洋に派遣して様々な技術を学ばせ、富国強兵を旨としていると聞いている。西洋は中国と遠いが日本は近い。これを籠絡し或いは我が国の為に利用すべきである。拒否すれば我が国の敵となるのは目に見えている」、また、駐日外交官を日本に派遣することを建議して、「彼らの動静を探ることによって、彼らを牽制する方法を講じるべきだ」[6]と言った。一八七一年、日中両国は『日中修好条約』および『通商条約』を締結し、相互に外交官を派遣することを決定し、日中外交史は中国人が日本を認識するうえで有利な条件を生み出した。

日本の明治維新のような大事は、当初全く中国、朝鮮の注意を引かなかった。一八七四年、日本が公然と武装した軍を派遣して台湾を侵略するに至り、ようやく中国の官僚たちは、「東夷小国」の日本までもが中国を侮るとは、日本国内がどのように変化したのか、と驚愕した。そして、彼らは日本に目を向けはじめ、日本の近況を理解し、分析するように努めた。現在見る限り、中国人の日本明治維新についての最も早い評論は、一八七四年浙江省海寧人・陳其元によって書かれた『日本近事記』である。作者は明治維新を主権簒奪による政権交代と見なしており、完全に否定的な態度を有している。彼は幕府の将軍を日本の国王であると誤解しており、天皇を新たに政権を握った「簒国」と咎めている。文中では「古来、日本国王は二〇〇〇年変わらず、国には七二の島があり、島にはそれぞれ島主がおり、諸侯に列せられていた」、「帝が国を簒奪してより、前王は廃され、各島主の権力も削られた。島主は権力を失って疑念を持ち、遺民は旧政権を想って恨みを募らせ、機会があればそれに乗じて蜂起しようとしている」と書いている。彼は明治政府が欧米に学び変法改革を進めていることに対して反感を覚えていた。「国中を西洋の服に改め、西洋をまね、焚書変法をさせる。そのため全国的に反感が広がり、人々は不満を覚えた」[7]。作者はさらに明治政府が揺るぎないものとならぬうちに派兵して日本を征服し、幕府復興に力を貸すという奇抜な発想を吹聴した。

しかし、当時の中国インテリのなかには異なる見解を持つ者もいた。例えば、嘉興人・金安清の『東倭考』は明治政府を比較的高く評価している。彼の明治維新の「大政奉還」に対する認識は陳其元よりもはっきりしており、「今の倭王は将軍を追い、自らその権利を得た」と指摘している。彼は、日本の明治維新は中国古代戦国時代に趙武霊王が胡服騎射を習いとした変法と比較し、それが肯定できるものだと考えた。明治天皇は、〝詩書を焼き、服色を改め、その遠大な志は、趙武霊王の如く、国中全てが従っておらずとも顧みない〟[8]。したがって、彼は断固として「征日論」に反対した。

一八七四年一二月一〇日、李鴻章は皇帝に献上した上奏文の中で、明治維新についての認識を述べている。上奏文には「日本は近年旧制を改革したが、藩民は不満を募らせ、当初は内乱が続いたと聞き及ぶが、今では久しく安定している。衣冠を変え、暦を改めたこと全てが識者に嘲られている。しかし、例えば兵制を西洋式に改め、鉄道を模倣し、電報を増やし、鉄鉱鉱山を開発し、自ら銀貨を鋳造することは、国家の経済と人民の生活において利益が無いわけではない。そして、多くの学生を西洋に派遣してその技術を学ばせ、イギリス人と密かに通じ、その勢いは日増しに強くなり、その野心は大きい。故に、東土で雄をとなえ、中国を軽蔑し、台湾を制圧する機を窺っているのだ」と書かれていた。これは、李鴻章は日本が中国台湾を侵略したのは明治維新後富国強兵に努めた結果だと認識していたことを意味している。彼は洋務派の立場から、明治政府が積極的に西洋の軍事および工業技術を学び、加えて外貨の借款、留学生の派遣などの措置を取ることに賛成した。しかし、日本が政治制度および服装、暦法に至るまで改革を進めることについては反対した。ならびに日本の「東土で雄を唱え、中国を軽蔑する」[9]という思惑については、憂いを感じた。

## 2　通り一遍の見方から緻密な調査研究へ

「百聞は一見にしかず」、近代中国人の日本に対する認識は、日本への実地調査が進むにつれて次第に深まっていった。明治維新後、初めて日本に赴き実地調査を行ったのは、浙江省税関委員・李圭であった。彼は一八七六年、アメリカの建国百周年記念博覧会に参加する途中で日本を訪れ、長崎、神戸、大阪、横浜などの地を巡った。明治維新後の日本の新たな情景は彼に深い印象を残した。彼は『環遊地球新録』という本の中で、「大小の塾、郵便局、電信局、採鉱局、汽船会社は、みな西洋に倣っており、官を設けてこれらを管理させ、国を挙げて全面的に取り組んでいる。そして、電信、郵便については特に力を入れており、欧米諸国と比べるに足る」と記述している。彼は、明治維新は日本が弱国から強国へと変化する転換点だと考えていた。「愚見によれば、日本一国は咸豊年間初め、将軍が政権を握っており、国王は見せかけだけで、その国力は極めて脆弱なものであった」。明治維新を経て、「近年来、西洋に学び、西洋の方法を効果的に取り入れるなど、有益な方策を打ち出しており、毅然として改める者が極めて多い。そのため、富国強兵することができ、東海に雄を唱え、大将軍は遂に国政を追われたのである」[10]。

一八七七年、清国政府は初めて正式に駐日使節団を派遣した。最初の駐日使節は翰林院侍講・何如璋だった。彼は赴任日記『使東述略』の中で日本に駐在したときに得た見聞を叙述し、明治維新の功績を肯定している。それと同時に変法改革は必ず大きな阻止にぶつかるとも予測し、維新が成功するかどうかについて疑問を抱いた。彼は「公を強化し、私を途絶し、廃藩置県を行い、数百年続いた弊習を取り上げ、掌を返すかのように新政策を推し進めた。容易なことではない」と述べている。彼は実地調査に基づいて、日本の地理的状況について、日本は四つの大きな島、すなわち本州、九州、四国そして北海道から成るという比較的適切な描写をしている。九州については「西には長崎がある」、「西南は薩摩という」、「対馬は朝鮮から数十里の所に位置する」[11]と述べている。こうして、徐継畬や魏源といった人々の間違いを止した。

中国が日本に公使館および領事館を設置し、外交官が長く日本に駐在するようになって以後、中国の官吏や文人たちはこぞって日本へ渡った。彼らは日本各地を巡り、広く日本人と交流し、多くの旅行記や詩歌を残した。彼らは日本の維新後の進歩を見聞し、その多くが著作や詩文の中で日本の明治維新に対して共感や称揚を示した。例えば、王韜の『扶桑日記』や王之春の『東遊日記』はともに日本が維新後に建設した鉄道や電信、電話等がもたらした便利さについて、「巧妙さ、特殊さを争う、目も眩まんばかりだ」と記している。また日本の教育制度についても「誠に良い法である」と賞賛している。

その一方で、保守的な立場を貫き、色眼鏡で日本を観察する中国士大夫もおり、明治維新——特に日本が欧米に学ぶことを不愉快に感じていた。例えば、李筱圃が一八八〇年に日本を訪れた際に書いた『日本紀遊』は、日本が維新改革後、「遠人を拒絶できないばかりか、極力西洋のやり方を用いることは、国を日々貧しくさせ、税収を過酷なものにし、民に徳川氏の深い寛大さを思い起こさせる」[12]と指摘した。別の訪日識者が記した『日本雑記』も日本が欧米に学び維新改革を実行したことによって貧困に陥ったと考えている。作者はさらに日本が西洋機器を模造したことや軍隊を西洋式に訓練したことについても次のように非難している。「自分たちはすぐに富国強兵できると考えているが、西洋方式を慕っても金儲けの道は無く、自ら財産を浪費するだけだということを分かっていない。今日、通商を西洋式に改めた後、国は続けていくことができず、民から搾取せざるをえないのだ」[13]。彼らは日本の当時の財政難をみな欧米に学び、改革を実行したことに帰している。ただ祖先の法は変えるべきものではなく、全てはしきたりに従うしかないということを説明するために。

またある人が一八七九年に書いた『日本瑣誌』では一部の統計資料を列挙し、日本の現状を分析し、明治維新が失敗に終わる可能性があるという結論を導き出している。彼は日本には重大な政治的経済的危機が潜んでいると考え、「自ら西洋方式を採用し、封建制を廃して郡県制とし、前後して離職したものがどれほどいるか分からず、乱が起きる危険性をはらんでいる。そのうえ、国勢は日々急迫し、民から搾取せざるをえず、その結果、民心を失ってしまった。これもまた日本に乱が起きる危険性が潜んでいることを示している」と書いている。彼は日本の国債、外国債の統計数字を列挙し、また紙幣をむやみに発行することは、インフレを招く危険性があると警告している。また、日本の重大な輸入超過、金銀の海外流出、人口過多、社会治安などの問題を指摘し、「乱は必ず二十年の間に起きる」[14]と断言している。この作者の明治維新に対する分析は悲観的だが、彼は表面の現象を見通し、日本社会に潜むさまざまな問題点に注目している。その認識は優れたものである。

ここまでいくつかの見方を紹介してきた。そのほとんどが短期的に日本を訪れた士大夫が旅行記中に書いた大雑把な印象であり、表面的で浅はかなものにすぎない。一九世紀八〇年代から、一部の中国駐日大使館の人々や日本考察のために訪日した官吏は、その歴史や現状について比較的広く深い調査研究を行い、比較的分量があり価値のある著作を残しており、これは近代中国人の日本認識の進歩を反映している。

かつて、駐日大使館随行員を務めた姚文棟は、日本明治維新政府が『清国兵要地理誌』を刊行し日本の軍人に配り、ほぼ一人一冊持っているのを目の当たりにした。しかし、中国人は日本の地理について全く見当もつかない。ここに強い刺激を受け、日本の地理書に基づき、さらに近年の航海記録などの関連資料を参照し、一〇巻八冊から成る『日本地理兵要』を編纂し、一八八四年総理衙門から発行した。これは中国近代において最も早く出版された詳細な日本地理書である。

もう一人の駐日大使館随行員・陳家麟は、調査研究を通して、一八八七年に『東槎聞見録』四巻を編纂し、日本の状況を十数項目に分類し、紹介した。彼は明治維新のさまざまな改革には長所も短所もともにあり、それぞれ分析しなければならないと考えた。例えば「学校の設立、鉱業の整備、鉄道の敷設、銀行の設置、及び機器、電線、橋梁、水道、農業、商業各事業は、長所である」。しかし、「衣服を改め、漢学を廃し、刑罰を改め（刑法を西洋式に近づけ、鞭打ちの項目をなくしたことによって、国内で盗賊事件が多くなった）、紙幣を造り（広く紙幣を造ったことによって、民間の大小の交易から貨幣が姿を消した）、租税を増やし、人事（かつて外国に行った経験を持つもの、外国語ができるものは、その才にかかわらず採用したため、官界にはさまざまな人が入り乱れた）、家屋（大小の官署はみな洋風に改修した）、飲食（西洋式にした）、舞踏などは、その短所である」[15]。このような認識はおそらく当時の中国の一般的な有識者の日本明治維新に対する比較的典型的な見方であると言うことができる。

もちろん、初めて駐日使節団参事官を務めた黄遵憲も日本について最も全面的で深い研究を行った一人に数えられる。彼は一八七七年に公使・何如璋に随行して日本を訪れた。日本での五年間、彼は日本各界の人士と広く親交を結び、各地を訪れ深く考察し、また日本の政治、経済、文化などの面の資料——特に各機関が発行しているさまざまな官報や法令、統計表などの一次資料を大量に収集した。彼は日本滞在期間に二百首余りの日本に関する詩歌を書き、『日本雑事詩』を編纂した。また、一八七九年から八年の歳月を費やし、一八八七年には大著『日本国誌』を完成させた。全四〇巻五〇万字にのぼり、分国統誌、隣交誌、天文誌、地理誌、職官誌、食貨誌、兵誌、刑法誌、学術誌、礼俗誌、物産誌、工芸誌など一二誌から成り、それぞれの角度から体系的に日本の歴史とその現状について研究したもので、内容も非常に豊富である。『日本国誌』は中国近代における日本研究の集大成と呼ぶに堪えうる代表作であり、近代中国人の日本認識についての里程標でもある。この書は「国内における至宝」とされ、長期にわたり中国人が日本を認識する際の最も重要な参考書であった。

『日本国誌』の重点は日本の制度を研究し、明治維新の経験教訓を総括し、中国の維新変法に際して参考とすることである。実際、黄遵憲自身の日本明治維新に対する認識も転換の過程を経ている。彼の言葉によれば、一八七七年日本に着いたばかりの頃、「時まさに明治維新の始めにあたり、全てにおいて新しく始めたばかりで、規模も安定を見ていない。論者は日本に多いかもしれないが……定説は存在しない」。彼が交流した日本の人士の多くは維新に不満を持つ旧学者で、「微々たる言葉で風刺、ああという嘆息が、私の耳に満ちあふれている」。そのため、当初黄遵憲も明治維新に対して疑問を抱いていた。しかし、日本についての理解や研究が深くなるにつれて、次第に見方を変えていった。彼は「体験が深まり、見聞が拓けるに及び、事物は発展があってのみ存在し続けるという理を熟知しており、それを信じ西洋式に改め、古きを捨て新しきを取ることは、卓然と自らを打ち立てることができる」と述べている。以後、黄遵憲は欧米に使節として赴き、欧米諸国を見て、「その政治学術は日本と大差ない」と述べた。さらに、欧米人士と話が日本に及んだ際にも「その都度、異議がでないことに感心する」。彼が日本の明治維新に本当に信服したのは、日本の「これまでどの国も持っていなかった進歩の早さ」[16]に賛嘆したためである。

一八八七年、清政府は試験によって一二名の官吏を選抜し、日本、アメリカ、カナダ、ペルー、キューバそしてブラジル諸国に派遣した。遊学使節団の中で最も勤勉であったのは第一位で選抜試験に合格した兵部郎中・傅雲龍で、彼は国ごとに資料を収集し、文章を書き、表や地図を作成し、「図経」を編纂した。『遊学日本図経』だけで三〇巻あり、天文、地理、技能検定、兵制、職官、外交、文学、風俗などの部分を含んでいて、一部の日本問題の百科全書であり、中国人が日本を認識するうえで重要な資料であると言える。

また別の遊学使刑部主事・顧厚焜は考察の後、洋務、財用、陸軍、海軍、技能、治法など九部九〇項目から成る『日本新政考』を編纂した。その記載はかなり具体的で、中国人が日本を認識するうえで、大いに助けとなった。しかし、彼は日本が政治制度を改革したことについては、批判的な見方をしていて、「日本人は異質を好み、奇を誇る。一度変えれば、全てを変えてしまう。全くどういうことなのだろう」、「一度決めた法律制度を弁髪の如く捨ててしまうことは、国の為であるとは言えない」[17]と指摘している。

この時期、中国の封建的な知識人のなかには、日本維新を非難し嘲笑する者も大勢いた。例えば一八八五年「四明浮槎客」と自称する保守派の学生が日本を訪れた際に、日本が欧米に学ぶことを風刺した竹枝詞（竹枝詞とは、民間の歌謡のことで、千余年前に楚（四川東部）・巴（湖北西部）に興ったものといわれている）をいくつか残している。「国法は日々変化し、結局どの国に頼っても落ち着かない。昨日はアメリカ式に改め、今日はイギリスを奉る」。また、日本の改革を「朝令暮改、児戯のごとし」と非難している。さらに日本の変法を「風俗を改めるのは荒唐無稽であり、暦、衣冠、祖制を亡くすことだ」、「文明開化を常に誇っているが、まさに井の中の蛙だ」[18]と嘲笑している。

一八九三年、日本を訪れた黄慶澄はこのような浅はかな認識を批判している。彼は日本の明治維新が「新法を施行し、暦、衣服を改めた」ことについて、「新たな耳目を以て国勢を振るわそうと急ぐ者は、千万の国民に笑われ誹られようともこれを顧みない」と指摘している。彼は日本維新の指導者を「洞燭外情、己を知り相手を知れば、それを以て国と し賭けとして、必死に賽を振る」と賞賛し、黄慶澄はこれこそ「豪傑国を謀る」であり、「その深謀遠慮は、古い考えに固執している者が口にできるものではない」[19]と考えた。

## 3　全面的な模倣から初歩的な批判まで

歴史の発展は往々にしてドラマ性に富んでいる。古代一千年余りの間、日本人は一途に中国を師と敬い、諸処において中国に学んできた。しかし、近代に入って半世紀も過ぎぬうちに、中国人が逆に矢も楯もたまらず日本に教えを請わなければならなかった。このような変化が起こった鍵は、日本明治維新の成功にあり、転換点は一八九四年から一八九五年の中日甲午戦争である。この戦争の結果、目上の清帝国は新興の日本に敗北し、清政府は割譲賠償約款調印を迫られ、屈辱的な『馬関条約』に調印した。

中国の愛国派有識者は一方で日本の侵略を強烈に非難し、『馬関条約』を恥辱とし、ひどく憎んだ。また一方では、彼らはこの苦しみを教訓とするため、まずなぜ日本が中国に勝つことができたのかを考えなければならなかった。この問題に対する思考を通して、多くの中国人の日本に対する認識は大きな変化を生じた。

康有為など維新派の人士は日本が甲午戦争において勝利した原因を完全に維新変法に帰結させた。一八九五年彼は『上清帝第二書』において「日本は小島の夷に過ぎないが、旧法を変え、我が琉球を滅し、我が大国を侵略した。前車の覆るは後車の戒めである」[20]と指摘している。彼らはその中から以下の結論を得た。中国を救うには、変法維新しかない、そして維新を成功させるには、欧米に学ぶ必要がある。日本が欧米に学んだことは有益で、明治維新にも成功し、富国強兵を実現したのだから、中国人が日本に学ぶことができないわけがあるだろうか。祖国の危急を救うために、変法に自ら励めば、たとえ臥薪嘗胆であったとしても、真剣に昨日の敵である日本に学ばなければならない。そのため康有為は「強敵を師と仰いでも構わない」[21]というスローガンを提起した。

日本に学ぶためには、日本に対する認識をさらに深める必要があった。中国近代維新の起こりは、日本に対する研究を促進し、そして日本に対する研究は、中国維新変法運動の発展を促した。中国維新派人士はみなが日本を語り、みなが明治維新を尊重した。康有為は一八八六年には明治維新の研究を始めていた。一八九七年には『日本書目誌』を編纂し、また娘である康同薇の協力のもとで『日本変政考』をまとめた。梁啓超は一八九七年に『記東侠』を書き、日本維新志士の献身精神を称えた。康同薇も一八九八年春に『日本変法由遊侠義憤考』を出版し、日本維新志士の明治維新における役割を紹介した。湖南省維新派の中核であった唐才常は「世間は日本について疎く、日本の変法の難しさを知らない」との見地から、特に『日本安政以来大事略述』をまとめ、日本維新の歴史およびその中の紆余曲折について要点をかいつまんで紹介した。この文は『湘学報』に連載され、湖南省における維新運動の推進において一定の役割を果たした。一八九八年六月一一日、光緒皇帝が「明定国是」という詔を下し、「百日維新」が始まった。光緒皇帝に日本維新の具体的な経験を提供するために、康有為は補充潤色し大量の注釈を加えた『日本変政考』一三巻を進上した。それは編年史の形式を用いて、明治維新の各改革措置を詳細に記述し、その利害を評論し、中国の実際の状況と結びあわせて、中国変法の建議を提起した。康有為は日本明治維新改革の重要性を「群臣は定国を是とすることを誓い、制度局を設けることによって憲法を議論し、民間から抜擢することによって顧問とし、低い地位に就くことによって民情に通じ、遊学者を多数派遣することによって新学に通じ、暦や衣服を改めることによって人心を変える」[22]とまとめた。彼はこの本の跋文においてまた「日本変政は以下のことを備えている。その変法の次第、条理の分かりやすさは全てこの本に記してある。その弱者から強者への過程も全てだ」と揚言した。彼は全面的に日本を模倣することを主張し、さらには「我が国は変法しなければならないが、日本に学びさえすれば、それで足りる」と断言した。光緒皇帝はこの本を得たことをまるで至宝を得たかのごとく、明治維新を模倣し、一連の改革勅令を発布した。しかし、中国封建派の勢力は日本維新時の幕府の力よりもはるかに強く、新旧派の力量の差は明らかで、百日維新は一時的ですぐに消えてしまった。その後まもなく、西太后が政変を起こし、光緒皇帝は軟禁の憂き目に遭い、康、梁は慌てふためいて逃げ出し、維新派の日本観を集中的に反映した『日本変政考』は冷宮に入れられ、長い間日の目を見ることはなかった。

戊戌変法の失敗は、決して中国人が日本を理解し、日本に学ぶという熱情を弱くはさせなかった。特に、二〇世紀初頭、清政府が実行した「新政」は、また日本を手本としたもので、多くの官吏を日本に派遣して良い経験を積んできた。また一部の官吏と学者・文人は自費で日本へ遊学した。彼らは多くの旅行記や考察記、調査報告を残し、筆者の所見だけでも百種類に及ぶほどであった。例えば、農工商業を考察したものには、劉学洵の『遊歴日本考査商務日記』、黄璟の『遊歴日本考察農務日記』、潘学祖の『考察東瀛農工記』など、教育を考察したものには、李宗堂の『考察日本学校記』、呉汝倫の『東遊叢録』、項文瑞の『遊日本学校筆記』など、政治を考察したものには、載沢の『考察政治日記』、逢恩承の『日本最近政学調査記』、劉瑞璘の『東遊考政録』など、軍事、司法を考察したものには、西鴻臣の『遊歴日本視察兵制学制日記』、雷延寿の『日本警察調査提綱』などがある。

これらの著作は、ごく少数の物見遊山、異国情緒あるいは敷衍交差を語っているもの以外、大多数が日本社会について実際に具体的な調査および考察を行っている。多くの人が真剣に中国は日本に何を学ぶべきか、どうやって学ぶのかということを考えている。そして懸命に日本の威信の要と富国強兵の道を模索している。彼らは各方面、各角度から日本を観察し、大いに中国人の日本に対する認識を深めた。いくつかの例を挙げながら説明しよう。一八九八年に日本へ至り商務を考察した中国政府特使・劉学洵は、日本の朝野、特に財界と工商界の盛大な歓迎を受けた。彼は日本の各界名士との会談およびさまざまな工場や商店の参観を通して、日本資産階級が提示した「富国は必ず商務の振興を基本とする」、「豊かな商売を以て国を安んじる」[23]といった観点を非常に評価し、これこそ日本富国強兵の理由だと考えた。しかし、一九〇一年羅振玉が日本に赴き二カ月の考察の後導き出した結論は、日本が栄えた鍵は「まず交通の整備にあり、次に工業振興にあり、三つに軍制の改変にある」、「軍政を公正化し教育を重視すれば、国力は日に日に高まる」[24]だった。中国民族資産階級の代表的人物・張謇が一九〇三年に日本大阪博覧会の招きに応じて日本に赴き参観した後、特に教育救国と実業救国を強調した。彼は、日本威信の経験に基づいて、もしその重要性を順序づけるならば、「第一は教育であり、第二は工業、第三は兵制である」と述べた。彼はまた「祖国の危急を救うには、教育を捨てるのではなく、実業を広く振興せず、どんな所からでも資金を調達して不足を補うべきだ」[25]と考えた。日本を桃源郷のように描く人もいた。例えば一九〇二年に日本に赴き農業を考察した黄璟は「その地に入ると、田畑が整然としており、尺度は設計図を引いたようで、男女は真面目に働いており、風景はみな美しい。古のいわゆる野に荒地なく、国に遊民なし、今日図らずもこれに遇った」と書いている。彼はまた「国中の中学校は林の如く、鉄道は張り巡らされ、精を出して学ばない人はいない。商業や工芸、軍備、警察、開墾、鉱産などに関わる政治は、積極的に財を投入し、少しの欠点も残さない」[26]と言っている。

日本は本当にこのように良いことずくめなのだろうか。二〇世紀初め、日本を訪れた中国人留学生は異なる感想と認識を持った。彼らの大部分は日本に学ぶことによって民族の危急を救うという愛国心を持って日本へ留学したのである。中国人留学生は半植民地、半封建の中国からまさに資本主義近代化建設が進む日本へと来たため、全てにおいて新鮮感を覚えた。彼らは日本工業の発展、教育の普及を目の当たりにし、遅れた祖国と対比し、感慨無量を禁じ得なかった。湖南省からの留日学生・周家純は「長崎に入って以来、様々な土地を巡り、様々な感想が心に浮かんだが、東京に至り、ますます増え、自制することができなかった」[27]と言った。しかし、中国人留学生の刺激をさらに深めたのは、祖国の貧弱さによって日本人の蔑視と侮辱にさいなまれたことである。馬関中日条約締結の場所を通り、あるいは東京靖国神社に陳列されている甲午戦争の「戦利品」を見て、涙を禁じ得ず、憤る留学生もいた。また中国服を身にまとい弁髪を残した中国人留学生が街を歩いている時に、日本人の子供が後から付いてきて、「豚尾奴」と嘲罵されることがあった。さらに、日本政府は中国人留学生に対してさまざまな蔑視制限政策を実施している。例えば一九〇五年に発布されたいわゆる取締規則などである。これら全ては強く中国人留学生の民族感情を踏みにじり、彼らの愛国、革命熱をかき立て、それと同時に彼らに日本に対してさらに深く全面的な認識をさせた。中国人留学生のさまざまな刊行物には、頻繁に日本に関する評論と見聞が掲載され、日本の内政・外交の初期的な動態が報道され、また日本の新聞・雑誌上に掲載された言論の翻訳が載せられた。彼らはまた大量に日本書籍を翻訳し、日本各方面の状況を紹介し、中国人の日本に対する理解を深めた。中国人の日本に対する認識は、次第に全面肯定という片面性を克服し、日本社会に存在する問題や中国侵略政策について初歩的な指摘と批判を行いはじめた。

日本は明治維新以後、一方では資本主義を発展させ、また一方では次第に軍国主義の道を歩んでいった。日本統治集団はずっと中国を対外侵略拡張のための重要地点とし、中国侵略を目標とした大陸政策を制定した。甲午戦争後、日本は次第にアジア唯一の帝国主義国家となり、中国への侵略はさらに厳しさを増していった。例えば、八国連合軍の中国侵略に積極的に参加し、中国の領土内で日露戦争を行った。辛亥革命に際しても火事場泥棒を働こうと企んだ。一九一五年、袁世凱が皇帝と称した機に乗じて、中国を独占的な植民地へと変える『二十一カ条要求』を提起した。これらの事実は、全て中国人にとって教訓となり、日本の侵略は中国が日本に留学するという妄想を打ち砕いた。進歩した中国人は次第に物事を見極め、幻想を捨て、日本への認識を新たにし、日本帝国主義の侵略の本質を指摘し批判した。

現在のところ、見られる比較的早い中国人の日本帝国主義に対する公然とした批判は、中国人留学生の中の無政府主義刊行物『天義報』に一九〇七年一一月に掲載された劉師培の「アジア現勢論」という論文である。この論文は日本帝国主義政府は「アジア共通の敵である」と痛烈に批判し、日本帝国主義は西方列強と結託し、アジア侵略拡張の真っ最中であると指摘した。「アジアの平和を欲するため、アジア諸国の独立を謀り、白人の強権を断固として排斥し、強権を持って我々アジア人を侮辱する日本もまた、同時に排斥すべきである。帝国主義はこの世界の害虫である」。彼はまた「帝国主義政府は庶民を圧制する前兆であり」、「軍国主義は数多くの人民の命を以て少数の権力者を守るものに他ならず、国外の無数の同胞を害することによって、少数の権力者の寵を増すのである」[28]と考えた。彼はアジア各国民族の解放運動は日本人民の革命運動と呼応すべきだと主張した。

一九一五年、日本帝国主義が中国を滅亡させる『二十一カ条要求』を提起した際、日本に留学していた李大釗が代表を務める中国留学生総会は、「警告全国父老書」を起草した。この文には甲午戦争以来の日本による中国侵略の罪状が列挙され、日本帝国主義は「民国建国に際して、内輪喧嘩の機に乗じて、それとなく誹謗中傷し、至る所に入り込んだ」、「今更に強さを頼んで迫り、理不尽に脅迫し、その大欲は埋めがたい」、日本帝国主義の中国に対する侵略行為は「日本においては自滅であり、世界においては害虫であり、中国においては我が多くの同胞にとって不倶戴天の仇敵となった」[29]と非難した。一九一七年、李大釗はまた日本帝国主義の批判を鼓吹した『アジア主義』を著作した。彼は、日本は「大アジアという偽物の旗印を掲げて、帝国主義を隠し、極東の覇権を奪い、他国の略奪を禁止しながら自らは略奪を行い、他国が自分を侮辱することを拒んだ」[30]と厳しく指摘している。一九一九年元旦、李大釗は日本帝国主義の「大アジア主義」は「中国併呑主義のメタファーであり」、「大日本主義の別称であり」、「平和主義ではなく、侵略主義であり、民族自決主義ではなく、弱小民族を併呑する帝国主義であり、アジア主義ではなく、日本軍国主義である」[31]とさらに解析している。

中国人留学生は日本における実体験と深い観察を経て、日本社会に存在する貧富の差、階級の抑圧、資本家の搾取、軍閥の専制、統治集団の腹の探り合いなどといった問題について、指摘・批判している。一九一九年四月、周恩来は日本留学を終え帰国する前夜、京都を遊歴した。「九天西京炎涼飽看」は、彼に日本社会についてさらに深く認識させた。彼は「雨後嵐山」という詩中に「高みに登って遠くを眺めると、青い山々が渺茫とし、遮られた白い雲は帯のようであり、幾筋かの光が、あの渺茫とした暗い都市を照らす。今この時の島民の心理は、まるで情景の中から呼び出されたかのようで、元老、軍閥、党閥、資本家……これから何を頼りにするのだろう」[32]と書いている。

一九一九年八月、戴季陶は『建設』第一巻第一期において「私の日本観」という論文を発表した。これは辛亥革命以後の中国人の日本に対する認識を総括したものであると言える。彼は以前、中国人が日本人を観察した際の間違いは、大きく分けて三つある。第一に、「大陸侵略主義は数人の元老軍人が信奉するものであり、当局の人は自分が特別だと主張している」と考えている。第二に、「日本が北方の軍閥を援助していることは非常に悪く、南方の軍閥を援助することはいいと考えている」。第三に、「区別せず、理由を問わず、日本の対中政策の罪悪を、日本全国民の罪悪としている」。彼は日本の中国侵略政策の根源を、「日本建国主義にあり」、「日本統治者階級の思想、日本政治社会の組織にある」と厳しく非難した。故に、「軍閥、官閥、党閥執政の時代」において、日本が中国侵略政策を放棄することは「絶対になしえない」ことなのである。「中国侵略政策は政治上、産業上特権階級の責任」であり、「決して日本の農民、労働者の責任ではない」。多くの日本人は、「やはり中国の好い友人」なのである。これは中国人の日本に対する認識の大きな進展を反映している。戴李陶はこの論文の冒頭で、「私には希望がある。『日本』というテーマを考えるに際し、私の思考と批判の能力を用いて、中国人の目の前で、はっきりと解析し、もう一度整然と組み立てることだ」[33]と述べた。これは、当時の中国人は既にさらに全面的に深く日本を解析し、日本を認識する必要性を示している。

上述の近代中国人に関する日本観の変遷過程に対する歴史的考察は、私たちに多くの歴史的経験と啓蒙を与えた。例えば、世界を認識し外国を研究することの重要性についてである。近代中国が幾度も外交交渉や戦争において失敗と恥辱を味わったことは、世界の大勢に疎く、外国の状況を理解していなかったことと大いに関係がある。己を知り彼を知れば負けることはない。清政府は日本に対する認識が浅はかで、日本の政治、経済、軍事状況と実力について正確な分析を欠いていたため、日本との台湾、琉球、朝鮮に関する問題の交渉や甲午戦争戦略指揮中において多くの間違いを招いた。逆に、世界の情勢および外国の歴史的経験についての研究紹介は、中国社会の進歩と近代化を促進するのに役立った。例えば一九世紀末、日本の明治維新に対する認識と研究は、中国の維新変法運動を大いに推進させた。黄遵憲の『日本国誌』は維新運動の啓蒙書籍となったし、康有為の『日本変政考』は光緒皇帝が百日維新を実行した青写真となった。

また世界を認識し外国を研究する態度と方法もある。近代中国士太夫の一部は尊大にそして頑固に華夷意識と保守的立場を堅持した。あるいは日本は真面目に見るに値しないとし、あるいは色眼鏡をかけて日本の改革と進歩についてあら探しをし、嘲った。またある人は、日本を訪れたことがありながら、ただ物見遊山にうつつを抜かし、表面的なものに気を取られたことによって、何の深い認識も得られなかった。しかし、黄遵憲や傅雲龍のように傑出した外交官や真面目な遊学使は、自らの苦しく密に入った調査研究と思考を通して、『日本国誌』や『遊学日本図経』などの大著を編著し、中国人が日本を認識するうえで卓越した貢献を果たしており、この精神は継承され発揚されるに値するものである。同時に、外国認識中の片面性を克服するには、日本を理解するにしろ、他の国を理解するにしろ、あの盲目的な自大や全部否定、盲目的な卑下、全般的な模倣は全て正しい態度ではない。外国車機に客観的な弁証や具体的な分析を行わなければ、その精髄を吸収し、その残滓を捨て、現象を通して、本質を見極め、全面的な科学的認識を得ることはできないのだ。

## 注

[1] 石韞玉『吾妻鏡補跋』。
[2] 徐継畬『瀛環志略』巻一。
[3] 魏源『海国図志』一〇〇巻本、巻一七。
[4] 薛福成『日本国志序』。
[5] 黄遵憲『近代愛国志士歌』、『人境廬詩草』巻三。
[6] 李鴻章『李文忠公全書』奏稿、巻一七。
[7] 陳其元『日本近事記』。
[8] 金安清『東倭考』。
[9] 前掲・李鴻章『李文忠公全書』奏稿、巻二四。
[10] 李圭『環遊地球新録』。
[11] 何如璋『使東述略』。
[12] 李筱圃『日本紀遊』。
[13] 闕名『日本雑記』。
[14] 闕名『日本瑣誌』。
[15] 陳家麟『東槎聞見録』。
[16] 黄遵憲『日本雑事詩定稿本自序』。

[17] 顧厚焜『日本新政考序』。
[18] 四明浮槎客『東洋神戸日本竹枝詞』。
[19] 黄慶澄『東遊日記』。
[20] 康有為「上清帝第二書」『戊戌変法』（二）一五三頁。
[21] 康有為『日本変政考』序。
[22] 前掲・康有為『日本変政考』跋。
[23] 劉学洵『遊暦日本考査商務日記』。
[24] 羅振玉『扶桑両月記』。
[25] 張謇『東遊日記』。
[26] 黄璟『遊歴日本考査農務日記』。
[27] 周家純「致湖南青年勧学外洋書」『遊学訳編』第四期。
[28] 申叔（劉師培）「亜洲現勢論」『天義』一一―一二巻合冊、一九〇七年一一月三〇日。
[29] 李大釗「警告全国父老書」『李大釗文集』（上）、一二一―一二二頁。
[30] 守常（李大釗）「大亜細亜主義」『李大釗文集』（上）四五〇頁。
[31] 李大釗「大亜細亜主義与新亜細亜主義」（前掲）六〇九―六一〇頁。
[32] 周恩来「雨後嵐山」（一九一九年四月五日）『周恩来青年時代詩選』一九―二〇頁。
[33] 戴季陶「我的日本観」『建設』第一巻第一期、一九一九年八月。

# 近代文化論から見た李春生の日本観
## ――『主津新集』と『東遊六十四日随筆』を中心に――

徐　興慶

## 1　はじめに

従来、台湾は多民族、多言語、多文化の社会とよく言われている。また海洋発展史、貿易史の視野から見ても、戦略的位置から見ても極めて重要な存在である。しかし、一六二四年オランダの台湾領有から一八九五年の下関条約による台湾が日本に割譲されるまで、始終スペイン、ポルトガル、イギリス、アメリカ、フランス、日本などに狙われ、侵入されつつあった。一八五八年アロー号事件の結果、清国は英、仏、米、露四カ国との間に結ばれた天津条約によって、中国におけるキリスト教の信仰、布教の自由および港市の開放などが定められた。台湾もこの条約の規定により一八六〇年から基隆、淡水、安平（台南）、打狗（高雄）が相次いで開港された。国際貿易活動が盛んになるにつれ、当時台北の迪化街辺りには、貿易商の立派な洋館が立ち並んでいた。いわゆる西洋文明の技術の入り口であったのみならず、台湾は外国からの宣教師による宗教、思想の知識が伝達されつつあり、はじめて国際社会から注目の的となった。

一八九五年四月に日清間で締結した下関条約により、台湾住民は中国の国籍に帰するか、日本の管轄下の台湾にそのまま住むか、自由に選択することができるようになった。この時代背景の中、福建省の廈門《アモイ》出身で、キリスト教の洗礼を受けた貿易商人・李春生（一八三八—一九二四）は、すでに三〇年間台湾に住んでいた。彼は台湾の第一思想家として扱われる知識人でもある。陳培豊によれば、「同化」教育に対する台湾人の受容という視野から、李春生の肩書きは、領台当初の資産家、近代知識人、台湾住民のオピニオン・リーダー、キリスト教徒、植民地支配の協力者などとされる[1]。

もともと李春生は中国の国民として認めてはいるが、下関条約の台湾割譲で、彼は帰属するところが急になくなり、清国の対日交渉の無能さに愚痴をこぼし、自分を「棄地遺民」と見なすしかないという。かつ李春生の事業がほとんど台湾においてであったため、彼は台湾に残ることを選択し、のち古偉瀛が言う「日籍華人」の日本国籍を有することになった[2]。

一八九五年から一九四五年にかけて五〇年を超えた日本の台湾統治は、台湾住民の「同化」が支配者として重要な政策であった。そこで李春生は強いキリスト教の信念を持ち、二七歳までは中国の知識人でありながら、その後の生涯は日本に統治された台湾の知識人と見なされている。李春生の思想観、宗教観を通じて、彼が経験した国家に対するアイデンティティーの転換は、かなり複雑なプロセスに及んだ。従来の研究史は、どのように位置づけられているのか。その意味を改めて問い直し、李春生のナショナリズム構造を検討する際において、大きな意味があると思う。

李春生は「台湾史上第一の思想家」[3]、「台湾現代化の耕耘者」[4]、「近代文明の思想家で統治の協力者」[5]などと称されるほど重要視されているにもかかわらず日本側の関係研究が案外少ない。本稿は先行研究の諸論点を踏まえながら、『主津新集』『東遊六十四日随筆』の内容を中心に検討し、李春生の国家に対するアイデンティティーの転換を問題意識としながら、彼の日本観そのものについて再考することを目的とする。

## 2 李春生の出自とその著書

### （1）李春生の出自

李春生は一八三八年に福建省廈門の貧しい家柄の四人兄弟の末っ子として生まれた。私塾に入学さえできなかった彼は、独学で漢文、四書五経や中外の歴史、地理、哲学、聖書などの知識を身につけた。一八五一年一四歳の時、父とともにキリスト教長老会で洗礼を受け、クリスチャンとなった。西洋宣教師らと付き合い、教会と深い縁で、彼は堪能な英会話能力を得ている。一八歳までに上海、寧波、潮洲、香港、高雄、台南などを遊歴し、二〇歳で廈門にあるイギリス商社「怡記洋行」の「買辦」となり、お茶による国際貿易に携わった。しかし、一八六一年の太平天国の乱で太平軍が廈門まで侵入したことによって、李春生は中国でのお茶の経営が困難になった。一八六五年（同治四年、元治二年・慶応元年）二八歳の時、英国商人・ジョン・ドット（John Dodd、一八三八―一九一二）と知り合ったため、のち台湾にあるイギリス商社「寶順洋行」の「買辦」となり、台湾に居住することになった[6]。

李春生は多忙な貿易活動に携わりながらも一八九四年から一九一四年まで二〇年の間、(1)『主津新集』（臺灣日日新報社、一八九四年）、(2)『東遊六十四日随筆』（福州美華書局、一八九六年）、(3)『主津後集』（臺灣日日新報社、一八九八年）、(4)『民教冤獄解』（福州美華書局、一九〇三年）、(5)『民教冤獄解續篇』（福州美華書局、一九〇三年）、(6)『民教冤獄解續篇補遺』（福州美華書局、一九〇六年）、(7)『耶穌教聖識闡釋備考』（福州美華書局、一九〇六年）、(8)『天演論書後』（福州美華書局、一九〇七年）、(9)『東西哲衡』（福州美華書局、一九〇八年）、(10)『宗教五德備考』（臺灣日日新報社、一九一〇年）、(11)『哲衡續集』（福州美華書局、一九一一年）、(12)『聖經闡要講義』（臺灣日日新報社、一九一四年）等、一二の著作を書き、数十万字に及んだ。おおまかにその内容を分類すれば、時局に対する関心、キリスト教義の解釈および哲学に関する理論などに分けられる。
中西牛郎の『泰東哲學家李公小傳』緒論によると、

今日臺灣之支那民族大約三百萬、亦云多矣。而三百萬之中、求其學術者固為不少、然若李公能有幾人？ 求其財產者固為不少、然若李公能有幾人？ 求其名譽者固為不少、然若李公能有幾人？ 大凡學識財產名譽、為文明國品第人物之標準、而李公於此無一不備[7]。

とある。李春生のことをかなり評価している。すなわち、李春生は当時の学識にせよ、財産、名誉にせよ、植民地時代の台湾人として文明運動を唱える知識人であり、今日でも高く評価されている。さらに、日本の台湾統治の協力者としての身分からも李春生の存在は無視できない。
それから、李春生は日清戦争や「台湾事件」に対する発言でも注目されている。
中西牛郎は続けて、次のように述べる。

李公之所表見、固思想在。然其生也、當亞東千古之變局、乃心抱救世愛人憂國之熱誠者。曷嘗一日忘家國天下哉！ 是故日清戰爭未起之先、預料日本之必取臺灣[8]。

彼には、救世、愛国者のイメージが与えられ、日本はいずれ台湾に攻めてくるという予告的中の思想家としても取り上げられている。

### ❖——(2)『主津新集』の内容

『主津新集』は、李春生の生涯初の著作集である。一八七三年一〇月二四日に『教會新報』に投稿した「靈魂繫於教門」から始まり、一八九四年一二月に『萬國公報』に載せた「比權」(下)が最終であり、計四巻で九七篇に及び、二一年の間に書いた作品集である[9]。陳俊宏によれば、今まで台湾の民間知識人が最初に書いた本は『台湾通史』とされていたが、そうではなく、『主津新集』こそ台湾知識人が最初に出版したものとされる[10]。

「台湾事件」(牡丹社事件)発生の翌年一八七五年から一八九三年にかけて李春生が『臺灣日日新報』に投稿した論稿をまとめたものである。全書は四巻で九七本の論考が収録され、彼が五七歳の年、日清戦争勃発の一八九四年(光緒二〇年・明治二七年)に刊行したものである。主な内容は、巻一の二八篇のうち、「台湾事件」をめぐって清国に日本へ対応すべき政策の呼びかけ、および明治政府の台湾への不法侵入に対する批判として「臺事其一至其七」計七篇がある。いずれも一八五四年に寧波で発行した『中外新報』(Chinese and Foreign Gazette)に投稿したものである。その他二一篇は、主に彼の時局を観察した心得や富強維新の理念を述べたものが多い。巻二の二四篇は李春生の宗教、儒教、道教思想に対する論説である。巻三は、計二三巻で、近代化を進む最中の清国思想家・魏源(一七九四―一八五七)の「夷の長技を師として、夷を制す」という思想による西洋の先進技術の輸入などの政策批判と教化の強化をすべき論点を述べるものが多い。巻四の二二巻は、中国固有の旧慣陋習に対する批判が多い。例えば、「俗下」の一文では、「平心而論、不纏足者、順天之正俗也。纏足者、逆天之邪俗也。今欲不改虛祭而又僻尚纏足、是應趨愈下、越教越化、越不俗、不俗之俗、尚可為俗、則王下何事不可為俗哉?」[11]と、清国固有の女性纏足の陋習は、天道に逆した邪俗であり、直ちに撤廃すべきものであると主張している。

また「伉儷」の一文では「欲平治天下、舍修身則無以為功。欲修身非窮究造端夫婦之一道、則無以取效。(中略)今則一夫之貴、而嬪妃充室、一人之富而妾盈庭、必竟不問所妻、其果甘心視人之奪其伉儷者乎?」[12]とある。

李春生の考えでは、儒教を唱える中国は、古来男尊女卑の陋習によって「一夫多妻」の存在を当たり前のように許してきたが、男女平等の礼法を唱える西欧とはかなりのギャップがあるという。夫婦（伉儷）の和気藹々への道は、人類の修身できる源であり、文明に向かう道の基本でもあると見なしている。

李春生の論著は『中外新報』に連載するほか、『主津新集』に収録したものは、『教會新報』（The Church News、一八六八年上海創刊）、『萬國公報』（The Globe Magazine or A review of the times、一八七四―一九〇六）、『畫圖新報』（The Chinese Mustrated News、一八八〇年上海創刊）にも投稿した。李春生が主張する中核思想は哲学、政治、宗教、西洋文明などに跨り、多岐にわたっている。本稿においては、紙幅の制限で、彼のすべての論点を取り上げて検討することはできない。

『主津新集』の序文を書いた海外逸人は、「鷺江先生（李春生）『主津』一書、卓見宏論、幾無一言不應之今日、驗之後世」[13]と言い、さらに中西牛郎が「李公思想之進化、與其所遭遇之時局、皆可於此集窺之」[14]と言うように日清戦争前の李春生が唱えた改革思想を知るために最も重要な史料であると言ってよい。

ここで『主津新集』に収録した李春生の「台湾事件」の見方について考察することにしたい。

## 3　「台湾事件」に対する李春生の見方

一八七四年「台湾事件」が起きた時、李春生は、すでに一〇年近く台湾に住み着いていた。中西牛郎は「此時公於臺北公務上、既占有力之位置、方且留心時務、目擊時艱、乘和議未成之先、早抱臺灣經營之策、惓惓之忠、不能自已、乃以其所見、公諸香港中外新報」[15]と述べている。

李春生の「臺事其三」には「観日本之蓄意從事於臺灣、非但今日藉端用兵於後山、蓋自去秋遣人兩度臺北、繪圖窺探、且於今春攜帶生番素愛多物、僱請外國之老臺灣者、由基隆開往泛舟、開赴臺東噶嗎嘯附近之崎崍等港、亟施招撫之計、由此觀之、則知其來意之不測、非始於今日」[16]とある。事件発生の前に台湾の絵図調査に派遣される日本人の様子を見た李春生は、日本はいずれ侵入して来ると知っていた。それで、彼の「臺事其一」では、清朝に「以形勢而論、枕横閩浙各口、貫通西北二洋、為東南七省、咽喉重地。其利害也、有若唇齒之關、得之藉以振國威、保疆宇、失之不但辱國體、資敵勢、且沿海七省、因其戕、水師一帶、受其制、外侮一動、內患鼓惑。臺灣一島、關繫中華全局、自宜加意保守、萬勿疏忽輕視。余竊謂法國之蔑土、猶吾國之臺灣也」[17]と、台湾の地理位置の重要性を無視しないように呼びかける。さらに、日本の台湾侵入の方法について「日本者、俗稱其夜郎自大、余獨謂其後生之可畏者。茲已藉端啟釁、其來也札營寓兵、名為剿番、實即私和、一旦長拒（據）後山、生番歸其化、而山前之民、未免鼓惑搖動」[18]と予測している。李春生の考えでは、日本は台湾を攻めて来る場合、直ちに「剿番」をせずに、「生番」を帰属させる手段を取り、一旦後山（台湾南部）が陥落すれば、前山（台湾北部）の民の心も動揺してしまう恐れがあるという。その対応策として、李春生は次のように主張している。

> 惟是日本之來、雖操有必勝之權、然識者早料其能不動干戈而使前途全師退出。修回舊好、在萬國交涉之事、繫有公法。吾朝無難盟請友邦、駐京公使、出為秉公調處。或酬以微欵、以補其兵費、務使全師退出臺境。如其不然、亦可各守各界、再圖修復之計。如彼師出無名、更不難聞眾而攻。總之眼前萬不可罔開兵釁、而落人機檻、料敵必早明賓主之勢、而防患於先矣[19]。

すなわち、日本は勝てるかもしれないが、理屈的には戦争まで起こす可能性は薄い。国際社会の調和を求め、国際公法などを用いれば事件が解決できる。せいぜい賠償金を出せば、日本兵は台湾から退くはずであると判断し、あくまでも戦争まで踏み込まないよう清国に勧めている。

なぜ、李春生は戦争に反対し、国際社会の調和によって事件の解決を望んでいるのか。彼は次のように述べる。

是主於和者、出於勢也、不然、孰不知日本此來為奸煽惑、恃一時之盛、而欲藉端開釁、以試其鋒。吾人若不瞻前顧後、審時度勢、卒以兵戎相見、萬一失機、不免貽羞天下[20]。

日本の台湾侵入は、裏側で「為奸煽惑」の背景がある。つまりアメリカ側の容認を得ていた疑いは、誰もが知っていることなので、清国は国際時局の動きを熟慮した上で、対応していかなければ、解決できる好機を失ってしまうからである。

なお、「台湾事件」が落着したのち、李春生は日本は殺害された琉球の「吾民」を討伐するのは、あくまでも口実なので、その真の意図は台湾占領にあると指摘している。清国は台湾をいかにして自強すれば、文明の国、現代化の国になれるか。彼の「臺事其六」では、「吾國應當如何警悟、早圖自雄。宜創始於此島奮發宏圖、抹馬厲兵、整飭武備、經營水軍、藉為沿海七省屏藩。何自日師引退之後、裁兵撤將、百念俱廢、真令人所不解也」[21]と、直ちに中国沿海七省の前線として台湾の陸・海軍の武備を整えていくべきなのに、日本軍が退いた後、逆に台湾から軍隊を撤退させ、台湾を固い堡塁のように建設しないことは、どうしても納得できないという。この時点から李春生は清国に対する帰属感が変遷し始めたことが窺える。

## 4 『東遊六十四日随筆』に現れる李春生の日本観

李春生が台湾の茶商として財を成し、欧米に中国茶を広めた先駆者となり、「台湾茶葉の父」と呼ばれるようになったことは、承知の通りである。彼は、清朝管轄時代の台湾市場や基隆から新竹までの鉄道建築にも貢献し、台湾人と外国人の仲介を務めたり、「士紳」としての人格としても名高かった。一八九五年六月に日本軍が騒然となった台北城を滞りなく占領することができたのも、李春生の協力によるものが大きかった。このため、初代の台湾総督・樺山資紀（一八三七―一九二二）は、その「保民」の労をねぎらうため清国に捨てられた「棄地遺民」から日本の国民になった李春生とアメリカの記者James Wheeler Davidson（台湾語の音訳は禮密臣、一八七二―一九三二）とに日本訪問を要請した。それで李春生は一八六九年二月から二カ月余り親友と孫ら八人の同行で日本へ遊歴することができたのである。その間、彼は日本で見聞したことを約四万字に及ぶ『東遊六十四日随筆』としてまとめている。その内容は、後日『臺灣新報』に発表し、下関条約が結ばれた翌一八九六年に福州の美華書局で出版した。なぜわざと『東遊六十四日随筆』を中国で出版するのか。海外逸人の序文に「是書洋洋灑灑約四萬言、一氣呵成、無非藉遊歴寫勸懲、揚東以抑西」[22]と指摘したように、李春生の東にある日本の現代化を賞賛して西にある清国の無知を咎める意図が入っているに違いない。つまり李春生の意図は現代化を成し遂げつつある明治維新の日本社会を見学した感想を清国の朝野に通知することにあると思われる。なぜならば、彼は「子輿氏曰『君之視臣如手足、則臣視君如腹心』。惜中華有是書之讀、而無是事之行、此所以歴代相懲亡也」[23]と、中国では、孟子が言う「君之視臣如手足、則臣視君如腹心」という古来独有の管理哲学思想を読んではいるが、理論ばかりなので、確実に実践されないため歴代の政権は、その学理の真髄を得られず、ついに滅びてしまったという。

『東遊六十四日随筆』は六部に分けられている。以下、李春生の随筆に関係のある内容に拠りながら彼の日本観について考察する。

## ❖――（1）「棄地遺民」としての悲しさ

日清戦争の敗戦まで李春生は強い中華文化の意識を持っていたが、封建官僚の近代化推進の停滞、かつ種々の陋習を堅持することで彼は中国に対する感情が幻滅しつつある。特に台湾が日本に割譲されることについて、彼はこう言う。

嗚呼！　可以人而不知變通從權？　自甘固執陋俗、苟且偷安、至於喪師辱國、割地求和、而累數百兆生民、共「唱唱保」之臭名。不圖一思「廣居、正位、達道」諸名義、不亦哀哉！[24]

（第一部、一八九六年二月二四―三月六日）

また、この間、李春生は弁髪の恰好で広島を訪れた際（二月二七日）日本の児童に石を投げられたことで次のように語る。

予素喜西制、嘗慕改妝效顰、以為利便、余格於清俗、不肯權變為憾。今者國既喪失獻款、身為棄地遺民、此次東遊、沿途頻遭無賴輩擲石詬罵之苦、因是決意、斷辮改妝、以為出門方便之計[25]。

（第二部、三月七―一五日）

西洋の制度に強い羨望がある彼は、もともとから改妝（断髪）の意向があるが、清国の風俗によって旧慣の廃止ができなかったことは、遺憾であるという。この度、自国を失い、「棄地遺民」の身となった。日本遊歴の最中でも日本人に罵られ、石を投げられた悔しさを強く感じたため、「斷辮改妝」を決心した。続いて、彼は「嗚呼！　六十載遵守清俗、今又得伸全髮之制、雖然衣冠不同、要未負子輿氏所謂達道、廣居之意義、夫豈為利薰勢迫也哉？」[26]と言う。彼は、六〇年間守り続けてきた弁髪制度から解放され、「全髪」を求めようとするのは、子輿（孟子）が言う「廣居、正位、達道」の理論によるものであり、決して利益の誘惑に負け、または権利の脅威に屈したものではないと弁明している。

## ❖――（2）維新富国を切望、帰属意識の転換

李春生の日本遊歴は短期間しかなかったとはいえ、彼の随筆の中に現代化の進む日本を見て、国家富強のため、実施すべき政策を案ずるところは散見される。例えば、彼は三月一七日に東京本郷区の東京大学キャンパスを見学の際、「即至制度宏敞、樓閣蓮雲（中略）種種佈置、悉仿西式。部署之多、間格之繁、非一時所能週歴遍到、惟斯時所遊者、只僅工料考成一所、便看不了、說不盡。千奇百怪、靈巧神妙諸器物、蓋所以佇為教授學徒、閱歷參老、俾增廣見哉、造就人材、以為異日佐理國家富強之計」[27]と語っている。

（第三部、三月一六―二二日）

東京大学構内に満ち溢れた洋式建設に憧れる李春生は、工学部の見学を終えるだけで「千奇百怪、靈巧神妙」の器物に見聞を広げたと言い、これこそ人材育成、将来国家富強への正しいあり方であると感じられる思いである。

また、教育普及の重要さについて、彼は次のように語る。

予觀陲（郵）政之事、行之日本最宜、行之清國未必為利、何則？　日本國多學堂、男女貴賤、舉皆識字、風尚

好義、人重交誼、雖地近咫尺、亦莫不喜以漁雁相陲（郵）寄。若中華者、則大反所是、甚有一邑之中、能知書識字者、不但寥寥、欲其作字寫信者、幾乎絕無數人、此中國所以害也[28]。（第四部、三月二三―三一日）

整えた郵政システムの実施は、日本ではできるが、清国ではできない。なぜならば、日本では学校が多い、男女尊卑を問わず、皆学識を持ち、かつ交誼を重んじる、近くにいても便りを出し合っている。しかし中国では不識字の文盲が多いからできないのだ。文盲をなくさなければ、中国の発展の障害の要因になるという。

また、日本遊歴の途中で、李春生は時々管理職の立場に立ち、勤務中の日本作業員の様子を詳細に見据える。

最可敬者、日人操業、莫論男女、悉皆鋭志堅心。予自遊歴以來、所到無論學徒傭役、舉皆俯首帖耳、服役從事。雖有外客遊觀者、罔有交頭接耳、徘徊瞻顧、以致偷工廢時。有民如此、國不云富、亦幾希矣！[29]（第四部、三月二三―三一日）

彼は男女、職位を問わず仕事に専念、服従の態度を有することこそ国家富強につなぐものと、見学を通じてつくづく感じる。

なお、国家富強の道へ進む方法は、四つの基本用件が必要となる。彼は次のように述べる。

若夫所謂國計民生之觸予者、自係男女學堂之盛、次為博物院、勸工場之巧。又次為新報館之顕、再次則為耶穌教堂與信徒之眾。凡此四大要者、吾日東竭力推行、國亦從而稱強道富[30]。（第六部、四月一一―二六日）

彼は単なる軍事施設の強化という角度から見るのではなく、まずは、学校による教育の振興が大切であると言う。二は博物館、商品展示館、三は新聞館、四はイエズス教会などの設立、いずれも教育や商業の分野と深く関わっている。なお、ここで注目すべきものは、李春生の「凡此四大要者、吾日東竭力推行、國亦從而稱強道富」の「吾日東」という思考方式にある。彼は日本遊歴中に日本を吾が国と見なすようになった。つまりこの時点で彼の国家に対するアイデンティティーは、すでに中国から日本国への帰属意識が転換し始めたことが窺える。

しかし、「棄地遺民」と自称する李春生は、

予雖忝為棄地遺民、自願改妝入籍、然此等慘目傷心之景、在他人興高彩烈、務期爭先快睹、獨予則任慫恿、終是不忍躬親一視、以免重興賈子之嘆[31]。（第四部、三月二三—三一日）

彼の「改妝入籍」の意識転換は、自分が志願したものとはいうものの、心の底の悶着は「慘目傷心」ほどの辛さを喫しているという。日本籍に入ることは他人から嬉しいことのように見えるが、転換のきっかけは、今まで自分の国是建言が清国に受け入れてもらえず、六〇年間認めてきた国に対する失望感が湧いてくるからである。意識転換によって自分は中国漢朝の賈子（賈誼、紀元前二〇〇—一六八）のように無視される建言者から免れるしかないと感嘆する。

李春生は三月三〇日に宮内庁を参観したあと、下記の感想を述べている。

尤可嘉者、予曾遍遊各部、所到每見堂列長案、傍置公坐十餘隻、上有異式繡椅一張、詢悉此項珍椅、備為皇上臨幸與群臣參政之位。由此益見吾國君臣之相愛相親、逾於歐西之制、此所以勃焉興也[32]。

ここにも、彼は「吾國君臣」と称し、椅子の並べ方から見ると、上下関係とは感じられず、日本の君と臣の親しい関係は、遥かに西洋の制度を超えたからこそ国が新興できると見なしている。

日本と中国の関係について、李春生は次のように願っている。

惜不知清國何時黃染夢醒？　趁早經營、與吾帝國合縱連横、以固亞洲大局、西望燕雲、無任長歎[33]。

（第五部、四月一一一〇日）

故国はいつ夢中から目覚めることができるか、かなり清国の富強に期待していた李春生は、できれば、「吾帝國」の日本と連合して、西洋列強の侵入を妨げ、アジアの時局の安定を維持するよう渇望している。

## ❖（3）強い宗教観で日清両国の差異を比較

前述したように李春生は早くからキリスト教の洗礼を受けたため、物事に対する考え方は、常に主観的な強い宗教観を持って論議していく傾向がある。次に関連の随筆記事を揚げてみよう。

試觀日清之戰、勝敗之分、事在目前、有心主道者、當洗心引鑑。毋曰「智慮機謀、能自為僥倖也」。蓋日本地卑國小、人寡財促、此天下所共知者、惟差強在政寛俗厚、任民敬信耶穌、昭事上帝[34]。

（第三部、三月一六一二二日）

西洋宗教の主導者なら、身を清め、物事に対し、「前車の鑑」を持ち出して、正しい道を歩んでいくはずだと言う。

日清戦争勝敗の結果から見ても分かるように、日本は「小國寡民」ながら、自由に人民にイエズス教を信じさせることができ、為政者が施した寛容な政策によっても、勝利の原因につながるものであると語っている。

さらに、李春生はこう言う。

若清國者、地大物阜、民繁財富、勝於東洋十倍、亦天下所共見者、差短在政殘民頑、即皇天子（耶穌）弗尚。君民一心驅逐聖教、此所以敗也。幸而未及淪胥告以亡者、是上帝恩施格外、使其將知悔也[35]。

（第三部、三月一六―二二日）

東洋日本の十倍以上の土地を持ち、多数の人民を有する中国は、敗れた原因は、朝野一同で聖教（キリスト教）を信じず、西洋宗教を中国から追っ払ったからだと思い込む李春生の宗教観の一面も察知できる。

## 5　おわりに

李春生は、清国さらに日本の台湾統治という二つの政権交代を経験した。五九歳（一八九六年）の日本遊歴まで、彼は清国の人民であり、中華文化への意識も強かった。一八九五年五月二二日、清国の全権大臣・李經芳と樺山資紀の調印により、台湾が日本に割譲されたばかりの際、台湾の住民は、概ね三つの意識を持っている。すなわち、一つは自分の生命や財産を保つため、直ちに明治日本に帰順する。これは半数を超えている。二は台湾から離れ、清国に帰順する。三は台湾独立を唱え、徹底的に日本軍に抵抗する意向を持つ人である。ただし、日本軍が攻めて来るまで一と二は、様子を観望する人が少なくない。李春生は「吾於政局變亂中、猶能固守安遇樂天的態度、對於離去的勢力盡以仁義態度、對於新來接掌的勢力也以坦然正道迎接之」[36]と最初から日本に帰順することを決めた。

李春生がまとめた『主津新集』は、キリスト教徒の立場から、中国近代史において最も重要な日清戦争、「台湾事件」に対し、鋭い批判をすると同時に先見の明で、それぞれの対応策を出せることは、同時代の台湾知識人の中で数少ない存在であった。彼は貿易と商売によって、国際社会に対する認識を培った。さらにキリスト教の宗教観を以て、清国の封建改革と富強の期待と失望の悶着に陥り、ついに清国に対する帰属意識がなくなった。一方、李春生は長年住み着いた台湾に対し、より現代化、文明への社会作りの実現に懸命に貢献した。また、彼は台湾総督の樺山資紀に「閣下奉朝廷所命、統治本島、但盼望以文明進歩的方法來治理本島、這是春生我的最大希望」[37]というように、その台湾に対して愛着する感情も湧いてきた。呉文星の説によれば、李春生は同時代の王韜、鄭觀應らの中国思想家と同じように、変法維新の先駆者の一人であり、台湾人の中で初の維新家と称されるべき人物である[38]。

さらに、日本の現代化と日本でのキリスト教義の普及と結びつき、かなり偏見が入っていると見られるが、日本社会に憧れる感情は、彼の著作の中で散見される。つまり、彼は自分が言う「新恩雖厚、舊義難忘」の心境で、清国の「義理」＝台湾の「感情」＝日本の「恩恵（共感共同体）」という帰属意識の転換は辛かったに違いない。また、彼は伝統的な中国の教育を受けておらず、かつ西洋人とよく交遊したため、少なからずその思想は西洋文明に影響されがちである。黄俊傑、古偉瀛が言うように李春生は中国と台湾の中間にやや中国を離れる「離心力」側に傾けていき、これは彼の持つキリスト教の信仰がナショナリズムそのものを薄めたこととも考えられる[39]。

# 注

[1] 陳培豊「統治者との同床異夢―「文明紳士」李春生の思想」、『「同化」の同床異夢　日本統治下台湾の国語教育史再考』東京・三元社、二〇〇一年、一二一頁。
[2] 古偉瀛「從棄地遺民到日籍華人―試論李春生的日本經驗」、黃俊傑・李明輝編『李春生的思想與時代』台北・正中書局、一九九五年、一六六―二一四頁。
[3] 前掲・黃俊傑・李明輝編『李春生的思想與時代』序文、李黃臏『臺灣第一思想家―李春生』台北・聖環圖書公司、一九九七年。
[4] 中西牛郎原著、樟栽仔再編『李春生―臺灣現代化的耕耘者』一九九一年、私家版、李超然発行。
[5] 前掲・陳培豊著書（二〇〇一年）、一二一頁。
[6] 李春生自らの手書きの履歴書（未刊）によると、彼の来台は一八六八年六月としているが、彼の『哲衡續集』では、一八六五年とされている。なお、李春生の友人・中西牛郎『泰東哲學家李公小傳』（台北・臺灣日日新報、一九〇八年）、陳俊宏『長春源流―李春生與一八六五年』（台北・南海圖書公司、一九九〇年）などでは、いずれも一八六五年とされている。呉文星等『臺灣近代名人誌』（台北・自立晩報文化部、一九八七年）では、一八六六年としている。
[7] 前掲・中西牛郎『泰東哲學家李公小傳』緒論（一九〇八年）（一九七七年李超然の再版あり）。
[8] 同注7。
[9]『主津新集』に収録された九七篇の著作のうち四七篇の掲載日付けがある。詳しくは前掲・陳俊宏の著書、一一六頁を参照されたい。
[10] 前掲・陳俊宏著書（二〇〇二年）、一一五頁。
[11] 李春生『主津新集』巻四「俗下」（静嘉堂文庫所蔵の版本、台北・中央研究院中國文哲研究所蔵のマイクロフィルムによる現像）。
[12] 同注10。
[13] 前掲・静嘉堂文庫所蔵『主津新集』序文。
[14] 前掲・中西牛郎著書（一九〇八年）、二四八頁。
[15] 前掲・中西牛郎著書（一九〇八年）、一三頁。
[16] 前掲・静嘉堂文庫所蔵『主津新集』巻一「臺事其三」一八七四年五月一九日『中外新報』。
[17] 前掲・静嘉堂文庫「臺事其二」一八七四年四月二六日『中外新報』。
[18] 同注15。
[19] 同注15。

[20] 前掲・静嘉堂文庫「臺事其二」一八七四年六月一一日『中外新報』。
[21] 前掲・静嘉堂文庫「臺事其六」一八七五年一月一三日『中外新報』。
[22] 海外逸人『東遊六十四日随筆』序文。陳俊宏『李春生的思想與日本觀感』台北・南天書局、二〇〇二年、一九七頁所收。
[23] 前掲・載陳俊宏著書（二〇〇二年）、二八六頁。
[24] 同注23、一一五頁。
[25] 同注23、二〇八頁。
[26] 同注23、二二〇頁。
[27] 同注23、二四〇頁。
[28] 同注23、二五四頁。
[29] 同注23、二五五頁。
[30] 同注23、三〇三頁。
[31] 同注23、二六〇頁。
[32] 同注23、一四二頁。
[33] 同注23、二八六頁。
[34] 同注23、二四七—二四八頁。
[35] 同注23、二四八頁。
[36] 前掲・中西牛郎原著、樟栽仔再編の著書、六五—六六頁。
[37] 同注36、六八—六九頁。
[38] 呉文星「清季李春生的自強思想—以臺事議論為中心」前掲の黄俊傑・李明輝編書（一九九五年）、一一三頁。
[39] 黄俊傑・古偉瀛「新恩與舊義之間—李春生的國家認同之分析」、前掲・黄俊傑・李明輝編（一九九五年）、二三一—二三二頁。

# 二〇世紀一〇—二〇年代中国の教科書に見る日本像

## ——民国臨時政府—南京政府成立まで——

徐　氷

清朝末期、戊戌変法と清末新政によって、中国は日本をモデルにして、明治維新の経験を学び、一連の改革を行った。このような背景において、この時期の中国教科書における日本と日本人像はプラスのイメージが多く、日本の新しい様子が紹介された。と同時に、その時代の中国人の日本の強大さと拡張政策に対する憂慮と警戒が現れた。

小論は別論文で発表した清朝末期の中国教科書に見る日本人像の続きである。中華民国政府初期の教育政策を概要的に紹介した上で、一九一二年民国臨時政府成立から一九二七年南京政府成立までの時期の中国教科書に見る日本像を考察することとする。中日関係の変化を背景に、この時期の中国人の日本認識の主要特徴と形成過程を探求し、歴史の回顧を通じて、今日の中日関係と日本を正しく認識するためになんらかの参考を提供したい。

## 1　中華民国成立後の教育方針と教科書編集方針

一九一一年の末に中国では辛亥革命が起こり、数千年中国を支配していた封建王朝が崩壊し、翌年に中華民国臨時政府が成立した。民国政府は成立後、政治、経済、軍事、文化教育などの改革を試みた。教育分野においては、新しい国家を建設するために、国民の意識を改造し、新時代の国民を育成しなければならなかった。こうして、伝統的な封建教育の方針と目標を改め、新たな近代的教育方針を打ち出す必要があった。

中華民国臨時大統領の孫中山（一八六六—一九二五）は世界の先進国と肩を並べるために国民の素質を高め、人格を育成することがなによりも重要だと主張し、「今日、その人格を回復させるには、教育から始めなければならぬ」と語っている[1]。蔡元培も孫中山の見方に賛同し、教育の根本的な任務は国民の完全なる人格の育成にあると考えた。

一九一二年、中華民国が成立すると、著名な教育家である蔡元培は初代の教育総長に任命された。彼は就任後、それまでの中国の封建的教育の全面的な改造に着手した。主要な任務は封建教育の方針を改めることである。清末に頒布した「忠君、尊孔、尚公、尚武、尚実」の教育宗旨を大幅に改善し、国民の完全なる人格を育成するために、新しく「軍国民教育、実利主義教育、公民道徳教育、世界観教育、美感教育」という「五育平行」の教育方針を打ち出した[2]。

この五育の教育方針は欧米や日本のような先進国の教育思想を吸収したもので、蔡元培はこの五つの主義を各学科に取り入れるように指導し、各学科でどのように五育方針を教えるかについて、次のように説明している。

> 国語は実利主義教育であると同時にまた美感教育であり、軍国主義教育、徳育、世界観教育も含まれる。修身科は徳育であるが、「美育及び世界観も入れるべきである」。歴史や地理は実利主義だが、軍国民主義、美育、徳育の内容も含まれ、「世界観の導線」にもなる[3]。

時代が大きく変わったので、各教科書出版社も時代の流れに同調しなければならない。政府の新しい教育方針に従って、各社は迅速に新しい教科書作りに乗り出した。当時の大手教科書出版の商務印書館と中華書局の編集方針からもこの変化がうかがえる。
商務印書館は新たに『共和国小学教科書』を編集し、「共和国小学教科書編集縁起」で編集要点を次のように説明している。

この度の教育の大革新に際して、同人は時勢の求めるところにより、従来の編集経験及び教授上の心得に基づき、特に共和国小学教科書を編集する。単に形式を改めるだけではなく、実際の革新に留意し、政体に合致するように努める。編集要点を以下に並べる。
一　自由、平等の精神を重んじ、これを以て共和国国民の人格を養う。
二　中華固有の国粋特色を重んじ、これを以て国民の愛国心を啓発する。
三　博愛主義を重んじ、外人及び生物を愛するように教育し、これを以て国民の徳量を拡充する。
四　体育及び軍事上の知識を重んじ、これを以て尚武の精神を発揮する。
五　国民の生活上の知識と技能を重んじ、これを以て独立自営の能力を養成する[4]。

この編集要点は「国民の人格を養う」ことを先にあげ、国民の愛国心、道徳教育、軍国民教育、実利教育などの、「五育」の方針を反映するように着目していることを述べている。中華書局と商務印書館の教科書は中国で最も影響力を持ち、広く使用されているため、この時代の教科書の日本記述はやはり両社の教科書より主に引用し、分析することとする。

# 2　教科書の日本記述

## ❖——（1）新興国家のモデルとしての日本

中華民国が成立してから、日本師事の情熱は次第に冷めてきた。蔡元培は「中国人の視野は日本だけに据えてはいけない。世界各国を見て、また自己も創造しなければならない」という態度を示している[5]。中国は独立国家を建設するために日本から離脱せねばならなかった。一方、日本が中国に対して、たえず侵略の姿勢で臨んできていたので、中国教育界の日本反発の態度が強まりつつあった。

しかし、中国人は近代国家を建設するには経験が少なかった。独自の創造は予想よりはるかに難しいものである。そして、東洋の国の中で、日本はやはりうまく、巧みに西洋の優れたものを取り入れて、移植に成功した唯一の国である。清朝末期、多くの中国の知識人と官吏が日本を訪問し、日本の新しい様子に憧れ、深い印象を心に留めた。両国の文化の類似性からも、日本は中国近代国家建設の都合のよい、学びやすい対象であり、独自に発展の道を探索するより日本に学んだほうが中国の事情にも合い、容易なことである。そのため、中華民国成立後、中国の教科書にはやはり日本が近代化に成功した先進国、模倣の対象として書かれ、「五育」方針の手本として紹介されたと思う。例えば、軍国民教育の素材として、梁啓超の「戦死を祈る」、国民の意識の改造を図るための「よく遊び、よく働く」、道徳教育のための「同情心」、外の世界を描写する「世界周遊」、世界に目を向ける偉大な教育家を記述する「福沢諭吉」などは「五育」の教育方針と「完全なる人格の育成」にふさわしい内容として書かれ、教科書に編入されたと思う。

こうして、一九一二年の中華民国成立から一九一九年の五四運動まで、中国教科書に現れる日本人像は主に五育方針の枠組みの中で、新興国家のモデル、学ぶ対象として描かれ、清朝末期の日本師事運動はやはりこの時代に受け継がれていると思う。本節ではこの時期の日本記述を上記の視点で捉え、分析を行うこととする。

世界周遊（第四冊第一課）

私は世界周遊の志を持って久しい。某年の夏、北京を立ち、汽車で天津に行って、汽船に乗り換え、朝鮮に向かう。一日で、仁川に至った。上陸してソウルを見物した。日本の総督府があった。ここで汽車に乗って釜山に行き、船に乗って日本に行った。翌日馬関（下関）に着いた。また翌日、神戸に到着した。商業の大都会で、欧米各国人、ここで商売をする者は頗る多い。しかし、彼らは全部日本の法律に従い、租界もなし。さらに汽車で大阪に行ったが、工業がなおさら盛んである。京都に行った。この国の旧都で、風光明媚、旧跡が多い。また東京に行った。日本の都である。遥かに富士山を眺め、雲の上に出て、盛夏といえども頂の積雪が溶けない。

『共和国教科書　新国文』（荘 兪編集、高鳳謙・張元済校正、一八冊、上海商務印書館、一九一二年四月―一九一三年一月出版。）

清朝末期の教科書は明治維新後の日本社会の進歩した様子を大いに紹介し、称賛していたが、この「世界周遊」はその後、日清戦争と日韓合併後の日本の状況を紹介している。日本の地理的位置、中国の北京からどのような経路で日本に行けるかなどを簡潔に面白く示した。本文から見ると、当時中国の北京からは、船便で朝鮮経由のルートで日本に行けた。ソウルに日本の総都府があるというのは日韓合併後の様子で、そして、神戸や大阪の町の特色、日本の産業の発達ぶり、風光明媚の自然が紹介された。この文章を読んだ子供は日本に対して異国への憧れを持つことになったであろう。

「馬関」は下関（馬関）条約が結ばれる中国人にとって屈辱の地である。これについて、少し紹介してもよさそうなものだが、この文章は全く言及しなかった。ここに商務印書館、張元済らの対日態度が現れていると思う。盲目的なナショナリズムによる憤りを晴らすより、国際慣例に従って、自分の権利を主張すべきであり、いわゆる「文明排外」の態度が背後にあると思われる。そのため、不平等条約で外国人が多くの特権を手に入れた中国の人々にとっては、租界もなく、欧米人がみな日本の法律に従わねばならぬことは魅力的であり、独立国への羨望が現れている。

一九一〇年代の日本の新しい様子を紹介した後に、日本人が西洋人に学んで、合理的な行動様式をとるようになったことが紹介され、西洋人と日本人に学ぶ必要性が強調された。

よく働き、よく遊ぶ（第五冊第二二課）

昔、日本人の大鳥圭介はイギリスのロンドンに遊び、友人に手紙を書いた。「この国の人の動作は常に時刻などを予約する。時間になると直ちに職場に入り、耳目専一で、動作は敏速、喫煙しない、御喋りしない、仕事以外に気を散らさない。壁の時計が終業の時を告げたら、機器を整理し、手を洗い、作業服を脱いで普段着を着替える。馬に乗ったり、車に乗ったりして、友人兄弟で、連れ立って工場を出、池で釣りをしたり、川に船を浮かべたり、或は公園で遊び、郊外に行く。或は兄弟姉妹連れ立って親戚友人を訪ねたりした後、家に帰り夕飯を食べるのが日常である。

作業は九時間で、一心不乱、まるで勇士が臨戦の如くだが、余暇になると歌ったり、踊ったりして、元気づけ、緊張と休憩がほどほどになっており、従って「よく働き、よく遊ぶ」というのである。

今、我が国の労働者は時間を顧みず、仕事量を守らず、働くべき時に働かず、休むべき時に休まず、いい加減である。朝野、中央地方を問わず、士農工商、皆然らざるものはない。その甚だしき者は都会の工商業、土木業者で、朝は遅く起き、仕事をすると子供の遊びのようで、たばこを吸い、茶を飲み、坐って雑談し、時間を潰す。夏になるとぐうぐう昼寝をする。人との交際でも、約束を平気で破る。染め物や鍛冶仕事も約束の期日に遅れても当たり前に思っている。

休憩にしても、遊びに出ることを好まず、一室に集まって寝転がったり飲食をほしいままにし、健康について殆ど顧みない。交際の楽しみは殆ど知らない。彼のよく働き、よく遊ぶ気風とは殆ど天地の差があるではないか。そもそも労働者は出退勤に規則もなく、仕事をするも止めるも時刻がない。一個人について言えば小さなことのようだが一村、一国を合計すれば工業の利害盛衰の関る所甚だ大である。

一体、西洋人は国の貧富強弱を見るのに民の多寡により、人口が多ければ事業が繁盛すると考える。然し、人口は少なくても勤勉であれば一人で三人分できる。人口が多くても怠惰であれば三人合わせても一人分にしかならない。我が日本の如きはどうして人口稠密であることを誇るに足るであろうか」

大鳥氏は以上のように述べたが、我が国を振り返ってみると全く同じ有様である。今、日本はだんだん旧習を変えた。しかし、我が国の中にこのような弊習を持つ者はどれほど多いか。人口が多いといえども、貧弱を免れない。我が少年が努めて矯正することを願う。

手紙を書いた大鳥圭介は日清戦争時の朝鮮駐在公使で、日清戦争後の両国交渉に参加した人物である。中国は歴史の長い農業国であり、中国人は気が長く、自己中心的で、真面目さに欠けている。「馬馬糊糊」、すなわち何をやっても、いい加減である。時間や約束は守らない、正確さ緻密さがないと言われる。この農業社会で形成された習慣は近代社会の生産と生活に容易に適応できないことは言うまでもない。

イギリスは東洋の国よりいち早く「資産階級革命」と産業革命を成し遂げ、人間の行動様式も農業文明から脱皮し、より効率的になった。大鳥はイギリス人と比較して、日本人のことを反省し、従来の習性を改める必要を訴えた。

中国の教科書編集者がこの文章を選んだのは、まず外国の事情を紹介し、外の世界に目を向けるように、それから西洋の文明国家、近代化した国の魅力を見せた。そして、東洋国の日本を手本に、日本人はすでにこのような陋習を変えようとするが、中国人はこの時代遅れの行動様式と思考方式を変えなければ、進歩はない、と反省した。近代化に合わせて、従来の生活様式と考え方を変えるように児童に呼びかけたのであろう。

日本人の優れた素質として、同情心があげられている。

同情心（第三〇課）

日本を旅行した折、人力車に乗って、坂を登った。車夫が力いっぱい挽いて、傍を通る人は押したり、挽いたりして助けた。見ると、上品な服装をしている中流社会の者である。日本に長くいて、人の家が火事に会った。役人は一緒懸命に消火し、郷隣も奔走して助け、家財道具を救出した。遠くから手伝いに来る者もいれば、飲食物を持ってくる者が絶えない。

「同情心」は何者が書いたのかは分からないが、おそらく中国人留学生によるものであろう。日本人のこと、日本で見聞したことが書かれている。日本人を参考対象として、自国を省みて、心の中で反省し、感動した。中国の社会の基礎は農村にあると言われる。昔から、血縁関係で結ばれた同族間や生活共同体としての村では中国人は道徳を重んじ、互いに助け合うが、縄張りから外に一歩でも出れば、他人には無関心で、ひどい場合は敵のように扱うことさえある。それで、中国人は国家意識がないとよく言われるが、それだけでなく、公衆意識と公衆道徳も欠如している。「同情心」という文章は、日本人の優れた点を紹介し、生徒に日本人に倣って、他人に対して思いやりを持つように教育し、「公民道徳教育」の目標に合わせた文章だと思われる。

伝統的な教育思想と比べて、軍国民教育思想の提唱は中華民国が成立後の教育方針の最も大きな変化であろう。『高等小学校国文教科書』（何振武編集、中華書局、一九一二年）の梁啓超の「戦死を祈る」（第七冊第一課）に明らかに現れている。

十一、二月のころ、日本の兵営で兵士が新旧交替の時に、我はたまたま上野を散策していて、町中に紅白の幟が連なるのを目の当たりにした。よく見ると、「某師団の歩兵の某君を歓迎する」、「某部隊の騎兵某君を歓送する」、「某砲兵の某君の入営を送る」というものばかりであった。

兵士が入営、退営の時、親友、親族が送迎するのは光栄の極まりで、多いのは十余の旗、少ないのも四、五の幟を掲げた。本人は軍服を着して胸を張って真ん中を歩き、前後は幟で囲まれ、親友親族の従う者が数十人で、その栄光は我が国の科挙に受かった者でも、これに過ぎない。その幟にはただ「某君歓迎」、「某君を送る」と書かれ、特別に賛美の辞は見られない。

其の中で、兵営に入る者を送って、「戦死を祈る」と書いた幟を二、三見た。それを見て粛然として、その場を去ろうにも去れない。

中国の民俗と日本の民俗は大いに異なるものがあるが、その極端のものは「尚武」「文を貴ぶ」である。中国の歴代の詩歌は皆従軍の苦を嘆くが、日本の詩歌は従軍の楽を詠む。甲午の時、日本の新聞に載った人に送る従軍詩に「生還しないように祈る」のが普通で、杜甫の「兵車行」を「戦死を祈る」という幟と対照して見て、その違いは何と甚だしいことか。

この文章は中華民国が成立してから打ち立てた教育目標の「軍国民教育」の模範文のようなものである。作者の梁啓超は中国近代の重要な思想家で、中国学術史に大きな貢献をした人物である。日清戦争で日本に無残にも敗れた天朝大国の反省と、敗北の原因を探求した随筆である。日本と比べて、中国人に欠けているのは尚武の精神で、尚武、即ち死を恐れずに戦う意志である。この意志が欠けているため、中国は近代から外国列強に侵され、立ち遅れたと認識したのである。

中国には古くから「いい男なら兵隊に行くな、いい鉄なら釘に使うな」とのことわざがあり、幕末から日本人に「文弱な国民」だと言われている。

一八六二年六月、日本の「千歳丸」が貿易と中国情報収集のために上海に入った。多くの藩士が同行し、二カ月ほど調査を行い、清朝政府官吏の腐敗と軍事の衰弱を目の当たりにした。高杉晋作と峰源蔵らは上海西門外の中国兵営に入り、「兵士の服装はぼろぼろで、顔が汚く、裸足で、衰弱無力、乞食同然で、勇健な者は一人もいない。この有様なら、私は一人で五人勝てる自信があり、騎兵一万人を率いて征伐に来れば、清朝全国を横行できる」と書いた[6]。

一八八〇年、尾崎行雄は『尚武論』を書いた。そして、一八九五年日清戦争が終わった後に「対支那処分案」を書いて、「支那人は国家が何物であるか知らない。国家、忠義心と団結力が皆国を守る要素であるが、支那人は何一つ備えていない」と批判した。徳富蘇峰を中心とする民友社が編集した「武備教育」と「軍国民教育」などの文章は中国人の「文弱」の性質を指摘し、当時の中国人留学生に多大な刺激と影響を与えた。一九〇二年梁啓超が編集長を務めた『新民叢報』が横浜で創刊された。梁の弟子で、日本の成城学校に留学していた蔡鍔（一八八二—一九一六）は第一期に「軍国民篇」という文章を発表し、軍国民教育を施す重要性を論じた。第二二期に日本陸軍士官学校に留学し、後に著名な軍事理論家になった蒋百里（一八八二—一九三八）の「軍国民教育」が掲載された。同時に、梁啓超も自ら『スパルタ小志』を書いて、尚武精神の育成と軍国民教育の実施を呼びかけた。中国人日本留学生の創刊した雑誌が国内に流れ込み、日本の影響を受けて、軍国民思想は中国国内にも影響力を持つようになった。日本の富国強兵の経験が中国に導入された。一九一一年、上海で全国教育連合会が開催され、可決した五カ条の案の第一は「軍国民教育主義案」で、また同年六月に、清政府は北京で中央教育会議を開き、一七の案が可決されたが、第一は「軍国民教育諮議案」で、第二は「提唱軍国民教育案」であった[7]。このような風潮は当時の教科書にも反映されたのである。梁啓超は中国の著名な啓蒙思想家で、日本で長く生活し、日本人の性格の深奥まで洞察して、中国人と日本人の人間性を比較した。日本人の死を恐れず、国のために献身する精神を称賛している。と同時に中国人に日本を警戒するように呼びかけた。「戦死を祈る」は大家の筆によるもので、中日関係が日増しに緊張してくるにつれて、中国人に警告し、日本人の国民性を指摘した名文として後日の教科書にも二、三度収録された。

上記の文章はいずれも日本を称賛したものである。「世界周遊」は日本の新しい事情、進歩の様子、「よく遊び、よく動く」はイギリス人への羨望から日本人が西洋に学んで旧弊を切り捨てる認識を紹介している。そして、「同情心」は日本人の公衆道徳、同情心を褒め称え、「戦死を祈る」は中国人に特に欠如している、日本人の尚武精神を高く評価し、学ぶべきだと主張している。教科書に登場した日本と日本人のイメージは新興国家と新興国家の新国民として描かれ、「羨日」と「師日」の態度が明らかに出ている。

### ❖――――（2）「排日論」の台頭

日清戦争後、「防日」論と「征日」論が一時流行っていたが、結局、「師日」論が主流となり、全国的な日本師事運動が繰り広げられた。しかし、日本警戒、日本征伐のような論調は消えたのではなく、しばらくは潜流となっていた。一九一二年、中華民国が成立してから民族主義が高揚し、日本の琉球占領、台湾割譲に加えて、遼東租借、朝鮮略奪など、古い傷跡に新たな傷をつけるような行為は中国の知識人に限りない憤慨を抱かせ、排日論が再び台頭した。当時の教科書にもこのような情緒が反映され、端的な一例を示すのは浙江省蕭山蔭県（現在杭州市のひとつの区になっている）の文人邵伯棠（一八七〇―一九一一）が書いた『高等小学校論説文範』（一―四巻、上海会文堂出版、一九一二年）である。この『高等小学校論説文範』は小学生が作文を書くための模範文集で、辛亥革命の前に書かれ、一九一二年に出版された。三年も経たないうちに一四回再版され、大きな影響力を持っていた。この教科書の最も過激な内容は次の二段落である。

「日記」
日人の朝鮮を併呑する野心の勃々たるを怒りて之を創らんと思ふ。

「民気説」
彼の区区の島国、猶時に神州を席巻せんとする野心を存ぜば、異日必ず彼土を糞除して吾族の公園となすのみ[8]。

上記の字句は中国従来の朝貢国の朝鮮が日本に奪われた悔しさ、琉球占領、台湾割譲などによる恨みがあらわに出ており、背後には伝統的な中華思想と中華秩序観が現れている。このような日本記述は日本人を怒らせ、一九一四年に中日間の第一次教科書事件を醸し出した。

一九一五年、日本は中国に対して全面的な権益を強要し、二十一カ条を強引に承認させようとした。一九世紀末期から日本の拡張によって中国人の亡国の恐れは現実化し、社会各層は日本の要求に断固として反対し、対日感情は大きく悪化した。そして、一九一九年の五四運動で、中国の反帝国主義、愛国の情緒が高まり、矛先が列強諸国に向けられたが、最も身近な敵は日本であった。青年学生と知識人が運動の先頭に立ち、次第に民衆へと広がった。『国民学校用新式国文教科書』（上海中華書局、教育部検定、民国五年印刷、六年第八版）の内容から二十一カ条が強要された一九一六年ごろの排日論の痕跡が見られる。

日本（第八冊第三課）

日本は島国である。明治維新以来、国勢が俄かに盛んになり、我が琉球を自分の県とし、我が台湾を割し、我が旅順、大連を租借し、朝鮮を併呑して、奉天、吉林に殖民し、我が内地に航業と商務を拡張した。膠州湾は我が重要な軍港で、昔、ドイツに租借したが、日本は欧州の戦に利用して奪い取ると我が国に権益を強要し、我が国は力が弱く戦えないので、忍耐して承認した。日本は弾丸の国でもって、朝野上下、心一つで努力し、我が国が弱国であるのを利用して、毎日我が国を的に機会を狙っている。

日本の新しい勢いを賛美しながらも、日本の中国侵略の暦を数えている。一見、矛盾のある記述のようだが、清朝末期の教科書にもよくこのような記述が見られる。日本の近代化の成功は羨むべきであるが、しかし日本の近代化は対外の殖民侵略と同時に進展したので、警戒すべきであろう。

明治維新後、日本は強国になると矛先を中国に向けた。琉球と台湾を自分の領土とし、遼東を租借して、東北に勢力を伸ばして、膠州湾を占領した。日本が中国で得た権益をもれなく記録している。そして、日本は小さい国でありながら、国全体団結して中国を狙って、より大きな利益をとろうとしている。これが国の恥で、いつか必ず回収して、国恥をそそぐように小読者を喚起し、民族意識の教育を行っている。

この時代の学校教育が生徒に与えた日本の印象について、肖玉琛の回想から窺うことができる。肖玉琛は、一九〇五年遼寧省に生まれた。

小学校で勉強していた時、地理の先生は我々に「中国の地図は桑の葉っぱの形で、日本の地図は蚕の形をしている。蚕はいずれ桑の葉っぱを食ってしまうだろう」と教えてくれた。このような啓蒙教育は私に日本人に対する強い反感を抱かせた。

一九一九年、南満株式会社農業中学に入学した。一九二〇年の「国恥記念日」に私は同窓の孫孔良とこっそり学校を出て、中国学校の生徒と一緒に抗日デモに参加したが、日本側はこのことを知り、私と孫孔良を除名した[9]。

肖玉琛は一九〇五年の生まれで、小学校で勉強したのはおそらく一九一四年ごろから一九一九年ごろまでであろう。この年代は二十一カ条反対運動、五四運動が起こり、中国人の反日感情が高揚していた。学校教育もこの風潮が反映され、教師が授業中、日本が中国に与えた脅威を生徒に教えていた。中日関係を桑の葉っぱと蚕に喩え、生徒に強い印象を残した。このような教育を受けた生徒が中学校に入って、積極的に反日運動に参加した。

三〇年代初頭になって、日本人は「中国の排日意識は五四運動前後の排日教育に由来する。三〇年代の中国抗日運動の中堅は五四運動前後の排日教育を受けた小学校の生徒であったから」[10]と見ているのも事実であろう。

## 3　中日関係に対する憂慮と忠告

五四運動前後、中国の青年学生が立ち上がった。日本の権益要求に対する彼らの態度は当然と思えるが、正当を主張する呼び声の中にも理性的とは言えない盲目的な排外の思想と過激な行動が混在していた。このような非理性的な思潮と行動に対して、蔡元培、胡適、周作人を代表とする一部の中国の文化人は中日関係の大所高所に立って、冷静に両国関係を考えなければならないと日本人にも両国間の長い歴史と友好を尊重し、極端な行為に走らないよう勧告をした。教科書の編集者も反日思潮が高揚する中で冷静に対処するよう青少年らに勧める態度がうかがえる。そのため、一九一九年後の教科書の日本記述には、中日関係を大事にし、理性的に対処すべきとの態度が見て取れる。まず『新学制国語教科書』（商務印書館、初等中学校用、一九二四年二月）に収録される周作人の「日本新しき村訪問記」（第六冊）を見てみよう。

（前略）中城に戻り、芝生で皆と一緒に麦飯を食べ、宿に帰った。疲れたが精神的に極めて愉快を感じ、三十余年来かつて送ったことのない充実した生活を経験し、この半日だけは世間の善悪を超越した、「人間の生活」の幸福を味わえて大いに喜ぶべきことである。もう一つの理想、普段よく実現できない空想だと笑われたが経験上から言えば、不可能ではないかもしれない。それが即ち人類同胞の思想である。我々は通常利己主義的で、人に損を与えないと己を利せないという誤った考えを持って、別人、別姓、別県、別省の人に会うとこうするが別国の人になるとなおさらである。人に損を与える計がなくても、邪推して、恨み、人に損を与えられないようにする。それゆえ、「剣を持ち出し、弓を張り」互いに敵視するのである。もし人類共存の道理が分かれば、独善と孤立は人の世の最大の不幸で、同類が互いに助け合うのは正当の方法である。一緒に耕し、合作して、苦楽を共にすれば、どこの人間でも隣人、兄弟になる。武者先生がかつてこう言った。「どこでも、国家と国家の関係が悪くても人と人の関係はよくなれる。我々は同じ「人間」であるために互いに扶助してことを成すのである。この話は理屈に合い、実現できない空想ではない。村中で私は「弊国貴邦」のような応酬がなかったが、やはり客として優遇され、これも差別である。野良仕事をして、故郷の園中で地を掘り花を植えるように感じ、彼らも私を仲間と見て区別しない。このような混然たる感情は経験しないと分からない。「汝即ち我」の境に達せなくても今回の経験でこの理想が実現し得ると証明できれば私の最大の喜びであり光栄である」

周知のように、周作人は黄遵憲、戴季陶と並んで、中国人知日家の三白眉と言われるほどの日本文化の理解者である。この随筆を通じて、彼がなぜ新しき村を訪問したか、短時間の訪問で、何を得たかは考えるべきことである。中国知識人の多くが日本文化を蔑視しているのに対して、周作人は日本文化の独自性を強調し、その中に高い価値があると主張し続けた。ギリシア文化に由来する西洋文化のように、中国文化に由来する日本文化の合理性を評価し、そのよさを褒め称えている。このような発想から彼は武者小路実篤の人類大同の思想に賛同し、新しき村で直接体験しようと試みた。

文章はまず新しき村で薩摩芋を植える仕事の過程を書いた。ふだんあまり体力労働をしないから、不慣れで疲れを感じながら、快い汗を流して、晴れ晴れとした気持ちになった。そして、日本人の青年と一緒に働くことによって、中国人も日本人も同じ人間として、共通点があり、互いに交流ができ、また互いに助け合うべきだと思った。さらに中国人の「利己主義」と「独善、孤立」の態度を反省し、「別人、別姓、別県、別省の人に会うとこうするが別国の人になるとなおさらである」と中国人の縄張り外の者を敵視する習癖を批判した。中国文化と日本文化の両者に挟まれながら、その境界を越えようと努力した。新しき村で周作人はある程度この目標に達し得たと思った。「中城に戻り、芝生で皆と一緒に麦飯を食べ、宿に帰った。疲れたが精神的に極めて愉快を感じ、三十余年来かつて送ったことのない充実した生活を経験し、この半日だけは世間の善悪を超越した、「人間の生活」の幸福を味わえて大いに喜ぶべきことである。」同じ理想を持つ日本人と一緒に労働し、食事をすることによって、喜びを感じたと言っている。しかし、「半日だけは世間の善悪を超越」することができるか。たとえ得られたとしても、ここで得た喜びはあくまでも一個人としてのもので、「どこでも、国家と国家の関係が悪くても人と人の関係はよくなれる。我々は同じ「人間」であるために互いに扶助してことを成すのである」とはいえ、その個人としての心の交流を求めようとする夢さえ、完全には実現できなかった。「村中で私は「弊国貴邦」のような応酬がなかったが、やはり客として優遇され、これも差別である。」すなわちやはり外人扱いされたのである。純然たる個人体験の背後には中日関係の厳しい現実が存在する。人類同胞の美しい理想の持ち主である周作人はそれを意識しないほど愚かではないはずである。そのため、最後の結論に無力さと矛盾が感じられる。周作人は終生「随縁」、すなわち縁に従うという生き方を標榜している。何かの主義を最後まで堅持し、固執するのではなく、自然の成り行きについていくというのである。周作人は二つの祖国を持つようなもので、民族と国家の限界を超越しようとしたが、両者が激しく対立している中では、一個人であっても、立場の決断と帰属が求められる。

一九一九年五四運動の後、中日関係が悪化している中で、日本人の善良な声と厚意が送られてきた。武者小路実篤の「支那の兄弟へ送る詩」である。周作人が訳したこの詩に感銘して、蔡元培は『新青年』に感想文を発表した。この感想文から当時の中国の知識人、文化人の中日関係に対する憂慮と日本の知識人と文化人に対する期待が現れている。前記の教科書にこの感想文が収録されている。

蔡元培の感想文

（1）現在の中国人と日本人の感情は最悪の状態であるが、これは日本の中国に対する態度が悪いからで、武者小路先生も認めるのである。しかし、我々は日本に住んでいるすべての人間が中日親善を口実に中国を侵略すると言うのではない。武者小路先生と彼の新村の同志は人道主義を抱き、決して日本人と中国人の間に境界を設けないと信じる。他の新思潮の団体、例えば黎明会、新人会なども、絶対に侵略主義に賛成しないと信じ、現在、政府に盲従して侵略主義に賛成する者でも目覚めて中国人と兄弟のように手を携える日がそのうちに来ると考えている。

（2）日本人はまだ十分に目覚めていないが中国人より幾分か目覚めていると認める。しかし、武者小路先生のような者はとても得難い。即ち我々の各新聞に載った学説はだいぶ日本より間接的に訳してきた。中国の目覚めた者は日本ほど多くない、目覚めた者の力はまだ日本程強くない。一目瞭然だが決して悲観すべきではない。

（3）武者小路先生は国境の観念を持たないが朝晩接するのは皆日本人で、日本人を喚起するには多くの力を使い、中国人を喚起するにはそんなに使わない。しかし、機会があるとやはり我々の門を叩く。門の内側にいる我々はまだ同室の者を喚起しないのか。

（4）武者小路先生は偶然に我々の門の外に住んでいる。彼は真心で我々門内の兄弟を愛し、門を叩く。彼らの門を見て、まだ目覚めていない兄弟がいると思う。機会があれば我々も武者先生のように彼らの門を叩くべきである。これは徳を以って徳に報いるばかりでなく、人類の一人としての義務で、全世界一人も目覚めていない者がいなくなるまで努力すべきである。

一九一九年一二月二〇日　　蔡元培付記

この感想文が載った雑誌『新青年』は一九一五年、元日本留学生で、後に中国共産党を創立し、リーダーとなった陳独秀が上海で創刊したもので、新文化運動の道標となるべき重要な雑誌である。一九一八年一月からは個人編纂から同人雑誌となり、魯迅、周作人、蔡元培、李大釗、胡適、劉半農らが加わり、新文化運動の言わば総本山となった。彼らは科学と民主の精神を主張し、理性と科学的な態度で中国の世界における地位を認識するように呼びかけた。蔡元培は感想文で武者小路実篤の友好的な態度に接し、日本人はすべて中国侵略を主張するのではなく、善良で友好的な人も多くいることを指摘した。そして武者小路実篤の人類大同の思想に賛同し、いずれはさらに多くの人が覚醒するだろう、国境を越えて兄弟になれるだろうと大きな期待を抱いた。蔡元培は周作人らのような単なる文学者、学者ではない。中華民国教育総長、またその他の要職を務めた政治家でもある。中日関係の厳しい現実に対して、周作人ほど甘くはないと思う。彼は武者小路実篤を日本の知識人と文化人の良心的代表として見ている。日本の作家の呼びかけと、友好的なメッセージに対して、即座に応えた。関係の改善のためにできるだけの努力をする姿勢がうかがえる。五四運動の最中に、彼は北京大学の学長を務めた。逮捕された学生を救出するために全力を尽くした。そのほかにもよく学生の面倒を見て、当時の青年と学生に絶対的な人気があったことから、蔡元培の日本に関する文章もそれなりの影響力があったと思われる。

武者小路実篤の詩の翻訳と蔡元培の感想文から中日関係が緊張する中で、中国文化界の巨匠たちは、両国関係がこれ以上悪化しないように、両国の国民に呼びかけ、尽力したことが分かる。

## 4　まとめ

中華民国の成立によって、中国人の民族独立の気運が高揚していた。日本の対中国政策が中国の反日感情を煽り立て、日本との関係は次第に冷めていったが、一九一〇—一九二〇年代の中国の教科書は一九〇〇年代の日本ブームの余韻を受け継ぎ、日本への羨望や日本師事的な内容が依然含まれ、客観的に日本を紹介する文章が多く収録された。

中国は近代国家の建設のため、国民の古く陳腐な伝統観念を改めなければならなかった。それは学校教育を通じて、生徒に教えることで実現されるものである。日本は東洋における近代化の成功者として、中国の学ぶ手本となった。富国強兵の経験、国民の国家観念と近代的な行動様式、他人に対する同情心、国民道徳、世界に視野を持つことなど、中国人が学ぶべき事柄が教科書に多く盛り込まれている。中華民国成立後、「五育教育」の方針に基づいて編集された教科書の中に、日本はふさわしい素材となり、近代化に成功した新興国家、学ぶべき対象として紹介されている。

一方、日本の中国侵略の歴史も克明に記されている。例えば琉球、台湾、朝鮮が奪われたことは必ず言及し、各出版社の地理、歴史、国語の教科書はほとんど全部にそれを記述している。中国人は失った国土、侵略された歴史を忘れないように青少年に対する民族教育を徹底的に行った。日本は中国が学ぶ対象であるとともに最も警戒すべき相手と教えられ、排日論の台頭もこの時代の教科書からうかがえる。

一九〇〇年代と一九一〇年代の国語教科書には主に留学生が日本の教科書を書き換え、翻訳した文章、日本に居住していた中国の文人や外交官家族の文章、そして、無名な作者の文章が収録された。これに対して、二〇年代、国語教科書の一つの特色は新文化運動の巨匠の口語文で書かれた文章が多く収録されており、その日本観も彼らの文章を通じて学習者に伝えられた。

世間をまだよく知らない、感情的な青年学生や外国の事情に通じない旧態の文人らに比べれば、新文化運動に投じた彼らは、堅固な国学の基礎の上に、外国に関する知識を持ち、中国の国際的地位もよく理解していた。また中国と外国の関係について、理性的で視野が広く、感情的な色彩が極めて少ない。それゆえ日本に対する善意が現れ、全国的な反日風潮の中で彼らは冷静に中日関係を考え両国の友情を大切にし、日本の友好的な一面を中国に伝えることも忘れなかった。しかし、厳しい中日関係に直面して、彼らは暗い心情で憂慮と期待の気持ちも持っていた。その憂慮とは中国国内の反日感情の増長と日本の対中国態度の悪化、の両方に対するもので、期待とは日本の知識人と文化人に対する期待であろう。こうした彼らの期待は実ることはなかったが、払われた努力と理性のある態度は高く評価すべきだと思う。

## 注

[1] 陳学恂『中国近代教育史教学参考資料』中、人民教育出版社、一九八六年、一三一頁。
[2] 王桂『中日教育関係史』山東教育出版社、一九九三年、三七五頁。
[3] 王建軍『近代教科書発展研究』広東人民教育出版社、一九九六年、一九九頁。
[4]『教育雑誌』第四巻第一期、一九一二年四月。
[5] 蔡元培「教育方針に対する意見」、陳学恂『中国近代教育文選』人民教育出版社、一九八三年、三二八頁。
[6] 王暁秋『近代中日関係史研究』中国社会科学出版社、一九九二年、一一三頁。
[7] 李暁東「軍国民思想研究」『日本学研究四』外国語教育と研究出版社、一九五五年九月、一八四頁。
[8] 邵伯棠『高等小学校論説文範』上海会文堂出版、一九一二年。
[9] 肖玉琛『ある偽満州国少将の回想』黒龍江人民出版社、一九八六年、二頁。
[10] 池田弘『現代支那の政情――苛烈深刻挑戦的な排日教育の実相』昭和六年、一〇一頁。

# 中国映画の中の日本人像

孫　雪梅
（翻訳：玉腰　辰己）

私たち中国人は、日本人のことを知らないわけではない。実際に接する機会はなくとも、映画で見たことがあるからである。

総合的・視聴覚芸術として映画が世界に初めて登場したのは、一八九五年のことであった。一九五〇年代以降には、広範な影響力を持つ現代芸術あるいは社会文化イメージとして、映画は発展を遂げた。中国映画も一九〇五年に誕生して以来、絶えず社会問題を提起してきた。劇／ミュージカル作品で言えば[1]、『中国電影大辞典』にリストされた一九九〇年までの作品のうち、影響力があり代表的なものだけ取ってみても、一五五九作品が挙げられる。そのうち、日本人役が登場するものや、中日関係を描いているもの、あるいはなんらかそうした背景が映し出されているものは一五九作品あり、それは全体の一〇%に及んでいる[2]。決して少ないとは言えないそのような映画の中には、深刻な歴史的由来と現実の時代的背景が織り込まれている。

周知のように、中日両国の間には海を越えて交流した悠久の歴史がある。しかし、近代に入ってから、特に一九三〇年代以降には、日本は中国に対して侵略を行った。それは両国国民、とりわけ中国国民に大きな災いと傷をもたらした。そうした歴史経験は中国人にとって苦く忘れがたいものであり、また忘れるべきものでもない。そのため、日本による侵略の歴史は、おのずから中国映画の創作において、一つの重要な題材とされてきた。

一九七二年に中日国交正常化がなされ、その後改革開放政策が推進されるようになると、商用や観光で中国を訪れる日本人の数が徐々に増えた。それに従って中国映画が取り上げる題材も広範なものになり、スクリーンに登場する日本人像も急速に多様化していった。

では、中国映画は中日関係を一体どのように描いてきたのか、そして、そこに登場した日本人のイメージとはどのようなものだったのだろうか。以下、日本人役が登場する中国映画を振り返り考察してみたい。

## 1 日本人像の登場する中国映画

筆者が当たってみたところ、日本人像が登場する中国映画は以下のリストのようになる。年代順にリストを作ってみたところ、合計三五四作品であった。ただし、タイトルと内容が同じで製作年の異なるものは別作品とした。ストーリーが同じ場合には、先の作品のみ記し重複は避けた。また、特に記したもの以外は音声付きカラー劇映画である。末尾に日本人の役柄などを記した。

なお、資料には限りがあり、このリストも完全とは言えない。特に香港と台湾の作品については漏れが多くあるかもしれない。撮影所などが調べられない時期もあった。それらについては参考になる監督名や主演俳優などをできるかぎり付しておいた。大陸の作品については一九九六年の部分が本稿脱稿までにまだ当該年度が終わっておらず、全てを収録することはできなかった。そうした不足分については、今後補充・修正を施していく。しかしともあれ、影響力がある作品や代表的な作品については、基本的にこれで全て網羅しているはずである。中国映画の中の日本人のイメージについて理解し論評するのには、このリストの作品で不足はないであろう。

**一九三二年――三作品**

・戦地歴険記（無声、白黒）明星影片股份有限公司、日本軍
・共赴国難（無声、白黒）聯華影業公司、日本軍
・東北二女子〔原題「戦地二孤女」〕（無声、白黒）天一影片公司、日本軍

**一九三三年――四作品**

・民族生存（無声、白黒）芸華影業有限公司、日本軍
・晨曦（無声、白黒）義記影片公司、日本軍
・肉搏（無声、白黒）芸華影業有限公司、日本軍
・中国海的怒潮（無声、白黒）芸華影業有限公司、日本軍

**一九三五年――四作品**

・風雲児女（白黒）電通影片公司、日本軍
・劫後桃花（白黒）明星影片股份有限公司、日本軍
・落花時節（白黒）明星影片股份有限公司、日本軍
・熱血忠魂〔別名「民族魂」〕（白黒）明星影片股份有限公司、日本軍

**一九三七年――一作品**

・自由天使　（白黒）聯華影業公司、日本軍

**一九三八――四作品**

・八百壮士　（白黒）中国電影制片廠、日本軍
・遊撃隊進行曲　（白黒）香港啓明影業公司、日本軍・日本軍反戦兵士
・保衛我們的土地　（白黒）中国電影制片廠、日本軍
・熱血忠魂　（白黒）中国電影制片廠、日本軍

**一九三九年――三作品**

・保家郷　（白黒）中国電影制片廠、日本軍
・孤城喋血　（白黒）中国電影撮影場、日本軍人・亀太郎部
・中華児女　（白黒）中央電影撮制廠、日本軍人・日本軍司令官

**一九四〇年――六作品**

・白支故郷　（白黒）香港大地影業公司、日本軍特務
・塞山風雲　（白黒）中国電影制片廠、日本人スパイ川島
・風雪太行山　（白黒）西北影業公司、日本軍
・勝利進行曲　（白黒）中国電影制片廠、日本軍

・東亜之光（白黒）中国電影制片廠、日本人捕虜高橋三郎・山本・中村等

・青年中国（白黒）中国電影制片廠、日本軍

**一九四一年――一作品**

・野薔薇（白黒）華成影業公司、日本軍

**一九四三年――二作品**

・気壮山河（白黒）中国電影制片廠、日本軍

・日本間諜（白黒）中国電影制片廠、日本軍特務幹部土肥原大佐・日本軍特務機関長・日本軍情報機関長・日本軍憲兵

**一九四四年――一作品**

・春江遺恨〔邦題「狼煙は上海に揚がる」〕[i]（白黒）中華電影聯合股份有限公司・大日本映画株式会社合作、高杉晋作・中牟田倉之助・五代才助

**一九四五年――二作品**

・還我故郷（白黒）中国電影制片廠、日本軍警備隊長神尾・日本人商人吉田

・血濺桜花（白黒）中国電影制片廠、日本軍空軍少尉山田桃太郎・妻春子・警察

一九四六年――二作品

・聖城記　（白黒）　中央電影企業股份有限公司三廠、日本軍幹部島嶼大佐
・民族的火花　（白黒）　国泰影業公司、日本軍隊長橋本

一九四七年――四作品

・一江春水向江流（上下）（白黒）　昆侖影業公司、日本軍
・小白龍　（白黒）　長春電影制片廠、日本軍
・松花江上　（白黒）　長春電影制片廠、日本軍伍長
・憶江南〔別名「哀江南」〕（白黒）　国泰影業公司、日本軍憲兵隊

一九四八年――六作品

・情諜〔別名「第五号情報員」〕（白黒）　大華影業公司、日本軍特務機関長小林少将
・群魔　（白黒）　清華影業公司、日本軍司令山本
・熱血　（白黒）　大同電影企業公司、日本軍憲兵
・十三号凶宅　（白黒）　励華影片公司、日本軍
・大団円　（白黒）　清華影片公司、日本軍
・哈尔濱之夜　（白黒）　長春電影制片廠、日本軍特務長松田・その助手上野

**一九四九年――四作品**

・梨園英烈〔別名「二百五小伝」〕（白黒）　大同電影企業公司、日本軍・憲兵
・麗人行　（白黒）　昆侖影業公司、日本軍・憲兵・日本人池田老人
・中華児女　（白黒）　長春電影制片廠、日本軍
・希望在人間　（白黒）　昆侖影業公司、日本軍

**一九五〇年――四作品**

・呂梁英雄　（白黒）　北京電影制片廠、日本軍小隊長松本・翻訳官松山太郎
・趙一曼　（白黒）　東北電影制片廠、日本軍
・劉胡蘭　（白黒）　東北電影制片廠、日本軍
・我這一輩子　（白黒）　文化影業公司、日本軍

**一九五一年――二作品**

・花姑娘　（白黒）　香港龍馬影片公司、日本軍隊長佐藤
・新児女英雄伝　（白黒）　北京電影制片廠、日本軍

**一九五二年――一作品**

・方珍珠　（白黒）　大光明影片公司、日本軍

一九五四年——一作品

・鶏毛信　（白黒）　上海電影制片廠、日本軍隊長〝猫目〟司令・日本軍小隊長久原

一九五五年——三作品

・南島風雲　（白黒）　上海電影制片廠、日本軍

・平原遊撃隊　（白黒）　長春電影制片廠、日本軍中隊長松井

・董存瑞　（白黒）　長春電影制片廠、日本軍

一九五六年——五作品

・母親　（白黒）　上海電影制片廠、日本人浪人・日本兵

・為了和平　（白黒）　上海電影制片廠、日本軍

・撲不滅的火焔　（白黒）　長春電影制片廠、日本軍司令吉田

・衝破黎明前的黒暗　（白黒）　八一電影制片廠、日本軍

・鉄道遊撃隊　（白黒）　上海電影制片廠、日本軍司令小林・特務隊長岡村

一九五七年——二作品

・椰林曲　（白黒）　天馬電影制片廠

・青山碧血　（台湾語、白黒）　台湾華興電影製片股份有限公司、日本軍警察

**一九五八年——四作品**

・狼牙山五壮士（白黒）八一電影制片廠、日本軍
・患難之交（白黒）長春電影制片廠
・心連心（白黒）長春電影制片廠
・永不消失的電波（白黒）八一電影制片廠、日本軍

**一九五九年——九作品**

・草原晨曲（白黒）長春電影制片廠・内蒙古電影制片廠合作、日本軍
・星星之火（上海語、白黒）天馬電影制片廠、日本紡績工場女社長
・金玉姫　長春電影制片廠、日本軍
・糧食（白黒）北京電影制片廠、日本軍小隊長清水
・回民支隊　八一電影制片廠、日本軍
・黄浦江的故事　海燕電影制片廠、日本軍
・礦灯（白黒）北京電影制片廠、日本軍
・換了人間　長春電影制片廠、日本軍
・聶耳　海燕電影制片廠、日本軍

**一九六〇年——一作品**

・永恒的友誼〔原名「紅色的勲章」〕西安電影制片廠

**一九六一年——三作品**

・51号兵站　（白黒）　海燕電影制片廠、日本軍諜報所所長亀田
・星星・月亮・太陽（上下）　香港茂業公司、日本軍
・香港之夜〔邦題「香港の夜」〕　国際電影懋業公司（香港）・東宝合作

**一九六二年——五作品**

・南海潮（上下）（白黒）〔別名「漁郷児女闘争史」〕　珠江電影制片廠、日本軍
・東進序曲　（白黒）　八一電影制片廠、日本軍
・花団錦簇〔ミュージカル〕　ショウブラザーズ（香港）、日本人モデル
・地雷戦　（白黒）　八一電影制片廠、日本軍中隊長中野
・甲午風雲　長春電影制片廠、日本軍司令官伊東佑亨中将・外相陸奥宗光・スパイ山田

**一九六三年——三作品**

・小兵張嘎　（白黒）　北京電影制片廠、日本軍大隊長亀田
・自有後来人　（白黒）　長春電影制片廠、日本軍憲兵隊長鳩山
・野火春風闘古城　（白黒）　八一電影制片廠、日本軍顧問多田

**一九六四年——一作品**

・大地児女　ショウブラザーズ（香港）、日本軍少将西尾

一九六五年——四作品

・地道戦 （白黒） 八一電影制片廠、日本軍隊長山田

・三進山城 （白黒） 長春電影制片廠、日本軍警備隊長小野

・節振国〔京劇〕 長春電影制片廠、日本軍

・苦菜花 （白黒） 八一電影制片廠、日本軍

一九六八年——二作品

・金燕子 香港・日本合作、張徹監督

・飛刀子 香港・日本合作、張徹監督

一九六九年——一作品

・揚子江風雲 香港（李翰祥監督）、日本軍

一九七〇年——一作品

・紅灯記〔京劇〕 八一電影制片廠

ストーリーは「自有後来人」（長春電影制片廠、一九六三年）とほぼ同じ。

一九七一年——一作品

・沙家浜〔京劇〕 長春電影制片廠、日本軍大佐黒田

**一九七二年――三作品**

・精武門　香港嘉禾電影有限公司、日本武道家鈴木寛

・猛龍過江　香港嘉禾電影有限公司、日本人空手家

・悪客　香港（張徹監督）、日本軍

**一九七四年――四作品**

・英烈千秋　台湾中央電影事業股份有限公司、日本軍

・平原遊撃隊　長春電影制片廠

この作品には、同名作品（同・制片廠、一九五五年）がある。

・沙家浜〔中国伝統劇・広東語劇〕　珠江電影制片廠

・平原作戦〔中国伝統劇・京劇〕　八一電影制片廠、日本軍大隊長亀田

**一九七五年――六作品**

・吾土吾民　香港・馬氏影業公司、日本軍指揮官田中司令

・八百壮士　台湾中央電影事業股份有限公司

この作品には、同名作品（中国電影制片廠、一九三八年）がある。

・傾国傾城　香港・ショウブラザーズ有限公司

・黄河少年　長春電影制片廠、日本軍

・烽火少年　北京電影制片廠、日本軍

・紅灯記〔伝統劇、ウイグル語歌劇〕　八一電影制片廠

一九七六年――一作品

・梅花　　台湾〔劉家昌監督〕

一九七七年――一作品

・覓橋英烈伝　　台湾

一九七八年――四作品

・両個小八路　　長春電影制片廠、日本軍
・特殊任務〔白黒〕上海電影制片廠、日本軍佐藤少佐・三木上尉・兵士星野
・我們是八路軍　　八一電影制片廠、日本軍
・大刀記　　上海電影制片廠

一九七九年――六作品

・従奴隷到将軍〔上下〕　上海電影制片廠、日本軍
・吉鴻昌〔上下〕　長春電影制片廠、日本軍
・蒙根花　　八一電影制片廠、日本軍特務戸田・日本軍指揮官川井少佐
・帰心似箭　　八一電影制片廠、日本軍

・丁龍鎮　（白黒）　西安電影制片廠、日本人捕虜
・桜　北京電影学院青年電影制片廠、日本人難民高崎洋子・日本人専門家森下光子

**一九八〇年――八作品**

・藍色档案　上海電影制片廠、日本軍諜報員岡田
・最後八個人　長春電影制片廠、日本軍幹部山田大佐
・奸細　八一電影制片廠、日本軍岡久大佐・特務幹部大西
・一個美国飛行員　珠江電影制片廠、日本軍松井隊長、
・原郷人　台湾自立影業公司　日本人客
・玉色蝴蝶　峨眉電影制片廠、日本人昆虫学教授竹内君代
・山城雪　峨眉電影制片廠、日本軍特務朝野二郎
・第十個弾孔子　西安電影制片廠、日本軍

**一九八一年――七作品**

・七月流火　上海電影制片廠、日本人董事岡崎
・知音　北京電影制片廠、日本公使日置益
・蘇小三　中国児童電影制片廠、日本
・革命軍中馬前卒業　上海電影制片廠、日本警察
・特高課在行動　西安電影制片廠、日本軍憲兵隊特高課課長青木

・西安事変（上下）　西安電影制片廠、日本大使川越
・情劫　香港長城影業公司

## 一九八二年——九作品

・穿心剣　長春電影制片廠
・琵琶魂　八一電影制片廠、日本軍
・一盤没有下完的棋〔邦題「未完の対局」〕[i]　中国北京電影制片廠・東光徳間株式会社合作、日本人将棋士松波麟作・その妹忍・右翼幹部橋本・日本軍大佐尾崎等
・開槍、為他送行　上海電影制片廠、在上海日本特高課情報課長松田
・台島遺恨　峨眉電影制片廠、日本軍
・誘捕之後　長春電影制片廠、日本軍義士成川
・柯棣華大夫　河北電影制片廠、日本軍
・一九〇五年的冬天　台湾（余為政監督）、日本人少女
・投奔怒海　台湾青島影業公司、日本人記者

## 一九八三年——九作品

・武当　長春電影制片廠、日本人武士猿丸・三鬼隆・武士首領荒木宗八郎
・風雲初起　長春電影制片廠、日本軍
・再生之地　八一電影制片廠、日本人戦犯伊藤弘一・川島真美子・山本・黒川・反戦同盟工作員春田

・廖仲愷　珠江電影制片廠、日本人特高課
・瑰宝　峨眉電影制片廠、日本軍憲兵木村正雄
・賀龍軍長　瀟湘電影制片廠、日本人山田次郎
・剣帰　安徽電影制片廠、日本軍大佐・岡田少佐
・望穿秋水　西安電影制片廠、日本軍
・怒抜太陽旗　香港（張徹監督）

**一九八四年――九作品**

・騎士的栄誉　北京電影制片廠、日本軍
・藍色的花　北京電影制片廠、日本軍
・街上流行紅裙子　長春電影制片廠、日本人友人
・譚嗣同　長春電影制片廠、日本人友人
・将軍与孤女　八一電影制片廠、日本人北野樹子・美穂子・日本軍少尉中原
・等待黎明　香港徳定電影有限公司、日本軍少佐
・一個和八個　広西電影制片廠、日本軍
・闖江湖　天津電影制片廠・天津人民芸術劇院合作、日本軍
・杜鵑啼血　峨眉電影制片廠、日本軍

一九八五年――七作品

・流亡大学　上海電影制片廠、日本軍
・死証　長春電影制片廠、日本軍
・世界奇案的最後線索　峨眉電影制片廠、日本軍憲兵木村・日本人信子
・宝石戒指　内蒙古電影制片廠、ボクシング場女主人秋子
・さよなら、再見　台湾印象股份有限公司、日本人商人
・福星高照　香港嘉禾電影有限公司、東京犯罪組織ボス松本
・等待黎明　香港徳宝電影有限公司

一九八六年――一二作品

・神鞭　西安電影制片廠、東洋武士佐川秀郎
・你的微笑　北京電影制片廠、日本人ツーリスト鬼塚・田武雄・ツアーコンダクター今野
・美麗的囚徒　長春電影制片廠、日本人武士崗野・日本軍
・末代皇帝　長春電影制片廠、日本関東軍司令官後藤文・少佐松本三郎・新任日本軍司令岡村・日本軍娼妓秋江・反戦同盟に参加した日本人軍人吉野少佐
・破襲戦　八一電影制片廠、日本軍旅団長松木・中隊長野川・新任中隊長村内
・望日蓮　八一電影制片廠、日本軍
・血戦台児庄　広西電影制片廠・中国電影発行放映公司合作、日本軍
・水鳥行動　福建電影制片廠、駐南京日本領事山本英明・その妻綾子・東京の警察松井

・孫中山（上下）　珠江電影制片公司、外相大隈重信・〝民党〟領袖犬養毅・宮崎滔天・平山周正
・大上海1937　中国電影合作制片公司・香港在影業有限公司合作
・Y環伝奇　上海電影制片廠

## 一九八七年――一五作品

・美人魚　珠江電影制片廠
・到青山那辺去　北京電影制片廠、日本軍
・天音　北京電影制片廠、日本人山田葉子・日本軍
・東陵大盗（第四集）　西安電影制片廠、日本人浪人
・望春風　北京電影制片廠・香港振業影業有限公司合作、日本軍
・関東大侠　長春電影制片廠、日本軍
・三等国民　八一電影制片廠、日本人校長・日本軍
・稲草人　台湾中央電影事業股份有限公司、日本人警察
・遠離戦争的年代　八一電影制片廠、日本軍
・八女投江　八一電影制片廠、日本軍
・死亡集中営　八一電影制片廠、捕虜収容所所長野島・日本軍大佐板垣・女軍医松尾
・紅高粱　西安電影制片廠、日本軍
・過江龍　峨眉電影制片廠、日本人軍官田中とその部下
・戦争挿曲　北京児童電影制片廠、日本軍

・屠城血証　福建電影制片廠・南京電影制片廠合作、日本人特使橋本・軍人笠原・佐々木

## 一九八八年——一七作品

・東陵大盗（第五集）　西安電影制片廠、日本人浪人
・刺殺汪精衛　広西電影制片廠、駐南京日本総領事館副領事蔵本英明
・天湖女侠　長春電影制片廠、日本人井口芳子
・避難　峨眉電影制片廠、日本軍
・熊猫的故事〔邦題「パンダ物語」〕[i]　日本田中制作公司・峨眉電影制片廠・中国電影合拍公司合作、日本人佳代
・春寒　台湾樺梁電影事業公司、日本軍大佐横山一夫
・風流女探　上海電影制片廠・浙江電影制片廠合作、国際警察藤野太郎・日本人高田一夫
・晩鐘　八一電影制片廠、日本軍
・神風威龍　西安電影制片廠、日本軍少佐佐々木
・神秘的女人　瀟湘電影制片廠、日本女性
・長城大決戦　広西電影制片廠・香港金馬公司合作、日本人武士小次郎
・狂盗　内蒙古電影制片廠、日本軍監督甜代
・行窃大師　北京電影学院青年電影制片廠、日本人商人亀田とその助手英子
・乱世英豪　福建電影制片廠、日本人亀山小次郎
・末代皇帝〔邦題「ラストエンペラー」〕[i]　伊英中合作、日本人甘粕・吉岡

・黒太陽七三一　香港都機構有限公司、日本軍石井四郎中将・日本軍医
・郁達夫伝奇　香港（周潤発主演）、日本軍

## 一九八九年――一五作品

・非情城市　台湾年代影視事業股份有限公司、日本人教員小川とその娘静子
・情人的最後一次課殺　長春電影制片廠、日本人商人宮本太郎
・川島芳子　西安電影制片廠、日本軍特務機関長田中隆直・日本軍司令
・古今大戦秦俑情　カナダ・香港・中国合作、日本人山口靖子
・嘩変　広西電影制片廠、日本軍師団長中野・軍官田島
・間諜戦与女色無関〔別名「軍統局禁止女色」〕　長春電影制片廠、日本人スパイ松岡・小林
・関東女侠　長春電影制片廠、日本軍
・血濺秋月楼　長春電影制片廠、日本軍官伊藤・武官本田
・風流女諜　北京電影制片廠・海南国際影視公司合作、日本人川島浪速
・把他們都殺光　瀟湘電影制片廠、日本軍
・東方美女　瀟湘電影制片廠、日本軍工藤大佐・山田少佐・小隊長中曽
・婚礼上的刺客　内蒙古電影制片廠、日本人刺客
・秘密戦　峨眉電影制片廠、日本軍特高課小本太川
・逢凶化吉　広西電影制片廠、日本軍連隊長亀井
・賭神　香港（周潤発主演）山口組組員上山・日本人菊子

## 一九九〇年——一六作品

・客途秋恨　台湾高仁公司、日本人葵子
・兵臨絶境　北京電影学院青年電影制片廠、日本軍
・父子老爺車　深圳影業公司、日本人亀井一郎
・神州小剣侠　広西電影制片廠・富士影像株式会社合作、日本人玄蔵大侠
・民国特大謀殺案　長春電影制片廠、日本人スパイ花谷・日本人浪人・武士
・国際大営救　峨眉電影制片廠、日本人スパイ梅子・特高小野武夫
・浴血彊城　内蒙古電影制片廠、日本軍大佐山甲
・雄魂　瀟湘電影制片廠、日本軍
・血誓　瀟湘電影制片廠、日本軍
・憤怒的孤島　瀟湘電影制片廠、日本軍憲兵
・莽女追魂　雲南民族電影制片廠
・命圧黄金図　長春電影制片廠、日本人浪人
・孤島情報站　長春電影制片廠、日本軍情報官清川秀夫・その助手板本慶雄
・江湖怪狼　長春電影制片廠
・戦争子午線　北京電影学院青年電影制片廠、日本軍
・川島芳子　香港（梅艶芳主演）

## 一九九一年――一七作品

・清涼寺的鐘声　上海巨星影業公司・香港豪成影業公司合作、日本人大島和子・戦争孤児明鏡法師

・烈火金剛（上下）　珠江電影制片公司、日本軍幹部毛利・反戦兵士武義雄

・東瀛游侠　福建電影制片廠・海南金島影視公司・中国電影発行放映公司合作、日本軍スパイ渡辺玲子

・三K人物　上海電影制片廠

・鬼楼　長春電影制片廠

・紫痕　長春電影制片廠、日本軍

・侠女黒玫瑰　広西電影制片廠・澳門澳佳影視公司合作

・以血環血　長春電影制片廠、日本軍指揮官木村・日本軍商人吉田・日本人浪人

・殺人工廠　長春電影制片廠・香港雅慧公司合作、日本軍人佐川等

・断命紋身　長春電影制片廠、日本軍岡本次郎大佐・女特務鉄木英子

・浴血紅馬車　北京電影学院青年電影制片廠、日本人軍官高橋・女殺し屋吉永美恵子

・大峡谷　雲南電影制片廠、日本企業所長小野清・エンジニア内田耕策

・黒影　峨眉電影制片廠、日本人医師山田洋子・元日本人軍人小野一郎・大島健雄

・曼荼羅　中国電影合作制片公司・フィルムクレッセント合作、空海

・夢断楼蘭　中国電影制片公司・南京電影制片廠・香港夏帆電影工作室合作、日本人浪人・忍者・教授

・鉄血群英　長春電影制片廠

## 一九九二年——二七作品

・零号行動　峨眉電影制片廠、日本軍人吉野・小村・日本人特務・スパイ
・風雨相思燕　上海電影制片廠、日本軍憲兵隊長斉藤
・三毛従軍記　上海電影制片廠、日本軍
・七三一大潰逃　長春電影制片廠・香港雅慧公司合作、軍医秋山正夫・伊東秀夫・山田江石他
・無言的山丘　台湾中影公司、日本人芸者富美子・雑務工紀目
・復仇的女人　珠江電影制片廠、日本軍司令官
・香魂女　天津電影制片廠・長春電影制片廠合作、日本人商人新洋貞子
・慰安婦　香港佳芸制作有限公司、日本人女記者・日本軍
・喋血金壮大　天山電影制片廠、日本軍憲兵
・白山英雄漢　中国児童電影制片廠、日本軍大佐とその子雄石
・間諜撲向阿拉木図　峨眉電影制片廠、日本人スパイ
・龍中龍　珠江電影制片廠、日本人浪人井上・ホテル館主梅子
・白沙浪　瀟湘電影制片廠、日本軍
・飛越人生　内蒙古電影制片廠、日本人戦争孤児立花八重子
・喋血嘉陵江　峨眉電影制片廠、日本人スパイ小村
・俄得克血酒　長春電影制片廠
・二小放牛郎　安徽電影制片廠、日本軍

・孤注一擲　長春電影制片廠
・黒色閃電　長春電影制片廠
・九死一生――把一切献給党　峨眉電影制片廠、日本軍司令鈴木
・黒山路　西安電影制片廠
・迷途英雄　広西電影制片廠
・末代響馬　長春電影制片廠
・世紀之戦　内蒙古電影制片廠、日本人柔道選手大関美枝子
・送你一片温柔　北京電影制片廠、日本人商人
・義侠黄飛鴻〔別名「少年黄飛鴻」〕　上海電影制片廠・香港穎豊影業有限公司合作、日本人浪人十兵衛とその妹桜子
・遠東的間諜　峨眉電影制片廠

**一九九三年――二六作品**

・盗亦有道　峨眉電影制片廠、日本人スパイ古月正文
・親国恩仇　峨眉電影制片廠、日本人浪人・武士・日本軍・日本人古月正文
・雲南故事　北京電影制片廠、台湾金鼎影業有限公司・香港仲盛有限公司合作、日本人樹子
・激情警探　上海電影制片廠、日本人闇社会山口組組員佐藤・岩下・田中・玄野
・覇王別姫　北京電影制片廠・香港湯臣電影有限公司合作、日本軍
・奪命驚魂上海灘　上海電影制片廠、日本人商人池田邦田とその子浩二・日本軍特務機関ボス田中

・郷親們　峨眉電影制片廠・天津電影制片廠合作、日本軍軍官小野
・陥井里的婚姻　上海電影制片廠
・上海一九二〇　上海電影制片廠・香港富芸電影制作有限公司合作、日本軍
・綁架在午夜　南海影業公司
・報仇　峨眉電影制片廠・台湾宝雄電影伝播有限公司合作
・衝出死亡営　北京電影学院青年電影制片廠、日本軍・日本人慰安婦
・東方第一刺客　広西電影制片廠、日本軍大佐白川
・賭王出山　西安電影制片廠・中国電影発行放映公司・中国輸出輸入公司合作
・関東太陽会　長春電影制片廠・台湾慕威電影公司合作
・軍列衝出重圍　長春電影制片廠、日本軍
・決戦天門　西安電影制片廠・香港唯益実業公司合作
・絶殺　長春電影制片廠
・涙洒台北　北京電影制片廠・香港南天影業公司合作、日本人医師・女刑事・歌手
・満洲虎行動　長春電影制片廠、日本人記者千鶴子・日本軍特務機関長秦真次・特務吉田
・梅花公館　長春電影制片廠
・女劫殺　広西電影制片廠
・犬王　八一電影制片廠
・神槍雪恨　瀟湘電影制片廠
・同帰于尽　上海電影制片廠

・英雄地英雄涙　上海電影制片廠・香港金力制作有限公司合作、日本軍特務山本

## 一九九四年――一三作品

・四大天王　長春電影制片廠、日本軍特務
・絶境逢生　上海電影制片廠、日本軍幹部西原・三木
・精武英雄　北京電影制片廠・香港正東制作有限公司合作、日本人藤田
・慰安婦七十四分隊　珠江電影制片廠
・驚魂桃花党　瀟湘電影制片廠、日本人吉野
・悲情槍手　上海電影制片廠、日本人スパイ川崎式子
・古龍鎮諜影　瀟湘電影制片廠、日本軍特務
・血搏敵梟　峨眉電影制片廠、日本人スパイ須田次郎・香月枝子
・末日殺手　峨眉電影制片廠、日本軍特別行動課課長佐藤栄作少将・スパイ大武一雄・日本軍大和洋子少佐
・歩入輝煌　西安電影制片廠
・地獄究竟有幾層　広西電影制片廠・香港呂小龍制片公司合作、日本人慰安婦
・鉄血昆侖　広西電影制片廠、日本軍連隊長三木武弘・少佐小川・司令官今村・指揮官中村正雄
・戦争童謡　中国児童電影制片廠

**一九九五年――一〇作品**

・七七事変　長春電影制片廠、日本軍
・黒太陽南京大屠殺　峨眉電影制片廠・香港大風公司合作
・巧奔妙逃　峨眉電影制片廠、日本軍少佐佐々木
・秘密大追殺　峨眉電影制片廠、日本人スパイ
・木捷　上海電影制片廠、日本軍
・風流女傑　長春電影制片廠、日本軍中佐佐本正夫・女スパイ
・敵後武工隊（上下）長春電影制片廠、日本軍憲兵隊隊長松本少佐・副隊長坂本少佐
・南京大屠殺　中国電影合作制片公司・台湾龍祥公司合作、日本軍松井石根大将・理恵子とその娘春子
・戯夢人生　台湾（侯孝賢監督）、日本人警察官川上
・南京的基督〔邦題「南京の基督（キリスト）」〕　香港・日本合作（區丁平（トニー・オウ）監督、梁朝偉（レオン・カーフェイ）・富田靖子主演）、日本人作家岡川龍一郎[ii]

**一九九六年――一二作品**

・飛虎隊　峨眉電影制片廠、日本軍司令小林・特務隊長岡村・特務松尾
・童年的風箏　天津電影制片廠
・双栖間諜　西安電影制片廠・金亀寿影視責任有限公司合作
・大順店　北京電影制片廠
・悲情布魯克　北京電影制片・内蒙古電影制片廠・森威影視制作公司合作、日本軍

・浴血太行　北京電影制片廠・長城国際広告有限責任公司合作、日本軍官岡村寧次
・紅棉襖紅棉袴　西安電影制片廠
・槍神無畏　上海第一制片公司
・舞潮　北京電影制片廠・北京珠達数碼創意影視公司合作、日本軍
・勾魂女郎　北京電影制片廠
・魔鬼隊長　長春電影制片廠・香港雅慧有限公司合作
・鉄妹　西安電影制片廠・台湾学者有限公司合作、日本軍

## 2　日本人像の変化

### ❖——（1）一九七八年以前

中国映画に日本人像が出現したものを見てみると、主流は一貫して戦争をテーマにしたものであったことがわかる。特に一九七八年以前には、いくつかの例外を除き、ほとんどがそうであった。なかでも、最も早い作品は一九三二年であるが、それはちょうど日本が強硬に中国に対して侵略戦争を発動した時期であり、中国映画に最初に現れた日本人像は侵略者であった。

映画『戦地歴険記』（一九三二年）は、九・一八事変〔満州事変〕[iii]勃発後、日本が中国・東北地方に対して侵略・占領を行ったことを描いている。若い女性・丁明霞は、付き合っていた男とそれぞれ前線に赴く。しかし、彼女は日本軍の略奪を受け、連れ去られて飯炊きをさせられるはめになる。日本軍兵士の下っ端が、丁にちょっかいを出し、彼女

を自分のものにしようとする。丁は見張りの兵隊に毒を盛って逃走し、男と再会を果たす。

一九三三年、一九三五年には、さらにいくつか日本の侵略を映し出した映画が作られた。そのころはまだ中国映画はサイレント映画の時代であったが、このの ちトーキーになり、白黒からカラーになるに従って、中国映画産業は発展を早めていった。そして、そこに描かれる日本人の侵略者像もいっそう鮮明に中国人の脳裏に刻まれるようになっていった。その侵略者の立場はさまざまであったが、ここでは特に日本軍を例にとって検討してみよう。

おおまかに言って、一九七八年以前の中国映画に描かれた日本軍は、以下のようなものであった。まず、カーキ色の軍服を着ていて、先のとがった軍帽をかぶっている。その軍帽にはよくうしろに二枚の布がたれさがっている。肩か手には刀を下げており、いたるところで殺戮・強奪などの悪事を繰り返す。日本兵は集団で登場し、その中の一人ひとりの個性まで描出されることはなかった。それでも、日本軍のイメージはかなり鮮明なものであった。

ここで、悪役として有名になった役者、方化について触れないわけにいかない。方化は、一九四八年に既に『哈尔濱之夜』で日本軍特務幹部松田役を演じていた。その後、『平原遊撃隊』(一九五五、一九七四年)、『三進山城』(一九六五年)、『一個美国飛行員』(一九八〇年)、『復仇的女人』(一九九二年)等を通じて日本軍幹部を何度も演じていた。特に『平原遊撃隊』(一九五五年)では、方化が扮した日本軍中隊長松井は鼻下に仁丹髭をたくわえ、大きな軍靴を履き、乗馬ズボンを履き、腰には刀を差していた。背が低く、性格は残忍凶悪かつ狡猾であり、この手の日本軍人イメージとしては代表的と言ってよく、観客に強い印象を残した。その後、数十年たった今でも、「鬼子」(一般に中国人は対中侵略を行った日本軍をこう呼ぶ)に話が及ぶと、決まって、人々は方化の演じた役を思い出すのである。

日本軍のイメージ形成において見逃せないのは、その言語の使用に特徴があることである。例えば、「おまえたち、行け、食い物をもってこい!」、「八路軍は、殺せ、殺せ」、「おまえ、わかる?」、「ガキ、八路軍はどこだ? おまえ話す、うそだ! スラスラだ!」、「おまえ、なにする?」、「良民証、あるか?」などのセリフが日本語の語順で、しかも中国語として聞いても分かるような言い回しで話されている（例えば『鶏毛信』（一九五四年））。また、「ハイ」、「メシ、メシ」、「カエロ、カエロ」、「バカ、バカヤロ」、「ヨーシ、ヨーシ」などは、純粋に日本語である（例えば『鶏毛信』、『蒙根花』（一九七九年）など）。

千葉明は「『ハイ』『カエル』『ミシミシ』と戦争」という文章の中で、以下のように書いている[3]。

ほとんどの中国人が知っている日本語の単語がいくつかある。「アリガト」「サヨナラ」は世界的にも有名だが、中国では……横綱はなんといっても「ミシミシ」である。床がきしむ音ではない。餓えた日本兵が農民を見つけて「メシ、メシ」と求めたのである。テレビではめったに聞かないのに、子供でも「ミシミシ」だけは知っている。……「カエル」「ハイ」「バカヤロウ」が大関クラス。「カエル」は、ゲリラを捜しあぐねた日本人将校が、とりあえず本営に「帰る」ときの言葉。中国人にとっては、「カエル」は次の捜索までのつかのまの平和を意味したであろう。

中国人の脳裏に残ったのが、はたしてこういう意味で理解されていたかどうかはわからない。千葉明がこのように解釈するにはそれなりの理由があろうが、必ずしもそうとばかりも言えない。考えてみれば、「メシメシ」は、正確に辞書的に言うなら飯を意味する語である。「カエロ」は帰ろうという語である。しかし、一般の中国人は日本語を知っているわけではなく、そのような意味では理解しなかった。中国映画では、日本兵は中国人に要求するというより、奪い取るのである。例えば『鶏毛信』では、日本軍幹部久原は、「おい、あの羊をもってこい。メシメシだ」「メシメシ殺せ」などと言う。これは羊を持ってきて日本兵が食べるために殺せという意味である。また、「カエロ」は、行け、行ってもよいという意味で使われる。『鶏毛信』の久原は、海娃の頭をぽんぽん叩いて、「良民だ、皇軍の良民だ、カエロ、カエロ」などと言う。これで海娃はその場を去ることが許されるのである。あるいは、軍曹は駆け寄ってきた手下の者に、「おい、おまえたち、とっととカエロ」と言い、また、海娃に対しては、「おい、カエロじゃないだろ！」などと言う。そこでいう「カエロ」の意味は、行ってよしという意味である。こうした例を踏まえると、中国人の理解する「メシ、メシ」、「カエロ」の意味は、千葉明の言うとおりとは言えない。日本兵が用いた典型的な中日結合式の用語である「花姑娘」は、年若い、きれいな娘を指す（例えば『麗人行』一九四九年、『我這一輩子』一九五〇年など）。映画の中では、日本軍人役がある程度このような言葉遣いをしたとき、日本人らしく生き生きと鮮明に描かれるのである。

一九七八年以前の作品は、製作の年代の違いによって描写の観点もさまざまなものになっている。それは、おおまかには以下のような三つの段階に分けることができよう。

一つ目は、一九三〇年代から四〇年代である。このころ創作されたものは多くが抗戦を背景としており、中国軍の激しい抗戦意欲を反映している。対中侵略を行う日本軍が現れているが、必ずしも主要な対象として描かれていたわけではない。これらの映画が作られたのは既に昔のことになってしまったので、そうした作品について知る者も今では極めて少なくなった。

二つ目は、一九四九年から一九六六年の間である。この時期、新中国が成立し、映画も急速に発展した。そして、多くの映画が抗戦を直接的に反映した。そこでは、中国人民の不撓不屈の闘いを敵と対比させて描写するために多くの日本軍像が描かれた。例えば、『呂梁英雄』（一九五〇年）に登場した松本や、『鉄道遊撃隊』（一九五六年）の中の小林、『51号兵站』（一九六一年）の亀田、『糧食』（一九五九年）の清水、『野火春風闘古城』の多田などである。

三つ目は、「文革の十年」である。この時期、周知のような理由で、大陸では製作された映画本数が大きく減少した。中日関係に関連し、日本人像を描いた作品は一二作品にすぎない。しかも、それらは表現方法や撮影年などが異なっているが、ストーリーの上では重複が多く見られる。例えば、京劇『紅灯記』（一九七〇年）と同名のウイグル語歌劇（一九七五年）、京劇『沙家浜』（一九七一年）と同名の広東語劇、『紅灯記』（一九七〇年）と一九六三年の映画『自有後来人』、『平原遊撃隊』（一九七四年）と一九五五年の同名映画などが挙げられる。とりわけ、現代京劇映画『紅灯記』（一九七〇年）、『沙家浜』（一九七一年）と『平原作戦』（一九七四年）はまだ影響力があった方で、その中の多くの歌唱場面に当時の濃密な時代的特色が見られるだけでなく、それらの歌は今でも歌われ続けている。また、『紅灯記』中には李玉和の「鳩山が宴の席を設けて親しくなった」というセリフのあることから、日本人像の出た映画であることが分かる。

注目すべきなのは、このころの香港・台湾地区の映画一二作品に日本人像が現れていることである。例えば、『精武門』（一九七二年）、『英烈千秋』（一九七四年）、『八百壮士』（一九七五年）、『荳橋英烈伝』（一九七七年）などである。香港・台湾地区のこれらの作品には、日本軍以外の描写もある。例えばカンフー映画の古典とも言える『精武門』（一九七二年）には日本の武士が現れている。それより三〇年も前の作品であるけれど、中日合作で作られた『春江遺恨』（一九四四年）〔邦題「狼煙は上海に揚がる」〕には武士を描いた部分がある。しかしこの『精武門』（一九七二年）では、日本の武士は、稀代の名格闘家・霍元甲を殺してしまうだけでなく、中国人を「東アジアの病人」として侮辱している。武士と軍人という違いがあっても、侵略者イメージは変わっていなかった。

一九七八年以前の日本人像は、上記のような悪役イメージ以外に反戦兵士やモデルのような日本人像もないではなかったが、その数は少なく影響も小さかった。

## ❖――――（2）一九七八年以降

一九七九年から、戦争をテーマにした作品以外に、平和をテーマにしたものが次々と現れるようになり、人々の耳目を一新した。例えば、『桜』(一九七九年)、『玉色蝴蝶』(一九八〇年)、『一盤没有下完的棋』(一九八二年)(日中合作映画、邦題「未完の対局」)などがある。

これらの作品は反戦思想により、平和を呼びかけることをテーマとしている。そして、人生につきまとう人と人の出会いと別れの悲喜劇を物悲しく描き、戦争が中日両国の国民にもたらした傷を描き出している。

『一盤没有下完的棋』は、中国人棋士況易山と日本人棋士松波麟作の交流を軸に物語が展開される。日本が対中侵略戦争を行っていたあいだ、彼らは互いに将棋の技を磨きあっていた。しかし、松波は徴兵されてしまう。況易山は侵略者と対局することに納得できず、憤然として将棋を止めてしまう。一方、況の息子・阿明は幼少のころ日本に連れてこられ松波に育てられていた。そして松波の娘と愛し合い、結婚し一児をもうける。ところが、阿明は抗戦のため帰国しようと図り、殺害されてしまう。そして、彼の妻も、悲痛のあまり精神に異常を来してしまう。日中はその後、友好の時代を迎える。松波と況易山はその時代になって初めて、過去に辛酸をなめつくした者同士、再び将棋の席につくのである。

元中国人民対外友好協会会長王炳南は、この物語を以下のような詩で表現している。

中日の名棋士、ひとつの将棋盤に向かう
もとは兄弟の情、往来に猜疑なし
突如戦禍起き、東と西に駆らる
況家は骨肉散り、松波は生死離る
翹団らんを望むも、風雨の苦しみ相おこる
災難ののち対局、傷心の涙をすくう[4]

その後製作された『再生之地』（一九八三年）、『你的微笑』（一九八六年）などの映画では、中国を侵略した日本軍の懺悔の心情が部分的に反映されている。総じて、平和をテーマにした作品の数は少ないが、その扱っているテーマの範囲は広く、登場する日本人のイメージも過去とは異なってきた。登場する日本人の役柄も、過去にはほとんど日本軍人であったが、将棋士、エンジニア、昆虫学者、監督、戦犯、寡婦、記者、商人、警官、教官などになっていった。

特に一九九〇年以降になると、『清涼寺的鐘声』（一九九一年）や『雲南故事』（一九九三年）を代表とするような、戦争孤児の運命が中国映画の新しいテーマとして描かれるようになった。戦争孤児が中国映画における新しい日本人像になったのである。

とはいえ、一九七八年以降も、数の上では相変わらず戦争映画が多かった。五〇年前に終わったあの戦争が創作の一つのテーマであり続けた。極左の妨害を排除し、思想を解放したことによって、一九七八年以前と比べれば、その後の作品は表現手法においてもイメージの形成においても、一つのブレークスルーを達成したと言えよう。表現形式で言えば、例えば、一目でわかる悪役をステレオタイプで描くことを避けるようになり、新種のキャラクターを描くようになったことは大いなる発展であった。

一九八一年に撮影された映画『特高課在行動』には、この点が比較的よく出ている。それまでの映画では登場人物は見るなり善玉か悪玉かがわかったものである。善玉はおおかた見た目が堂々としており、悪玉はぶざまで醜かった。しかし、『特高……』では、そうしたルールに反し、善玉イメージの役者が悪玉を演じたりしている。『特高……』では、たとえ特高課であっても、その人物の性格は見た目では表現されていないのである。

内容面でも、一九七八年以降の映画はそれまでの作品に比べ、深みと広さが出てきた。多くの作品において人物の性格描写によってテーマが掘り下げられている。例えば、『晩鐘』（一九八八年）は抗日戦争前夜を描くもので、八路軍が日本軍の火薬庫を包囲し、その投降を求める物語である。ズームによって私たちの目に飛び込んでくるのは、荒れ果てたもの寂しい背景の中で、来る日も来る日も飢えつづけた日本兵の姿である。彼らは恍惚とした顔つきで民謡「荒城の月」を歌っている。その歌声は絶望感に満ちており、すさんだもの悲しさに満ちている。遠くからは重苦しい銃声が聞こえてくる。このシーンは、独特の境地で兵士の厭戦ぶりを創造しており、反戦の趣向が自然とにじみ出てくる。『晩鐘』は、そうした新しい表現手法と深い思想性によって、第三九回ベルリン国際映画祭で銀熊賞を受賞した。

一九九五年は、ちょうど世界反ファシスト戦争と中国国民の抗日戦争勝利から五十周年であった。この偉大な勝利を記念して、映画界は多くの作品を世に出した。例えば、『七七事変』、『南京大屠殺』、『敵後武工隊』などである。多くの古い作品もリバイバル上映され、中国の銀幕上に日本人像がにわかに多く登場するようになった。抗戦の火は消えて既に半世紀を経ているが、戦争の残した傷跡は癒えていない。日本人の中には侵略戦争について懺悔することなく勝手な主張をまくし立てる者もいるが、これらの映画の持つ現実的意義と教育的意義は否定し去ることができない。『南京大屠殺』（一九九五年）〔邦題「南京１９３７」〕の撮影に参加した日本の女優・早乙女愛は、「もし中国がこの映画を作らなかったら、このできごとについて知ることはなかったでしょう。歴史教科書にもなかったし、歴史の教師もこれに触れたことはありませんでしたから」と言っている[5]。

たしかに、一九七八年以降映画に描かれる日本人像は、表面的な描写の上では実際の姿に近づいてきた。仔細に注意を払われ、生硬なステレオタイプの日本人像を避けて性格描写がなされるようになってきた。しかし、一九七八年以降においても、やはりなお、中国映画の中での主要な日本人像は日本軍であったのである。

## 3 日本人像の分類

はじめて一九三二年に中国映画に日本人像が登場してから六〇年間（一九三二—一九九六年）の芸術活動の中で、中国映画は地位・職業の異なるさまざまな日本人を多く描いてきた。では、映画作品で人物の性格がどのように描かれていたのか。そこで、日本人像を総体的に理解しようと、おおまかに以下のような分類をしてみた。

### ❖——（1）凶暴残虐・野蛮・狡猾型

日本が中国に対して侵略を行ったことは反駁の余地のない歴史的事実である。この時代の社会生活を映し出した映画は、正面から侵略・統治を描いたものであれ、あるいはそれに対する抵抗を描いたものであれ、侵略を背景に描いているものが多い。そうした作品の中には平和な時期の交流が映し出されたものもある。しかし、総じて言えば、凶暴残虐、狡猾で、魂胆が計り知れない相手として日本人が描き出されることは避けられなかった。

例えば、『還我故郷』（一九四五年）の脚本には、日本軍警備隊長神尾について「敵軍官、習性は粗野にして、礼儀を尊ばず、陰険で残忍冷酷である」と説明している[6]。また、『紅高粱』（一九八七年）では、日本軍は中国市民に服従を迫り、それに反抗しようとした羅漢らに対し、残虐にも生きながら皮膚を剥いで公衆に晒す。その部分の台本は、以下のようになっている。

| シーン | 内容 |
|---|---|
| 393 | 日本兵は中国市民を打ちすえる。 |

427ママ405　431　426ママ

日本軍官は（日本語で）「あいつらに言ってやれ、あのふたりの皮を剥げと」
吊り下げられた男の頭上から水をぶっかける。
画面の外から日本軍官が催促する声（日本語）「早くしろ！」
翻訳官「上のおおせだ。もしもやらないと……」
「……おまえの皮を剥ぐのだぞ！　聞こえたか！　早くやれ！」
羅漢の顔は打ちすえられたせいで人の形になっていない。
刀を手に提げた痩せた見習い「お許しを、私をお許しください！」
二つの包丁を彼の肩にのせる。

『死亡集中営』（一九八七年）では、日本軍大佐板垣が捕虜に強い日射しのもと鉱山の採石作業を行わせる。そして、捕虜が少しでも反抗しようものなら吊し上げ、炎天下に晒しっぱなしにする。さらに、板垣の同僚の日本人に対する態度でも、彼の鬼畜性が描かれている。女医・松尾が捕虜の劣悪な生活環境について諫言しようとすると、板垣はそれを聞かないばかりか、彼女を強姦してしまうのである。『黒太陽七三一』（一九八八年）では、日本軍が人体を使って細菌実験を行っていたという、人々の激怒を誘う野蛮行為を描いている。

中国映画が表現してきた日本人のもう一つの特徴は、例えば『平原遊撃隊』の松井を典型とするような、狡猾さである。松井は撤退の途中で突然変心し、隊を率いて追撃者を殺すのだが、これに対して遊撃隊も一般市民も防ぐ手段を持たなかった。そのほかにも、平和をテーマとする作品でも日本人の狡猾さが見られる。『行窃大師』（一九八八年）では、亀田がそうした狡猾な日本人商人であった。亀田は唐代の土偶を盗もうとたくらむ。公安の係官は彼をいぶかしがるが、動かぬ証拠が得られず彼に手出しできないのである。このほかにも、中国映画には「花姑娘」のような日本軍人や、それにべったりこびへつらう商人がそこかしこに見られる。例えば、『原郷人』（一九八〇年）、『さよなら、再見』（一九八五年）などを見ればわかるように、映画はそうした人物を描くことで、日本人の好色な一面を観客に見せていた。

### ❖――――（2）厭戦・反戦・懺悔型

軍国主義分子が対中侵略を発動したことは、人々の平和愛好精神や幸せを望む願いに反している。そのため、長く辛い戦争の歳月の中で絶望したり、あるいは厭戦、反戦に傾くものが現れたとしても不思議ではない。

一九三八年に撮影された『遊撃隊進行曲』には、反戦兵士のイメージが既に現れている。一九四〇年に撮影完了した『東亜之光』は、捕虜が覚醒する反戦の映画である。『東亜之光』には捕虜が捕虜役で出演することで、本物が説法を行う意味を持っており、作品は当時、「正義の剣」だと評価された。太平洋戦争が勃発する以前、同映画が香港で上映された際には、軍警察が闖入しスクリーンを破くという事態も起きている。この一件は、その映画の威力の大きさを証明していると言えよう[7]。

一九八三年には『再生之地』という、捕虜の改造を正面から取り上げた作品がある。一九五〇年の冬、部順戦犯管理所は一群の日本軍幹部を収容する。彼らは対中侵略戦争のなかで重い罪を犯した者たちである。彼らの態度は横柄で、罪を認めようとしない。管理所の所員たちは細心の注意を払い、我慢強く仕事に当たる。そのうちに捕虜たちはそれぞれの心理的過程を経て、一人またひとりと反省を始める。映画には二人の主要人物が描かれる。一人は川島といい、一人は伊藤という。川島は上司に言われるままに騙され、夫人が中国人の遊撃隊に殺されたと信じ込まされていた。後になって、夫人は中国人に同情したために細菌実験に使われたことを知り、この731部隊の細菌専門家は自分の罪を大いに悔やむ。頑固な伊藤は、失踪していた自分の娘が中国人に養われ送り届けられるに至って、ついに翻然と悔い改める。彼らによってほしいままに踏みにじられてきた中国の地が、ついには彼らの再生の地となるのである。

## ❖――――（3）無辜・正直・友好型

いわゆる無辜・正直・友好型とは、咎もないのに苦境に陥り、しかし正義心を堅持し、友好を望んだ日本人像である。映画『桜』（一九七九年）は平和をテーマにした作品として、一九七八年以降最初に日本人が描かれた作品である。内容は、一九四五年に日本が敗戦したのち、難民となった高崎洋子が日本に帰還する途中、幼い光子を中国人女性・陳に託す。解放後、光子は母のため帰国する。一九七五年、光子は専門家として中国に渡り社会建設に携わる。しかし、「極左」の妨害のために兄にも母にも会えない。期待とあせりがつのるが、最後になってやっと再会を果たす。

こうしたタイプのイメージは、一九七八年以降、例えば『玉色蝴蝶』（一九八〇年）の中の竹内君代、『一盤没有下完的棋』（一九八二年）の中の松波麟作などにも見られる。『天音』（一九八七年）は、戦争を題材にした作品であるが、中国人に山田葉子という無辜の受難者のイメージを深く残した。戦争中、遊女にさせられた葉子は荒れた島に漂泊し、中国人漁民・海牛に会う。彼らは最初は敵対的関係にあるが、徐々にお互いに理解し合い、愛し合い、ついには自分たちの畑を持つようになる。そして、子ども・小牛牛を生む。ところが、彼らのもとに敗走した日本軍人がやってきて、海牛を殺し、葉子も犯して殺す。海牛と葉子が苦労を重ねて作った畑もめちゃくちゃに荒らされ、島には小牛牛の「パパ、ママ」と叫ぶ声だけが残る。こうした無辜の善良なイメージ形成について、監督の張華勲は、創作後記に以下のように記している。「日本の中国侵略が中国漁民海牛と日本人女性山田葉子に与えた苦難の生活と、悲惨な運命を表現することを通じて、ファシストの罪悪を暴き、人民の平和な生活を求める想いを表現したかった」

上記の三つの類型では、日本人が登場した回数や作品中に占める時間などはさまざまである。ただし、概して言えば、中国映画に描かれた日本人像は「凶暴残虐・野蛮・狡猾型」が最も多く、「無辜・正直・友好型」がその次に当たり、「厭戦・反戦・懺悔型」の占める比率は小さい。時代で分けるなら、おおよそ以下のように表せるであろう。

| 年代 | | 登場する日本人像の類型 |
|---|---|---|
| 一九七八年以前 | 建国前 | 凶暴残虐・野蛮・狡猾型／厭戦・反戦・懺悔型 |
| | 建国後 | 凶暴残虐・野蛮・狡猾型 |
| 一九七八年以降 | | 凶暴残虐・野蛮・狡猾型／厭戦・反戦・懺悔型／無辜・正直・友好型 |

つまり、一九七八年の前も後も、日本人像の中で最も普遍的なものは凶暴残虐・野蛮・狡猾型であった。また、一九三〇年代から四〇年代、それに一九七八年以降には厭戦・反戦・懺悔型が多く見られた。一九七八年以降になってからは、無辜・正直・友好型も現れるようになったと言えよう。

芸術は生活の反映であると同時に「生活の教科書」でもある（ニコライ・チェルヌイシェフスキー）。映画は一つの芸術として、ある特定の時代の政治、経済、社会、文化を反映するだけではなく、張りつめた時代の鼓動や、人民の心の声を反映する。芸術を構成する基本単位として、イメージの作用を過小評価すべきではない。中国映画の中に描かれた日本人像は、ある程度中国人の日本観を体現するものであった。そしてそれは、大多数の中国人の日本人理解にも、ある程度長きにわたって一定の影響を及ぼしていたのである。

## 訳注

[i] この映画の邦題は原文にはなかったが、訳者が補った。
[ii] 日本人の役柄に事実と異なる部分があったので、訳者が訂正した。
[iii] 〔 〕内は、訳者が補ったものである。

## 注

[1]『中国電影大辞典』（上海辞書出版社、一九九五年）の分類によれば、劇／ミュージカル映画、美術映画、科学教育映画、ドキュメンタリー映画に分けられる。本論では劇／ミュージカル映画について取り上げ検討しているが、ミュージカル映画は八作品にすぎず、ほとんどが劇映画と言ってよい。
[2] 同上、一四六五―一四八一頁。ただし、本数は筆者がカウントした。
[3] 千葉明「『ハイ』『カエル』『ミシミシ』と戦争」国際文化フォーラム編『国際文化交流名言集』財団法人国際文化フォーラム、一九九〇年、八四頁。
[4]『大衆電影』一九八二年第九期、五頁。
[5]『電影作品』一九九五年第六期、七七頁。
[6] 駿祥主編『中国抗日戦争時期大後方文学書系　第八編　電影』重慶出版社、一九八九年版、五四頁。
[7]『大衆電影』一九九六年第七期、二四頁。
[8]『北影画報』一九八七年。

# 日本留学時期の周恩来の日本観

## ――『周恩来旅日日記』を手がかりに――

胡　鳴[1]

周恩来の日本観の形成には、彼の日本留学によるもの、対日戦争・闘争の体験がもたらしたもの、建国後の対日交流で形成されたものなど、いくつかの要因が挙げられる。その中、青春期に日本へ留学し、日本で生活したことが彼の日本認識に大きな影響を与えたことを特に指摘したい。

周恩来の日本留学は一九一七年九月から一九一九年四月までの一年七カ月ほどであった。「十年面壁して、壁を破らんと図る」[2]という志を抱いて渡日したという壮志からすれば、一年七カ月はあっけないものであったと言えよう。しかし、二〇歳前後という感受性豊かな時期に過ごした初めての異国の生活は、若き周恩来の思想および彼の対日観に大きな影響を与えたことは間違いないであろう。

周恩来は青春時代の日本留学に関して、わずか数人の外国人友人との会見時に、味わった豆腐の味や桜の美しさなどについていくつかの思い出を話した以外、ほとんど語らなかった。日本滞在中の周恩来の足跡は、長い間資料が不足していたため、実証的な研究が少なく、ほとんど革命の闘士・周恩来という固定観念から生まれた美談に類する論文や伝記のみ発表されていた。

日本留学の実態を知る一番の手がかりとなったのは、周恩来生誕百周年を記念して出版された彼が書き残した日記、

『周恩来旅日日記』[3]である。日記は「今日から一日も欠かさず記し、記念として残したい」という一九一八年の元旦の決意から始まったが、その年の一二月二三日までで終わり、帰国する翌年の四月五日までの滞在期間は空白になっている。この日記をじっくり読むと、断片的な記述から若き周恩来の日本観、いわゆる日本政治、文化、日本人の国民性に対する認識を垣間見ることができる。

『周恩来旅日日記』に基づき、留学中の周恩来の実態を明らかにすることを試みた代表的な研究として、金沖及の「東渡日本」[4]、王永祥の「周恩来の『旅日日記』について」[5]および矢吹晋「解説　日中友好の原点となった周恩来の東京日記」[6]などが挙げられる。

金沖及は周恩来の日本留学の全容について検証しており、特に一九一八年一月から一〇月までの留学生活に関する彼の記述は、周恩来の日記に基づいており、それまでの伝記と比べ、日本留学中の周恩来像がより正確、かつ客観的で、史実にも忠実に記述している。王永祥は周恩来日記の発見、出版、そして周恩来留学時の足跡、故郷および親族への思い、「南開」出身者との絆など、一つ一つ丹念に分析している。矢吹は『周恩来旅日日記』を邦訳した本の編者として本の最後の解説の部分において、周恩来の出身、日本留学の理由、東京での留学生活などを述べ、そして外国人から見た周恩来および中国の総理としての周恩来についても触れている。しかし、三名の著者はともに日本留学中の周恩来の日本観について、十分な分析を行っていない。

本稿は『周恩来旅日日記』に基づき、周恩来の日本観に焦点を置き、主に彼の日本政治、文化、日本人の国民性に対する認識を分析する。まず、周恩来が日本留学を選んだ理由を探ってみたい。第二に、留学時期の周恩来の日本観を分析する。最後に、周恩来が日本留学から何を得たのかを検討する。

## 1　日本留学を選択した理由

今までの多くの研究は、周恩来は救国救民の真理の探究、外国の侵略を受け衰弱した祖国の復興のため、日本留学を決めたと分析している[7]。また、矢吹は周恩来の日本への留学理由について、主に「ロシア十月革命前夜という大状況、アジアのなかの日中関係という中状況、周恩来自身の家計という小状況」[8]という三つの角度から簡単に分析している。もし、周恩来の一月一一日の日記には「私は今、このように家族のことを毎日心にかけて、たえず勉学に励むしかない。もし、今年官費に合格すれば、一安心するだろう。これから一歩一歩前進すれば、やがて恩返しの日がくる」と記し、「勉強することによって、家族を救うことができる」[9]の意を表した。日本留学に発つ際に抱負を表明した詩と比べて見ると、周恩来の求学情熱を支えている原動力は、救国ばかりではないことが分かる。

二〇世紀初めの中国人の日本留学ブームという状況を考慮しながら、周恩来の日記を閲読すると、一九歳の時に彼が日本留学を選んだ一番の要因は、やはり切実な経済的な理由だったのではないかと読み取れる。

一九一七年六月、周恩来は南開学校を卒業し、これからの進路をどうするかは目の前に突きつけられる難題であった。高遠な抱負を持つ若き周恩来は、引き続き勉強することを望んでいた。南開学校に入学した学生はみな比較的に家庭裕福であり、多くの学生は卒業後欧米や日本へ留学していた。南開学校で受けた教育は英米式の教育制度であり、成績優秀、英語堪能な周恩来にとって、日本よりも西洋文化本家の欧米への留学はふさわしいものであった。また、校長の張伯苓も周恩来に米国への留学を勧めた。しかし、幼い頃に両親が亡くなっており、「家が貧しく、生活はもっとも苦しく、学費も時に払えなかった」[10]周恩来にとって費用の高い欧米へ留学するのは不可能なことであった。旅費が安い、官費留学生になる可能性がある隣国日本は、当時の周恩来にとって海外で引き続き勉強するのが実現可能な留学先であった。

それには二つの背景がある。一つは、二〇世紀初の中国人の日本留学ブームの中で、日本政府が指定した学校に合格すれば、官費留学生の待遇を受けることができ、経済的な苦悩が解消されることになっていた。

日清戦争において、日本が中国に勝利したことが中国人の困惑と驚異をもたらし、日本が急速に富国強兵の近代国家になったその理由の究明や、その発展モデルを学習するため、清朝政府は日本への留学生派遣を始めた。日清戦争の翌年一八九六年三月、清朝政府は総理衙門の選抜試験に合格した唐宝鍔など一三名を日本への最初の留学生として派遣し、日露戦争の翌年の一九〇六年、在日留学生数は最高記録の八六〇〇名に達した[11]。その後次第に減少し、一九一六年と一九一七年には留学生数は二〇〇〇人までに減少したが、その数でも米国や欧州の留学生数を上回っていた[12]。

一九〇七年、清朝政府と日本の文部省との間に、「五校特約」という協定が結ばれ、向こう一五年間実施されることになった。この協定により、日本側は東京の第一高等学校、高等師範学校、高等工業学校、山口の商業高等学校、千葉の医学専門学校という五つの学校に予備科を設け、毎年一六五人の留学生を受け入れる代わりに、中国政府は学生一人当たりに二〇〇円ほどを教育費として日本政府に提供する合意になっている。日本にいる自費留学生は、これらの学校の試験に合格すれば、官費留学生として学資が中国政府から支給され、学業を終えて帰国するまで与えられ続けるということである。その官費留学生になることが周恩来にとって自費留学生として日本留学を選択した最大の理由となったのではないかと考えられる。

周恩来の日記には、慶応義塾大学などの私立大学の願書を研究したと記しているが[13]、受けることはしなかった。やはり、官費留学生になる特約学校でない私立学校への入学は周恩来にとって費用の関係上、不可能なことであった。

周恩来が日本留学を選択したもう一つの背景は、官費留学生になるまで、日本での生活を応援してくれる友人に恵まれたことであった。

日本には多くの南開学校卒業生がいて、周恩来が来日した当時、東京に既に三〇人ぐらいの南開学校出身者の先着組がいた。その中の多くは日本語学校や、専門学校および大学で勉強していた。なかでは比較的に家庭が裕福な人や、政府支給の官費学資を受けている人がいて、周恩来に経済的な困難が起きても、援助を受けることができると期待されていたと考えられる。

周恩来は南開学校の創始者・厳範孫や、南開学校教師・馬千里らの経済面での援助を受け、一九一七年、東京東亜高等予備学校に入学するために来日した。初めての異国生活は多くの学友から面倒を見てもらい、助けてもらった。『周恩来旅日日記』の中に、一九一七年と一九一八年の収支一覧表が書かれており、この中で、周恩来は毎月、南開学校出身の親友から多くのお金を借りて生活費に当てたのは一目瞭然である[14]。また、周恩来本人も一九四六年、中国駐在のアメリカ人記者リットルマンとの会談で「私は中学校卒業後、勉強のために日本に渡った。それは自費留学で、生活費は友達の援助に頼っていた。私は日本に一年半ほど滞在した」[15]と日本留学当時の経済状況を語ったことがある。

要するに、周恩来は主に経済的な理由で日本への留学を選択したと指摘できる。しかし渡日前、彼は多くの留学生と同様、日本に対して良いイメージを持っていたことも否定できない。日本に留学中の南開学校の卒業生たちは日本の印象や留学生活に関する感想を手紙で学校に寄せ、学生主催の週刊誌「校風」に掲載されていた。その中、特に呉瀚涛は「日本はアジアの英雄である。この国を訪れる者は、政治が善く行われていること、教育の普及、工業・商業の発達、海陸軍の優秀さを称するだろう。日本が富強になった原因はこれらが礎となっているからだ」と日本を讃え、さらに「大和民族は勤勉で素朴であり、進取の気性に富んでいることは偽りではない。日本国内に入ると、目にする建物や服装、習慣などは中国と似ておらず、欧米を手本にしている。農村では男女共に農作業し、官庁や商店では男女が仕事を分担する、みんな勤勉、倹約に務める。まことに心からの尊敬に値する。これらの民族性が国を強くする要素であろう」[16]と日本人の国民性を称賛した。

「校風」に発表されたいくつかの日本に関する文章は、ちょうど周恩来が南開学校に在学し、「校風」誌の総編集責任者を務めていた時期であり、間違いなく周恩来の日本イメージ形成に対して大きな影響を与えたと思われる。

## 2 日本留学時期の周恩来の日本観

周恩来は日本留学中の一九一八年一月一日から同年一二月二三日までの約一年間、日記を書き続けた。しかし、二回目の受験失敗後の八月二八日から一二月二三日までの日記は、主に通信欄を書いた以外、ほとんど空白である。彼はのち八月二七日の部分に補記したと思われる言葉を書き残していた。「このページから一〇月二五日まで、一語も記していないが、この心の傷は実に二カ月も続いていた」[17]。

その日本での生活を記録している日記が長い年月を経て発見され、その全貌が明らかにされたのは周恩来死去二二年後の一九九八年であった。筆者は二〇〇八年四月二〇日に天津で、周恩来の日記の返還に関わった当時天津市委員会青年委員会秘書長を務めていた、元南開大学周恩来研究センター主任の劉炎にインタビューすることができた。劉氏によると、周恩来はフランス留学に発つ前の一九二〇年一〇月、南開中学時代の作文や日本留学時に書いた日記、手紙、写真などの保管を中学時代の友人に依頼した。一九五二年、南開学校の同級生・柴霈瞻の息子柴平によって、これらの文書は天津市青年委員会に渡され、その後周恩来の手元に返され、ずっと保管されていた[18]。周恩来死去後、未亡人の鄧穎超によって留学日記の原本とその他の文書のすべてが中国革命歴史博物館に寄贈された。これらは一九九三年二月になって初めて、『周恩来早期文集』に一部収録されたのである。しかし、当時『周恩来早期文集』は内部発行であったため、一部の限られた人しか読むことができなかった。周恩来生誕百周年を記念に、一九九八年二月、中央文献出版社と中国革命博物館が『周恩来旅日日記』を公開発行し、周恩来の日本留学日記の全文は初めて公表されるに至ったのである。

『周恩来旅日日記』では周恩来の東京での生活様態や、周囲の中国人達との交際および祖国にいる親族に対する心痛むほどの深い思いが具体的に記されている。片言の日本語しか話せないことから考慮すれば[19]、日本文化に対する深い理解および日本人との日常的交流はまだ難しかったと推察できる。日記において、周恩来の日本および日本人に対する印象、日本人との交際などに関するものはあまり多く語られていなかったが、いくつかの記述から、周恩来の日本観を突き止めることができる。

### ❖――――(1) 日本は中国が学ぶ手本であるとの認識

日本に生活しはじめた時、周恩来は多くの留学生と同様に、日本は中国が学ぶべき手本であるという認識を持っていた。

一月二一日の日記に、中国にいる親友から長文の手紙を受け取り、その父親の日本への不信の念により日本への留学計画を断念し、中国国内のミッション・スクールへの進学に変更するのを知らされたと記している。翌日の日記に、周恩来ははっきりとその学校について「私の見るところ、ユエハンは教会の学校であり、わが国にとっては何ら良いところがない」と評し、「今夜、大急ぎで速達を書き、よく考えるよう説いた。よく考えてからお父様に東京にくることの利点をきちんと説明して懇願すれば、お父様の心を動かすことができるかもしれない」と述べている。周恩来は、若者は中国にある教会の学校で勉強するよりも、日本留学のほうが将来、祖国のために役立つと考えていた。

二月四日の日記には「日本に来て以来、何事をも勉強の眼で観察できることがわかった。日本人の一挙手一投足、あらゆることを見ることができるので、我々留学して来た者は注意すべきだと思う。この国の国情はやはり知るべきである。もっとも奇怪なのは、一部の留学生は、日本人と付き合っている者を目にすると、漢奸と罵ることである」と述べ、留学生は日本を学ぶべきであることを主張し、一部の反日的な行動をとる中国人留学生を批判した。

周恩来はまた当時の日本政治のシステムも賞賛した。一月二三日に、「今朝、『朝日新聞』に載っている日本の昨日の国会の事情、各党派の質問の様子、寺内内閣の各大臣の演説を見て、大きな感慨を催した。わが国は現在まだ国会がなく、臨時参議院は問題にならないので、結局、絶対に解散すべきである。将来の政局は、新国会であれ、旧国会であれ、何れにせよ能なしである。人民の水準、常識がこんな調子で、どうして優秀な国会など持つことができよう。仕官する者で、真に国のためを思っている者が何人いるだろう。考えれば、実に恐ろしいことである」[20]と記し、日本と比べ、自国の政治家の無能や、国民の水準の低さを憂慮した。

また、日本政治に対して深い関心も持っていた。四月三〇日に「日本の大蔵省が、欧州戦争の勃発から本年四月までの外貨の収支統計を発表した」と書き、日記に日本の歳入超過額、国際貸借とその超過額、および外債などの一覧表を克明に書き写した。

周恩来は虚心に日本を観察したことによって、いくつか新しい考えを抱くようになっていたと考えられる。以前中国にいた頃、彼は「軍国主義」のごとき主張が弱い中国を救う一つの方法であると考えていたが、日本に来て、実際の日本社会を観察してみて、彼は「軍国主義」に関して新しい理解を持つことができた。

二月一九日の日記には、「日本も軍国主義を実行している国である。軍国主義の第一の条件は『強権があって、公理がない』ことである。二つの軍国主義の政策が、同じところでぶつかれば、自然に強弱を競うことになる。その上、軍国主義は必ず領土の拡張を最も重要視する。将来、欧州大戦が終われば、ドイツの軍国主義は保とうとしても恐らく保てなくなるだろうし、日本の軍国主義も、また何処かと戦わされるだろう。『軍国主義』は二一世紀には絶対に存続できなくなると思う。以前、『軍国』、『賢人政治』というこの二つの主義で中国を救えると考えていたのは、今考えてみると実に大間違いである」と軍国主義に対して批判的になった。

四月初め頃、日本政府は北洋軍閥の段棋瑞政府と秘密裏に「日中共同防敵軍事協定」を締結し、シベリアに共同出兵してロシア革命を鎮圧しようとしているというニュースが伝わってきた。周恩来は四月三日の日記に、「日本政府がまた二十か条の要求を中国に提出したことを知る」[21]との一行を書いた。このニュースは留日学生に大きな衝撃を与え、五月初めになって、留学生団体が留学生の一斉帰国により抗議の意を表すことを主張し、各方面に代表を派遣して全員の帰国を勧告した。金沖及は「五月周恩来の日記はほとんど、留日学生による愛国運動の記載で埋まっている。彼は各種の集会に参加し、愛国を訴えるビラをまいたりしている」[22]と周恩来が積極的にこの棄学帰国運動に参加していたと述べた。しかし、周恩来の五月三日の日記に、「留学生が全員帰国を提起すると聞く」と書き、翌四日の日記には「(全員帰国)に対して、私は消極反対の主義を持し、口を閉ざして言わず」[23]という意見を述べた。周恩来の気持ちは日本での勉強継続論に傾いていたことがわかる。

五月六日に著名な「維新号事件」[24]が発生したが、周恩来はその集会に参加しなかっただけではなく、五月七日の日記にはこの事件について議論せず淡々と「昨日、各省の同窓会の幹事、代表は宴会を名目に維新号に集まり、帰国総機関幹事を選出された。その後、日本警察に逮捕されたが、まもなく釈放された」の事実を記述しただけであった。その後、留学生たちが全員授業を放棄し、一斉帰国するよう呼びかけていたが、周恩来は五月一三日に「監督処に行って経理員に会い広島高師について聞く」と進学のための準備をしていた。政治に熱心、強烈な愛国心を持つ周恩来は留学生たちの棄学帰国運動の動向に神経をとがらせ、常に注意深く関心を払い、いくつかの抗議行動にも駆け付けたが、親友らが取った棄学帰国する行動には同伴しなかった。

五月三〇日の日記には「救国団は、帰国しない者に速やかに帰国し、決して逗留し、一高の受験をしないよう勧告した」と書き残し、また、六月二日には「救国団は、授業に出た帝大の二人の罪状を宣布」と記した。周恩来の日記を読むと、当時の情況下では留学生が引き続き留まって勉強するのは大変勇気のいることであった。にもかかわらず、六月五日の日記は「朝、個人教授の所へいく、午後、一高の入試要綱を入手」と周恩来は着々と受験の準備をしていた。七月の第一高等学校の受験を失敗するまで、周恩来は一人で一生懸命に受験の勉強をしただけではなく、一三回も個人教授の所へ行って個人レッスンを受けていた[25]。

若き周恩来はやはり欧米の先進文化を導入して近代化を成し遂げ、アジアの強国となりつつある日本に残って、官費留学生になって、引き続き勉強する意思が強かったと思われる。

### ❖――（2）日本文化に親近感を持っていた

周恩来が日記を書き始めたのは来日して四カ月後の時であった。来日した当時、南開学校の友人の下宿に身を寄せ、程なくして神田にあった「玉津館」という日本式下宿に引っ越したらしい。

一九一七年一二月二二日付けで南開学校の友人・陳頌言宛ての手紙の中、日本での生活に対する感想を述べていた。「日本に来てから、飲食起居について大きな不満はない。来たばかりの時は、畳に坐し、飲み、食い、学び、寝るのに慣れなかったが、時間がたつうちに慣れてきた。初めは、蓬仙兄と共に早稲田に住んでいたが、現在は神田に移り、日本の旅館に下宿している。日本食を食べ、多数の魚を食べている。わが国から日本にやって来た者ははなはだ食に慣れないが、私は苦労を厭わずにこれに甘んじている。わが故郷の魚食の風味にとても似ているが、油と味噌で調理するものが少なく、火で焼くものが多い。中国人がみな中国人の開設した旅館に住むのは、食事に便利だからである。日本旅館は中国旅館よりも静かで、喧嘩がないので、勉強するのに便利である」[26]と述べ、日本文化に親近感を感じていたようであった。

周恩来はまた、勉強の合間を見つけて、東京を見物して、日本文化に触れていた。一月二日には「浅草に映画を見に行く」ことをし、一月六日の日記には「夜、皆で浅草に出かけてオペレッタを見た。すべて日本語だったので、さっぱり分からなかったが、ダンスだけは悪くなかった」と記した。また、三越呉服店などへも遊びに行っていた[27]。日本での生活に慣れるにつれて、自国の文化と比べながら、日本文化に対する理解もできた。五月一九日の日記には「欧州や日本の文化は我々の文化よりもはるかに新しいといえる。彼らは中国を支配しても、決して元、清両朝のように中国の民族性によって同化されることはない。我々が外国にやって来て真の学問を求めるには、欧州や日本のような民族を形成して、わが自民族を掌握しなければならない。そうすれば、外人より万倍も強くなることができる」と述べた。

五月からは留学生帰国運動に関心をとられ、また受験勉強にも集中したため、その後の日記には、日本人との接触や、日本文化との触れ合いなどについてあまり書かなくなった。しかし、日本で生活したことにより日本文化に親近感を持っていたことは間違いない。

新中国が成立して間もない一九五四年一〇月一一日、日本の国会議員訪中団および学術文化訪中団と会見した時、周恩来は「私が最初に留学したのは日本です。一年半ほど暮らしましたが、日本語はうまくなりませんでした。しかし、日本での生活は日本に対する深い印象を残しました。日本にはきわめて優れた美しい文化があります。日中両国のこれまでの歴史は、たがいに文化を交流し影響しあう関係でした」[28]と語り、日本文化への親近感を表した。

### ❖――――（3）日本民族が優秀との認識

周恩来は日本留学中、南開学校出身の友人や中国人留学生たちと毎日のように会い、頻繁に付き合っていたが、日本人との交流は少なかった。日記に登場した日本人は個人教授[29]、東京美術学校の学生・保田君および下宿する旅館の日本人女中たちだけであった。

個人教授について、日記に登場したのは全部で二七回あり、一月七日に初めて個人教授と会った。この日の日記には「今日は始業日なので、早々に起き、まず個人教授のところに出かけて、一時間ぐらい教えてもらった。この先生は年輩だが、性格はまああ悪くない」と記した。この個人教授に対して感想を述べたのは、この一回だけであって、その後、三月一〇日の「日本人の松村先生がやって来る」と三月二九日の「松村先生が病気、授業を受けられない」以外、全部「個人教授の所へ授業受けに行く」としか書かなかった。

ちなみに、当時の東亜高等予備学校には松村という名の教師は存在していなかったため、おそらくこの個人教授は校長の松本亀次郎のことを指していると思われる[30]。

周恩来の日記に、唯一実名入りで登場する日本人が東京美術学校の学生の保田君であった。保田のフルネームは保田竜門である。周恩来が友人の厳智開の住まいに寄宿した時に、同じところに住んでいる保田と知り合った。保田は周恩来の日記に一一回登場したが、その中二人が顔を合わしたのは八回だけであった。二月二日に「季衛（厳智開）、もう一人、日本の美術学校の学生の保田君といっしょに朝飯を食べた」と、初めて保田と会ったことを記録した。二月三日に「夜、保田君と閑談する」、二月六日には「日本語と英語を交えて保田君と話す。さらに、彼は私の像を描いてくれた」と記述した。二月八日には「夜、保田君と約束どおり、いっしょに神田に行き、伯鳴君と会った」と書き、二月二〇日に「保田君、季衛の手紙が来ていると言う」と記した。二一日には保田から周恩来らが住んでいる所は賃貸をやめたことを告げられ、日記には「保田君から、引越しは二四日に決まったと言われた」と書いた。二三日の朝に再び保田から明日引っ越すと告げられ、これで二人が別れることになった。ただし、その後も二人は連絡を取り合った。二月一日に「保田君の手紙を受け取る」、三月一一日および三月一八日に「保田君に葉書」と記述した。四月一四日に周恩来が厳智開の依頼に応じ、保田を訪ねたが、これが二人の日本での最後の交流となった。

日記に登場した名を知らない日本人は、下宿旅館の女中たちであった。神田の「玉津館」に住んだ時、女中の強引さに怒りを感じ、引っ越しをした出来事があった。一月五日に、「今朝、起きると、女中が不意に部屋代を請求した。数日待ってくれるよう頼んだ。女中はまったく取り合ってくれない上、さらに昨夜の洋食の注文票を取り出した。これほど無礼に取り扱われた上、日本語を話せないので、まったく相手にしなかった。しばらくすると、女将もやって来て手ぶり身ぶりを交えて話すので、いっそう嫌になり、相手にせず、服を着て出かけた」という事実を述べた。翌一月六日に「今朝起きると、女将が私を見かけるや、『大変申し訳ありませんでした』と謝った。初めは意味が良く分からなかったが、後で考えてみると、昨夜、帰って来た時に、不足していたお金を耳をそろえて払ったので、謝ったのである。良く考えると、日本人の料簡は、実に卑にして小だといえる」と不快を述べ、一月七日には新しい引っ越し先を探しに行った。

その後新しい下宿に引っ越し、二月一日の日記には「女中としばらく話をする」、二月七日に「女中を相手に日本語を学ぶ」、二月二七日に「日本人女中の冠免子の葉書を受け取る」、三月二日に「女中の手紙、女中の葉書を受け取る」と日本人女中たちとの交流を記した。留学当時の周恩来は「独身主義」の考えを持っており[31]、女中たちとの交流は主に日本語を勉強するためであったと思われる。三月以降、女中たちとの交流も日記から消えた。

日本人の国民性に対して、具体的に感想を記したのは、三月九日の日記であった。まず、その日に日比谷公園へ行って見た光景を書いた。「確かにいい公園である。非常に幽雅な感じがする。最も感動したのは、一群の男女の学生が、群れをなして一緒にやってきて、読書する者は読書し、散策する者は散策し、スポーツする者はスポーツをしていることである。何をしているにせよ、必ず教育的な意味を含んでいる。ある所に歩いていくと、二人の女の小学生が地面にうずくまって土を盛り上げているのが目に入った。近寄って見ると、なんとよそから無用の草を持って来て植えながら遊んでいるのだ」。周恩来はこのような日本人の日常の遊びの様子を目にしたことにより、日中両国の国民性の違いに気づき、日本人を褒めたたえながら中国人の国民性を批判した。「日本の小学校の教師は本当に教育的な能力を有していることが分かる。中国の子供が遊んでいれば、必ず自分の尿を水にして泥を捏ねなければならない。子供には知識がなく、この種の指示はすべて家長や教師が教えなければならない。中国人は口を開けば『東洋（日本）は襤褸の邦』というが、良く考えれば、日本がどうして襤褸であろう。おそらく、中国がいささかふがいないのだ。一つのことから類推して、日本の国民が中国人を軽蔑するのも不思議ではないし、日本人の知識は実に子供のころから鍛え上げられたものなのだ。中国人は一知半解であり、どうして事理に精通しているといえよう」

周恩来は留学中に多くの日本人と接触して交流することはしなかった。また、戦後に繋がる日本人人脈も作らなかったが、日本民族は勤勉で優秀であり、日本の教育も実に素晴らしいものであるという認識を有していたことがうかがえる。

一九五九年二月一二日、周恩来は日本労働組合総協議会事務局長・岩井章らと会見した時、めずらしく日本留学の思い出を語った。「私は一九歳で日本に留学し、二一歳で帰国しました。ちょうど青年の頃でした。働く人は勤勉で、自然の景観は素晴らしく、人びとは温和で善良でした。中国を軽蔑する人もいましたが、ごくわずかでした」[32]と日本人に対して良い印象を持っていたことを話した。

## 3　日本留学から何を得たのか

周恩来は三月の師範高等学校と七月の第一高等学校の受験に失敗したことにより、大きな挫折を味わったことが日記から読み取れる。

七月四日の日記に試験の結果を予測しながら、「昨日、一昨日の試験に失敗し、非常に堪え難い。友にも自分にも裏切ったような感じだ。自暴自棄だ！　悲しみに耐えられない！」と書き、翌七月五日に「日本にやって来たのに日本語をうまく話せず、どうして大いに恥じずにいられよう！　官費学校に合格できない、この恥は生涯拭いさることができない」と記した。また、一〇月一七日に「往時をふりかえると、なんと悲しくなることか！」との感慨を述べていた。七月一三日の第一高等学校の試験結果の発表によって、周恩来の官費留学生になる可能性が消えることになった。その後の日記には治事欄と通信欄だけを書いたが、七月二八日に一時帰国して九月四日に東京に戻ってからは、わずかに通信欄に記述があるのみで、ほとんど空白のままで日記の体をなしていない。翌年四月五日に帰国の途上、京都嵐山で「雨中嵐山」を詠むまで、今のところ、この間の周恩来を物語る資料は発見されていない。

周恩来が日本に留学していた時期、ちょうど明治から大正にかけて、帝国主義が国際社会に台頭した一方、日本国内では民衆レベルにおいてより自由で民主的な権利を求める風潮が生まれる時期であった。一九一八年、周恩来は京都帝国大学の河上肇教授のもとで経済学を勉強することも考え、神田の住所で願書を書いたが、提出することはしなかった[33]。これはやはり京都大学は官費留学生になる特約学校ではなかったからである。日本留学によって、若き周恩来に欧米の先進の科学技術を日本経由で学び、明治維新から大正デモクラシーの日本に学び、日本の近代化の精神に学ぶなどさまざまな可能性が開かれていたが、残念ながら実を結ぶには至らなかった。

今までのいくつかの周恩来の伝記の中、周恩来は河上の影響を受け、マルクス主義に接したと書かれている[34]。しかし、周恩来の日記にはこれらについて直接の記述は見当たらない。また、川崎高志の研究によれば、周恩来が早期に理解したマルクス理論は、河上の「貧乏物語」から受けた影響よりも、むしろ李大釗の「新青年」に掲載した論文のほうが大きいという[35]。

周恩来の留学日記を読む限り、若き周恩来は日本文化や日本人の国民性についての感性的な知識を得て、好感を持っていたことは明らかである。それは周恩来が中国の総理になった後、日本理解の手がかりとしてその後しばしば話題になった通りである。戦後、周恩来が接した外国人の中、数が一番多いのは日本人であり、また、日本には各年代、各階層において周恩来ファンが少なくないことは、やはり周恩来が日本人との付き合い方の原点を若い日に築き上げていたことと関わりがあると思われる。

周知のように、新中国を建国してまもなく、国交のない日本に対し、周恩来は自ら「民間先行、以民促官」という戦略方針を打ち出し、大きな精力を注いで対日交流を指導した。特に米中接近以後、不治の病を抱えながら、周恩来は「私は日本を知っているが、もう若くはない。目の黒いうちに日中友好の礎を築いておきたい」[36]という信念のもとで、いろいろな対日アプローチを行い、ついに一九七二年九月、日中国交正常化を成し遂げた[37]。新中国建国から日中国交回復までの二三年間という長い道程において、周恩来の自らの留学による日本に対する理解、日本人の国民性や風俗習慣を熟知する見識が十分に生かされたことは明らかである。

周恩来の日本留学は頓挫したが、日本留学から得た感性的な日本観はその後の中国の対日外交政策や中国社会の対日観を形成するのに的確に生かされ、今日の日中友好の基礎となっていると言える。若き周恩来は「軍国主義日本のイメージ」の前に、「大正デモクラシー下の日本国民の実像」に接していたことにより、今日までの中国人の対日観の原点を作ったと言っても過言ではないと思われる。

## 注

[1] 早稲田大学大学院アジア太平洋研究科博士後期課程、浙江旅行職業学院講師。

[2] 一九一七年九月、周恩来が日本留学の際に作ったとされる詩。「大江ニ歌罷メテ頭ヲ掉シテ東シ、邃ク群科ヲ密メテ世ノ窮ミヲ済ワントス。面壁十年シテ、壁ヲ破ラント図ルモ、酬イ難シ、海ヲ蹈ムモ亦タ英雄ナル」。革命歴史博物館に展示。『周恩来青年時代詩集』中央文献出版社、二〇〇八年、一三頁。

[3] 周恩来逝去後、彼が日本留学時に書いた日記の一部は公開されたが、内部閲覧か内部発行するものであったため、一部の限られた人しか閲覧ができなかった。日記の全文が公開出版されたのは、一九九八年、中央文献研究室編の『周恩来旅日日記』であった。『周恩来の旅日日記』の題名は編集者が付けたものである。周恩来本人は日記の表紙に「民国七年　学校日記」と書いていた。
[4] 金沖及主編『周恩来伝　上』中央文献出版社、一九九八年二月版、二六―四五頁。
[5] 王永祥・高橋強主編『留学日本時期的周恩来』中央文献出版社、二〇〇一年、二〇四―二二七頁。邦訳は王永祥・高橋強編著、周恩来・鄧穎超研究会訳『周恩来と日本』白帝社、二〇〇二年、三二一―三五二頁。
[6] 矢吹晋編、鈴木博訳『周恩来「一九歳の東京日記」』小学館文庫、一九九九年、三四四―三六九頁。この本は『周恩来旅日日記』を邦訳したものである。
[7] 例えば、廖永武「日本への留学を選択」、王永祥・高橋強主編『留学日本時期的周恩来』、前掲、二二頁。
[8] 矢吹晋編、前掲、三四九―三五二頁。
[9]『周恩来旅日日記』一月一四日。
[10] 南開学校『第一〇次卒業同学録』一九一七年、天津歴史博物館収蔵。
[11] 実藤恵秀『増補　中国人日本留学史』くろしお出版、一九七〇年、一五―二一七頁。
[12] 実藤恵秀の研究によれば、一九一六年の在日中国留学生の数は四〇〇〇人であった。しかし、中国政府の統計によると、一九一六年は二三二六人であった。林子勳『中国留学教育史』華崗出版部、台北、一九七六年、三九九―四〇〇頁。
[13]『周恩来旅日日記』二月五日。
[14]『周恩来旅日日記』中央文献出版社、一九九八年。影印本であるため、ページ数が書かれていない。本の最後の四頁に載せている。
[15] 一九四六年、「ニューヨーク・タイムズ」の中国駐在記者リットルマンのインタビューに答えたもの。「周恩来同李勃曼談個人経歴」、『瞭望』一九八四年一月九日、四六〇―四六七頁。
[16]「校風」第三六期、一九一六年九月四日付。
[17]『周恩来旅日日記』八月二七日。
[18] 筆者は二〇〇八年四月二一日に、天津の南開大学で周恩来の甥・周爾鎏にインタビューした。周氏は一九五四年秋に周恩来の家に行った時、ちょうど周恩来夫婦が日記や手紙を読み返しているところで、二人は周氏に「これらは天津で見つかって送ってきたのだ」と話したというエピソードを披露してくれた。
[19]「日本に来てすでに四カ月余りになったが、日本語はまだ少しの進歩もない」『周恩来旅日日記』一九一九年一月二九日。
[20]『周恩来旅日日記』一月二三日。
[21]『周恩来旅日日記』四月三日。ここの「二十カ条の要求」はおそらく「日華軍事協定十二カ条」のことであると思われる。

[22] 金沖及主編『周恩来伝　上』、前掲、三八頁。
[23]『周恩来旅日日記』五月四日。
[24] 一九一八年五月六日、今川小路（現在の神保町三丁目）にあった中華料理屋「維新号」に、「日華共同防敵協定」の締結に反対する留学生各省の同窓会幹事、代表四六人が宴会の名目で集まり、授業を放棄し帰国することを決議した。それを察知した警察によって参加していた留学生全員が逮捕された。神田の警察署に拘禁され、深夜まで尋問を受けたが、日本当局は摘発すべき正当な理由を探し出せず、翌日、全員釈放された。
[25]『周恩来旅日日記』六月五日、六月六日、六月八日、六月一五日、六月一七日、六月一八日、六月一九日、六月二〇日、六月二四日、六月三〇日、七月一日、七月六日、七月八日。
[26] 劉炎編『周恩来早期文集　上集』南開大学出版社、一九九三年二月、二六四—二六五頁。
[27]『周恩来旅日日記』一月二〇日。
[28] 金沖及主編、狭間直樹訳『周恩来伝一八九八—一九四九』阿吽社、一九九二年、二一頁。
[29] この個人教授はのち「松村先生」という名で登場した。『周恩来旅日日記』三月一〇日、三月二九日。
[30] 個人教授は松本校長であるかどうかは、今、確実な史料はまだ見つかっていない。一九二三年の東京大震災あるいは第二次世界大戦の空襲に燃やされたのではないかと推測される。
[31]『周恩来旅日日記』二月九日、二月一六日、六月九日。
[32] 金沖及主編、狭間直樹訳、前掲、二一—二三頁。
[33] 李彩畛「一九一七—一九一九年周恩来在日本的経歴」、劉炎主編『中外学者論周恩来』南開大学出版社、一九九〇年、三六頁。
[34] 例えば、金沖及主編『周恩来伝　上』（前掲）四三—四四頁。許芥昱著『周恩来——中国蔭の傑物』刀江書院、一九七一年、二七—二八頁。ディック・ウィルソン著『周恩来——不倒翁波瀾の生涯』時事通信社、一九八七年、二六—二七頁。
[35] 川崎高志「周恩来と日本の民主主義思潮」『留学日本時期的周恩来』（前掲）一七七頁。
[36] 一九七二年五月一五日、周恩来が公明党第二次訪中団との会談時に語ったこと。毎日新聞社政治部『転換期の「安保」』毎日新聞社、一九七九年、一五五頁を参照。
[37] 筆者は中国外交部が編集した『周恩来外交活動大事記一九四九—一九七五』と『周恩来年譜』を調べ、周恩来が一九四九年の中国建国以来会見した日本訪中団体について、下記の統計数字を得た。すなわち一九五三年七月一日に行われた一回目の会見から一九七二年九月二九日（日中国交正常化に関する日中両政府の共同声明を発表した日）まで、周恩来は二七九回にわたって、三〇〇以上の日本訪中代表団と会見した。

# Ⅲ　受容された日本の文学と言語

# 中国近代文学の発生と発展における中日関係

## ——文化交流から生存体験まで（概要）——

李　怡
（翻訳：及川　淳子）

中国における近代文学と中国内外の多くの文化交流の中で、日本は私たちが特に関心を持つのに値する。——それは、単に近代以来の中国の留学生にとって最大の留学先であったというだけでも、第一陣の留学生作家が現れたというだけでもなく、この集団のメンバーが中国の社会と文化の数多くの分野において存分に活躍したということだけでもない。それは、二〇世紀の中国の様相に影響を与えた主体として、その中に現れた文学交流の問題が極めて複雑であることも、思想から方法論に至るまでの多くの思考を私たちに呼び起こすのである。

中国の近代文学と日本の関係を考察する過程において、「中国内外の文化交流」という伝統的なモデルは、私たちが特に警戒すべきものである。欧米に留学した中国人がその知識のシステムの新鮮さを精一杯に示していたのとは異なり、日本に留学した中国人の多くにまとわりついていたのは、生存の困惑と生命による体験であった。中国の近現代作家たちは、日本によって中国文学の発展の道のりが変わったのであり、その始まりは主に単純な「中日文学交流」の結果によるものではなく、これらの中国人作家たちが自ら生存していくことの実感によって変わっていったのである。

私たちは日本に留学した中国人と日本との関係を「体験」として再定義し、文字の閲読によって積み上げられた「文学交流」としてのみとらえるものではない。当然のことながら、これは文学交流の存在を否定するものではなく、あらゆる書面における文字の認知活動を、人びとが生存し、成長する「全体」の中に組み入れることを強調するもので、あらゆる理性的な承認を感性と融合させるものだ。私たちがとりわけ重視するのは、ひとつの生命が全面的にもうひとつの世界に介入していくという全体的な感覚であって、私たちがことのほか注意するのは、感性豊かな生命の「生存」を基礎にした自我意識の変遷である。

日本体験の「生存」の基礎には、少なくとも次のような四つの意義が含まれる。

まず、これは全く新しい外国の社会での生存だ。次に、日本で生存するという体験は、また常に具体的な人との交際からなるもので、「小さな集団」で生存する環境や行動様式と直接の相関関係にある。第三に、いかなる集団にあっても、個人は全て受動的ではなく、その個人的な人生の経験は集団の認識に関わり、集団と何らかの対話を構成する双方向の関係である。第四に、「体験」は日本に「到着した」後に形成されるのではなく、実際には生命が成長する長いプロセスなのであり、それまでの人生と文化的な経験が不可欠であるだけでなく、新たな「体験」の発生に引き続き関わるもので、一種の人生体験あるいは文化体験なのである。私は、「日本体験」の深層意義は「日本」ではなく中国にあると考える。

## 1

中国と外国の文化交流と中国近代文学の発生、発展の問題を検討することは、一貫して私たちにとって学術的に大きな課題である。中国近代文学と中国内外の文化の多くの交流の中で、日本は私たちが特に関心を持つに値する――それは、単に近代以来の中国の留学生にとって最大の留学先であったというだけでも、第一陣の留学生作家が現れたというだけでもなく、この集団のメンバーが中国の社会と文化の数多くの分野において存分に活躍したということだけでもない。二〇世紀の中国の様相に影響を与えた主体として[1]、その中に現れた文学交流の問題が極めて複雑であることも、思想から方法論に至るまでの多くの思考を私たちに呼び起こすのである。

もし、英米に留学した中国の知識人が、主に私たちのために一連の体系的な西洋文化の資源を持ち帰ったのだとすれば、日本に留学した中国の知識人は、常に、一種の言葉では表し難い文化のしがらみと生存のしがらみの中に陥り、日本は彼らにとって学びを受ける故郷であったが、しかし折につけて、彼らは屈辱をつぶさに経験し、日本の文化は彼らの落ち着かない魂を決して休ませることはできなかったのである。中国は彼らの魂の故郷であるが、しかし中国当局の眼中には、彼らは逆に恐ろしい反逆者の一群でもあった。日本留学経験をもつ学者の梁啓超が著した『敬告留学生諸君』から、日本へ留学した学生の李書城による『学生之競争』に至るまで、日本留学界の刊行物と、日本へ留学した学生が中国国内の刊行物に発表した文章の中で、「留学生文化」のほとばしる感情に関して詳しく解明するものはいたるところで見られ、まるで日本に留学した青年知識人の全てが「新中国の主人公」、「国の最高最重要の天職」であるかのように自らに期待したが、しかしながら、彼らはまた英米に留学した多くの学生たちのようには学業に専念することができなかったのも明らかであり、「学問を求めないのは欧米や日本人の数倍で、中国で用いる値打ちはないと思っている」という考えが強く、集会、授業のボイコット、退学して帰国後に革命に身を投じ、暗殺の類をすることが彼ら留学生たちの生活に頻繁に現れるような一大事となった。梁啓超は留学生に「学校の外の学問」を身につけることを指摘し、留学生も「学問の奴隷となるなかれ」と表明した。日本に留学した中国の学者と学生たちの騒動と不安は、「穏やかで素直かつ恭しく質素な」学者のような英米からの「海外帰国」派たちとは、明らかな対比を形成したのであった。

## 2



中国の知識人（作家）が受け入れた外来の観念方式、あるいはいわゆる外来の要素が、いかにして彼らと、また彼らを通して全ての中国近代文学の転換に意義をもたらしたかということを、一体どのように描いて推し量ったらいいものだろうか。今日、卓越した業績があり、また徐々に成熟しつつある解釈のモデルの一つは、「国内外の文化交流」である。中国の知識人（作家）がどのような外来文化の薫陶と影響を受け入れたかを考察し、また、彼らそれぞれの創作における外来文化に類似した特徴を探し出すことは、中国近代の作家と全ての中国近代文学の「国内外の文化交流」における具体的な変化の表れなのである。この解釈モデルは、新時期の中国文化の対外開放による大勢によって現れ、また強化したものであり、中国の近代文学研究は、まさに開放と交流の勢いの中で生命力を回復し、再び中国近代文学の開放的姿勢と内包される交流を肯定して掘り下げ、比較文学的な「影響の研究」という手法の助けを借りて、徐々に中国近代文学研究の主流となったのである。

この研究モデルの合理性は、それが確実に中国近代文学の発生と発展を担う文化交流の歴史的事実を反映している点にあるが、しかし現在では、私たちは実際の文学の比較において「交流」という現象そのものの多くの細部を見落としがちでもあり、あるいは「影響の研究」を外国の要素の「インプット」と「移植」のプロセスであるように簡略化してしまうことにも気付かなくてはならない。これは、文学創作というこの精神現象の複雑さを大幅に軽視するものだ。なぜならば、精神が生み出した創造はつまるところ観念の「移植」なのではなく、主体である自己の生命の体験と表現の創造なのであり、文化交流としてインプットした外来の要素は、もとより私たちにある種の啓発を与えることはできるが、しかし自己の精神の内面の発展に替わることは不可能であり、ある種の新しい文化と文学の現象が、最終的に私たちの文学史の流れの中に発生し発展できるのは、必ずやそれがある種の方法によって私たち自身の「構造」に入りこんだからであり、私たち自身の繁殖のメカニズムという命令を受けて、換言すれば、それは既に私たちの主体的な意識から出発して伝統的なある種類の創造性に対して調整を行うものとなっているのである。

## 3

中国の近現代作家たちは、日本によって中国文学の発展の道のりが変わったのであり、その始まりは単純な「中日文学交流」の結果によるものではなく、これらの中国人作家たちが自ら生存していくことの実感によって変わっていったのである。中国の詩歌の近代転化の第一人者である黄遵憲を例にして見れば、日本に使節として赴任する中で、黄遵憲は日本文学に謙虚に教えを求める「学生」ではなく、逆に、絶えず教えを求めに訪問して挨拶に訪れる日本の知識人が、彼にかの国の学問の大家であるかのような満足感を与えたのであった。黄遵憲の新派詩の「新」は「中華以外の天」という外国風情から来ており、彼の日本に対する目新しい直感から来ていたのである。中国のような本質的に変動に欠ける農業社会において、詩作の材料は大規模な創作によって絶えず消耗し尽くし、まさに黄遵憲が日本で見聞きした新鮮なもの――病院、博物館、学校、新聞、博覧会、警官、ひいては仮名文字なども詩歌の「新たな題材」として中国詩歌の新たな可能性を開拓した。近代詩歌の「新しさ」と、黄遵憲の生き生きとした「新たな題材」は、明らかに梁啓超、夏曾佑、譚嗣同などが国内で知恵を絞った「新しさ」よりも成功し、文学史上に残した意義もより大きく、後に梁啓超が「詩界革命」を打ち出した際に、当時自分は新しい名詞の弊害に着眼しただけであったと反省し、彼がより重視したのは黄遵憲式の外国での新たな体験を基礎とする「新詩派」で、「時彦中は詩人としての才能よりも鋭意新たな国を造ろうとする者で、黄公度のほうがまだましだ」、「夏穂卿、譚復生はいずれも新しい語句を選ぶのに長《た》け、その語句は滑らかにこなれたものではなく、仏教用語やヨーロッパの言葉がいろいろと使われて偏り間違い、すでに詩人の資格は備えない」と記している[2]。梁啓超にとって、出国以前の彼は、主に「知識」により日本文化とその他の西洋文化を受け入れていたが、しかし変法が失敗して日本に亡命した後は、外国文化の「傍観」が日本文化の「中」における実質的な生存に変化したのであった。この時だけは、以前の理性的観照と現在の自らの体験を結び付けた時に、ようやく「山陰の道は山あり川ありで、景色の変化が応接に暇がない」という興奮が本当に現れるのであり、その後に中国近代文学の転化に影響をもたらし、文学界の「革命」の具体的な主張が生まれたのであった。それは当然のことながら、彼らの日本文学の実際の動向に対する密接な関心に満たされている。しかし見るべきことは、これは文学自身の単純なつながりではなく、文学を吸収する背後において、全体的な生命の直覚的な存在なのであり、「それは自分が日本にいて、いわゆる密接な関係が本当にあるからで、多くを頭の中に留めることが習慣となり、忘れたいと思っても忘れられないのである」[3]。魯迅、周作人およびさらに若い創造社同人の留学生の時代になると、日本に足場を置き、全ての西洋文学を発見、受容した。その中で魯迅のような作家は、もはや日本の文壇にまなざしを注ぐことはせず、そのため周作人から見れば、彼は「日本文学については、その当時特に注意しなかった」のである[4]。つまり、中国の作家の文学的視野の拡大に伴い、日本の世界文学の「集散地」としての意義は、文学「輸出」国としての意義よりも明らかに大きくなったのだ。日本がある世代の中国青年のために生存発展の特殊な環境を提供したことを強調するのは、これは一般的な意義において日本の価値を下げるものではなく、私たちがまさにより深いレベルにおいてその価値をはっきり見極めるべきだということである。中国人作家の初の大規模な外国体験の場所として、日本が代々の中国人学者の感情、思惟、生き方に与えた影響は疑うべくもなく重要なものである。

私たちは日本に留学した中国人と日本との関係を「体験」として再定義し、文字の閲読によって積み上げられた「文学交流」としてだけとらえるのでない。当然のことながら、これは文学交流の存在を否定するものではなく、あらゆる書面における文字の認知活動を人びとが生存し成長する「全体」の中に組み入れることを強調するもので、あらゆる理性的な承認を全て感性と融合させるものだ。私たちがとりわけ重視するのは、ひとつの生命が全面的にもうひとつの世界に介入していく全体的な感覚であって、私たちがことのほか注意するのは、感性的な生命が「生存」を基礎にした自我意識の変遷なのである。

## 4

私たちが思うに、日本体験の「生存」の基礎は、少なくとも次のような四つの意義が含まれる。まず、これは外国の社会における全く新しい生存である。郁達夫は「人生の変化は、往々にして予測不可能な場所から展開される」と語った[5]。日本に留学した中国人の学者が、中国固有の家庭、社会、国家組織の構造から離れた時に、よく知らない目新しさに満ちた土地で生活を始め、彼らが外国社会の中で見聞した珍しいことや人生観にもたらされた衝撃のような「体験」が、きわめて容易に発生したということができる。外国人の変わった様子、はなはだしきに至っては侮蔑の眼差しが、中国人の自我の中心にある優越感を打ち砕き、彼ら自身と世界との固定的な位置付けを変え、郁達夫は日本人による意識無意識の軽視を「国家観念を理解する高等教師」と称した。彼が本質的に得た体得とは、「小さな場所でのんびりと贅沢に過ごし、狭い範囲の中で権力争いをするだけの黄帝の子孫に、国家観念を少し悟らせるのならば、中国領土以外のどこへでも行かせて二、三年居住させるのが良い」、「私は日本で、私たち中国は世界が争う場所に位置しているということを理解し始めた」というものであった[6]。さらに、男女の関係を例にすれば、日本が自然の古い民俗と開放的な西洋化の近代的傾向を信奉するのは、それがこの分野における社会観念にある種類のゆとりと自由をもたらすものであるからだ。この点において「道義を蓄え、人欲を滅す」という唯心論哲学思想の統治にあった中国人は驚き、アメリカの学者までもが「日本人は自分の欲求を満たすことを決して罪悪だとは思っていない。彼らは清教徒ではない。彼らは肉体を享受するのは正当なことだと思い、その上さらに提唱に値すると考えている」、「性を楽しむことに、私たちには多くの禁忌があるが、日本人にはない。この分野では日本人はどのような道徳的な説教もなく、私たちは道徳家気取りのまじめくさった顔つきをしている」[7]という多くの感慨を抱いた。多くの中国人学生はまさしく青春期にあり、当然のことながらこのような生存という事実の衝撃と影響から免れ得なかった。周作人は東京に着いたばかりの頃に、日本の少女の「纏足《てんそく》をしていない足」に驚き羨み[8]、郁達夫は「東京で独り暮らしをした後で」、「男女の間の様々なかけひき」に陥り、彼は全ての民族の屈辱は、男女関係の苦痛の中に集中していると感じた[9]。日本に留学した学生向愷然の小説『留東外史』は、日本に留学した学生が花柳の巷に遊ぶ自由奔放な生活を誇張したもので、民国初めに大変な勢いで流行した。それは、もちろん中国人学生の文人の心情を吐露したもので、日本の性の文化に対する誤読に満ちたものでもあったが、しかし落ち着いて冷静に論じれば、それが作り出した「自由な性愛」のシーンは、確かに一定程度において、礼儀と道徳の社会の束縛を抜け出したばかりの中国青年の実際を反映したものであった。性愛（ないしその他のライフスタイル）の自由は、「それこそが」日本に留学した中国人学者の生活の実態だとは言えないが、しかしながら、おそらくは彼らがそれぞれに「想像」した事実ではあり、心理の想像も外国体験の重要な内容である。『留東外史』に言及したが、日本留学の経験がある中国人作家であれば、いずれも比較的多くの理解を示したのである。日本留学の際、張資平は郭沫若夫人が日本人であることを知ったときに、すぐに「執筆材料を私に提供して下さい、郭さん。『留東外史』の続編が書けます」と言ったという[10]。興味深いことに、郭沫若がある日張資平の部屋に入ると、彼の机の上に「当時、猥本《わいほん》として名を知られた『留東外史』」を発見したのであった[11]。思うに、『留東外史』が述べた生活モデルと人生の想像には、やはり存在する基礎が一定程度あるのだ。作家の賈植芳先生は日本留学から五五年後に至る一九九〇年代まで、興味を抱き続けて、日本留学の学生に対する分類を行い、その中の文学青年の心理と立場について次のように理解した。「国内にいた時はおそらく古い家庭の出身で、その精神は伝統的な礼儀と道徳の抑圧を受け、個性は疲弊した状態にあったが、彼らは日本に着くと、毎月、多少の支出で家からの補助を要する以外は、その他の面で日常の全ての束縛から抜け出し、柔順な顔つきをする必要はなく、年長者に好まれるようにする必要もない。自分が決して愛してはいない旧式の妻と共に過ごす必要もなく、甚だしきは中国社会の環境が若者にもたらす様々な有形無形の圧迫すらないのである。彼らは新しい生活環境の中で、全世界からの様ざまな新しい思想を自由に受け入れ、個性はゆっくりと熟睡の中から目覚め、自身の幸福を求めるという欲求が芽生えた。若者にとって、最も現実的な幸福として恋愛の自由に勝るものはなく、これは国内では大逆無道と見なされていたのである」[12]。男女の関係は一つの窓口に過ぎないが、これによって、日本に留学した中国人学者が社会生活の変化によって獲得した「外国体験」を類推することができる。

次に、日本での生存体験はまた常に具体的な人と人との付き合いによるもので、「小さな集団」の生存環境、活動の方法と直接関係していた。つまり、共通の社会的な境遇以外に、より決定的な意義を有するものは、個人と関係する具体的な時間、場所、環境であり、特に日本に留学した学生の周囲における具体的な人間関係の雰囲気である。米国の著名な小集団社会学家の Theodore・M・Mills[13]は、「人の一生の中で、個人は他人との関係によって維持され、思想はそれによって安定し、目標の方向はここから確定する」と分析している。本質的に、中国の日本留学知識人（作家）の真実の「体験」は、常に抽象的な集団から発生したのではなく、具体的かつ規模の小さな「小集団」から発生し、また、外的世界の一方向から発生するのではなく、自己の個人的経験から出発して、周囲の環境との対話によって発生したものである。日本に留学した中国人作家の中で、私たちは多くのこのような意義深い個人と「小集団」を発見することができる。例えば政治亡命者章士釗、陳独秀は日本で月刊『甲寅』を編集し、これらの編集者と作者の集団は互いに民国政治に失望したために一緒に集まったのであり、彼らの文章による交流は、絶え間ない対話の中で思想的な認識をさらに強めたのであった。その後陳独秀は『甲寅』を離れて帰国し、別に『青年雑誌』、『新青年』を発行して、類似した日本体験の作者集団の役割を存分に発揮させた。独特な政治的影響を受けずに形成された月刊『甲寅』の作者たちや、『青年雑誌』をどのように生存させるか、どのように自分たちに共通の「体験」を表現するか、これらは非常に想像し難いことであった。更に、魯迅を中心とする日本へ留学した学生の集団を加えるならば、魯迅、周作人、許寿裳が加わった浙江人留学生の集団があり、また、魯迅が民報社で講義を聞いた章太炎や銭玄同ら八名で結成された「兄弟弟子」の関係もある。彼ら相互の交流は、ある人びとの社会問題に対する理解の方向性を定め（例えば、魯迅、許寿裳は理想的な人間性を討論した）、互いにある程度行動面で影響や励ましを受けて当時の魯迅に影響しただけでなく、帰国後の魯迅の文学と人生の長期的実践にも影響を与えたのであった。許寿裳が編集した『浙江潮』は、魯迅に原稿執筆を依頼し、魯迅は日をあらためて『斯巴達之魂』を届け、銭玄同が後から催促した「有名な」原稿は『狂人日記』となった。このほかにも、例えば一九〇七年から一九〇八年の間、魯迅、周作人と許寿裳は互いに協力して、続けて『河南』、『天義報』などでいくつかの論文を発表し、文章の革新と人の精神の進歩に関する問題を探求して、魯迅は有名な『人之歴史』、『摩羅詩力説』、『文化偏至論』を、周作人は『論俄国革命與虚無主義之別』、『論文章之意義暨其使命因及中国近時論文之失』、『哀弦篇』などを、許寿裳は『興国精神之史曜』を著し、許寿裳はその文章に「旒其」という名で署名したが、その名前は魯迅によって名づけられた。師弟関係であったために、章太炎の宗教思想と復古思想は、日本留学時期の魯迅と周作人に明らかに影響を与えた。留学も創造社の作家たちを共に歩ませ、鄭伯奇は前期の創造社の人たちが日本に学びの根源を求めたことを「沫若を中心に、創造社の初期の何人かが全て繋がった。——いや、この言葉には語弊がある。創造社の初期の作家たちの間には、もともと繋がりがあったのであり、沫若、達夫と張資平は一高予科の同じクラスで、仿吾と沫若は六高の学友であり、大学時代は沫若だけが福岡の九州帝大で、ほかの三人はいずれも東京にいたのだった。学友で、また趣味も同じということは、恐らくそれ以上に密接な繋がりというのはもうないだろう」と描写している[14]。馮乃超は後期の創造社における中心人物であった。一九二〇年九月に馮乃超は東京第一高等学校予科に入り、朱鏡我、李初梨、彭康と学友になった。四年後に、彼は京都の帝国大学文学部哲学科に入学し、李初梨、李農亜は詩集『漣漪』を編集し、同時に鄭伯奇、李鉄音などとも交友があった。数年後、鄭伯奇、成仿吾など招きに応じて、その青年たちは創造社の陣営に入り、創造社の「方向転換」を実現したのである。

第三に、いかなる集団においても、個人はいずれも受動的なものではなく、個人の人生経験はその集団の認識に加わり、集団との間にある種の対話のある双方向の関係を構成する。つまり、自分の集団に適応した時に、人は同じように自分の集団に反抗もするのであり、適応と反抗という選択は、往々にしてそれまでの人生経験と関連するものである。康有為の梁啓超に対する牽制については、梁啓超は同時にその他のタイプの留学生とも付き合っていたので、康有為とも異なり、また若い日本留学生とも異なる「過渡的な」人物となった。魯迅の「やや裕福な家庭から困窮に陥る」という経歴は、梁啓超世代のハイレベルでの政治的失敗の感慨とは明らかに異なるもので、日本において、魯迅は一方では民族革命の影響を受け入れ、また一方では他の人よりも更に冷静でもあり、当時の革命に対して内心気がかりが多少ないわけでもなかったが、周囲の人や出来事に対して自分の体験や考えがあり、更に普通の個人の人生と人間性が立派であるということに関心を抱いた。——まさに、個人が遭遇したものが集まり、それぞれの留学生の思想もようやく転化と分化が現れたのである。このような転化と分化は、その後、また特定の時代における変化の要因と互いに結び付き、留学生の思想の異なる世代の特徴、及びさまざまに異なる「潮」と「流」を形成したのであった。

第四に、「体験」は日本に「到着した」後に形成されるのではなく、それは実のところ生命が成長する長いプロセスであり、それまでの人生と文化的な経験が不可欠であるだけでなく、新たな「体験」の発生に引き続き関係し、ある種の人生体験あるいは文化体験となる。私は「日本体験」の深層意義は「日本」にあるのではなく、中国の日本留学知識人というこの特殊なグループが、自己の固有の経験から出発して新たな人生の経験と感銘を得たものだと考える。「新しさ」は、この体験がなぜ体験として構成されるのかという理由であり、体験の「新しさ」としての「日本」の本質的意義は主に日本文化自身の中にあるわけではなく、中国人日本留学者の経験の対比の中にあったのだ。ここで、「日本」の意義が際立つのは、「中国本土」を前提にしなければならず、「日本の新体験」は必ず「中国の古い経験」によって際立つのである。「日本体験」は、このような空間的に見られる関係の中に、さらに中国人自身の歴史に対する時間的な体験が含まれるのであり、よって中国文学が古代から近現代に至るまで転化してきた過程の全体における時間的かつ空間的なものが重要な構成要素なのである。「日本体験」の背景とは、中国文化と中国文学の成長の過程であり、その歴史の流れに巻き込まれているものは決して単純な国内外の交流ではなく、中国文学の自己発展に内在する訴えなのである（中国人日本留学生の「日本体験」の核心は、本質的な「中国体験」であるとも言える）。「日本体験」の問題を探求することは、中国の新文化と新文学の近代化体験および近代性追求の問題を訂正することにもなった。中国文学の近代性の発展過程における具体的な部分を取り上げることは、私たちがこの数年来形成してきた「近代性の再評価」思潮の「理解の深い霧」を抜け出す助けとなり、中国文学の近代化の過程が、中国人自身の精神的な進化の中に再び組み入れられ、外来文化の啓発的意義は、中国知識人の主体的かつ創造的な才能の再生のうちにあるものと信ずる。

## 注

[1] 最も早く現れた留学生作家は日本においてであり、留学生作家の人数が最も多かったのも日本である。郭沫若はかつて自ら誇って多少の誇張をしながらも「中国文壇の大半は日本に留学した人たちによって築かれている」と宣言したことがある。郭沫若『桌子的跳舞』、『郭沫若全集』文学編一六巻、

人民文学出版社、一九八九年版、五三頁、参照。
[2] 梁啓超『夏威夷遊記』、『梁啓超全集』二冊、北京出版社、一九九七年版、一二一九頁。
[3] 前掲・梁啓超『夏威夷遊記』、一二一七頁。
[4] 周作人『関於魯迅之二』、『魯迅的青年時代』河北教育出版社、二〇〇二年版、一三〇頁。
[5] 郁達夫『大風圏外――自伝之七』、郁達夫文集」三巻、花城出版社、三聯《れん》書店香港分店、一九八二年版、四三三頁。
[6] 郁達夫『雪夜――自伝之一章』、『郁達夫文集』四巻、花城出版社、三聯書店香港分店、一九八二年版、九三頁。
[7] (米)ベネディクト『菊と刀――日本文化の型』中国語訳、浙江人民出版社、一九八七年版、一五〇、一五五頁。
[8] 周作人『知堂回想録』上冊、河北教育出版社、二〇〇二年版、二〇七頁。
[9] 郁達夫『雪夜――自伝之一章』、『郁達夫文集』四巻、花城出版社、三聯書店香港分店、一九八二年版、九三、九頁。
[10] 鄭伯奇『中国新文学大系・小説三集』前言、『創造社資料』下冊、福建人民出版社、一九八三年版、七三三頁。
[11] 郭沫若『創造十年』、『郭沫若全集』文学編一二巻、人民文学出版社、一九九二年版、四二頁。
[12] 賈植芳『中国留日学生與中国現代文学』、『中国比較文学』一九九一年一期。
[13] Theodore. M. Mills『小集団社会学』中国語訳、雲南人民出版社、一九八八年版、三頁。
[14] 鄭伯奇『二十年代的一面』、『創造社資料』下巻、福建人民出版社、一九八三年版、七五二頁。

# 清末民初における日本語文学漢訳題材の特徴を論じる

付　建舟
（翻訳：小池　陽）

## 1　序

清末民初の中国文学界では、一つの顕著な現象が存在した。それはつまり、翻訳文学の盛行である。多くの研究者によれば、翻訳文学の数は創作文学のそれに相当する。また他の研究者によれば、翻訳文学の数は創作文学のそれを超えている。一方で、日本の樽本照雄は翻訳文学（小説）の数が創作文学より少ないと指摘する。ただ、この二者の具体的な状況如何にかかわらず、晩清の翻訳文学（小説）の数はかなりのものであることは言うまでもない。そして、翻訳文学界においてもまた顕著な現象が存在した。それはつまり、大量の日本語文学の漢訳である。これらの日本語文学には二つの意味がある。一つは日本の作家が日本語で創作した文学作品であり、これは日本文学のカテゴリーに入る。もう一つは日本の翻訳家が、日本語で外国の作品を翻訳した作品であり、これは日本の翻訳文学のカテゴリーに入る。

日本の明治二、三〇年代は、文壇上でも翻訳が盛行であり、多くの著名な文学翻訳家が出た。彼らによる多くの翻訳書は、今度は中国の翻訳家によって中国語に翻訳されたのである。一九〇〇年以前、「中国で紹介され、吸収された西洋学術は、主に英語、フランス語、ドイツ語など洋書の翻訳であった。一九〇〇年以後、日本を経て輸入された西洋学術の数が急速に増加し、輸入された西洋学術の主要な部分になっていた。一九〇二年から一九〇四年までの例を見てみると、三年間で翻訳されたものは五三三種。そのうち、英語のものが八九種あり、全体の一六％を占めている。ドイツ語のものが二四種で、四％を占め、フランス語のものが一七種で、三％を占めている。日本語は三二一種で全体の六〇％を占めていた」[1]。大量の翻訳小説の中で、訳者による底本語種の統計は、日本語から訳したものが第一位であった[2]。このように見てくると、日本語文学の漢訳の比率が高いことがわかる。

細かく見ていけば、中国の翻訳家が日本語文学の中から主に政治、科学（SF）、外交、冒険、探偵、恋愛などの題材を漢訳していたことがわかる（これについては後で見ていく。主要資料は日本の樽本照雄編の『新編清末民初小説目録』による）。日本語文学の漢訳には上述したような題材の特徴が出ているが、その原因は何か？　ここで、我々は中国近代史を検証していくことにする。一八四〇年のアヘン戦争以来、中国は西洋列強に蹂躙され、そして表層部分だけを追求した洋務運動が起こった。一八九四年に中日甲午戦争がおき、北洋水師全軍が壊滅する。中国は「三千年来未曾有の非常事態」となり、中国人の優越感は粉砕されてしまい、政治制度の面から戊戌変法に至った。戊戌変法が失敗し、さらに庚子事変が加わり、中国は亡国滅亡の危機に直面した。そのため、文化面から晩清の文化啓蒙運動がおこった。文学改革運動はその重要な部分であった。このような背景の下、日本語文学の漢訳の目的はただの伝達ではなく、救国であった。言い換えれば、日本語文学の漢訳の背後にある影響力とは濃厚なイデオロギーなのである。文学の側面から見ていけば、清末民初の中国文学はある面では伝統文学の延長であり、また別の面では外国文学の衝撃を受けたものであった。外国文学の漢訳には中国伝統の詩学と西洋現代詩学の熾烈な対決が存在したのである。つまり詩学は、日本語文学の漢訳の背後にある別の影響力なのである。イデオロギーは、「社会での一定の見解、思想、概念、表象の総和」であり、政治的見解、科学、倫理、道徳、芸術、宗教などもすべてイデオロギーなのである。すべてのイデオロギーが社会存在に反映されている。ブラウンによれば、イデオロギーは社会、あるいは個人の行為の背後に存在する思想、解釈のシステムを広くさす。Andre Lefevere は、翻訳はかなりの程度イデオロギーによって制限されることを明確に指摘している。彼は“Translation, Rewriting, and the Manipulation of Literary Fame”[1]の中で、次のような観点を出している。「翻訳は必ず訳者、あるいは権力者のイデオロギーと文学観に支配され、完全に原文通りに翻訳するのは不可能である」。これにより、Andre Lefevere は翻訳、編集、文集編纂、文学史、そして辞書類などの編集などを、すべて「書き換え（rewriting）」と呼んだ。しかも、「書き換え」は操作であり、権力のための有効な手段であるという。彼は次のように述べている。「翻訳は文学作品から何らかのイメージを作り出し、主に二つの要素によって決定される。まず、訳者のイデオロギー。このイデオロギーは、ある時は訳者自身によって表出され、またある時は「賛助者（patronage）」によって強制される。次に、その当時の翻訳文学の中で支配的な位置を占めている「詩学」である。訳者の採用する翻訳方法は、直接イデオロギーの支配を受けている。原文の言語と「文化万象（universe of discourse）」によって様々な難題が発生するので、訳者も自分のイデオロギーに依拠しながら解決策を探るのである」（Andre Lefevere“Translation, Rewriting, and the Manipulation of Literary Fame”）。Andre Lefevere の観点は比較的、晩清の日本語文学の漢訳がイデオロギーと詩学の影響を受けた実際の状況に適合する。

## 2 政治的題材と政治イデオロギー

一般的に文学には三つの傾向がある。一つは政治的傾向であり、一つは芸術的傾向であり、あと一つは二者を併せたものである。小説も文学の重要な種類に属する。そして、小説の傾向を決定する鍵は作家（翻訳家を含む）の政治的態度と芸術的関心などの内部要素、およびその時代の政治環境、社会環境などの外部要素である。清末民初の中国は亡国滅亡の危機にあった時期であり、一部の優れた人士が国と民族の重責を担ったのである。政治活動家の梁啓超は戊戌政変の後に亡命し、文学には経国済世の大きな作用があると考え、小説を救国救民の利器とした。その政治性の強い作品が矢面に立ち、政治小説を提唱した。この政治的題材は主に政治小説と外交小説を包括している。日本語から直接的、あるいは間接的に訳した政治小説がある。

- 『佳人奇遇』(日)東海散士(柴四郎)、梁啓超訳『清議報』一、三五冊(一八九八年一二月—一九〇〇年二月)。
- 『経国美談』(日)矢野文雄著、前編二〇回、後編一九回途中、『清議報』三六—三九冊(一九〇〇年二月—一九〇一年一月)。
- 『雪中梅』一五回(日)末広鉄腸著、熊士亥(夢九)訳、江西尊業書局、光緒二九年(一九〇三年)。
- 『珊瑚美人』二〇回、(日)青軒居士(三宅彦弥)原著、『綉像小説』二七—四一期(一九〇四年六月—一九〇五年一月)。
- 『花間鶯』(日)鉄腸居士著、梁継棟訳意『福建政法雑誌』一巻四号—二巻三、四号(一九〇八年九月—一九〇九年五月)。
- 『政海波瀾』(日)広陵佐佐木龍著、支那頼子訳、上海作新社出版、光緒二九年五月(一九〇三年六月)。
- 『聖人歟盗賊歟』七回(英)Lytton原著、(日)抱一庵主人訳、冷血重訳、『新新小説』一—三号(一九〇四年九月—一二月)。
- 『阿難小伝』(英)Lytton著、上海時報館記者(平公)訳、有正書局出版、光緒三一年第一版、翌年再版。

前半六つの著作は日本の作家の創作で、それを直接中国語に訳したものである。後半二つの作品は同一著作の二種類の漢訳本である。『聖人歟盗賊歟』は少しの部分だけを選訳した、「心理小説」である。『阿難小伝』は基本的にすべて漢訳で、上下二冊ある。

外交小説はすべて日本の徳富健次郎（蘆花）『外交奇譚』（民友社一八九八年一〇月出版、一九〇八年八月五版）から訳し、『外交報』に掲載された。

作品は次のようになっている。

・『埃及妃』『外交報』甲辰八—二四号（七七—九三期）、光緒三〇年四月五日—九月一五日（一九〇四年五月—九月）。
・『波斯剪』『外交報』甲辰二七—二八号（九六—九七期）、光緒三〇年一〇月一五日—二五日（一九〇四年一一月二一日—一二月一日）。
・『紅花球』『外交報』甲辰二四、二八号（九三、九六期）、光緒三〇年九月二五日、一〇月一五日（一九〇四年一〇月二三日、一一月二一日）。
・『瑪璃印』『外交報』甲辰三、八号（七二、七七期）、光緒三〇年二月一五日、四月五日（一九〇四年三月三一日、五月一九日）。
・『三刺客』『外交報』甲辰三〇—三二号（九九—一〇〇期）、光緒三〇年一一月一五日—一二月五日（一九〇四年一二月二一日—一九〇五年一月一〇日）。
・『一条鞭』『外交報』甲辰二八—二九号（九七—九八期）、光緒三〇年一〇月二五日—一一月五日（一九〇四年一二月一日、一二月一一日）。
・『易儿説』『外交報』甲辰二九—三〇号（九八—九九期）、光緒三〇年一一月五日—一一月一五日（一九〇四年一二月一一日―一二月二一日)。

そのほか、四つの作品が他の雑誌に掲載されている。曼殊室主人(梁啓超)による漢訳『俄皇宮中之人鬼』(〈仏〉駐ロシアのある公使)は梁啓超が創刊した『新小説』二号(一九〇二年一二月)に掲載され、もともとは「語怪小説」である。『百合花』(訳者不詳)は梁啓超が創刊した『新民叢書』一二号(一九〇二年七月)に掲載。羅孝高による漢訳『外交家之狼狽』(署名中国某訳)と『白絹線記』(署名披発生訳)はそれぞれ『新民叢報』二七―二九号(一九〇三年三―四月)と『新小説』六号(一九〇三年八月)に掲載。喋血生訳の『返魂香』は『浙江潮』八期(一九〇三年一〇月)に掲載。『外交報』、『新小説』、『新民叢報』および『浙江潮』は当時影響がとても大きかった。

政治小説はイギリスに由来し、小説家ではなく、政治家によって提唱された。政治小説の代表的な作家Benjamin Biseseil と Bulwei Lytton は二人ともイギリスの首相になった。Lytton はかつて国会議員、植民大臣をつとめ、男爵・貴族になった。Biseseil はビクトリア時代に伯爵、首相となり、その政治小説『春鶯囀』も中日甲午戦争の前後、日本でも流行していた[3]。政治家は政治小説を提唱、創作し、社会的な関心を引き出した。特殊な歴史的背景の下で、政治家による政治小説は自然とその効果と反応を生み出した。明治期に、日本でも政治小説が導入された。このことと当時の自由民権運動とは直接関係がある。民権運動の政治家、政治理論家は小説の形式を借り、自由平等・天賦人権論を基本的な政治理念とした。明治期の文壇では創作、翻訳の政治小説が現れ、一時代を築いたのである。一八八〇年から一八九〇年までの自由民権運動が終わるまでの一〇年間、二二〇~二五〇の政治小説が発表された[4]。その代表作は戸田欽堂の『情海波瀾』(一八六〇年)、矢野龍渓の『経国美談』(一八八三年)、東海散士の『佳人奇遇』(一八八五年)などである。

晩清の政治小説は日本を介して中国へ輸入された。梁啓超は政治小説を提唱し、「自分の政治的見解」を打ち出した。

戊戌変法の後、彼は日本に亡命し、『清議報』を創刊した。刊行物の内容は六つに分けられ、そのうちの一つが政治小説である。『訳印政治小説序』の中では次のように言っている。「昔、欧州各国の変革の始めに、その学者大家や仁人志士は往々にして自身の経歴や胸中に抱いた政治的理念を小説に託した。……一冊の本が出るたびに、全国の議論が一変した。アメリカ、イギリス、ドイツ、フランス、オーストラリア、イタリア、日本など各国、政治の日々の進歩は、政治小説の功が最も大きいのである」[5]。彼は早くから政治小説が日本で盛況となり、明治一五、六年には民権自由の声が日本中に広がると考えていた。「翻訳はすでに盛んになり、政治小説の著作も徐々に起こっている。例えば、柴東海の『佳人奇遇』、末広鉄腸の『花間鶯』、『雪中梅』、藤田鳴鶴の『文明東漸史』、矢野龍渓の『経国美談』(矢野は今、中国大使になり、文学界の泰斗、進歩党の英傑であると報じられた)など。作家はみな時代の大政論家であり、本の中の人物に託し、自分の政治的見解を書くのである。これを小説と見なしてはいけない。しかも国民の脳に最も浸透したのは、『経国美談』『佳人奇遇』の二つであったと言える」[6]。梁啓超は政治小説を提唱し、応じるものが雲のように集まり、「小説救国」は徐々に仁人志士たちの共通認識になった。「今日の小説改良の目的は社会の基準のため、趣旨方法を良くするためである。……中国小説が発達しないのには原因がある。それは陳腐なことばを記録することを好むので、部分的に見れば、そのほかは類推できてしまうのである。進歩がないことに、憤慨すべきである！ 救済する方法は、自ら政治小説、探偵小説、科学小説を輸入することである。中国小説にはこの三者の性質がない。しかも、この三者が中国小説全体の鍵となるのである」(梁啓超『小説叢話』『新小説』第一五号(一九〇五年)小説翻訳家の林紓も早くから「中国の民智を開きたいならば、方法としては政治思想の小説を多く翻訳することである。それで友人の魏君、王君に通訳を担当してもらい、フランスのナポレオン、ドイツのビスマルクの稿をすべて取り入れている」[7]と言っている。挙人出身の邱煒萲は官位を捨て商人となり、南洋に身を置いていたが、ずっと晩清の社会政治危機に関心を払っていた。維新派とともに国民の資質を高め、国を振興しようとした。彼は『小説与民智之関係』の中で「一般民衆の知恵を開きたいと思うなら、あわせて士大夫の見聞を変化させ、数百の力を加えなければならない。その要領は平易な小説を多訳し、各州県などの学校で活用する。政治小説を多訳することで、農工商人に新思潮を広めるのである」[8]と言っている。

政治小説とは以上のようなものであり、外交小説も同様である。『外交報』は中国近代において、最も国際問題を論じた雑誌である。蔡元培、厳復は「論説」、「訳報」、「外交紀聞」、「要旨要点」などを選び出し、囲み記事として常置した。政治では、国内に対しては立憲君主制、漸進的変化改良、満族と漢族の調和を主張した。また、国外に対しては主権維持、「文明排外」を提唱したが、それは明らかに愛国主義の傾向を反映するものであった。常に清朝政府の外交政策を批判し、帝国主義による中国瓜分条約を非難した。実業を振興し、教育を普及することを主張し、中国が富強となることを希望した。つまり『外交報』に掲載された外交小説は政治的需要から出てきたものなのだ。

政治小説と外交小説は晩清の流行と政治イデオロギーと密接で不可分であることは、以上から概観することができた。革命小説が二、三〇年代の中国の流行であり、当時の中国社会の高潮する革命潮流と密接に関係があるのと同じなのである。「それはイギリスで生まれ、日本で流行し、再び中国で模倣されるに至った。その内在する精神は一貫するものであった。政治的エリートの唱導、仁人志士の共通認識は当時の中国知識人たち共通の政治的な理想を反映している。外国作家と中外作品を政治的に解読することによって、特別な時代の知識人の問題に対する思惟方法を見出すことができる。中国小説の創作した政治化傾向には、その深い影響が出ている」[9]

## 3　科学的題材と社会イデオロギー

清末民初において、科学小説とSF小説には大きな区別はなかったが、本文中では両者を区別する方法として、科学知識、科学観念を強調する場合は「科学小説」の概念を使用する。また、科学知識や科学の方法をベースにしてSF作品を描く場合には、「SF小説」の概念を使用する。政治小説、外交小説などが、政治イデオロギーが発揮された下で翻訳されているのであれば、科学小説なども社会イデオロギーが発揮された下で翻訳されているのである。法制度という側面から見ていけば、探偵小説の漢訳もまた同様なのである。

科学的題材は主に科学小説と探偵小説を包括している。漢訳された科学小説は日本語訳に依拠しているが、対象はバラバラで、一人、二人の日本の作家や翻訳家の作品あるいは訳書に集中しているわけではない。小説の分類には差があり、あるものは「科学小説」と表され、例えば『月界旅行』(井上勤日本語訳)、『環游月球』(井上勤日本語訳)、『空中飛艇』(日本の押川春浪著)、『薄命花』(日本の柳川春葉著)がある。またあるものは「哲理小説」と表され、例えば『世界末日記』(徳富健次郎日本語訳)である。またあるものは「理想小説」と表され、例えば『極楽世界』(日本の矢野文雄著)である。明確になっていない小説は、例えば『地底旅行』(三木愛花、高須治助日本語訳)、『空中旅行記』(井上勤日本語訳)、『滑稽旅行』(井上勤日本語訳)などである。『造人術』には二種類の翻訳があり、魯迅が翻訳したものは「短編小説」とされ、笑(包毅公)訳本は(小説の)タイプは明らかになっていない。漢訳された科学小説は以下のとおりである。

・『海底旅行』紅渓生述『新小説』第一—六号(一九〇二年一一月—一九〇三年八月)。
・『月界旅行』(米)ジュールス・ベルン著[iii]、中国教育普及社(魯迅)訳、東京進化社出版、光緒二九年(一九〇三年)。
・『世界末日記』(仏)広林瑪利安著、飲冰訳『新小説』一号、光緒二八年一〇月(一九〇二年一一月)。
・『地底旅行』(英)ジュール・ヴェルヌ著、之江索子(魯迅)訳『浙江潮、一〇期』(一九〇三年一二月)。

・『空中飛艇』押川春浪著、海天獨嘯子訳、明権社一九〇三年版、上海商務印書館一九二六年版。
・『空中旅行記』（英）ジュール・ヴェルヌ著『江蘇』一―二期（一九〇三年四月―五月）。
・『環游月球』（仏）ジュール・ヴェルヌ著、商務印書館訳、商務印書館出版、光緒三〇年（一九〇四年）。
・『滑稽旅行』八回、笑訳『時報』一九〇七年二月二一日―五月七日、上海有正書局、光緒三三年（一九〇七年）出版。
・『造人術』ルイ・ストロング著、索子（魯迅）訳『女子世界』二年四、五期（一六、一七期合刊）（一九〇五年）。
・『造人術』笑（包毅公）、原載『時務』、一九〇六年二月二〇日。
・『薄命花』（日）柳川春葉著、呉椿訳、商務印書館、光緒三三年（一九〇七年六月）。
・『極楽世界』（日）矢野文雄著、披雪洞主訳、上海広智書局、光緒二九年三年（一九〇三年三月）。

探偵小説は少数派の『美人手』、『地中秘』、『奇嫡奇苑』、『車中毒針』、『橘英男』などの日本語訳を除けば、主な訳はみな黒岩涙香の日本語訳本である。具体的には以下のとおり。

・『離魂病』（探偵小説）坡発生（羅普）訳述『新小説』一―六号（一九〇二年一一月―一九〇三年八月）。
・『人外鏡』（日）涙香小史（黒岩涙香）訳述『翻訳世界』三―四期（一九〇三年一月―二月）。
・『三縷発』涙香小史著、冷血訳『偵探談』第三冊、開明書局、光緒三〇年（一九〇四年）。
・『指環覚』（探偵小説）商務印書館訳、商務印書館出版、光緒三一年（一九〇五年）。
・『決斗会』（フランス侠客談、短編小説）小造訳『新新小説』六―七冊（一九〇五年三月―四月）。
・『双金球』四〇回二冊。（仏）佚名著、中国様文社訳、清国留学生会館　光緒三一年（一九〇五年）出版。
・『銀行之賊』（米）佚名著、謝慎冰訳、小説林社、光緒乙後（一九〇五年）初版。

・『寒桃記』（探偵小説）二冊。呉梼訳、商務印書館出版、光緒三二年（一九〇六年）。
・『莫愛双麗伝』上海時報館記者（陳景韓）訳述、有正書局、光緒三二年（一九〇六年）。
・『母夜叉』小説林社訳、小説林出版、光緒乙巳（一九〇五年）初版。
・『色媒図財記』二〇回二冊。黄山子訳、改良小説社出版、光緒三三年（一九〇七年）。
・『空谷蘭』三二回二冊。英国トマス・ハーディー著、包公穀訳、有正書局出版、光緒三四年（一九〇八年）。

科学小説の興起と社会イデオロギーは密接で不可分である。イギリスの産業革命以来、西洋列強は先進的な科学技術によって、労働生産力を上げ、絶えず軍事力を強め、積極的に植民地政策を拡大しようとしてきた。この過程において、清朝政府はしばしば挫折を強いられ、中国を亡国滅亡の危機に追いやった。洋務運動は表面的に西洋から学ぼうとしたが、結局失敗に終わった。進歩的な封建官吏たちとは違い、現代的な認識を持った新しい知識人、例えば厳復、康有為、梁啓超、周樹人（魯迅）などが思想文化的に西洋の現代文化を吸収した。梁啓超が文学救国を主張し、政治小説を提唱しているとき、周樹人などは科学救国の提唱に則り、科学救国を提唱していた。

実際、梁啓超は「科学は最も精確な学問であり、哲学は最も高尚な思想である」といい、この両者を併せて「科学小説」とした。一九〇二年、梁啓超は『中国唯一之文学報「新小説」』中で論じ、そして『新小説』誌上で小説のタイプについて掲載準備をしていたとき、専門の一つとして「哲理科学小説」を挙げ、「小説の形式を借り哲学、物理化学を発明するもの」と説明した。また彼は自ら『世界末日記』を翻訳したが、周樹人の提唱には力がなかった。周樹人は「科学小説」を提唱し、科学を普及させようとした。彼にとって、「科学小説」は科学普及の道具であり、これは「科学救国」の思潮の影響によるものである。「科学小説」に対しては「一斑の知識を得、遺伝された迷信を打ち破り、思想を改良し、文明を補うことができる」[iii]としている。

周樹人は早くから科学小説の翻訳を重視してきた。彼によれば「わが国の小説には、愛情、講談、風刺、怪奇もののようなのは汗牛充棟のおもむきがあるが、科学小説だけは稀有である。知識の混乱の一端は、実にここにあるのだ。その意味でもし現代翻訳界の欠点を補い、中国の群衆を導いて前進させようとするならば、かならずや科学小説より始めるべきなのである」[iv]。科学によって迷信に勝ち、理知によって愚昧を除去する。「それ故、学理を取り上げ、堅苦しさを取り去っておもしろくして、読者の目に触れさせ理解させれば、思索を労せずとも、かならずや知らず知らずの間に一斑の知識を得、遺伝された迷信を打ち破り、思想を改良し、文明を補うことができる。その力の大きさたるや、これほどのものなのである」[v]。これはただ科学精神がヨーロッパにおいて封建神学を打破したというだけでなく、世界的に封建迷信にも勝利したことを意味するのである。彼は、例えば『地底旅行』（一九〇二年）、『月界旅行』（一九〇三年）、『地底旅行』（一九〇三年）、『北極探検記』（一九〇四年）、『造人術』（一九〇五年）などの比較的重要な科学（SF）小説を翻訳した。

周樹人は比較的早くから「科学小説」は科学知識を基礎にし、「各種の知識を蒐集して構成するばあい、かならず科学知識と一致しなければならない」これが基本的な要求であった。これではまだ不十分で、文学の形式を用いて小説の体裁にすべく、科学SFと人間の生活を一緒に融合しつつ、人情の要素を突出させた。「小説の力を借り、優孟の衣冠を着け」、「科学を経として、人情を緯として」人生の悲喜こもごもを交錯融合する。科学小説はただ科学知識を含んでいるだけでなく、科学理念、科学精神をも含む必要があった。科学小説は清末民初において、大反響を起こした。梁啓超によれば、「今日の小説の改良の目的は社会の基準のため、趣旨方法を良くするためである。……中国小説が発達しないのには原因がある。それは陳腐なことばを記録することを好むので、一、二部見れば、そのほかは類推できてしまうのである。進歩がないことに、憤慨すべきである！　救済する方法は、自ら政治小説、探偵小説、科学小説を輸入することである。中国の小説にはこの三者の性質がない。しかも、この三者が中国小説全体の鍵となるのである」[10]。計伯は『広東戒煙新小説』第七期で『論二十世紀系小説発達的時代』を発表し、その中で小説のタイプをすべて詳述し、その中で「未だ智恵を開く秘密の鍵がなされていない。道理を開く深遠な灯りのために、科学小説を著する」と言っている。多くはこの類であり、枚挙にいとまがない。

社会イデオロギーの角度から見れば、探偵小説の訳解には法制度創造の需要が表れている。探偵小説は欧米資本主義社会の通俗小説の一つとして生まれ、流行している。そして、それは刑事事件の発生と解決のプロセスで描かれ、司法機関に協力しながら調査活動をする探偵を中心人物とし、彼らの巧みな捜査ぶりと冒険を描いている。話の筋が紆余曲折しているのは、我々の国にはない小説のタイプなので、あるものは任侠小説に似ていた。翻訳家周桂笙は「探偵小説は、我が国には乏しい状態にあるが、独歩させなければならない。我が国の刑事裁判事件は、欧米各国とは大いに異なり、探偵小説はまだ夢にも見たことがない。外国と通商して以来、外国人が租界に治外法権を拡張し、警察を置き、調査の口実も持っている。しかし学問には専門とするものがなく、いたずらに小人たちがグループを結成しているが、公判の進め方はとなると、実力者の権勢に気兼ねし、右顧左眄するだけ。その上、裁判の時間に制約があり、追求に不熱心で、内地の裁判に至っては、やたらに刑罰を求め、天にお日様がないという有様であること、言う必要もない。このような始末であれば、探偵が心血を注ぐどころではない！　もし欧米各国ならば、人権は最も尊重され、起訴したものは人を雇って弁護してもらう。もし証拠が不十分な場合は、罪とすることができない。これが探偵学の作用が広い理由である。しかも、その人は皆深思好学の士であり、窃盗犯や下っ端役人と同列に論じられるものではない。奇案、察知しがたい神妙なもの、不可思議なもの、偶々記載のあるもの、伝承を打破できる。探偵小説はこれによって起こるものである」我が国では探偵小説が生まれる土壌が乏しく、法律に照らして事件を処理する条件がない。それは封建専制国家で生まれるのではなく、資本主義の法治国家で生まれるのだ。事件において犯人の検挙は事実に基づいて行うこと、法律を基準にするということは、権勢で変えることはできないのである。俞明震は次のように考えている。「探偵小説、余甚佩の『奪嫡奇免』の『枯寡婦奇案』は、事件の紆余曲折が見所なだけでなく、司官が裁判を行うときに、その調査は広く厳格で、調和がとれている。頭を地につけて最敬礼し、しかも臨機応変に役人が事を決断するにも浅くない」法律の神聖さ、法律執行の公正さ、役人たちの内心の独白をはっきり見ることができる。「今、私は裁判官の任についている。法律にしたがって事を行わなければならない。私の目の中には仇というものはなく、いわゆる友達、恩、怨みもない。ただ公平な心で、罪人を裁くのに、何を気兼ねすることがあるだろうか。卑しさ、徳に罪があって、これに罰を加えるのだ。あるいは無罪であるならば、釈放し帰せばいいのだ。私はDapuruan（何をさすのかは不明。おそらく外国人の名前だと思われる。）のためであるといっても、私の身は私のものではなく、法律にしたがって事を行うのはある種の機械のようである。もし心の隙間に私心が存在したり、あるいは憚ったり、怒ったりすれば、それは自らの職務を軽んじているのと同じだ」[11]。林紓も次のように言っている。「近年上海のある君子が訳した探偵小説を読み、大いに喜び、その苦心の仁に賛同した。この本を流行させ、司法官に計略を変えさせ弁護士・探偵を用いる。しかも学校を建て弁護士・探偵の人材を育てれば、人々はその名誉を求める。名誉を享ければ、また多くの金を得る。誰が不肖者のために甘んじようか！　下民は役人と服役の患いを免し、何度もすがすがしい太陽の光を見る。小説はこのように偉大ではないか！」[12]

## 4　ストーリー性題材と詩学

イデオロギーが翻訳の唯一の要素となるわけではなく、詩学も一つの決定的要素なのである。もし政治小説、外交小説、科学小説などがイデオロギー下での翻訳であるなら、冒険小説、恋愛小説などは詩学下での翻訳であり、ストーリー性から見れば、探偵小説も同様である。ストーリーはすべての小説の核心であり、ストーリーのない小説などない。ストーリー性が強くない場合、その作品の水準も高くない。誇張なく言えば、ストーリー性は小説を見る一つの基本的な尺度となる。このストーリー性題材は科学小説（ＳＦ小説）、冒険小説、探偵小説、恋愛小説を包括する。冒険小説は主に桜井彦一の日本語訳『世界冒険奇譚』のシリーズを漢訳したものである。

・『二勇少年』（冒険小説）一八回。南野浣白子述訳『新小説』一―七号（一九〇二年一一月―一九〇六年九月）。
・『海外天』（英）Masterman Ready（樽本照雄によれば、この人名は正確ではない。）東海覚我訳、小説林社、光緒二九年（一九〇三年）出版。
・『澳洲歴険記』一九節。（金石、嘉猷重訳）商務印書局館、一九〇六年。
・『航海少年』一九章。商務印書館訳、商務印書館出版、光緒三三年（一九〇七年）。
・『朽木舟』（日）櫻井彦一郎著、商務印書館編訳述、商務印書館出版、光緒三三年（一九〇七年）。

そのほか日本の訳本から訳した冒険小説は『地下戦争』と『八十万年後之世界』がある。前者はもともと冒険小説と表され、日本の楓村居士（町田柳塘）原著、張蘇転訳『繁華雑誌』二―三期（一九一四年）で発表された。後者は理想小説と表され、フランスのウェールズ原著、黒岩涙香日本語訳、楊心一漢訳。冒険小説の影響が大きいのは『二勇少年』、『朽木舟』、『八十万年後之世界』と『十五小豪杰』。『二勇少年』は先に『新小説』で発表され、改訂後『青年鏡』という書名となり、上海広智書局出版から単行本として出版された。

日本語文学から漢訳した恋愛小説には、次のものがある。

・『電術奇談』二四回。菊池幽芳著、方慶周訳述『新小説』八―一八号（一九〇三年一〇月―一九〇五年六月）。
・『恨海春秋』二六回。佐藤蔵太郎著、仆木恨人訳、開明書店、光緒二九年（一九〇三年）。
・『不如帰』五二。徳富健次郎著、塩谷栄英訳（一九〇四年）、林紓、魏易同訳、商務印書館、光緒三四年一〇月（一九〇八年一〇月）。
・『懺情記』商務印書館訳、商務印書館出版、光緒三一年（一九〇五年）。
・『鴛盟離合記』二冊。黒岩涙香原訳、湯尓和重訳、商務印書館出版、光緒三三年（一九〇七年）。
・『古王宮』呉門天笑生訳『月月小説』二二―二四期（一九〇八年一一月―一九〇九年一月）。
・『天際落花』（日）黒岩周六（黒岩涙香）著、海宇椿（雨亜）辰訳、商務印書館、光緒三四年（一九〇八年）。
・『八奶秘録』（仏）Du Boisgobey、李心（雨亜）・林紫虬合訳『新小説叢』一―三期（一九〇八年一月―六月）
・『百合子』（日）菊池幽芳著、（尚耳）直訳、『七襄』一期（一九一四年二月―一一月）再版。
・『寒牡丹』二冊。（日）尾崎紅葉著、呉梼訳、商務印書館、光緒三二年（一九〇六年三月）初版。

情は我が国の詩学において重要な位置を占めている。清末民初ではさらに重要になった。晩明の時代には真情の思潮が起こっていた。李贄の童心から言えば、「天下の至文に、未だ童心から出ているものはない」（『童心説』）。袁宏道は「性霊を広げるには、格式にとらわれてはいけない」（『叙小修詩』）と主張した。馮夢龍は真情と、「男女の真情を借りて、名教の偽薬を暴く」（『序山歌』）ことが必要と提唱した。また六経から普遍の存在を指摘し、「『六経』はすべて情教である。『易経』は夫婦を尊び、『詩経』は『関雎』を首とする。『書経』は嬪虞の文を序とし、『礼経』は聘と棄の区別を慎重にし、『春秋』は姫姜のときにこう言っている。どうして情をもって男女から始めないのか？と」（『情史叙』)。彼は男女の真情が封建名教の困難を暴くための有力な武器になったとしている。晩清民初に徐々に恋愛の思潮が起こった。種柳主人は『玉蟾記序』の中で、情は二つの情に分けられる。つまり「公情」と「私情」である。「情のある者は君子であり、偏りなく和し、すべてを時節にかなうようにする。だから君子の情は公正であり、情である。すなわち理である。小人もまた情に託すが、忌心、貪欲心、好勝心があり、皆を憎み自分にこだわってしまう。だから、小人の情は私であり邪であり、情ではない。欲なのだ。欲から行動すれば、忠孝節義、仁慈友愛はどこに消えてしまうかわからない。情をいう者はこれを見分けるのに、なんと早く見分けることができるではないか!」彼によれば、公正の情は理であり、私邪の情は欲である。「理」と「欲」の間に「情」を置いたのではない。厳復と夏曹佑は「公情」を説いた。彼らによれば、「公情とは何か? 英雄であり、男女である。……電気は万物の根源であり、目で見ることができる性質である。すなわち同類が互いに抵抗しあい、異種のものを吸収するというのが一般的な法則なのである。抗しあう理は英雄の根本である。和して吸収する理は、男女の根本である。この理は深く、定論しようがない。その必然性を論じれば、二つのことが断言できる。英雄の性がなければ、生存を争うことができない。男女の性がなければ、種を伝えることができない」。彼らは生物学上の「公情」の合理性だけでなく、社会文化上での「公情」の合理性も認めるのである。呉趼人は「人情論」、すなわち「広義の情」と「狭義の情」を提唱し、情という字は永遠に説明しきれないと考えた。「上は碧落の下から、下は黄泉の上から、大きな傀儡の場がないことはない。この傀儡のことがらすべてが、すなわち情なのである。小にしては一事一物の嗜好に至るまで、情の字の範囲内にないものはない。しかし、情の字にも様々な違いがある。すなわち、昨今の小説家たちのいう、恋情、愛情、哀情、侠情の類も一つだけではない。私から見れば、痴情が最も多い」(『劫余灰』(苦情小説)第一回)。梁啓超は政治小説を提唱していたが、情にも力を入れていた。ただ、提唱するには都合が悪かった。日本への亡命途中、その船上で政治小説『佳人奇遇』を読み、梁啓超は感激して言って感激してやまなかった。政治上での失意、維新大業の失敗、亡命の辛酸が彼に強烈な共鳴を生んだ。彼は感激して言った。「政治小説『佳人奇遇』、『経国美談』などは、役人の異才が政界の大勢を書いたものである。美人芳草には、特別な会心がある。鉄血の文壇でも、数人の健やかな者は、一読して調子が良くなると、いつも自分の情を変化させるのである。外国であっても、同じ趣味を持たないものがいようか？」[13]。周樹人も科学小説を提唱したが、人情を忘れなかった。「ひそかに未来世界の進歩を推測し、奇想を描いてはこれを小説に託している。科学を経とし、人情を緯として、離合悲観、講談と冒険がみなその中に錯綜している」[vi]（周樹人『月界旅行』序言）。この情の伝統は、民国初期に盛んになり、文壇での情は広範囲に広まった。

なお、奇も我が国の詩学においても重要な位置を占めているが、清末民初でそれはさらに突出していた。奇の芸術は唐代にはすでに萌芽し、一定の発展があった。唐の伝奇はこの芸術を体現していた。「唐人小説は、小さな情事で穏やかで悲しい。神像はあっても自ら知るものはない。詩律は一代の奇と称することができる。……おおよそ唐人は詩を作るのが巧みで、小説や劇は鬼物に仮託し、婉曲ではなく明確である。名家をほしいままにせず、後に称賛されるべきものである」[14]。唐人小説の穏やかで悲しい風格は士人の関心と合っていた。北宋に至って、経済の大きな発展、商業の繁栄、街での文化需要が高まった。一般庶民の文化需要を満足させる「拍安惊奇」、「今古伝奇」（話本と擬話本）などの通俗文学が比較的発達した。唐の奇伝と比べ、北宋の通俗文学の奇を重んじる傾向はさらに濃厚なもので、これは一般庶民の芸術鑑賞の傾向に符合するものであった。明人の睡郷居士の『二刻拍案惊奇序』の中で「空観主人は、その人柄が奇であり、その文も奇であり、その境遇も奇である。沈倫を取り除く才能によって、気分を乗せ、伝奇だと思わせてしまう。また演義を為し、これが『拍案惊奇』は二刻であるところなのだ」[15]。笑花主人は『今古奇観序』でさらに詳細に「蜃気楼、炎の山は、観て奇でないものはない。しかし人の目が見たことがないものは、未だ疑冰の虫であることを免れることはない。だからその天下の奇者は、未だ普通のところから出てきたものはない。仁義礼智はいわゆる常心、忠孝節烈はいわゆる常行、善悪果報はいわゆる常理である。聖賢豪傑はいわゆる常人である。しかし、常心は隠すことが多くない、常行は飾ることが多くない、常理は明らかにすることが多くない、常人は見ることが多くない。相と驚を方法とする。聞く者は悲か嘆であり、あるいは喜か驚かである。その善者は動を知り、不善者は恥を恐れるのは、教化の美によってである。動人は奇者に至り、導者は常者に至る。村の任務が朝廷と通じていないことを私がどうして知れようか。稗秕の語は正史に符合しないのか?」[16]。明清以来の通俗小説は奇を重んじる傾向を形成し、ある神魔小説では魔幻を奇とし、「真をもって正とし、幻をもって奇とする」[17]ある歴史小説の奇人奇事を奇とした。金人瑞、毛宋崗は『三国志演義』はある種の奇書と考え、作品のどこに奇があるのかを細かく分析した。批評家は普通「人は奇でないと伝わらず、物事も奇でないと伝わらない。人、物事は奇をともない、奇文はこれを演説することがないと、伝わらない」[18]。恋愛小説中の奇人奇遇について、清代の批評家・程世爵は「奇才がいれば必ず奇遇があり、奇縁があれば必ず奇遇がある。まさしく機会が奇でなければ、その縁の奇を見難い。偶然が奇でなければ、その才の奇を明らかにしがたい。蘇生のごときは、貧乏書生によって志気激昂する。胸羅錦綉は奇才である。琴の巧者と知己との出会いは、奇遇である。本源を求めるには意味があり、得るのには無心でもってするのは、奇縁である。たとえ蘇生の当日に、中饋乏人をもって音律を調和し、鸞音を協調させたとしても、本当に奇才を明らかにして奇遇を求め、奇縁を見て奇遇を獲ることができるのか?」[19]。晩清民初の奇を重んじる傾向はそれ以前のものとは大きく異なる。SFを重んじ、魔幻は重んじない。外の新奇を重んじ、歴史的な奇人を重んじない。魯迅は「我々は、かつて梁啓超の出していた『時務報』で、『シャーロック・ホームズ探偵物語』の変幻ぶりを見た。また『新小説』ではジュール・ヴェルヌの書いた科学小説と称する『海底旅行』の類の新奇さを見た。その後、林琴南が盛んにイギリスのハッカードの小説を訳し、我々はロンドンのお嬢さんのやるせない思いと、アフリカの蛮人の奇々怪々さとを見た」[vii]と言った。文化交流の不断の拡大にしたがい、西洋国家の風土人情、歴史風貌は現代文化に至って、国民の考えを一新した。科学技術の発展にともなって、SF小説は人類の想像に有力な支柱を提供し、その中のSF世界は人に高遠な理想を抱かせる。海外の植民地、不断の開拓が進むにしたがって、新大陸の光景が無数の人の目を引いたのである。

## 5　日本語文学の漢訳と中国新小説体系の建設

日本語文学の漢訳は中国伝統の小説体系に強烈な衝撃を生み、徐々にこれを破壊し、新たな小説体系が形成された。文学伝播学から見ていけば、これらの異なる題材、あるいは異なるジャンルの小説は文壇に深い影響をあたえた。政治小説について言えば、『経国美談』の流布は比較的広い。雨塵子（周宏業）の漢訳本は前後二篇に分けられ、前編二〇回、後編一九回である。前編は『清議報』三六―三九冊（一九〇〇年二月―一九〇一年一月）に掲載。一九〇二年広智書局より単行本が出版され、一九〇七年再版。一九〇二年商務印書館初版、『説部叢書』一〇〇種の第一集第二編が作られる。単行本は後編に含まれたかどうかは不明。このほか、李伯元訳述本は、彼が自己制作した『世界繁華報』二〇二号（一九〇一年一〇月二五日、署名〝謳花客〟）と『游戯報』二一二三号（一九〇三年七月九日）に掲載。彼はまた「謳歌変俗人」をペンネームとして『経国美談』の編成劇本、つまり『経国美談新劇』（新編前本）一八冊は、彼が主編する『繡像小説』一―三四期（一九〇三年五月―一九〇四年九月）に掲載。『怪人奇遇』は二〇世紀の三〇年代まで続き、修訂本も出版された。

科学小説では、『月界旅行』、『世末日記』、『地底旅行』などが比較的影響が大きかった。さらに影響が大きかったのは、『環游月球』（井上勤訳の『月世界一周』）で、商務印書館による漢訳、出版発行である。光緒三〇年（一九〇四年）、「説部叢書」初集第七編が出版され、一九〇五年六月再版される。一九〇八年三月三版、一九一三年七月五版、一九一四年四月再版される。一九〇五年、また「説部叢書」初集一八編が作られ、一九一三年一二月三版、一九一四年四月再版される。一九一四年三月商務印書館「小本小説」の一種が作られた。

冒険小説では『朽木舟』の影響が大きかった。これは商務印書館により出版され、光緒三三年（一九〇七年）「説部叢書百種」第八集第一〇種に収められる。さらに「説部叢書」初集八〇編に収められた。『八十万年後之世界』は三版発行され、上海進歩書局一九一五年四月初版、一九二三年五月四版、一九二九年四月七版がある。『十五小豪傑』は発行された版数が多いだけでなく、流行していた時間も長かった。『新民叢報』に載せた原刊を除けば、一九〇三年、横浜・新民社、上海・広智書局、上海・小説林社が同時出版した。一九〇四年、横浜・新民社が再版した。一九三〇年七月、上海世界書局が五版を訂正。一九三六年三月上海中華書局が梁啓超による重訳を出版した。翌年六月再版。

恋愛小説で比較的影響が大きかったものは、『電術奇談』、『不如帰』、『懺情記』と『寒牡丹』である。『電術奇談』（『催眠術』）は方慶周による訳述で、我佛山人が衍義、知新室主人が評価した。まず『新小説』に載り、その後単行本として出版される。一九〇三年、上海広智書局が初版、一九一一年三月三版が出る。中華帝国元年（一九一一年）に北京中亜書局世界書局が出版した。世界書局が一九二三年三月に出版。林訳による恋愛小説『不如帰』と『巴黎茶花遺事』は一様に人気を集め、舞台劇向けに改編されて注目された。『懺情記』は商務印書館により編訳出版された。一九〇五年「説部叢書百種」の第二編第八種が作られ、一九〇六年五月再版、同年一二月再版される。一九〇五年「説部叢書」初集第一八編が作られ、一九一三年一二月三版、一九一四年四月再版される。『鴛盟離合記』（黒岩涙香訳『人の妻』）二冊は、一九〇七年「説部叢書百種」の第九編第五種再版となる。一九〇八年、「説部叢書」初集第八五編が出版され、一九一三年一二月三版、一九一四年四月再版される。『寒牡丹』は一九〇六年初版、一九一五年三版、『説部叢書』百種第四集第一〇編、『説部叢書』初集第四一編（一九一四年再販）が出た。

これまで見てきたように、探偵小説の影響は他の小説よりも大きかった。この探偵小説について言えば、影響の大きかったものは、『指環党』、『寒桃記』、『車中毒針』と『橘英男』である。『指環党』（黒岩涙香訳名『指環』）は、一九〇五年「説部叢書百種」の第三編第四種として出版され、一九〇七年三月再版。『寒桃記』（黒岩涙香訳名『有罪無罪』）は一九〇六年「説部叢書百種」の第四編第一種として、同年四月二版、一九〇七年三版が出される。一九〇六年「説部叢書」初集一三編が出版され、一九一三年一二月四版、一九一四年四月再版される。『車中毒針』は「説部叢書」百種第三集第一〇編として、一九〇五年一二月初版、一九〇六年一月初版、一九〇六年四月再版、一九〇七年二月三版が出る。「説部叢書」初集第三〇編は、一九〇五年初版、一九一三年一月四版、一九一四年四月再版される。小本小説は一九一二年初版、一九一四年三版がある。『橘英男』は二種類の訳本、汪延襄訳本と商務印書館訳本があり、前者は『法政学交通社雑誌』上に、「軍事小説」として掲載される。後者は「探偵小説」として多くの版本が出版され、一九〇七年一二月、「説部叢書」百種第一〇集第二編、一九〇八年、「説部叢書」初集第九四編、一九一三年一二月再版、一九一四年三版される。

伝統的小説の題材は神魔小説、英雄伝奇小説、公案小説、侠義小説など徐々に歴史の舞台から消えていった。その代わりに起きたものが政治小説、科学小説（SF小説）、冒険小説、探偵小説、新たな恋愛小説などの小説タイプであった。古い小説体系が崩壊し始め、新たな小説体系が形成された。

清末民初の日本語文学漢訳が表現した題材の特徴には、その背後にイデオロギーと詩学の反応が十分に出ている。「文学救国論」はイデオロギーの明確な表現である。梁啓超は「政治小説」、『外交報』では「外交小説」の形式を借り、その政治思想を遂行しようとした。周樹人などは「科学小説」の形式を借り、科学精神を提唱した。ほかの翻訳家たちは「探偵小説」の形式を借り、法制法治国家に傾倒した。孫宝瑄の『忘山廬日記』の中で、自分で新しい小説を読んで会得し、次のように言った。「西洋人の政治小説を読み、政治原理を悟ることができる。西洋人の科学小説を読み、様々な化学物理の原理に会うことができる。西洋人の探偵小説を読むことによって、西国人の人情、土地の風俗、およびそこに住む人の心の中の狡賢さを見ることができる。我が国に及ぶものがない。だから我が国の小説を見ても、ただ気晴らしができるだけだ。西洋人の小説を見れば、大いに学問の助けになる」。新小説を重要視する読者において、孫宝瑄の見方は代表的なものである。詩学から言えば、ストーリー性は翻訳家が日本語文学を選択し漢訳するという重要な力なのである。情を重んじ奇を尊ぶことは二つの駆動力である。清末民初の具体的な環境において、翻訳家と読者は暗黙のうちに了解しあっている。また情を重んじ、奇を尊ぶ作品は必然的に双方が生かされるのである。社会転換の時期に、SF小説、冒険小説、探偵小説、恋愛小説は中国の読者に受け入れられ歓迎された小説作品になった。翻訳を通じて、これら異なる題材の小説類型は伝統の小説体系を打破し、徐々に新たな小説体系を形成していったのである。

## 訳注

[i] Andre Lefevere, Translation, Rewriting, and the Manipulation of Literary Fame, Routledge (1992/10).

[ii]『魯迅全集』(学研版、一九八五年)の注によれば、『月界旅行』は、「フランスの小説家ジュール・ヴェルヌの空想科学小説で(当時、訳者は米国ジュールス・ベルン(原文「查理士・倍倫」)」と誤っている)。

[iii] 魯迅『月界旅行』解説。二一〇頁。

[iv] 同右、二一一頁。

[v] 同右、二一〇頁。

[vi] 同右、二一〇頁。

[vii]『魯迅選集』(岩波版)一九七三年、四〇頁。

# 注

[1] 熊月之「晩清社会対西学的認知程度」、王宏志編『翻訳与創作』北京大学出版社、二〇〇〇年三月、三九頁。
[2] 陳平原『二十世紀中国小説史　第一巻』北京大学出版社、一九八九年、七一頁。
[3] 林明徳『文学典範的反思』台北・大安出版社、一九九六年、一一〇―一一三頁。
[4] ドナルド・キーン『日本文学史・近現代編』より孫引き。中央公論社、一九八二年、一一五―一一六頁。
[5] 梁啓超『訳印政治小説序』『清議報』第一冊（一八九八年）。
[6] 梁啓超『飲冰室自由書』『清義報』第二六冊（一八九九年）。
[7] 邱煒萲『茶花女遺事』陳平原・夏暁虹編『二十世紀中国小説理論資料』（第一巻）北京大学出版、一九九七年、四六頁。
[8] 邱煒萲『小説与民智之関係』陳平原・夏暁虹編『二十世紀中国小説理論資料』（第一巻）北京大学出版、一九九七年、四七頁。
[9] 付建舟『晩清社会轉型中的政治小説』『洛陽師範学学報』二〇〇四年第六期。
[10] 梁啓超『小説叢話』『新小説』第一五号（一九〇五年）。
[11] 阿英『觚庵漫筆』『晩清文学叢抄・小説戯曲研究書』北京・中華書局、一九六〇年、四三四―四三五頁。
[12] 林紓『神枢鬼藏録・序』『晩清文学叢抄・小説戯曲研究書』北京・中華書局、一九六〇年、二三七―二三八頁。
[13] 梁啓超『本館第一〇〇冊祝辞並論報館之責任及本館之経歴』『合集』文朱之六、五五頁。
[14] 洪邁『容斎随筆』黄霖、韓同文選注『中国歴史小説論著選』（上）南昌、江西人民出版社、一九八二年、六四頁。
[15] （明）睡郷居士『二刻拍案惊奇序』、丁錫根編『中国歴史小説跋集』（中）人民文学出版社、一九九六年、七八八頁。
[16] （明）笑花主人『今古奇観序』、丁錫根編『中国歴史小説跋集』（下）人民文学出版社、一九九六年、一三四七頁。
[17] （明）張蒼『平妖偉叙』、丁錫根編『中国歴史小説跋集』（下）人民文学出版社、一九九六年、一三四七頁。
[18] （清）奇生氏『争春園全偉叙』、丁錫根編『中国歴史小説跋集』（下）人民文学出版社、一九九六年、一五九五頁。
[19] （清）程世爵『双美奇縁序』、丁錫根編『中国歴史小説跋集』（下）人民文学出版社、一九九六年、一二四三頁。

# 五四時期の「小詩」による俳句の取り込みについての総論

羅　振亜
（翻訳：金澤　妙）

一九二一年から一九二四年の間、一行から数行で、わずかな悟りやある時ある場所の風景を即興で表現することは、詩壇で大変な創作ブームとなり、人々はそれを小詩運動と呼んだ。小詩運動のメカニズムの発生について言えば、新詩全体に対して西洋詩が引き起こしたモデルとは特徴が異なり、インドのタゴールや日本の和歌、俳句などの東洋の影響を受けている、というのが学界での通常認識である。しかし、一体どの詩の影響を受けたのか、どの方面で影響を受け、効果はどれほどだったのか等の疑問に及ぶと、一部の詩人や批評家は、小詩の創作と日本の俳句は無関係で、唐人絶句の影響を受けたか、あるいは「飛鳥集」の影響を受け、小詩の作者の大半は、「直接ないし間接的にタゴール詩集の影響を受けた」と指摘する[1]。和歌や俳句が小詩に与えた影響に至っては、「詩型だけのようで、その境地や風格には及んでいない」と主張する[2]。中には、五四時期の小詩の勃興は主にタゴールによるもので、和歌や俳句による影響は形式の範囲のみで、周辺的・二次的なものにすぎない、という意見も見られる。果たしてこれは真実なのか？　答えは否である。唐人絶句は五四時期の小詩、中国本土の伝統であるように、日本の俳句は五四時期の小詩が域外の伝統から影響を受けた主体だということは明らかにすべき事実なのだ。これが本稿を執筆するに至った研究動機である。

## 1　周作人とタゴール、二つの「文化的懸け橋」

アヘン戦争後、中国は世界に目を向け始めた。伝統詩を現代へと転換させるために、一部の知識人は詩体を増やし、新詩の表現力を高めようという考えに端を発し、芸術版「別求新声於異邦（海外から新しいものを求めよう）」運動を開始した。五四時期の小詩の勃興は、ある程度インドや日本の詩歌の翻訳紹介および吸収の結果によるものである。

日本の俳句の流入は、周作人の翻訳による紹介が主である。当時、東京に留学中の周作人は、落語や川柳、狂言などに触れることで、日本文学の俳諧に興味を抱き、松尾芭蕉や与謝蕪村、正岡子規、永井荷風、小林一茶などが築いた俳句の世界にひとしきり心酔した。彼は「詩、特に俳句は翻訳に適さず、ともすれば形はあっても心を失う」と承知していた。しかし、新文学建設への激しい情熱から、周作人は確信のないまま一九二一年から一九二三年までに百首余りの短歌や俳句を翻訳した。独自に発表した「雑訳日本詩三十首」（一九二一年『新青年』九巻四号）、「日本俗歌四十首」（一九二一年二月『詩』一巻二号）のほかに、「日本の詩歌」（一九二一年五月『小説月報』一二巻五号）、「一茶の詩」（一九二一年一一月『小説月報』一二巻一一号）、「日本の小詩」（一九二三年四月三―五日『晨報副刊』）等である。周作人の翻訳は、俳句の一七音や五・七・五の行分けの規則には厳密には従わず、また名を捨てて実を取るという「中国化」を行った。すなわち日本語の音節の多さや呼吸リズムの特徴から始まり、白話文が持つ潜在力を引き出し、現代口語の自由な文の構成を用い、豊富に内在する俳句のニュアンスを簡潔に伝えた。同時になるべく二音節語を使用し、時折「呀」「罢」「了」などの語気助詞を加えることで俳句固有の「切れ字」に対応させ、俳句ののびやかで余韻が広がっていく快感を維持した。例えば、彼の翻訳した「我と来て　遊べや親の　ない雀」（小林一茶）、「易水に　ねぶか流る　寒さかな」（与謝蕪村）がある。俳句の中に併存する「意象」（訳者注―風景描写などの物象に作者の心情が込められていること）間の相生相克関係が持つ妙味は薄められてはいるものの、時折括弧を用いて作者が明言していない内容を補っている。しかし、基本的には俳句の真髄をつかんでおり、字間や行間に韻律や形式にとらわれない自由さが感じられ、詩意に溢れて、文学における「民族化」を完成した。したがって一部の専門家から見ると、彼の翻訳はとりわけ創作的なのだ[3]。彼の作品により、俳句や和歌の形式、性質、文化背景、変化の過程、そして宗鑑や貞徳、芭蕉、蕪村、一茶、子規、碧梧桐などの俳句および香川景樹、和泉式部、与謝野晶子などの和歌作品が系統立って紹介された。俳句の簡潔で含蓄に富んだ暗示力と「弾力的な集中性」は高く評価され、俳句はある場所の風景や一時的な情緒、刹那的な印象を描くのに適しているため、「理想の小詩」と称された[4]。

俳句が取り入れられた頃、新詩においては、胡適などによりすでに新しい道が開拓されていた。周作人の翻訳紹介は、一方で白話を用いて当時の詩体を解放する、という自由な理念と合致しており、また俳句は自然で人間的な新しさを感じさせるという点で、確かに理想的な小詩であった。このため「大勢が模倣した」[5]。詩壇のベテラン・朱自清は感慨深げに「以前、周啓明氏の『日本の詩歌』を読み、日本の短歌に羨望の念を持った。当時、是非模倣してみたいと思った」と語った[6]。若い詩人の中には追随者は一層多く、応修人が周作人に宛てた手紙からもその一端がうかがえる。「数日前、去年の『小説月報』を何冊か買い、あなたの（翻訳した）日本の詩歌文を読み返すと、俳句や短歌の美しさがつぶさに味わえました……散文であろうと翻訳であろうと、詩の雰囲気に満ちており、耳を傾けるべき調べを持っています。結局のところ（これは）詩と言わずにはいられません」[7]。次第に俳句は詩の中に内在化し、多くの詩人が情感を表現する思考や創作方法のひとつとなり、「小詩運動は周作人の短歌・俳句の紹介から始まったと言っても過言ではない」[8]。

タゴール作品の翻訳紹介は、ある一派によるものが非常に多く、特に鄭振鐸によるものが一番多い。一九一三年、タゴールが東洋の作家としてノーベル賞を獲得すると、中国詩壇の注目を集めた。一九一八年八月『新青年』に劉半衣の翻訳でタゴール詩九篇が掲載され、一九二〇年二、三月『少年中国』八、九期に黄仲蘇訳『園丁集』の詩二三篇が発表された。一九二二年に鄭振鐸訳『飛鳥集』が出版され、一九二三年『小説月報』一四巻四、五号は「タゴール」特集号であり、翌年のタゴール訪中を歓迎した。この間、タゴールの哲理的な趣きや宗教意識に溢れた詩は、五四運動退潮後、多くの青年の孤独や困惑と暗合し、初期新詩の「言理（理屈を述べる）」の道筋に近づいた。そして精神的慰めや思想の啓発を行い、次第に広範囲に影響を及ぼしたのである。「小詩」運動のリーダー・冰心は、タゴールの清らかな自然の境地に感化され、魂の奥から微かで神秘的な情感とも音楽とも言うべき調べを生み出した。それが『繁星』『春水』である[9]。宗白華はタゴールの『園丁集』に「その調べの物寂しいすすり泣くような様にはすっかりのめり込んだ」と夢中になり、「宇宙の果てから片思いする悲しみ」を引き起こした[10]。（タゴールの詩の）追随者は非常に多いが、この問題は本稿の主題ではないので、詳細については触れない。

享楽を特徴とする俳句と、瞑想を特徴とするタゴール詩の翻訳紹介という両派の合流は、五四時期の小詩運動の幕を開けた。兪平伯や康白情、郭沫若、徐玉諾、沈尹黙、冰心、宗白華、応修人、潘漠華、馮雪峰、汪静之、謝采江、鐘敬文など多くの作者が次々と小詩を好み、われ先にと作品を発表し詩壇を賑わせた。冰心の『繁星』『春水』、宗白華『流雲小詩』、兪平伯『冬夜』、謝采江『野火』、湖畔詩派『湖畔』『春の歌集』、何植三『農家の草紫《レンゲソウ》』などの詩集が次々に出版され、小詩の創作は非常に盛んになった。詩刊専門誌『詩』もやむなく一九二二年七月一巻四期から小詩コラムを開設し、その発展の一翼を担った。その後、批評家たちは理論面から総括を行い、一九二四年胡懐琛も専門書『小詩研究』を出版した。翻訳や批評、創作が合わさり、名実ともに「小詩」となったのだ。小詩の由来について、「二つの潮流があり、それはインドと日本である」[11]というのが定説となった。

観念的に見ると、小詩運動の勃興は両派の東洋詩の翻訳紹介により促されていることから、周作人の（俳句を翻訳しようという）判断は客観的に見て妥当である。しかし、八〇年以上の時を経てつぶさに検証しようとすると、彼の結論はある程度偏りを持っており、真の歴史的事実を見えなくしてしまっている。厳密に言うと、小詩の本質の起源は両派ではなく、一派、つまり俳句や和歌である。少なくとも主な点で由来していると言える。周作人は小詩運動の混沌の中に身を置いていたので、客観的に見られるだけの十分な間合いを取れず、人々に十分注意すべき重要な事実を見落とした。小詩に影響を与えた『飛鳥集』は、多くの人々から賞賛を受けたが、(同作品が持つ)芸術性の根源は日本の俳句にあった。具体的な経緯は以下の通りである。ノーベル賞受賞後、一九一六年にタゴールは日本を訪問し、四カ月以上の滞在の中で、彼は松尾芭蕉や与謝蕪村、小林一茶などの俳句に多く触れた。彼は人と自然が深く調和している「古池」の句などに感服し、覚えず日記で俳人への敬意を表している。「これらの人々の精神は澄み切った渓流のようにひっそりとしており、湖水のように静かである。今まで私が触れた詩篇は、どれも美しい絵のようで歌ではない」、そして「これらの類まれな短詩は彼に影響を与えたかもしれない。日本の若者の求めに応じて、彼は扇子やサイン張に何かしら書いた。……これらの細々とした語句や短文は、その後本にまとめられ『迷途之島』(現訳『飛鳥集』)及び『習作』が出版された」[12]。数々の先行研究により、タゴールの簡潔で美しい哲理詩は日本の俳句の啓示を受け、俳句の影響下で書かれたものだ、と確認された。そのすがすがしい自然の息吹、濃厚な宗教的雰囲気や頻繁な哲学的思考、サンスクリット文化と仏教詩が背景の制約、さらに日本の俳句の自然観や禅宗思想がゆったりと伝わってくる。

このように推論を重ねると、小詩はタゴールという才能豊かな詩人の恩恵を受けたと称しているが、実際は日本の俳句の影響や洗礼を間接的に受けたと確信できる。そして周作人やタゴールは、現代史上において中日交流の二つの懸け橋だったと言える。かつて中国古典詩の影響を受けた俳句は、一九二一年になって「逆輸入」というプロセスをたどり、五四時期の小詩ブームに受け継がれた、と言えよう。俳句は小詩に豊かな思想と芸術の源を提供したのである。

## 2　観念と情緒の共感

「(小詩に対する俳句への)影響の大部分は詩型だけのようで、その境地や風格には及んでいない」という観点に沿って、俳句が小詩に与えた影響は「簡潔さ」や「含蓄」だけであると一部の評論家は繰り返し述べている[13]。朱自清がこの結論を出した一九二二年当時、小詩はまだ全面展開を待たねばならない状態であった。したがって彼が全貌を見られなかったがゆえに観点の偏りがあったことにはまだ酌量の余地があり、それは彼の「〜のようで」という表現から推測が暗に秘められていることが分かる。また小詩ブームが収束した後も、「俳句からの影響は単なる形式だけ」という論調の繰り返しは、過度に権威に寄りかかり、芸術的判断力が欠如しているにすぎない。実際のところ、俳句の形式には意味があり、周作人の翻訳はその真髄を理解していた。したがって小詩に対して「総合的な影響」が生じるのは必然である。多くの文献が証明しているが、小詩は芸術的観念や精神的内実、審美的情緒において、俳句に対する深い共感を寄せている。

その一番目は、詩意の純粋性の構築である。紀元後の一五〇〇年間、日本はずっと太平的であった。外部からは異民族の侵略がなく、国内では急激な変革も少なく、大きな社会的変動に乏しかった。このことは、長い年月を経て、芸術の成長や感知に影響を及ぼした。そのため国家や政治、戦争、民衆の生活、知識人の責任などテーマ性の強い中国詩に比べると、日本の和歌は純粋性の高い詩である[14]。和歌から抜け出してできた俳句は、少ない文字による構成であるため、膨大な叙事的内容を織り込みにくく、多くの俳人は純粋に内心を描く芸術と見なした。自然や日常生活から詩意を見出し、個人の感情を表現するのである。社会的な現実の観察は、甚だしきは俳句の自殺行為だとさえみなす者もいる。俳句集を繙くと、このような作品が随所に見られる。「人も見えぬ　春や鏡の　うらの梅」(松尾芭蕉)、「朝顔に　つる

べとられて　もらひ水」（加賀千代女）、「やれ打つな　蝿が手をすり　足をする」（小林一茶）。これらは季節に対する敏感さや親しみを表したのか、暮らしの中でのきめ細かな優しさを振り返ったのか、あるいはユーモアなタッチで小動物への憐れみを描いたのかもしれない。しかし、全ては自然に己の詩意や空間をあやつり、目の前の出来事に心を傾けて、自然に「意象」や情趣に満たされている。観察の対象とする範囲は狭められ、精巧かつ純粋なものである。

　俳句の啓示を受けて、五四時期の小詩ももはや理や徳を目的として人々の行動への過剰な言及をすることはなくなり、現実と直接取り組むことを避け、政治性や実用性と結び付いた個人の感情世界の構築に重点を置くようになった。「出してやらねばよかったものを　ついていったらよかったものを　待っても待ってもまだ帰らない　どこを訊《き》いてもあの人はいない」（今村与志雄訳『中国現代文学選集19　詩・民謡集』平凡社、応修人「悔煞」）という詩では、わずか四句で憂える女性の後悔や寂しさ、期待、焦りなどが入り混じった、隠された心情を丁寧に余すところなく伝えており、ほろ苦く、現代的かつ透明なニュアンスに感情の衝動を含んでいる。「他人の忠告には耳を貸さなかった　歩いては振り返り、恋する人をちらりと見ている　私はどんなに喜び、恐れていることか！」（汪静之「過伊家門外」）では、典型的な細部を見るだけでも、大胆さや反発、執着といった愛を誇張しつつ、「恐れる」のに「喜ぶ」という心情を、微に入り細をうがって描いている。湖畔詩人の馮雪峰と潘漠華も専ら恋愛詩を書き、青春の熱さや無邪気さをもって率直に「歌哭（歌で泣き）」「歌笑（歌で笑った）」。冰心の小詩のテーマは愛である。例えば「これらは　永久に消えることのない追憶　母の膝の上で　美しい月の園で　藤の葉の下で」（「繁星・七一」）という詩は、「月に照らされ、辺りは一面白銀の世界、木はまだら模様の影を落とし、そよ風が吹く中、母親の暖かな膝に寄り添い、自然のささやきに耳を傾け、温かな素晴らしい時間と温もりある母の愛、子供の無邪気さをどうして懐かしまずにいられようか？」という意味である。

　一方、哲理詩の宗白華は往々にして、情愛や母性、子供の無邪気さを歌に詠んだ。「月が沈む頃　私の心の花は散っ

てしまった　一片一片の芳香が　彼女の夢で蝶になる」（「月落時」）では、感情はおぼろげで、精緻な体験は味わうに足る。

周作人の「飲酒」「花」「小孩」などの詩では全て、純粋な人間味あるテーマを扱っている。小詩に描かれた人間の温かさであれ、瞬間的な感情の起伏であれ、純粋な悟りであれ、全て個人が詩の原点となっており、個々の軽やかな意志や魂の感応は、詩に明確な内向性を与えた。この観念における革命は、真の詩とはことごとく「内在する本質から生まれる」という特徴と合致し、普遍的かつ永遠の境地に達すると同時に、「言志（志を語る）」の伝統から「言我（己を語る）」、「言景（風景を語る）」の観念へ移行した。

小詩によるこの観念における転換は、叙景詩の際立った発展として直接表れた。日本人の季節に対する感覚は鋭く細やかであるが、俳句とはもとより季節の詩歌、自然の詩歌、風景を詠んだ一七字の詩歌である。例えば、「憂き我を寂しがらせよ　閑古鳥」（松尾芭蕉）の俳句は、四季や世間の出来事を材料とし、人と自然の関係を表現しており、その結果「季節がなければ句にならない」という季語の基準が設定された。例外的に無季の俳句、自由律の俳句を提唱する人々の存在もあるが、今日でもやはり俳句は春夏秋冬新年の五部でまとめられる。これに対し、度重なる国家の大事で衰退していた中国の自然詩の伝統は、五四運動後に回復し始め、その結果叙景詩が著しく発展した。これは古典である山水田園詩の伝統の延長であるが、多くを俳句による外部の刺激に負っている。郭沫若は、「春之胎動」「浴海」「鳴蝉」「雪朝」の創作では俳句の季題の真髄を会得していた。「鳴蝉」の中で「ひきりなしに鳴く蝉よ　秋　ミンミンミンと命が終わる」、これは季語や切れ字があり、俳句の趣きがある。冰心と自然の関係は密接しており、「大いなる海よ、いかなる星に光なき?　いかなる花に香《かおり》なき?　つねにわが思いの中に　汝《な》が潮騒《しおさい》の聞ゆなり」（飯塚朗訳『中国現代文学選集19　詩・民謡集』平凡社、「繁星・一三一」）では、すでに海は詩人のまなざしと心に溶け込み、自然が擬人化され、母親のような温かな慈愛や厳格な広大さを持ち合わせている。「かよわき細い柳よ　ものうげに風にあおられお前は自然の恵みを受けているのか?」(謝采江「野火・四」)では、その柔らかさ、穏やかさは自然の美しさや温情を感じさせる。湖畔詩人の景物詩は数が多く、また特徴的である。例えば「何日か見ぬうちに　柳のお嬢さんがまた新たな装いになった!　――もっと綺麗になった!」(応修人「柳」)、「柳は身をかがめ耳をすまして　湖にいる魚たちのささやきを聞いている　風が来た　柳は頭を揺らし、風よ声を立てるなと叫んでいる」(馮雪峰「楊柳」)である。彼らは「全てを恋する相手とみなし、自然万物であろうが、恋人として語り合い、融合している」[15]。これらの詩と小林一茶のあどけない俳句とは、手段は違えども効果は同じである。童心の視点や思惟から、強引ではない天真爛漫で素朴な躍動感があり、動植物に対する人間の情感などが加わり、ユーモラスな美しさに溢れる。これらの極めて小さく婉曲的な叙景詩は、ヒューマニズムや啓蒙主義、民主・科学意識の高まり以外にも、詩壇に彩りや活気を添えた。

俳句への共感の二番目は「瞑想」である理趣をかき立てたことである。中国の詩は全体的に感性的な道を歩み、叙情が相対的に発達したが、五四時期の小詩ではある種の理性を含んだ「瞑想」の特徴が突出している。この異質な詩意が加わりつつも、伝統的な「天人合一」の考えなどの知恵や悟りによる影響は排除されていない。しかし、タゴールの詩と、根源的に見れば、俳句の取り入れによる恩恵を主に受けている。最初、俳句は滑稽さとんちが主であり、瞬間的な感情やアイディアのひらめきを捉える利器として、すでに思考の要素を含んでいた。そして一七世紀になり「俳聖」松尾芭蕉が中国唐宋時代の詩に禅を取り入れることを模倣し、「禅をもって俳句を興した」。これを厳粛で高尚な芸術にまで高め、禅の精神は俳句の内在する真髄になった。そのため、本来俳句は思想を表現しない、ひらめきを表す形式であったにもかかわらず、禅宗の崇高なひらめきの中で、詩人は「その唯一無二で、言葉で表現できないものと融合するため、対象内に身を置く」ことができた[16]。事物の表層と乱雑さを通り、本質を認知する階層に至ることで、俳句は深遠で微弱な心情を含んだ。例えば、松尾芭蕉の名句「閑さや　岩にしみいる　蝉の声」や「古池や　蛙とびこむ　水の音」は、禅道を礎とする。前者は、芭蕉が『おくの細道』執筆の旅をしている時、静寂の最中、突然蝉の声がそれを打ち破り、あたかも岩をつきさすようであった情景を描いている。この句には人と虫が詠い込まれ、静と動のバランスがとれ、人と蝉と石が隙間なく溶け込んでいる。理趣と禅意の体験に神秘的な生命の躍動感が輝くのだ。後者は心を静め熟慮した人生の悟りを表している。大きく古い静かな池の水に、小さく鮮やかな動きのある青蛙を対比して重ねている。変幻自在で閑寂な禅の境地が構築され、青蛙の入水という動で静を描くことで静かさが強調される。そして遥か広大な宇宙や歴史を前にして、人生の命運や騒々しさとは青蛙が入水する瞬間であり、飛び込む刹那、時間が固定された瞬間を永遠としているのだ。これは表面的には平坦な俳句だが、実は奥が深い。与謝蕪村「ゆく春や　おもたき琵琶の　抱きごころ」、小林一茶の「我星は　どこに旅寝や　天の川」、正岡子規の「ちよぼちよぼと　若草生える　小庭かな」などは、誰もが実証済みの命題であり、高遠でしみじみとした俳句の心境に満ちている。

俳句の影響を受けて、五四時期の小詩は禅宗に深く立ち入ることはなかったが、詩をもって理を説き、詩を通じて思考する風潮は依然として育まれた。無意識に得るインスピレーションからくる冰心の小詩は、常にたちどころの悟りや、直感によって事物の表面や直接的な意味を見抜き、平凡な事物から深遠な感覚や哲理を引き出した。例えば、「壁の隅に咲く花　ひとりよがりになれば　天地は小さくなる」（「春水・三三」）は、愛情のこもった態度を一変させて、自己陶酔にふけり高慢になりがちな人への風刺や批評である。「繁星・一〇」は花の発芽から開花、結実の現象から、若者たちがいかに生きるかという道理を悟り、努力あっての成功の喜びであると暗示する。俳句の影響を受けなかったと語る宗白華は、「夜」の中で「意象」を逆さにし、情緒面では、タゴールの詩を通じて間接的に俳句が持つ禅の趣きに捉われている。「闇夜は深く　物音ひとつせず　遠くの寺の鐘音がもの寂しい　静寂―静寂―　わずかな思いが　無限の時に流れ込む」では、夜の静謐と心の蘇生が相互に影響しあい、思考の流れや広がり、自由を鮮明にしている。人と天地や時空とを比べ、微弱で小さすぎる嘆きが混じり合い、繊細かつ変化に富み、捉えどころがない。周作人の「過ぎ去った生命」にある「私の枕下から立ち去った」も、刻々と過ぎる時間の中での生命への思索に富んでいる。冰心や宗白華などが思考することで生み出された悟りを重視するのに比べ、生活の体験を重視するきらいのある湖畔詩人の謝采江や何植三などは、魂という「河の流れ」の中でも、時折理性的詩意という「石」が顔を覗かせている。「器用に巣づくりをして　ツバメが鳴いている　人家の軒下でピーチクピーチク　巣はかよわいヒナ鳥でいっぱいだ　親ツバメは飛んで飛んで　休みなくエサを与えては飛んで行く　ツバメよ！　ツバメよ！　これがお前たちの一生か？」（応修人「一生」）では人家に身を寄せ、ヒナ鳥を育てるために奔走するツバメの姿を借りて、人生を思考している。反語表現の中、楽観的で前向きな精神が隠されている。汪静之「伊的眼」では、「彼女の瞳」と「暖かい太陽」「結び目を解くハサミ」「快楽の鍵」「憂愁の導火線」という四つの「意象」の関係を個々に確立し、如実に愛情の本質を説く。愛とは酸（酸っぱい）、甜（甘い）、苦（苦い）、辣（辛い）、咸（塩辛い）がみな揃った調味料のようなもので、温もりや快楽とともに苦しみや憂いももたらし、弁証法的な考え方は詩にいくばくかきらめきを添えた。喜ばしくも、五四時期の小詩の理趣は冷ややかな格言を追求せず、自然な悟りから生じる哲理は、「意象」によって暗示、強調、ひいては象徴している。このような書き方は、同時期の胡適など具体的に理を説く詩に比べると、ずっと味わい深い。朱自清は、「中国は瞑想詩に乏しく、詩人の多くが人文主義者にも関わらず、人生の根本的な問題を模索する者はいなかった」[17]と感嘆している。五四時期の小詩は人と自然、命、宇宙などの抽象的な命題を模索し、この欠落部分を補ったのだ。詩とはただ激情を吐露するにすぎないという迷信を打破したことは、この時期の小詩ブームが持つ最大の貢献である。

三番目は、精神情緒において感傷表現に満ちていたことである。五四時期小詩に感傷表現が多用されたのは、「新詩を作る」のは多情多感な年頃の若者だったこと、五四運動退潮後は悲劇的なムードに覆われていたこと、また古典詩のもの悲しい叙情基調の支配下にあったことと、多かれ少なかれ関係がある。同時に、俳句の「もののあはれ」という伝統的な喜びと憂いとも関わりがある。日本人が持つ敏感な繊細さは、小さくはかない事物であるほど、より純粋な美を持つという美意識に繋がった。日本人から見ると、桜の花が彩雲のごとく咲き誇ることと、花びらが散りゆくさまは同様に美しいとされる。絢爛たる瞬間は美を極みに押し上げ、花が散りゆく時は厳粛なる生命価値の実現なのだ。これは悲観的な趣き「もののあはれ」の伝統を帯びて、俳句が日頃から変幻自在で、静寂幽邃な物象を選択することを決定付け、季節の移ろいや生命のはかない無常を詠っている。松尾芭蕉の大自然での苦しい長旅の「旅心」はその原点であった。『おくの細道』では孤独と郷愁のもの悲しい色彩が顕在化され、悲しい秋を詠った「枯枝に　烏のとまりたるや秋の暮」、傷ついた春を詠った「行く春や　鳥啼き魚の　目は泪」、これらは典型的な日本の感傷主義を表現している。その後の俳人たちの作品、例えば「柳散り　清水涸れ石　処々」（与謝蕪村）、「夕ざくら　けふも昔に　成《なり》にけり」（小林一茶）、「風をいたみ　萩の上枝《ほつえ》花もなし」（正岡子規）は、枯れ景色で心の荒涼を吐露したのか、素晴らしい時間が過ぎ去ったことに失望したのか、それぞれが「もののあはれ」を表現している。

俳句の情緒は五四時期の小詩の中で鮮明に息づいている。郭沫若による「苦悩に囲まれた中で、魂の奥底からほとばしる悲哀が必要だ。それでこそ読者の魂を震撼させられる」[18]という感想も、小詩の情感の特徴や価値選択を表したものであった。彼自身は俳句情緒に溢れた「静夜」でふさいだ雰囲気をかもし出している。「月光はほのかに　村の外の松林を包みこむ。　白雲は丸みを帯び　星はまばらにもれている。　天の川はいずこ？　遠くの海霧はぼやけている。　ひょっとしたら人魚（訳者注―「鮫人」古代伝説中の人魚の一種。泣くと涙が真珠に変わるとされる。）が岸辺で　月に向かって真珠の涙を流しているのだろうか？」静かな夜に身を置いて、あたかも悟りを開いているかのようであるが、実際は過去の夢が幻のように消えてしまった憂いが込められている。冰心や宗白華の詩はどれも感傷や苦悩、孤独ひいては死の境地にまで踏み込んでいる。「時間はこうして過ぎ去るのか？　ぼんやりと思考するほかは、何もできていないのに！」（「繁星・三〇」）では、字間や行間に生命への不満や叱責、いたずらに日々を送る嘆きや後悔が込められている。宗教的な色彩の強い「死よ！　起き上がって彼をたたえよ。それは沈黙の終着、永遠の安息なのだ」(「繁星・二五」)という作品では、死を人類の二度と帰らぬ魂の帰郷と見なし、平静な達観の裏には消極的な俗世を離れたいという思いが見られる。一方、現実的な謝采江は、軍閥混戦で困窮する人々の生活に対峙して深く苦悩した。「遠い村の鶏の声だけが　心を空にさせ、憂いを忘れさせる」(「野火・九」)、しかし忘れられるのは一時だけであり、われに返った時には一層悲しみや憂いが募る。そのほかに、潘漠華の詩が極めて悲愴的であることは公然の秘密であった。「足元の小さな草たちよ、どうか許しておくれ！　私がお前を踏みにじる時、私も誰かに踏みにじられている、永遠に！」(「小詩・一」)、これは偶然の一瞬が引き起こす人生の嘆きを詠んでいる。一人の堂々たる人間は一介の草にも及ばないというのに、人と草の境遇を対比させることで、人生の筆舌に尽くしがたい苦しみを感じさせる。世間に許されない女性を愛した経験が、彼の詩の「意象」を墓場や夢の名残、骸骨、死などにさせ、「歌哭(歌で泣く)」の調べを表現している。その他の湖畔詩人の作品には「笑いの中にも涙あり」、「彼女は一日中部屋に座り込んで泣きじゃくる」、「鳥は去った。ただ静寂と悲哀を残して」(馮雪峰「幽怨」)、「コウシンバラが風の中で震えている。私の心も彼女に寄り添い、震えている」(汪静之「月月紅」)がある。「内に秘めた怨み」や「震え」という感傷に満ちた表現は、五四時期の小詩では珍しいことではなく、一種の流行り病のようであった。小詩の感傷表現の多用は、一度は非難されたものの、現代人にとっての真《まこと》を取り戻したのだ。また悲しみや苦しみの陰鬱な面の吐露は、当時の人々の「心」のあり方を反映・補完するために必要であり、同じような状態にあった人々の心の飢餓感を払拭したのである。

## 3　形式と技巧の吸収

俳句の影響は五四時期の小詩の詩意や詩質の構築に対して、詩の奥底に潜んでいるがゆえに、学者たちの見解が一致していないとするなら、小詩への俳句の形式や技法の「移植」とその受け入れに対する論調ははっきりしており、評価も珍しく一致している。ほとんどの研究者は、俳句の短い詩型と叙情を含ませるというやり方は、小詩への啓発の効果があったと認めている。ただ具体的な影響となると、詳しい先行研究は少ない。その点において、俳句が小詩に対して与えた触発は、例えば切れ字の運用や、心情、物象への呼応といった芸術的な共通点が多いことだ、と私は考えていた。

しかし、最も本質的な特徴には、以下の三点が挙げられる。

一番目は物象化を用いて感情や意志を述べ、簡潔な含蓄美を創造したことである。日本語は常に一語多音節であり、俳句の一七音節は漢字に変換すると一〇字前後になってしまう。「このように狭小な表現の空間の利用には、もってまわった表現が必要で、読み手に対して理解しうる詩意の啓示や手がかりを提供しなければならない。その表現の技巧は類まれである」[19]。相対的に豊富な詩意を得るために、俳人たちは自然との調和により恵まれた既存の資源を開発することに注目した。そして「物象によって感情を生み、意志を生み、考えを生む」という俳句の特徴に基づき、具象性や即物性を際立たせ、物象化により悟った「意象」を語るという表現方法を用い、「砂⇩現世」「花⇩天国」といった効果を追求している。例えば、小林一茶「是《これ》がまあ　つひの栖《すみか》か　雪五尺」「ふるさとや　寄るもさはるも　茨の花」では、鮮明な「意象」を用い、彼の故郷に対する複雑な感情を遠まわしに表現したのである。家や故郷は温もりの象徴、花は美の代名詞である。これらの言葉と冷たい五尺の「雪」、人を刺す「茨」という二つの相反する「意象」を並列させることによって、相生相克関係が生まれ、詩人の矛盾する心境を効果的に表現している。考えてみれば、父親の死後、長年放浪していた一茶は、帰郷しても継母や兄弟の冷淡さに、すぐに憤然と家を飛び出したのだ。彼にとって故郷や家は冷たく、苦々しいものではなかっただろうか。与謝蕪村「菜の花や　月は東に　日は西に」は典型的な季語を使用して、情景の美しさを際立たせ、太陽と月がともに輝く夕暮れ時、黄金色の菜の花が活力の一片となり、まるで絵の情景の中で詩人の喜びや好みを分かち合うようである。松尾芭蕉の「塚もうごけ　我泣声《わがなく》は　秋の風」では、墓と泣き声、秋の風の三つが象徴的な色彩を強め、そこに寒々とした物寂しい「意象」が重なり、目に見える景色の背後には、作者の隠された情を暗示させ、悲しみの感覚を伝えている。

俳句の「象をもって意を書く」という物象化の方法は、中国の古詩「鸡声茅店月、人迹板桥霜」（訳：夜明けを告げる鶏の声、茅葺の屋根には月がかかっている。霜が降りた板の橋には、人の足跡が残されている）（温庭筠「商山早行」）といった手法で「意象」を重ねる書き方は、海外の多くの詩人から評価が高かった。当時、アメリカのモダニズム詩の立役者であったエズラ・パウンドは、この方法を模倣することで、新しい詩のジャンルを切り開いた。俳句の叙情的な手法に導かれ、五四時期の小詩が瞬間の悟りに相対したことは言うまでもないだろう。また、物象化のグローバル化という趨勢に順応し、詩情や詩意の表現のため、感性的な意象を模索する努力をした。「土手から湖面　そこかしこで柳が照り映える中　私は本当の西湖を知った」（応修人「我认识了西湖了」）。多くを描写するまでもなく、新芽で春を予知するように、長い石堤と静かな湖面、あちこちで照り映える柳、三つの「意象」によって、西湖のゆったりとした美しさがすでに目の前に広がっている。賛美の言葉は無くとも、その心は詩の中に溢れているのだ。

汪静之の「波呀」も、「意象」により自然の美しさを表現した。「風が吹いてさざ波が立った。故《ゆえ》なき波よ、波よ」は、そよ風が吹き、水面が波立ち、小さな波が重なって、延々と続くさまがあたかも目に見えるようだ。この詩は形式自体が詩の内奥をそのまま表現している。冰心は形象的な場面を通じて思想や情感を表すことに長けており、（その世界は）色彩や情緒、情趣を帯びて、触れることができそうな具体的な質感が感じられる。人生の悲哀を思考した「繁星・八」はやはり具象的だ。「茂る枝に繋がる残花　鳥が飛んで行った　辺り一面に花をまきちらす　生命もこんなものだろうか？」、鳥が枝に残った花を落とし、生命とはその残花や落花のようにはかなく朽ちていくのかという哲学的思考を暗喩する。「意象」の介入によって、淡々とした憂いと美しい情景、瞬間的な悟りが三位一体となり、しっかりと合致している。ところで、詩とは何だろうか？　抽象的で答えにくい問いである。しかし、宗白華の「詩」は詩意に溢れて大変具体的だ。「ああ、詩とはいずこより見つけるのか？　小雨の中、花の落ちる音に！　そよ風の中、聞こえてくるせせらぎに！　藍色の空の下、今にも落ちてきそうな孤独な星に！」。理性的な回答を避け、小雨や落花、そよ風、流水、青空、星などの軽やかな「意象」から、近くから遠くへ、昼から夜へ、雨から晴れへ、時の流れと情感の上での跳躍を組み合わせ、細やかで深遠な境地を創造している。また美への憧れや追求を遠まわしに託して、余韻を含ませた。五四時期の小詩が俳句から取り入れた物象化によって、「意象」の自作自演が多くなった。このため、しばしば「意象」間での手がかりが省略され、読者自身がこの間を繋げる作業を行わねばならなかった。疑うまでもなく、これは詩の暗示性や含蓄を増大させ、最後には感化力を高めたのである。

特徴の二番目は、繊細で審美的な趣きを稀釈化したことである。俳句の構築された空間は狭小であり、日本語の音節の発音はシンプルだ。また神道の真心と仏教の幽寂という大きな制約は、俳句に画面の広さや主題の大きさを求めず、徐々に審美的な趣きの稀釈化を促した。自然の風物や日常生活を多く表現しており、周作人が前述したある場所の風景、ある時の感情や刹那的な詩興に心を奪われたものである。主題の「意象」を選択する時、高山と大河、太陽と地球などの雄大な景観に注目することは少なく、自然や季節に関係する小さな橋のせせらぎ、風に流れる霧・もやなど温和で美しい極めて小さな事物が好まれる。「意象」の系統は相対的に穏やかで、例えば春の鶯や蛙、通り雨、夏のホトトギスや若竹、蝉、秋の七夕や稲穂、白菊、冬の椿や枯れ木、冬薔薇など、基本的には雪や月、時という範囲の物象の中で、洗練されて美しく、また閑寂な心に秘めた思いが描かれる。具体的な手法は一般的には細やかで巧妙だ。例えば小林一茶は「やせがへる　負けるな一茶　是《これ》に有り」と弱者へのいたわりを表現し、大島蓼太は「秋の風　芙蓉に雛を　見付たり」と思いやりを示し、高井几董は「短夜や　伽羅の匂ひの　胸ふくれ」と離別の悲しみを書いた。これらはみな日常的な題材で、瑣末で小さなものである。真摯で繊細な感情と、細かく行き届いた観察は、典型的な日本の趣を体現している。とりわけ松尾芭蕉の俳句の多くは、しみじみとした情と静寂幽邃な「意象」を結び付け、物我を忘れさせ、その稀釈化は著しい。

俳句の風格の影響を受けて、中国の詩壇は一九二〇年代初めよりスタイルや気迫、構造、情緒をおしなべて縮小した詩が数多く出現した。かつては従属的な地位にあった瑣末な感覚や風景が、「古代詩の中で独立させることが難しいとされた「比喩」「詩興」がそれ自体で詩になりうる」ということは、多くの者にとっては信じがたいことであった[20]。例えば「『花よ、花よ、恐れるな』　嵐の吹きすさぶ中泣く花を慰める。『花よ、花よ、恐れるな』」（汪静之「慰花」）、「トチノキよ　紅衣　誰に嫁ぐや」（呉紅華訳『周作人と江戸庶民文芸』創土社、潘漠華「小詩・二」）といった詩に見られる、湖畔詩派の「子供っぽい」思想や風景の断片は、勢い溢れ、天真爛漫で、情感と連想はみなとても自然である。センテンスの後の「呀」「罢」「呵」「呢」などの切れ字には、周作人の翻訳詩の影響がはっきりとうかがえる。俳句のエッセンスを直接つかんだ周作人による俳句の趣きへの理解はより深く、「飲酒」「昼夢」「山居雑詩」や「小孩」などの詩では、テーマに悠然として幽遠な士大夫調がうかがえるばかりか、文体もしみじみとした俳句の境地を兼ね備えている。「繁茂する藤、うっそうとした緑が曲がった老木をおしつぶす　更に太い藤の枝が数本伸びてきて　大蛇のようにシダレイトスギにからみつく　古ぼけた青緑色の、シダレイトスギの細かい葉の隙間から　新緑の藤の大きな葉が無数に伸びている」（「山居雑詩・一」）では、枯れた老木や青緑のシダレイトスギ、新緑の藤はそれぞれ性質や色は異なるが、客観的ロジックによって、伸び伸びと根が成長し、自由と永遠を得ている様子を表現している。素朴な自然事物との精神的な対話の中で、詩人は生命の律動や神秘を発見し、安らかで禅的な示唆に富む。さらに「斜陽に秋の柳が照り映える。　ほら、枯れ葉が残照の中でふわりと舞っている」（謝采江「野火・三」）、「一歩ずつ一歩ずつ、つかまって歩くのです　霧で見え隠れする山の峰を。　どうしてこんなにも高く遠いのでしょうか？」（冰心「春水・七」）では、穏やかで自然の虜になっている心、人と山の間の隔たりに隠されたわずかな思索、といった瞬間的な詩興をそのまま完全に描いた。勇壮な激しさを基調とする郭沫若でさえ、長年にわたる俳句の影響で、「新月与白雲」のような美しく洗練された柔軟性に富む詩も書いている。詩人の芸術活動において、事物には詩性と非詩性という違いがある。俳句の影響を受けた小詩は、日常生活の瑣末な事物から詩の材料を発見し、感覚的な情緒と幻想的思考を包含した。（小詩は）厳粛で崇高な題材以外に新しい表現の空間を切り開き、こうした凡庸さの追求をすることで、世俗的な生活の本来の姿をある程度取り戻した。自然で気楽であり、人情や生命力に溢れている。

特徴の三番目は再構築された空間が瞬間的写実に満ちていることである。松尾芭蕉や与謝蕪村の俳句と王維の古典詩を同列に論じる者もいるが、その共有する画境美を解釈するのは実は誤りである。俳句は絵画というより、正確には詩人の直感した日本語の「写真」と言うべきで、選び抜かれた瞬間を凝縮する撮影傾向がある[21]。時間的な長さから見ると、短い俳句は中国詩のように多重の「意象」を用いて複雑な感情の流れを表現するのが難しく、起承転結や詳細な描写を重んじる絵画には及ばない。また、俳句は往々にして瞬間的、断片的な情景の「写生」に焦点を合わせ、瞬間的な気持ちや悟りを捉える。昇華を求めず、時には語句や内容の完全ささえも求めないため、審美の再創造の大部分が読者にゆだねられる。この広い想像の余地とは空白の芸術であり、禅宗の思想に合致して、機転と風格に富んでいる。禅宗は深遠な道理の前にて一切の文字を無力化し、仮に文字を用いたとしても、もってまわった表現をするため、言外の意味を理解するには、作者と読者双方の悟りが必要なのである。誰もが知っている俳句「古池や　蛙とびこむ　水の音」は、絶妙な瞬間を永久に静止させ、ただ古池と蛙、水音の三つの形・色・音の「意象」だけが、虚と実、動と静、大と小として溶け合う。さながら濃淡の調和が取れ、静謐と喧騒が引き立つ水墨画のようであり、俳句の言外から読み取れる精神や音の余韻が尽きない。画家出身の与謝蕪村の俳句は形象感が一層強い。「身にしむや　亡き妻の櫛を　閨に踏む」では、自分と妻、櫛、閨のいくつかのキーワードを結び付け、故人を偲ぶ刹那的な寂しさや懐かしさをすばやく真実に沿って描き出している。まるで元通りの状態になった「写真」のようであり、俳句に込められた意味は大きい。加藤楸邨の「蟻殺す　われを三人の子に　見られぬ」は、些細な情景に焦点を合わせており、（その情景に）身震いさせられるが、小さな風物は人道的な憐れみの心情を表している。郁達夫は短い俳句に感服して、「俳句を吟味してみると、長い年月を経るごとに、オリーブを食べるが如く食べるほどに味わい深い」[22]としている。

俳句の「写真」の傾向を模倣し、五四時期の小詩も次々と感情や情景の瞬間、利那的瞬間に焦点を合わせ、詩の余韻や空白の美を作り出した。「意象」とセンテンスまでも日本化した汪静之の「芭蕉姑娘」は、俳句の奥義や天籟の妙を兼ね備える。「芭蕉娘さん　夏の夜を納涼としゃれこんでいるのはどこのだれかいな?」（陣ノ内宜男訳『中国近代詩論考』桜楓社）では、「芭蕉娘さん」や「夏の夜」、彼女の「意象」と納涼の様子を同時に並べ、一つの場面をフレームに収めることで、「場」の外の情報も含んでいる。「その人は誰か、男か女か、今どこにいるのか、『芭蕉娘さん』とはどんな関係か、『芭蕉娘さん』はどう返事したのか」という全て未然形の疑問によって思考を促し、時間の転換による対比と結末の疑問符が詩の空間をさらに拡大させている。冰心「春水・一〇」は提供された空間がより大きくなっている。「山の頂は独立している　宇宙を一人占めするのか?」は、作者がパッと閃いた考えにすぎないが、世間を捨てて孤立する傲慢さを遠まわしに批判したとも、自立や自信の探求とも、願望実現後の満足感を表したとも言える。この詩には多くの解釈があり、これに対してAあるいはB、AもBもという分析ができる。何植三「夏日農村雑句」も風情や心情を高度に凝縮させ、余韻が広がる詩である。「一壺の清酒　ひとり酌まん　蓮の花を友に」（呉紅華訳『周作人と江戸庶民文芸』創土社）、場面の一部を選び取っただけで、得がたい幽雅さを鮮明にし、静けさを引き立たせたのだろうか、孤独を吐露したのだろうか、それとも充足感を表したのだろうか、と読者の根気強い解釈が必要である。また宗白華「晨興」も、詩人の瞬間的な考えをつなぎ合わせている。「太陽の光は　早起きした私の魂を洗い流す　天の月は　昨夜の夢の如し」、実体的な「意象」の太陽と月、抽象的な「意象」の明け方と夜、魂、夢が相互作用し、詩の語句間で多義的な意味を持つ。読者はそこに託された人生観にさまざまな見方ができるのだ。馮雪峰「山里的小詩」、応修人「妹妹你是水」、郭沫若「新月与白雲」などもみな含みを持ち、似通った芸術の方向性を示している。この瞬間的「写れると理解されなくなり、含蓄が凝縮されるほど、想像の空間はより大きくなることを再度証明している。

## 4 変化と衰退

「芸術作品は決して単なる材料と影響が合わさったものではなく、一つのまとまったものである。別の所から得た材料は、作品全体の中でもはや外部からきた不要なものではなく、新しい構造の中で同化したのだ」[23]。俳句を受容した五四時期の小詩は、多くの新しい性質を引き出し、一九二〇年代には一つの独立した審美的な形態と詩の形式に昇華させており、賞賛すべき点が少なくない。小詩の作者は単に俳句を丸ごと吸収しようとしたのではない。異文化に出会った時にはそれぞれが必要なところを吸収すべきであるが、本末転倒な異文化への同化はあってはならない。したがって、小詩の作者たちはみな俳句を「中国化」した。例えば季語、切れ字、体言止めなどのルールから脱却し、思想や観念における共感を比較し、芸術形式の手法を取り入れることに重点を置いた。このような主観的な取捨選択と変更の偏重は、多くの小詩の中で見られる。ただ俳句という皮をかぶっているだけで、核となる「意象」体系および情感の構成は強靭な「中国の風」の中でこだましているのである。このような異文化からの「移植」ないし借用は、後進の者に対して啓発的な役割がないわけではない。さらに言えば、チャンネルや視野から影響を受けることと、個々の性格や趣味から影響を受けることの違いが、小詩の俳句からの影響を決して画一的なものにしていないのだ。この違いは小詩の中に一定の多元性を生み出し、作者それぞれ自身の創作風景を形成している。冰心の清らかさや柔らかな美しさや汪静之の実直さ、宗白華の理知的な部分、周作人の淡白さや幽雅な部分、潘漠華の卓越した感情の細やかさはみな色鮮やかで、五四時期の小詩全体を一層きらびやかで美しいものにした。もし当時の詩における言語環境を鑑みるならば、小詩への俳句の取り込みの価値は明らかだろう。小詩登場の前後、胡適による科学的に正確さを求める経験主義理論が主流であり、人間の情感と伝統的な情景の融合観は多かれ少なかれ軽視され、俳句の影響を受けた小詩の完璧な調和の追求は、詩壇の弊害を糺《ただ》そうとしたと見ることができる。

しかし客観的に言えば、五四時期の小詩による俳句の受容は十分に成功したわけではない。第一に、小詩は理趣や禅的な悟りの傾向があるものの、完全には捉えきれなかった。俳句が持つ静謐な余韻を上手に吸収できておらず、俳句の審美性の核心であるわびの精神の真髄にまで到達できていない。なぜなら小詩の作者たちは日本の多くの俳人のように、縁あって宗教的な雰囲気に足を踏み入れ、宇宙や自然、人生などの抽象的な領域の機知に富んだ言葉を得意としたような僧侶出身ではないからだ。そのため、小詩の作者は俗世の中で超然さを保つのが困難となる。心を静めて思考すると、覚えず現実や時代に目が行ってしまい、自然に俳句の境地へ到達するのは難しかった。

第二に、多くの小詩が「象をもって意を書く」方法を真の意味では消化せず、俳句の禅意に富んだ真髄を把握していない。瞬間性のある集中や凝縮を無視したのか、「意象」の選択や組み立てに劣ったのか、ただ小詩の便宜上のためだけに小詩の含蓄をなくし、思いのままに粗製濫造したので、ルールが守られなかったのである。このような小詩の詩体建設の粗っぽさは、非詩性の要素に介入の隙を与えてしまった。当時の率直に胸の内を述べるという風潮の影響を受け、詩人たちは繊細な悟りを想像力へと転換させぬまま昇華してしまったので、その悟りはたちまちむき出しの状態となってしまい、余韻に欠けることとなった。しかし、当初の周作人による便宜上「文をもって詩とする」という翻訳と、新詩の初期になるべく格律体から抜け出そうという企みが、受容者の形式上の散漫さを強めた。さらに、一九二四年以後の複雑な革命情緒の大きなうねりに直面し、もとより淡白すぎた小詩は表現において一層力不足となり、俳句の伝統が元来持つ狭小さやひ弱さが致命傷になった。俳句が写し出す対象に甚だしく欠け、刹那的な詩興やある時ある場所の情感や景色などの表現は取り入れているものの、ただ生活の一部分を述べているばかりである。同時に、俳句の伝統は中国の国情面においても不適切であることがより明らかになった。禅宗の趣旨の土壌は見つからず、わびの精神までも残酷な現実に留まる場所もなく押しつぶされた。まさに俳句を受容した五四時期の小詩が被った弊害は大きく、成仿吾と梁実秋らによる批判を招くことになった。彼らは俳句を「多くがうわべだけの軽薄な俳諧」として、模倣すべきでない「風格の極めて低い詩型」であり[24]、その影響を受けた小詩は「最も怠慢になりがちで、流行させるべきではない詩体」などと批判した[25]。俳句を取り込んだ周作人に至っても、「俳句は中国詩に対して少しばかり影響する部分もあったが、詩の改革運動は決して成功していない」とやむなく認めている[26]。

内からの危機と外からの批判に挟まれて、一九二四年以後、小詩はたちまち衰退を告げ、一過性の俳句の影響として中国でも基本的には姿を消した。その後、何植三や謝采江、張秀中、張国瑞、朱湘、韓瀚、趙朴初、林林、袁鷹、暁帆などの当代詩人が何とか持ちこたえ、ひいては漢俳（漢語俳句）を書いた。小詩は詩壇で細々と続いたが、すでにかつての勢いはなくなり、真に読者の目に触れることはなくなったのである。

## 注

[1] 鄭振鐸「飛鳥集・序」『文学周報』八五期、一九二三年八月二七日。
[2] 佩弦（朱自清）「短詩与長詩」『詩』一巻四号、一九二二年四月。
[3] 朱自清『中国新文学大系・詩集導言』上海良友図書印刷公司、一九三五年。
[4] 仲密（周作人）「論小詩」『覚悟』、一九二二年六月二九日。
[5] 成仿吾「詩之防御戦」『創造周報』一号、一九二三年五月。

[6] 朱自清「雑詩三首」序『詩』一巻一号、一九二二年一月。
[7]「応修人致周作人」王訓昭編『湖畔詩社評論資料選』華東師範大学出版社、一九八六年、三〇四—三〇五頁。
[8] 呉紅華『周作人と江戸庶民文芸』創土社（日本）、二〇〇五年、六一頁。
[9] 闕名（冰心）「遥寄印度哲人泰戈尔」『燕大季刊』一巻三期、一九二〇年九月。
[10] 宗白華「我和詩」『文学』八巻一号、一九三七年一月一〇日。
[11] 前掲・仲密（周作人）「論小詩」。
[12] 克里希納・克里巴拉尼、倪培耕訳『泰戈尔伝』漓江出版社、一九八四年、三一六頁。
[13] 草川未雨『中国新詩壇的昨日今日和明日』一九二九年海音書局初版、上海書店影印、一九八五年、四九頁。
[14] 川本皓嗣、王曉平・雋雪艶・趙怡訳、『日本詩歌的伝統：七与五的詩学』、訳林出版社、二〇〇四年、一〇九頁。
[15] 前掲・草川未雨『中国新詩壇的昨日今日和明日』七二頁。
[16] 柏格森「形而上学導論」『西方現代文論選』上海訳文出版社、一九八三年、八三頁。
[17] 前掲・朱自清『中国新文学大系・詩集導言』。
[18] 郭沫若『文芸論集』光華書局、一九二五年、一七八頁。
[19] 前掲・川本皓嗣『日本詩歌的伝統：七与五的詩学』八七頁。
[20] 王向遠「中国現代小詩与日本的和歌俳句」『中国比較文学』一九九七年一期。
[21] 蔡宏「簡論中日詩歌的自然美意識」『華僑大学学報』二〇〇二年一期。
[22] 郁達夫「日本的文化生活」『宇宙風』二五期、一九三六年九月。
[23] 雷克・韋勒克、張隆渓編「比較文学的危机」『比較文学訳文集』北京大学出版社、一九八二年、二四頁。
[24] 前掲・成仿吾「詩之防御戦」。
[25] 梁実秋「〈繁星〉与〈春水〉」『創造周報』一九二三年一二号。
[26] 周作人「閑話日本文学」『国聞周報』一一巻三八号、一九三四年九月。

# 「憂い顔の童子」

## ——森の中の孤独な騎士——

許　金龍
（翻訳：石岡　陶子）

二〇世紀初頭、中国翻訳界のパイオニアである林琴南氏が『ドン・キホーテ』を中国語に翻訳したとき、主人公の郷士をちょうど「憂い顔の騎士」と訳していた。当時訳者は自分が世を去って数十年も後に、隣国日本、四国の森の中にも、ドン・キホーテのような男「憂い顔の童子」が生まれてくるなどとは、想像だにできなかったであろう。四十余年来、この「憂い顔の童子」はあの孤独な騎士のように地理的にも文化的な意味でも周縁であった森から、ラブレー、サルトル、魯迅、シェイクスピア、ブレイク、バフチン、ダンテ、イェイツ、ベンヤミン等の作家や詩人そして学者の文学思想と人文的理想で武装し、恐怖のうちより「大きな希望を含みながら恐怖の悲声」[1]を発し、出発した。道中、戦後の荒唐無稽で無秩序な世界の、なんともやるせない閉塞感が漂う。天皇制を頂いた封建制度とあふれかえった封建意識、知的障害を持って生まれた息子、原爆投下を経験した広島・長崎の被爆者・死傷者、また特に南京大虐殺やアウシュビッツ収容所で殺された人々を通じて意識したのはこれら人類の起こした人道主義に反する大きな災難であり、世界中の街角に隠されている核兵器の陰影であり、消費文明の過程で異化され続けてきた魂であった。平和憲法第九条改正により日米軍事同盟を締結し、日本に超国家主義や軍国主義を復活させようともくろむ右翼の政治勢力、アメリカの一国主義と相手の機先を制するむちゃくちゃな政策が世界平和と人類の文明にとって大変な脅威となっていることなど、挙げればきりがないほど現れる風車（敵――訳者注）に向かい、騎士は弱々しくも勇敢に後には引けずに立ち向かっていく。この孤独な騎士こそが長編小説『憂い顔の童子』の主人公・長江古義人であり、また著者である作家の大江健三郎自身である。以下本文中において、読解と表現における便宜上、場合によって小説内の人物を大江健三郎本人として表記する。

『憂い顔の童子』は決して容易に深く理解できる小説ではない。それどころか大江文学のラビリンスで最も膨大かつ手が込んでいる宮殿（作品――訳者注）だと言えるだろう。この宮殿はラビリンスのもっとも奥深いところにあり、他の大小さまざまな宮殿とともにラビリンス全体を形成している。そのため、このうちのどれか一つを無視したり、ほかの宮殿群との内的つながりから切り離して個別に楽しんだり、評価したりすることはできない。中でも建築士（著者――訳者注）が人生をかけて作成した最高傑作である『憂い顔の童子』は特別だ。（これまでの著作同様、この大宮殿の至る所で目にするのは必ずしも人々が期待しているような心と目で愛でる美しい文や美しい風景ではなかった。むしろ私たちが身を置くこの時代、私たちが生きるこの世界において、もっとも無残だが、それでも目をそらすことのできない景観である。）しかし、私たちには短時間でラビリンス内のすべての宮殿を知り尽くすことは不可能で、できることといえば、適当な入り口を探し出し、その入り口から出たり入ったり迂回をしたりしながら奥深くに位置する『憂い顔の童子』に到達するということだ。

四国の森はことによると、まさに私たちが探している入り口そのものであるかもしれない。はるか昔の日本では人々の「思想の特徴は自然に由来するものだった。人間が草木と会話するというのと同じように、古人は至る所にある周囲の木々の中から精霊を見つけ出し、それを神の霊が下ったものとして拝んだ」[2]

日本古代の原始神道信仰において、依《よ》り代《しろ》と呼ばれるものがあり、日本の古人は神・精霊や魂などの霊的存在が木や岩石などの物体に宿ると考えていた。そのため、日本人は木々を自らのトーテムの一つとし、日常生活における自然への畏怖と神秘を木に集め、そこから森の原始神話や二次的な神話が生まれている。これ以外にも類似した神話が、巫女のまじないの言葉や祭事の歌などの形で現代に残されている。これらまじないの言葉や歌というのは人々の神秘的な自然に対する幸福の祈りである。大げさではなく、幼少時代の大江にとって祖母や母はこの種の巫女の役割を果たし、森に代々伝わる神話物語をさまざまな民間の言い伝えとあわせて生き生きと好奇心旺盛な大江に伝えた。吃音のために劣等感を抱いていた子供に祖母を通じて山村の森や河川、そしてもっと具体的な場所と神話や伝承的な意味でつながる訓練を受けさせ、自分の作った新しい言い伝えを広げ、それを場所や大木などに宿らせた[3]。また、森の伝統的な祭事活動も幼少時代の大江に一種の非日常的な楽しい雰囲気を味わわせており、その後、フランソワ・ラブレーの広場のカーニバルなどの見世物的描写（いわゆるカーニバル文学）とミハイル・バフチンの民衆的な笑い文化の体系理論を理解する上で確固たる基礎となった。また子供の時に森で特殊な感覚を味わったことが成人してからの大江に本能と言えるほど強く印象付けられており、彼の初期作品『飼育』ではあまりに自然に（そして、必然的に）故郷の森が舞台となっている。ここで私たちが注意すべきなのは、背景として初めてその作品の中で登場した谷間の村は大江の故郷の単純な再現にとどまらず、その谷間の村が持つ神話的境地とつながる地形的な意義も認められるということだ。このような故郷と相似した地形学的意義における描写を大江は作家としての生涯の核としており、『芽むしり仔撃ち』、『万延元年のフットボール』、『同時代ゲーム』、『M／Tと森のフシギの物語』、『懐かしい年への手紙』、『燃え上がる緑の木』、『宙返り』、『取り替え子（チェンジリング）』、『憂い顔の童子』そして『二百年の子供』などの多くの作品中に登場させている。

異なっているのは『万延元年のフットボール』と『同時代ゲーム』以前の作品中の森は都市文明、現代、人工的なものに相対して存在する民俗文化、歴史、自然の象徴として描かれており、そこで生まれた神話物語や民間伝承によって人道主義的な意味での治療、あがない、浄化、そして精神の再生を表現している。たとえば、著者は『飼育』の中の泉の熱狂的場面での描写において、戦争と平和、看守と米軍捕虜、少年と青年、黄色人種と黒色人種、人とヤギの間に存在する差異を解消し、戦争時、実際の社会に既存した規則、秩序、身分と等級を覆すことに成功している。これらの描写は著者の幼少時代の森での体験のフィードバックであり、さらに言うとフランソワ・ラブレーの著作『ガルガンチュア物語』を読み解いた産物であるということがはっきりと見て取れる。また、ミハエル・バフチンのカーニバル文学や民衆の笑い文化体系の相関理論とは同工異曲であることも認められる。著者はそれからおよそ二〇年後にやっとバフチンの相関理論に出会っており、それを直ちに受け入れることになるわけだが。同じように故郷の森を背景にした長編小説、『芽むしり仔撃ち』に言及するとき、大江は当時小説の構造を考えるとき、むしろ森の内部の地形的結合から派生した神話物語に誘導されて物語を書きはじめていると述べている[4]。この作品において、著者は自分の分身（主人公の少年）を閉ざされた世界の象徴である山村と閉じ込められた状態から逃げだし、自由の地であるあのうっそうとした森へ逃げ込ませた。この周縁から中心を覆すことに成功したストーリーにおいて、封鎖された山村の感化院の少年、脱走兵、母親の死体を守る少女、そして差別を受ける朝鮮人部落の少年など社会の底辺にいる登場人物たち。遠距離からの猟銃による監視下で、相互の矛盾が解決し、そこにおぼろげな愛情と友情が芽生える。疫病が蔓延する山村に友情、おもいやりと大自然が織りなす理想郷が作りだされていくのだ。ここで注目すべきは、これまでの大都市を背景とした『奇妙な仕事』、『死者の奢り』などがやるせなさや徒労を表現していることに対し、著者は『飼育』と『芽むしり仔撃ち』では束縛や壁をぶち壊したいという強い思いをより多く表現している。ここに著者のサルトルの実存主義文学に対する、積極的な意味での新たな解釈が見て取れる。（これらの新しい解釈を大江がサルトルとともに文学の社会や政治における作用を再び見つめなおし、文学が社会と政治に介入することを主張したのとはほぼ同時期である。）この二つの作品において森を描くことは著者の思いを実らせる作用を担っていたと言えるだろう。神話的境地と互いに結びつけられ、地形学的意味を持つあの森の登場が、成功のうちに効果を発揮したのは偶然ではなく、必然としか言いようがない。しかも、この必然の後、著者が森に実験的な意味合いを持つユートピア（あるいはいわゆる根拠地）を構築したことにより、何にも代えることのできない重要な役割を発揮することになる。

大江はすでに幼少期に祖母を通じて山村の森や河川、そしてもっと具体的な場所と神話や伝承的な意味でつながる訓練を受けさせ、自分の作った新しい言い伝えを広げ、それをある場所や大木などに宿らせた[5]経験から、その初期の森を背景にした作品においても確かに神話的な雰囲気が満ち溢れている。しかし大江自身が本当にはっきりと自分が文学を通して「日本の四国の深い森のなかの、自分の家族やその近い身よりの者たちの間に、親しく語りつたえられた神話的な伝承」[6]を表現することを意識したのは、一九六〇年代のナイジェリアの作家・エイモス・チュチュオーラの代表作である『ジャングル放浪記――アフリカの幽鬼と幻想』に出会った後である。この作品の主人公は、戦乱――「国を挙げての戦争があり、部落間の戦争がある。それから略奪目的か、奴隷を奪い取るための戦争」――を逃れようと熱帯のジャングルへ逃げ込んだ少年であり、この少年の境遇はすぐさま大江の共感を呼び、大江の子供時代、戦争と森での体験の記憶と重なった。幼少時代の大江も戦争が引き起こした恐怖の渦中に身を置き、日本軍国主義政府が発動した侵略戦争だったが、もし当時の政府ががなりたてる本土決戦が現実のものとなったら、大江は他の子供らと一緒にオーラの小さな主人公のように、うっそうと生い茂る森に逃げ込む以外になく、「子供の頭には谷間を囲む森がそれこそ神話的な物語にみちた、恐ろしくかつ魅惑的なものだったのでした。」[7]という体験は大江の記憶の中で戦争が引き起こした恐怖を今も呼び起こすと同時に、祖母が語ったさまざまな伝承も鮮明に思い出すことになった。たとえば、故郷の谷間の村を中心として起こった山民の一揆、一揆が失敗したのちに村に身を隠した青年リーダー、そしてもともと血縁関係にある村人の間で起こった殺戮等が挙げられる。大江のこれらの記憶はオーラと彼の作品のなかで活性化し、大江が「自分が子供の頃、恐怖と魅惑をおぼえた森の中の伝承には意味がある」[8]と最初に自覚するに至らしめた。また自分はある種の媒介の力を借りて「神話のような想像力によって、西アフリカのナイジェリアの森と東アジアの四国の森」

を結びつける。そして間もなく長編小説『万延元年のフットボール』の連載が始まり、大江の子供時代に受けた森の神話や伝承と歴史を生き生きと再現した。著者は根所兄弟（自分のルーツ、根付くところという意味の隠喩）を頼り、遠く離れた都市と精神的危機をかけて故郷に戻り自分探しをする過程を、地理的にも文化的意味でも周縁地帯である四国の森で、最初に神話や伝承と現実が相互に交錯する王国をつくり、山里の老人たちの記憶の中の神話や伝承、歴史と中心的な文化とが拮抗する根拠地とした。著者は後にこの作品に触れて「私は周縁としての地方の民衆の共同体が自立し、中央権力に抵抗する物語『万延元年のフットボール』を書きました。このモデルをなした私の地方の周縁からの抵抗は、明治維新後の二度の一揆――それも第二の一揆において中央権力から送られてきた地方官庁の権力者に勝利する――を戦いますが、正式の歴史には残らず、民衆の伝承に語り伝えられるのみです。……この中心に対抗する周縁のモティーフは、これ以後私のほとんどすべての長編小説において、地下水の噴出のように繰り返し現れることになりました。」[9]と語った。

『万延元年のフットボール』は六〇年代初頭の「日米安全保障条約」に反対する闘争で挫折した学生運動のリーダー鷹四と知的障害を持つ子供を産んだ女性とが共に故郷に帰り、森の中で各自の精神的危機から逃げ、また同時に内心深くにある傷を癒していくというストーリー。この本のタイトルにはさまざまな意味が交錯している。日本の歴史に精通した人ならば知っているであろうが、日本の万延元年は一八六〇年三月一八日から始まり、それ以前の三月三日は安政七年であった。江戸幕府がその少し前、黒船の脅威のもとでアメリカに迫られ、不平等条約である「日米和親条約」と治外法権を包括する「日米修好通商条約」を締結した。これにより、天皇に政権を返す「大政奉還」の倒幕運動が起こり、条約締結の責任者であった大老・井伊直弼は三月三日に暗殺された。これに端を発した政治改革運動は直接一八六八年の明治維新につながることになる。この迫られた開国という歴史の転換期に、江戸幕府の権利が次々と剥奪されていくにつれ、幕府の全国への統治力は急激に低下し、大江健三郎の故郷も含め日本各地で相次いで農民一揆が起こり、明治維新前夜の「社会改革一揆」にはその勢いが最高潮に達した。

それとおよそ同時期に、イングランドの著名なパブリックスクール、ラグビー校で、貴族の子弟がゲームをしている最中、もともと足でボールを蹴るスポーツだったFootballという球技から、ボールを胸に抱えて相手のゴールに突き進むというスポーツを考案した。その経緯を区別するため、一八六三年にフットボール・アソシエーション（The Football Association）が設立し、足でボールを扱う球技をサッカー（Socker）と定義した。その少し後、一八七一年にはラグビー・フットボール・ユニオン（Rugby Football Union）を設立し、これまでFootballと呼ばれていた球技をラグビー（Rugby Football）と定義。著者は『万延元年のフットボール』において神話や伝承と現実を交錯させる手法を用いて、一八六〇年の激動の歴史と一九六〇年に東京で数百万人が行った「日米安全保障条約」に対する抗議活動を重ね合わせ、そこへさらに当時あいまいだった概念であるFootballを取り入れたのだ。ここには非常に強烈な政治的な意味が込められている。この他にも文章内には互いに重なり合う隠喩が存在している。たとえば、一〇〇年前に起こった山民の一揆と本文内の根所鷹四をリーダーにスーパーを襲うという暴動。これに関しては物語がまさに終わろうとする頃、著者はやっとその二つの暴動に存在する今までに発見しえなかった要素を描いている。――農民一揆のリーダー（村長の弟）は実は大都市にのがれたのではなく、村長（兄）の家の地下室に身を潜めており、次々と手紙を書くという方法で村人たちに外界の変革の情報を伝えていた。また、主人公も弟の鷹四が「暴動」に失敗後自殺してから妻とともに新しい生活を始める、という要素だ。

その後の創作人生において、大江は森に実験的性質を持つ王国を徐々に築いていった。また、中国文化の特徴を持つ沖縄の神話や朝鮮半島の神話に触れてから、大江は敏感にこの地区の異質な神話物語と、文化的にも地理的意味でも周縁に位置する四国の森の神話世界を結びつけ、構造主義、ロシア構成主義等の文学的技巧を融合させ、長編小説『同時代ゲーム』において、森で口と耳によって伝えられてきた神話や伝承、歴史を通じて神話や伝承王国をさらに一歩拡大し、森の中のユートピア——時空を超えた「村＝国家＝小宇宙」に仕立て上げた。そして文化人類学的意味での「周縁と中心」の概念を明確にし、「私が根をおろす周縁である日本あるいはさらに周縁である土地は、同時に表現の普遍性という道に通じていた」[10]とした。

ユートピアという言葉は、ラテン語のUtopiaから来ており、もとはギリシャ語のon（無）とtopos（場所）からなる。通常「現実には存在しない理想郷」として理解されている。中国の伝統文化における桃源郷に対する懐古的で、現実逃避の理想と比べると一九七九年に発表された『同時代ゲーム』に出てくるユートピアは明らかに現世の革命と建設が作り出した理想の場所であるということに重点を置いている。さらに興味深いのは、この文章の隠された構成の中から垣間見られるのは、著者が辺境の森にこのユートピアを構築する過程において、折につけ中国革命と革命建設モデルを参考としており、毛沢東をはじめとする先代の革命家たちが行った筆舌に尽くし難い艱難辛苦の長征、革命根拠地の建設およびゲリラ戦での政府軍の包囲に対する反撃、生産力向上による物質的生活水準を上げること等を肯定した。また、江青ら四人組が文化大革命の渦中に国と国民に災いをもたらした行為を糾弾すると同時に、中国が発展過程と国家建設過程において遭遇した問題やその解決方法を思索し、その中から理想の国へと通じる普遍的意義を持つ道を探し出そうと試みていた。ここに、もうひとつ注目すべき点がある。それは、この時期から著者が森の神話や伝承と歴史を叙述するときに、日本の封建的意識などの保守勢力が強い国において、森の中の民のような弱者の歴史は常に強者によって書き改められ、隠され、抹殺されてきたということを明確に意識しているということだ。たとえば大江の故郷の森で起こった数回にわたる山民の暴動が公的な文書にはまったく記載されていないことが例として挙げられる。強者のあるいは公的な記録の真実でない歴史に対抗するため、大江は『同時代ゲーム』やその後の『M／Tと森のフシギの物語』、『懐かしい年への手紙』、『燃え上がる緑の木』、『宙返り』、『取り替え子（チェンジリング）』、『憂い顔の童子』そして『二百年の子供』等の長編小説を媒体にして、公的な文書ではなくて人々の記憶から故郷の神話や伝承ないし現地の歴史の中から重要な意味を持つ箇所を引き離し、複製あるいは拡大して、小説の中である程度歴史の真実を再現することで、書き換えられた公的な文書のことや真実ではない歴史と拮抗したのである。

『同時代ゲーム』の中では主に「私」からの六通の手紙を送るという形で、父＝神主（男性原理と天皇権力の象徴）が私に伝えた神話や伝承と歴史を近代的なライフスタイルを送る風変わりな妹、露巳に伝えたが、七年後に発表された森を背景とした長編小説『M／Tと森のフシギの物語』では、主人公が記憶を回想する形で、祖母が伝えた民間に伝わる物語を再現した。「子供時代に森の谷間で祖母や母から聞いた神話や歴史の物語は、知的訓練により得たのではなく、元のまま手を加えずに、彼女たちが言ったままを書き写した。記録を作成する程度には聞いたことを書き留めていった」[11]。

『同時代ゲーム』の文中で規定した「この土地の神話と歴史」とは異なり、『M／Tと森のフシギの物語』では「いくつかの伝承は谷間の村の神話のように民間に伝わる物語と、これらの物語に歴史的な伝承が混ざり合ったもの」と位置づけられている。この作品のタイトルにあるMとTはそれぞれmatriarchyとtrikster、この二つの単語のイニシャルで、前者は母系社会、女性の家長、女族長といった概念であり、後者はアメリカの先住民インディアンの民間に伝わる物語の中のパロディやペテンなどの意味がある。著者がこの二つの言葉を一つに組み合わせる前にまず最初に思い出したのは、第二次世界大戦末期のある出来事だった。幼いころの大江は、当時軍国少年を育成するための、いわゆる国民学校の三年生であった。先生は生徒たちに天皇と皇后が雲にこしかけ、大日本帝国を隅々まで（侵略していたアジア諸国や地域まで）俯瞰している絵を描くように言った。しかし大江は「森の中の谷を描いただけで、日本の周辺地図は書かなかった。また、M／Tを描いたが天皇と皇后は描かなかった」。もちろん、当時小学校三年生の大江にはmatriarchyやtriksterといった英単語は知る由もなかったし、その意味を知りえることもなかった。ただ彼の想像の中でこれらが天皇と皇后という男女に取って代わって、女は森と谷間の民間に伝わる物語において、谷間の村の頭である「壊す人」として小さな山のように巨大な妻として描き、その傍らに子供のような少年を描いたのである。それがまさに暴動をたくらむ少年・亀井銘助であり、また著者が今後の作品の中でしばしば登場させる民衆のそばに現れては、いたずらをする「童子」の雛形であった。もし、子供時代に描いたことにより天皇に対する「不敬」だとして先生に殴られた、あの絵だけでは単なる祖母から伝えきた神話や伝承に親しみを覚えただけであるが、四十数年後に子供のときの記憶を組み合わせて、何度も再生可能なM／Tは明らかに既存概念を覆す意味があったと言える。著者は森の神話や伝承と歴史を半国家権力の共同体、ユートピア、「村＝国家＝小宇宙」として築き上げ、公的に編纂された天皇制を中心とした神話と歴史を覆し、「T」（T／童子／大江の文書内における分身）の助けを借りて「M」（M／女族長／祖母／革命女性）によって徹底的に男性原理主義に作られた社会を覆そうとしている。そのために神話時代から歴史時代すべてに「巨大な女性たち」の力と原理によって構築された新型社会を作り出したのだ。

大江が『M／Tと森のフシギの物語』を書いた前後は日本社会はまさにバブル経済の崩壊前夜であり、日本国民の誰もがかつて経験したことのない富と満足感を享受していた。多くの人は昔のように魂や道徳といったことに目を向けたがらず、派手で浅はかな世相において物質享受の快感におぼれていた。文学によって社会や政治に介入しようとする大江は敏感に日本人の魂と精神が異化する危機を察知し、『懐かしい年への手紙』という作品において著者本人の魂の自伝としてその作品中の分身である主人公ギー兄さんが森で人生と出会い「奔放な青春時代→受難による負傷→根据地（理想）→罪を犯し挫折→回心による理想的小社会の建設→反対に遭い受難の死」[12]という図をスケッチした。ダンテの『神曲』の啓示によって魂の救済の問題に注目し、さらにその後の作品『燃え上がる緑の木』、『宙返り』、『取り替え子（チェンジリング）』、そして『憂い顔の童子』等に魂の救済を治療と人類の和解の祈祷へと発展させた。『懐かしい年への手紙』が世に出て八年、文中で懐疑的な態度の若者にダムに突き落とされ、溺死したギー兄さんは、大江のもうひとつの超長編小説『燃え上がる緑の木』（全三巻）で「隆」と呼ばれる青年として再生している。「谷間の村の精神的支えの役目を担う」老婆の推薦のもと、魂の研究に力を注ぎ農場を開いた隆は一〇年前に受難のために死んだ「ギー兄さん」の呼び名を受け継ぎ、一〇〇歳にもなろうかという老婆を火葬するとき、手の甲を老いた鷹につつかれたことで老婆の魔力を継承したと思われていた。そうしてみなに推され、村の「救世主」に仕立て上げられる。教会の入り口にはアイルランドの詩人イェーツの絵画『燃え上がる緑の木』がかけられている。もちろん、この救世主には超自然の魔力などは備わっていなかったが、彼の治療を受けた少年が最終的にはやはりがんの発作で亡くなってしまったとき、彼は疑われ、教会も三派に分裂してしまった。森の中の現地の青少年（著者にとっての新しい人）の指示で「ギー兄ちゃん」と『救世主』巡礼団」が谷間から出発し、「魂の強化」を宣教していたとき、隆は襲われて死亡した。教会のメンバーが、ばらばらとなって山村で宣教を続けることを約束した。

当時の日本人の魂と精神に対して一歩踏み込んだ思索をするため、もう一部の超長編小説、『燃え上がる緑の木』の次に書かれた『宙返り』を見てみたい。ここでは初め東京で創立した新興教会の「師匠」と「案内人」のこの二人の教会のリーダーが新しい方向へと向かい、またその方向を探す過程を描いている。当時（一〇年前）この教会は二〇〇〇名の会員を有し、そのうちの過激派のたくらみにより全国範囲で原子力発電所を爆破し、政治経済界のトップを暗殺するなどの極端な方法により人々に世界の末日到来を認識させ、悔い改めを促す方法をとっていた。そこで「師匠」と「案内人」はテレビ発表を行い、「自分たちの教義はあやまちであった。むしろ単なる冗談であったとテレヴィを通じて声明し、その結社を解散した過去をもつ者たちなのです。……結社の指導者たちは、国家権力と協力してこの急進派のセクトを裏切り、かれらの実力行使を流産させてしまいます」[13]。少数の新たなる理解者の支持のもと、蔑視と孤独の中で一〇年間過ごしてきた「師匠」と「案内人」は結社の再建を図り、解釈者と預言者を兼任している「案内人」は過激派の残りに追い詰められて死に、「師匠」は四国の森の中に移動した。ここでも結社は内部の派閥争いから崩壊に追いやられるが、「教会の再建ということに関して言えば、「師匠」はただ「分裂を含む繰り返し」を演じているだけで、今回も一度目のように「分裂を含む繰り返し」によって同様な方法で二度目の転換を図った。彼の持つ悲劇性によってひそかに消失した後も、この森の中で訓練を受けた若者（この周縁地域で成人した少年のような若者を中心に）の支持の元、彼は真の『新しい人の教会』活動を開始できた」[14]。

この小説を書き始めたきっかけについて著者は以下二つの要素を語っている。一つ目は「『万延元年のフットボール』以来、中心に対抗する周縁の「根拠地」と言うモデルを考えてきました。そしてこの四国の小さな村を舞台に、様々な時代を選んでは、そこに興る物語を書いてきました。この「師匠」たちが新しい教会を作ろうとする運動は、そこでこの周縁の物語と合流します」[15]。つまり、二〇世紀末と今世紀はグローバル化の勢いのリズムが日増しに加速し、科学技術の進歩、情報伝達の手段も高速で発展し、東京は日本の政治、経済、文化の中心としての地位をさらに強め、一方地方はもともとの周縁性の特徴が徐々に弱まり、中心に違うレベルで同化された。このような社会的、歴史的背景において、大江は引き続き四国の森の谷間の村を小説の舞台として、その周縁性の特徴を強調することを選んできた。それはこのような状況において、選択しうる唯一の方法であった。もうひとつの要素は資本主義消費文明が作り出した精神的危機に対する著者の踏み込んだ調査と苦悩を伴う思索で、「『燃え上がる緑の木』と『宙返り』等の長編小説に現れている。これら二つとも日本人の魂と日本人の精神などの問題に対して行われた思索の産物である。たとえば日本にオウム真理教という若者主体の誤った宗教活動が起こったとき、まさに魂と精神の問題に関して更に注目し、研究していくことが必須だということが明白になった。日本人の魂とは何か、精神とは何かという問題をもっとまじめに考えるべきで、特に若い人にはもっとこの問題を考えてほしい。私はこれらすべてを文学作品の中に反映しただけで、これらの誤りがなぜ起こったのか、またどのように書けば科学的で実行可能かを追求したいと考えました」[16]。こうしたことからわかるように『燃え上がる緑の木』と、特に『宙返り』において、著者ははっきりとアメリカや日本などの先進国の中に人々が国家に対する、あるいは民族などの伝統的な共同体に対して程度はさまざまであれ失望しているということを認識しており、これらの徐々に弱くなる共同体は人々に二度と現実的にも精神的にも安心感をもたらすことはないと考えている。とくに九〇年代中期以降の日本では、経済発展の停滞により、社会のいたるところに乱れが見え始めている。社会の底辺である弱者層であろうと、ハイテク知識を持つ若い知識人であろうと、すべての人がかつてないほどの危機感を抱いていた。そのため、彼らには一種の心理的ニーズがあり、完全に新しい、安心感のある小グループがすでにある国家や民族といった伝統的な共同体にとって代わることを求め、それにより彼らが直面している精神的な危機から逃れようとしていた。彼にとって自らに安心感を与えてくれるそういった完全に新しい団体（あるいは完全異質の共同体）こそ、あのオウム真理教であり、まだよく知られていないアメリカの太陽神信仰やその他種々雑多な新興宗教なのである。大江は『宙返り』で読者にその種の宗教結社を提示してみせ、その大小さまざまな宗教組織の縮図を描いた。この『宙返り』という作品、著者は非常に豊かな想像力によって虚構と現実を結合させる手法を用い、雑多で複雑な社会現象に細かい分析を行った後、反人類、反社会的宗教活動をその場で宙返りしているようなもので、何も見えていないのだと堂々と指摘した。もちろん人々が直面する精神的危機に対応しようとするとき、この質朴な作家はこれまでどおりユートピアを作る場所として彼の生まれ育った土地、四国のあの森を選んでいる。なぜならそこには、大都市から来た教徒たちの精神的危機を解決できるものがあったし、彼らを正しい方向に導く能力をもつ新しい人がいたからである。この新しい人とは一人森で生まれ育った若者である。（この人物を読者が作品中での大江の化身だと考えるのは当然のことである。）

大江が示しているように、私たちは今まさに深く考えることを求められている。なぜ近年来、アジア、アフリカ、北アメリカ、そして世界のそれ以外の地域で大量にオウム真理教やアメリカの太陽神信仰や中国の法輪功のようなさまざまな形の新興宗教組織が興るのか。これらは社会科学的視点から考えると、問題が起こった要因として、時代と社会的背景が考えられる。こういった観点から見るとこの作品は読者である私たちに、本を読むことや作品を鑑賞するといった喜びをもたらすと同時に、より広く、違った角度からこれら新興組織とその生まれたルーツを認識し、理解する上で非常に参考になる。こういったことから、大江が十数年来、文学に対する基本的な態度を、つまり文学が社会と政治に介入するというサルトルの実存主義哲学がこの作家に大きな影響を与えているということが、『宙返り』を含むすべての作品から見て取れるのである。

大江の前期の作品と比較すると、人道主義的意義の上での治療、救済、浄化、そして精神の再生は『同時代ゲーム』とその後の一連の作品の中で取り入れられ、また意識的に文化人類学、ロシアの構成主義、ミハエル・バフチンのカーニバル文学や民衆の笑い文化体系などの理念と技法はもちろん、徐々に少年時代に影響を受けた、絶望のうちに「大きな希望を含みながら恐怖の悲声」という魯迅の精神を表している。大江が『奇妙な仕事』、『死者の奢り』、『人間の羊』など初期の作品において表現した吶喊は実存主義そのものの局限性によって比較的受身に見えた。また、『飼育』や『芽むしり仔撃ち』においてはすでに『個人的な体験』から鮮明になってきた吶喊、すなわち徐々に積極性と主体性を増した戦闘性をあらわにしてきた。実存主義文学の始祖であるサルトルが一九四五年には雑誌『現代』において文学が社会、政治的な概念に介入するということを述べているが、一九四七年には「文学とは何か」という文章においてさらに踏み込んで解説している。しかし当時の冷戦下の特殊な歴史的な時期においては戯曲『恭しき娼婦』等の数少ない作品をのぞいては、実際のところサルトルが自身の文学作品を通して持続的に、十分に「介入」をした例はない。このことからもわかるように、批判的な継承という基盤の上で大江は「介入」の概念を最大限に発展させ、創造性に富んだ大量の創作の実践に成功したのである。

『宙返り』は大江の最近の作品の中において、上を受けて下を起こすという重要な作用を発揮している。前に挙げた新しい人を例にとって見ると、『宙返り』の中の新しい人のイメージがまだはっきりと豊かにされておらず、著者の新しい人に対する期待もそれほど明確でなかったとしても、その後発表された『取り替え子（チェンジリング）』、『憂い顔の童子』そして『二百年の子供』などの長編小説においては、著者の新しい人に対する概念に明確な規定がなされていると言える。主人公・長江古義人（大江本人のこの小説における化身と見なすべき）の視点では、狂ったように利益を追い求める資本主義商品経済は私たちの社会を毒し、人道主義精神を踏みにじったものとされている。『取り替え子（チェンジリング）』においては本来少年のように純粋だった人物さえその汚染を受けることを免れることはなく、最終的には破壊の道へ向かわざるをえなくなってしまう。これと同時に国家主義の思潮が再度起こり、平和憲法に含まれる戦争を永久に放棄し、二度と戦争はしないということが書かれている第九条が改正されるという危機にまでさらされている。また超大国による新帝国主義理論の吹聴と一国主義政策の実行が国際環境をひどく悪化させ、世界平和と人類文明の過程までがかつてない脅威にさらされている。そのため、スーザン・ソンタグ、ギュンター・グラス、エドワード・サイードなどの正義感にあふれ、良識を持つ作家や学者と一緒で、大江はこれに対し非常に憂慮しており、自己の作品においても新しい人の出現を期待し、まだ汚染されていない、人類の良知の象徴であり、純粋で美しい未来の新しい人の出現を呼びかけている。

長編小説『取り替え子（チェンジリング）』も森の中でストーリーが展開する。原著タイトルカバーの傍らにカタカナで「チェンジリング」とあるが、これに注目したい。このタイトルはもともと英語のchangelingから来ており、美しい子供が生まれると小人のゴブリンが自らの醜い子供とこっそり取り替えて美しい子をさらってしまうという物語に由来しており、残された醜い子供のことをchangelingと呼ぶ。大江がここで引用したchangelingは、アメリカの著名な児童文学作家で漫画家でもある、モーリス・センダック（Maurice Sendak）がこの民間に伝わる話を絵本にした『まどのそとのそのまたむこう』（Outside Over There）を基にしている。大まかなストーリーは、泣き止まない赤ちゃんをあやすため、美しくまじめで誠実な少女・アイダは窓の外に向かってホルンで美しい曲を奏でる。するとゆりかごの中の小さな妹は泣くのをやめ、聞きほれている。アイダ本人もホルンを吹くのに夢中で小さな妹のことをすっかり忘れる。そのとき、地底から来た妖精が、はしごをかけてもう一つの窓から這い上がってきた。彼らこそマントをまとった小人のゴブリンたちだった。こっそりと産着にくるまれた美しい赤ちゃんを抱えて逃げた後、彼らは氷で作ったゴブリンの赤ちゃんを残していった。妹を連れ去られた上にゴブリンのお嫁さんにされてしまったかもしれないアイダは怒り、母親のレインコートを着て、自分のホルンを持ち、「まどのそとのそのまたむこう」へ飛び出した。父親の歌声を頼りに、ゴブリンの洞窟を見つけたアイダはホルンを吹く。すると、ゴブリンたちと彼らの子供たちはすべて狂ったような踊りの渦に巻き込まれ、大きな卵の殻に寝かされていた妹を助け出すことができた、というものだ。

この現実と虚構、時間と空間が巧妙に溶け合ってできた作品において、吾良はまさに、この作家の描くchangelingなのであった。この吾良という名前から見てももともとは善良な人物でまるで産着に包まれていたあの赤ちゃんのように美しくて純粋だったことがわかる。この美しく純粋な人物を検証したが、この作品の中でもう一人重要な登場人物がいる。彼の幼馴染・古義人だ。ここで注意が必要なのが、古義人という名前の日本語の発音が「kogito」であり、これによりラテン語の「cogito ergo sum」即ち「我思う、ゆえに我あり」を連想することが可能であるということだ。このように見てみるとこの人物が単に古来からのモラルのある人というのではなく、思想家でもあるということがわかる。実際のところこの自伝的な特徴を持つ小説において古義人こそが著者・大江健三郎その人であり、高校時代から親密なつきあいを続けている吾良は彼の妻の兄であり、著名な映画監督・伊丹十三その人であると考えて差支えないだろう。このようにしてみると作品中の他の何人かの主要人物も現実の生活において私たちがよく知る人物と重なる。千樫は大江健三郎夫人であり、伊丹十三の妹である大江ゆかり、アカリは大江健三郎とゆかりの長男・大江光であることがわかる。多くの読者はすでに知っていることと思うが、一九九二年、伊丹十三は暴力団を辛辣に風評した映画『ミンボーの女』により大きな成功を納めている。しかしそれにもかかわらず、この映画のために暴力団からの報復を受けることになり、暴力団により顔面および頸部を刺され大けがをし、それが肉体的にも心理的にも大きな傷として残った。それから間もなく、伊丹十三はまたしても別の暴力に遭うことになった。一部の非道徳的な雑誌メディアによって公然とスキャンダルを公開されたという暴力だ。伊丹はこれらの暴力に対する抗議として、飛び降り自殺をし最後は徹底的に現実世界のゴブリンたちにこっそり連れていかれてしまった。

もっとも文中では伊丹十三の分身である吾良がゴブリンに変えられてしまう時間は少年時代に設定されている。当時の日本は戦争に負け、日本とアメリカの占領政府が結んだ講和条約がまさに成立しようというとき、愛国を掲げた国家主義分子が象徴天皇制に抵抗し、使用不能な銃を持ってアメリカ軍基地に侵入し、アメリカ軍に射殺されるように誘いだし、「殺される」といういわゆる玉砕方式によって「日本人が失った国家思想を呼び起こし」日本に「全国民規模の反米潮流」を引き起こした。こうして、才能に長けた吾良の若く、健康的な肉体をおとりに、アメリカ軍の将校を山中に誘い出して殺し、この将校の拳銃を持って逃走した……この国家主義分子がアメリカ将校・ピーターの命を亡きものにすると同時に、明らかに才能に長けた少年・吾良の善良さと純真さも崩してしまった。何年もあとに千樫が思い出したように、「夜明け前のくらい夜に、吾良が帰ってくるのが見えて、うれしかった。それと同時に少し怖いという感覚もあった。なぜなら、私の目の前に立っているのは本物の吾良ではなくて、changeling のようだったから。あの時以来、吾良はやはり兄であり、モーリス・センダックが彼の作品で書いていたのとは違う。けれどもセンダックの言葉で当時の私の気持ちを表現するなら、それはまさに、帰ってきた吾良には「まどのそとのそのまたむこう」の雰囲気を感じるということだ。しかも「まどのそとのそのまたむこう」の雰囲気は始終吾良にまとわりついていた」。

ゴブリンがまとわりついて傷つけたのはアイダの妹と吾良の二人にとどまらない。吾良を連れ去られた、心が美しく善良な天性の古義人も折につけゴブリンに付きまとわれ苦悩していた。少年時代に新制学校で受けた民主主義教育とその後の生涯において民主主義を自身の最大の価値感としていた一方で、父親とその弟子たちに代表される国家主義と多くが複雑に絡み合っていた。そう、苦悩のうちにあった古義人は深夜、力を振り絞って故郷から送られた丈夫なスッポンを殺した。スッポンは根深い国家主義を象徴する怪物であったが、ゴブリンはこれによりこの正義感あふれる文化人から離れ去ったのだろうか。答えは、否である。

『取り替え子（チェンジリング）』中でのchangelingに関して、私たちはもう一つの解釈ができる。いてもたってもいられない著者はchangelingというイメージにより人々に、所在する国家、徐々に増えていく人々の心の底にある公正さと良知がゴブリンによってまさに盗まれようとしていることを警告しており、これら他の人に対して、「今回の「周辺事態法」は当時（一九六〇年）ほどの大規模な市民運動は引き起こさなかった。この事実の背後には、……特殊な国民的情緒が今まさに形成されている。近い将来、このような情緒はファシストの復興につながる可能性がある」[17]としている。私たちの身近には若く熱心かつ純真で美しい、まさにゴブリンたちが盗み出そうとしている若い人が高度に発達した物質文明と、極端に貧しくなった人文精神の間で迷い、自我、あるいは異なる程度でこそあれ、物質化している肉体、あるいはオウム真理教と法輪功等のさまざまな形の新興宗教の一部となっている。同時にまた、私たちの住み家であるこの世界で、政治屋は内心では道徳と良知をゴブリンに持っていかれてしまい、民主と人権の偉大な旗を振りながら新たな帝国主義理論と一国主義政策の指導のもと、「人々よ、暴君の独裁からあなた方を救ってあげよう！」と高々とスローガンを叫び、一人、また一人と弱小国家をむさぼるように自らのポケットにしまっていく。

同じようにこの作品においても古義人は私たちにある物語を語っている。それは彼の幼・小時代の山林での自らの体験であった。戦争に負けた年、彼は植物図鑑を持って森に行ったが、突発的な暴風雨で林野中に閉じ込められてしまった。三日後レスキュー隊に木のほらから救出されたというのだ。生死の境をさまよっているとき、小さな古義人は医者が母に葬儀の準備をするように言いつけているのを聞いた。目が覚めた古義人は、母親に自分はもう死ぬのか？　と尋ねた。そして母に医者の言いつけが聞こえてきた話もした。母は古義人に、彼が死ぬことはないし、たとえ本当に死んでしまったとしても、また新しく子供を産むと伝え、「あなたが私から生まれて、いままでに見たり聞いたりしたことを、読んだこと、自分でしてきたこと、それを全部新しいあなたに話してあげます。それから、いまのあなたの知っている言葉を、新しいあなたも話すことになるのだから、ふたりの子供はすっかり同じですよ。」と言った。

方法論からすると、森の中のこの物語は吾良の再生に一種の可能性を投じており、たくさんのゴブリンに取り換えられた美しく純粋な子供たちにも再生の可能性を与えている。もちろん千樫は二度とこの可能性のために実験をすることはできないが、酷似した少年時代を送った吾良とドイツの少女シマ・ウラが千樫の前に現れた。吾良にふざけて浦島太郎と呼ばれていたこの昔の女友達は、この時すでに妊娠しており、堕胎前に偶然森の中の子供の再生の物語を読んで、両親のプレッシャーをはねのけて「私は死んだ子供のために、もう一度子供を生んで、死んだ子供が見たり読んだり、したりしたことを全部話してあげる……死んだ子供の話していた言葉を新しい子供に教えてあげるお母さんになろう、と思ったんです」と言った。千樫はこの時、「慎重に正しい行動を取らなければ」と考え、作品の最後では「もし古義人から質ねられれば、自分は浦さんの赤んぼうを、どんなものにだって姿を変えて近づくゴブリンどもに盗み取らせたくないからだ、と答えようと考えた。さらには、古義人自身が訳して公開対話で引用した『死と王の先導者』の結びの台詞に、自分の考えていることは表現されている、ともいうつもりだった。――もう死んでしまった者らのことは忘れよう、生きている者らのことすらも。あなた方の心を、まだ生まれてこない者たちにだけ向けておくれ」。

時間を軸として、順序立てて森の中の迷宮の主要建築を見てきた私たちは、ついにこの旅の目的地であるラビリンスのもっとも奥深いところにある『憂い顔の童子』の門前にやってきた。

小説は国際的に著名な文学賞を獲得した古義人が、妻がベルリンに吾良のすでに子供を産んだガールフレンドの面倒を見に行く間、母の遺志を守り、長男・アカリを連れて故郷の十畳敷の新居へ向かう。彼らとともにここに暮らすのは、「古義人の小説の背景をなすものについてドクターコースの論文を書くつもり」のアメリカ人女性ローズだ。ローズの容貌は、少女時代ナボコフの書いたニンフ、ロリータといくらか似ており、ローズの元夫はナボコフに造詣が深いイギリス文学の副教授だった。ローズのニンフェットの特徴が年齢とともに薄れ、ほぼ消えてしまうとハンバート型の性格だった元夫は「ハンバートには少女の運命を傷つけることに道徳的な惧れを抱くところもある」としてローズというこの元ニンフェットを捨てたのである。林の中の新居に着いた翌日ローズはすぐにロラン・バルトの提唱する「読みなおす」、ただ何度も読むのではなく、『ドン・キホーテ』を「方向性をもって探究する」と言うのだ。ここで言う「読みなおす」ということにはもう一つ意味が込められていて、彼女は身近にいる古義人を『ドン・キホーテ』に置き換えて文中のあの憂いの騎士を観察と記録を彼の故郷のすべての行程において重ね、深く理解しようというのであり、決してただ読み直すわけではない。

『取り換え子（チェンジリング）』の姉妹編である『憂い顔の童子』の舞台はやはり四国の森であり、タイトルにもある「憂い」とは故郷で「読みなおし」される『ドン・キホーテ』のように主人公・古義人がドン・キホーテのように世間のさまざまな出来事に対し、怒り、また憂う。「童子」とは著者の故郷の伝承中で（著者のこれ以前の作品にもたびたび登場している）「時間と空間を自由自在に行き来できる」、亀井銘助は生まれ変わった後に暴動を起こしている山の民と仕事をさぼるなど弱者の苦労を民衆のそばで悪知恵を付ける伝奇的な少年である。もちろん我々の前に置かれた文中では何度も生まれ変わった亀井銘助はたくさんの「童子」の中の一人にすぎない。著者は助手であるローズの口を借りて「童子」に対して以下のような解釈を行った。「童子」は森の中で夢見る人から始まって、世界中にでむき、そして森に帰ってくる。永遠にそれは続く。森の中の深いところの、まるで巨大な機関のような夢見る人、もともとは彼も「童子」だった。見ることのできる夢の境界は「夢の中の浮橋」である。この浮橋をとおして無数の「童子」がそれぞれ異なる時間にそれぞれ異なる仕事場を目指して、現実の世界へと向かう。夢見る人は、無数の「童子」のうち、一人も失うことはなかった。この一人一人の「童子」の仕事は、今夢を見ている人の銀幕に投影することである。いっそ夢の境界に合成されるイメージがテレックスでそれぞれ異なる時間にそれぞれ異なった場所に流れていき、最後は現実の場面へと具体化されればいい。もちろん、銘助が託した「童子」のように、暴動を起こす農民が方向を失って開く軍事会議で会場にころがり、夢の境界から夢見る人の力を借りて戦術のための教えを請うということもあった。仮にこのようでなかったとしても、森の深くで夢見る人は夢の境界をとおして、世界各国に散っているすべての「童子」に司令を送っている。すべての時間にすべての場所にいる「童子」に向かって。オーストラリアの原住民の神話にいる「童子」に対してであれば、「永遠の夢の時間の中」の「童子」たちに司令を送る。ここで言いたいのは、「現在の時間だけではなく、また過去の時間だけでもない、未来の時間にも夢の境界の時間がある」ということだ。古義人が模擬デモ行進に参加したことによって重傷を負い、昏睡状態に陥ったとき、ローズはさらに直接的に指摘する「古義人、古義人はもうずいぶん年を重ねているのに、まだ元気ですね。けれど今は身動きがとれません。それはあなたが森の奥深くにいるからです。あなたの頭は朦朧としていますか？　かわいそうな古義人、古義人。でも、もし本当にそのとおりなら、あなたは今夢見る人に寄り添っている事でしょうね。なんども銀幕に映し出されるすべてを見ている事でしょうね。もし、これらが言葉に変換されて紙に書かれたなら、古義人、それこそがあなたが今まで書きたかったけれど書けなかった小説になるでしょう。今、夢を見る人と直接つながる電気回路を借りて、ずっとその小説全体を見ているあなたは、まさにあの「二百年の子供」ではないですか?!」[18]。これまでの小説に登場する「童子」と比較すると、大江は『憂い顔の童子』に出てくる「童子」にはより深く、深刻な意義を持たせている。この文章における「童子」は一つのグループであり、これまでの作品で何度か登場した、何度も生まれ変わる亀井銘助一人や、無数の「童子」がさまざまな時間、さまざまな持ち場に行き、夢の境界を通じて「夢を見る人」（もともとは一人の童子）から指令を受けたりする。五歳になる前の古義人と共に生活していた童子コギーも実際のところは無数の童子のうちの一人であった。

そこで、ここに向き合わなければならない問題が出てくる。すなわち、著者がこの作品において何度も書き、意味を膨らませている「童子」にはどのような隠喩的意味があるのか？　なぜこのような作品にしたのか？　ということである。この問題を検討する前に、我々はまず古義人が故郷に帰った後の出来事を理解したい（文外の著者・大江健三郎が三十数年来苦心して築き上げた共同体／根拠地／ユートピア／「村＝国家＝小宇宙」）。

古義人が今回故郷へ帰ったのは、もともと「方向性を持って、老境に入った人々が直面した生と死の問題を探求する」ということのためであり、故郷に広く伝わるが公の記録にほとんど残らない「童子」の話を調べなおすことが目的で、そこからその時と未来に重要な意味を持つ部分を隔離し、自分が作りだそうとする「超童子」小説の中で利用しようと考えている。残念なのは、今回の旅がほとんど一から陰影に覆われているということで、四国への飛行機の中では好意的でない何人かの男女に見られたり、飛行場についたと思ったら彼の故郷に反対する人たちに「地域の住民に、とくに子供らに話しかけたいといわれている」と直接的な嫌がらせや威嚇を受けた。これらを切り抜けて十畳敷の新居についたものの、状況は特に好転せず、むしろ面倒なことは始まったばかりだと言った方がいいような状況だった。まもなく、彼は村の「約二〇〇年前に起こった近代史上の事件の絵と称するに足る」ものを発見したため、不識寺の納骨堂にひらひら舞い落ちる「白い粉末の遺灰……くすんだ灰色のさらには飴色の骨片」のなか、左足を骨折した。第二の肉体的傷害は三島神社の宮司・真木彦の悪意ある脅しによるもので、沼地の斜面から落ちて再び骨折し、耳が引き裂かれてしまったことだ。三度目のけがはレストランで、現地の議員バッチをつけた五〇歳前後の明らかに酔っぱらった頭の大きな男に両手で持ち上げられ、手なれた腕の動きで力いっぱい古義人は頸動脈を打たれた。最終的には古義人は何人もの相手に店外に蹴りだされたのだ。もし、これらのけがが致命傷とは言えないというのなら、古義人が参加した六〇年代の「日米安全保障条約」反対のデモのときの、頭部を木の幹にぶつけ、負った重傷こそは非常に危険な昏睡状態だったと言えるだろう。この模擬デモ行進は、世俗的成金の田部夫婦からの援助があり、彼らが開発したばかりの別荘地内で行われていた。その場所はもともとは国家主義分子の長期的な修練道場であり、秘密基地であった。模擬デモ行進の場面は、アメリカの女性知識人・ローズをもてあそび、捨てた宮司・真木彦の指揮で行われていた。文中の肉体的なけがと呼応しているのは、古義人の子供時代の記憶の中のさまざまな暴力だった。戦争末期に悪用するのが嫌で押しつけられた「死んでしまえ、天皇陛下のために切腹しろ」との回答に対する教師からの殴打、ガラの悪い学生に決闘を迫られ相手に小型ナイフで手を突き刺されたこと。何人かの酩酊した人たちが少年古義人が母に代わって見張っていた紙を奪い取ろうとした時、等だ。もちろんこれらの現実での記憶の中で肉体の傷害は古義人が今回帰郷して遭遇したすべてのけがと重なるわけではない。それよりも彼がつらいのはむしろ精神的な傷だった。国家分子は一年中継続して邪魔され、迫害されてきたし、天皇から授かる文化勲章を拒否したことにより招いた敵意、戦後の民主主義教育体系を取り消され、今かえって学生に対する号令が復活していること、プールで出会った中学校の体育教師と学生からの冷ややかな態度と敵意、アカリとローズが中学生に騙され、「弦楽音響増幅処理後の巨大音響設備のある音楽堂」に閉じ込められて「大連隊の爆音のような音響」に苦しんだこと、現地新聞の含みのある報道、田部夫婦のローズに対する直接的な嘲笑と侮辱、などが挙げられる。そしてここにまた回避することのできない二つ目の問題が浮上してくる。長江古義人はこのような肉体的、また精神的傷を故郷で負い、確かに『憂い顔の童子』の著者である大江健三郎も三十余年来多くの小説の中で苦心してこの共同体／根拠地／ユートピア／「村＝国家＝小宇宙」を作りあげたのではなかったか？　より正しい結論を出すため、ローズが本文中で対応させている『ドン・キホーテ』の中での主要な役割について検討していきたい。

長江古義人、ローズ視点ではドン・キホーテ。国際的に著名な文学賞を受賞し、長年小説の創作活動に従事している作家。六〇年代の政治運動に参加したことがあり、目下決して友好的であるとは言えない故郷で当時のチームメンバーと組んで「すでに老境に達したメンバーでグループを作ってリードし、戯れに当時完成できなかった政治的行動を再現する」。このように劇のような試みによって戦後五十年来の日本社会を見つめなおすという特徴を明確にした。これと並行して「童子」探索を試みる。「周縁からこの国の二〇〇年にわたる現代化の歴史を見つめる」。

真木彦、三〇歳くらい。三島神社の宮司で学士サンソン・カラスコの役を演じる。また「銀月の騎士」にも扮装する。ドン・キホーテ（長江古義人）とともに逃れることのできない決闘を行う。——当時アメリカ軍将校・ピーターを襲った責任を古義人のせいにした。決闘で勝利をおさめるため、国際恋愛を説いてアメリカの知識人、古義人の助手であるローズと結婚するが、のちに性の不一致を理由に彼女を捨てる。また、真木彦は伝承の中の童子の儀式を神社の象徴として公の文化のもとにコントロールし、下記帰るという手段を持って娯楽性を消した儀式として神聖かつ民俗性のあるものとした。

黒野。古義人から見てヒネス・デ・パサモンテ。若いころ古義人とともに東京大学で学んだ。「日米安全保障条約」の反対運動中、二人はかつて関連懇談会の集会場で出会っている。古義人は有名な文化賞を受賞した後、このときすでに現地の成金・田部夫婦と黒野は連絡を取り合い、古義人を田部夫婦の開発計画に巻き込もうとしていた。のちに戯れのデモ衝突の最中に心臓病の発作で死亡。

ローズはこの物語の中でも決して軽視できない役割を担っている。彼女はほとんどすべての登場人物と何らかの関係があり、またそこに意義がある。文中においてもたくさんの役割を担う。古義人に対しては民主主義作家であり、サンチョ・パンサの役割、同時にアメリカの知識界のアジア文化理解への願いが込められている。真木彦に対しては天皇権力や神権など封建文化を守る代表であり、誘拐されたロリータの役を演じ、現地でのニンフェットの特徴／アメリカ知識界の単純な幼稚さが消し去られてからは、「ハンバート型の人格の」真木彦に捨てられる。田部夫婦／狭い民族主義勢力と俗っぽい成金の象徴に対しては、彼女は疑いようもなく利用され、嘲笑される対象となる。アヨ／童子としての特性を持つ日本少年で、ローズはアメリカ商業文化的要素を持つ、モダン女性であり、純粋な同時的特性が汚染されないよう、彼女とアヨの交わりは善良なアサ／古義人の妹によって阻止された。

今、私たちはこの小説の大体の輪郭をスケッチできるようになった。著名な作家・長江古義人は長男・アカリとアメリカの女性知識人とともに故郷に帰り、「方向性を持って、老境に入った人々が直面した生と死の問題を探求する」ことと、故郷で広く伝わるが公的記載のない「童子」についてふたたび調べることを目的とした。それでも、死んで勢いをなくした国家主義団体、根が深くて微動だにしない神社、広く世間で横行する財閥、古義人と同時代の転向した知識人、有力な文化と言葉の暴力を象徴する地方紙など、各方面からの敵意にさらされた。それでも、文章内の古義人は憂いの騎士さながら、妥協をしらず妥協に屈せず、そのために次々と肉体的、そして精神的にさまざまな傷を負い、最後には病床で深い混迷状態に陥り、このように彼を傷つけた世界に祈った「互いに殺戮を繰り返す人々、たがいに殺された人々よ、許したまえ。いつでも互いに殺し合う生き残りのものよ、許したまえ。曲が静まりかえり、人々があまりにも多くの鮮血を流したようで、この血の海の中で生まれ育ったのだろう。もう二度とこれらのことが起こらないように、……すべての国家と民族は一切関係がなく、いかなるいいわけも聞き入れない、それでもいとしげに……」[19]。

ここで先に挙げた二つ目の問題に対して結論を下す。文中で長江古義人は敵意に満ちて肉体や精神に大きな傷を付ける「故郷」を確かに三十余年来にわたり多数の小説の中で苦心して築きあげた共同体／根拠地／ユートピア／「村＝国家＝小宇宙」としている。残念なのは私たちが見たのと同様、この共同体／根拠地／ユートピア／「村＝国家＝小宇宙」が未だばらばらになっておらず、崩壊寸前程度であるということだ。大江は過去の作品において、根拠地の建設を最重要とし、周縁の特質を最も体現できる材料としてきた。森の中に代々伝わる伝記と記憶はすでにかなりの程度で強者によって書き改められ、抹殺されてきた。中心文化に侵食された故郷の少年の抵抗なのだ。つまり故郷の周縁性の特徴はかなり弱められ、外部から来た中心文化に日増しに同化していくとともに故郷の内側からも、神社、国家主義団体、現地メディア、右よりの知識人、俗っぽい成金など新旧の保守勢力により書き改められ、抵抗され、ひどいものは抹殺されてきた。特に現在の日本において、国家主義の思潮が価値もなく氾濫するこの特殊な歴史的時期を迎えているにあたり、「暗黒時代」に突入する「故郷」がもともと有していた本当の意味での周縁性の特徴から今まさに脱しようとしている。もちろん、大江が多数の小説の中で苦心して築きあげた共同体／根拠地／ユートピア／「村＝国家＝小宇宙」でさえもこれを覆される脅威にさらされていることは否定できない。この厳しい局面にあって、大江は「危険なときに突如心に浮かぶある種の記憶」（あるいは今まさに書き換えられている）[20]を捕らえ、祖先から代々伝わりながらも強者によって書き換えられてきたり、抹消されようとしている神話や伝承を叙述し、重ねて語ることで、多くの人の心のそこに眠っていて目覚めることのない言い伝えの伝統や記憶を通じて、「故郷」に周縁性の特徴を再構築し、そうすることで暗闇の中にささやかな光を見出している。叙述や重ねて語るという方法を選んだのは、「ふさわしい物語の叙述は比べてみるとそこに哲学も分析も、格言すらもなく、ただ寓話の強さと豊かさのゆえに意味深くなる」[21]。実際これこそがまさに私たちの求めていた第一の問い、著者がこの作品で何度も、そして「童子」の持つ隠喩的な意義を増幅したのはなぜであったか、という問いの答えであった。

当然のことながら著者も記憶の中の神話や伝承を叙述したり何度も語ったりすることだけではすべての問題を解決できるわけではないということをはっきりと理解している。特に現在の人心が暗闇を徘徊するという「暗黒時代」においては。そこで、すでに少数派の民主主義作家である著者は考えを重ね、思わずぞっとするような選択をした。必要があればあちらの世界へいくという選択だ。多くの童子の中の一人は時間と空間の境なく行き来し、強者／公的に書き改められたり、隠されたり抹消されたりした弱者の歴史を復元しようと試み、強者の残した記録の不真実と歴史を拮抗させようとした。実際文中の主人公・長江古義人も一歩一歩あちらの世界に近づいていく。

このように少しも妥協しない戦闘性は『憂い顔の童子』の文中に登場するドン・キホーテのような老知識人に反映されているだけでなく、童子に本書の著者の身の上にも反映されているのだ。この小説が世に出た翌年、六九歳になった大江は加藤周一、井上ひさしらと「九条の会」を設立し、日本政府と保守派が平和憲法である憲法第九条を国家主義の復活、あるいは軍国主義の復活の妨げとなるとして改正しようとする動きに強く反対した。喜ぶべきは、この大きな実力の格差がある戦いの中で、森から出てきた憂い顔の童子は決して孤独ではなく、ほかにも八名の年老いた童子あるいは騎士たちが彼とともに同じ志のもと、自分を省みずに戦いに参加したことだ。さらに言うとこの九名の老人たちは自分たちの持てる地からすべてを用いて吶喊し、「教授九条の会」、「科学者九条の会」、「女性九条の会」そして「宗教家九条の会」などが、まるで雨後のたけのこが成長するような勢いで日本各地に出現し、相次いで平和を求め戦争を忌む声を上げた。これらの叫びは、大江が森の作品、『憂い顔の童子』で書いた人類の平和と和解のための祈りと重なり、交響曲を奏で、私たちの心の奥に長くたゆたっている。

## 注

[1] 魯迅著、井上紅梅訳「白光」『吶喊』より引用。

[2] 原文：思想特征基本来源于自然。正如人们所说的草木会说话一样，先民们可以在遍布于周围的树木中发现精灵，将其作为降附于斯的神灵。②林屋辰三著、『日本古典美学』中国人民大学出版社、九七頁。

[3] 原文：通过祖母，受到了把山村的森林，河流以及更为具体的场所与神话／传说意义联系起来的训练，进而发展到把自己编织的新的传说，依附到某一场所或某一株大树上。

[4] 原文：与其说我在构思小说，毋宁说，是受到森林内部的地形学结构所衍生出来的神话故事的诱导而开始写那个故事。

[5] 原文：通过祖母，受到了把山村的森林，河流以及更为具体的场所与神话，传说意义联系起来的训练，进而发展到把自己编织的新的传说，依附到某一场所或某一株大树上。

[6] 大江健三郎「アフリカへ、こちらの周縁から」『群像』一九八九年一二月号、一三七頁より引用。

[7] 前掲書一三八頁より引用。

[8] 前掲書一三九頁より引用。原文：让自己在孩童时代感受到恐怖和魅惑的森林中的传说具有某种意义。①、①『群像』一九八九年第一二期、一三九頁。

[9] 大江健三郎「北京公演二〇〇〇」『鎖国してはならない』講談社文庫、二〇〇四年、二一三—二一四頁より引用。

[10] 原文：得以植根于我所置身的边缘的日本乃至更为边缘的土地，同时开拓出一条到达和表现普遍性的道路。①。①『小说的方法』河北教育出版社、二一八

八頁。

[11] 原文：把儿时在森林峡谷里祖母和母亲讲述的神话和历史故事、而不是自己通过智能训练获得的、原封不动地按照她们的口吻写出来。至少我是像作记录一样、把我听来的记叙下来。②。②『小说的方法』河北教育出版社、一九五頁。

[12] 篠原茂『大江健三郎文学事典』森田出版社、一九九八年、三〇〇頁より引用。

[13] 前掲書「北京公演二〇〇〇」二一五—二一六頁より引用。

[14] 原文：就重建教会而言、〝师傅〟只是在表演〝包含着分歧的重复〟……这次却没能像第一次那样、借助〝包含着分歧的重复〟这同样的方法进行第二次转向。在他以悲剧性的方式悄然消失以后、就在这片森林中、在那些经过锤炼的年轻人（像是以这个边缘地区长大成人的少年般的年轻人为核心）对他的支持下、他真的得以开展他那〝新人的教会〟的活动了。

[15] 前掲書「北京公演二〇〇〇」二一七頁より引用。

[16] 原文：《燃烧的绿树》和《空翻》等长篇小说、其实都是我对日本人的灵魂和日本人的精神等问题进行思索的产物。比如说、日本出现奥姆真理教这个以年轻人为主体的错误的宗教运动、就说明了我们必须重视和研究有关灵魂和精神的问题。日本人必须认真思考何为灵魂、何为精神的问题、尤其是年轻人更需要思考一下这个问题。而我、则只是把这一切反映在了文学作品中而已、想探索一下这些错误是怎么发生的、以及什么样的选择才是科学和可行的。①。

①『小说的方法』河北教育出版社、二九七頁。

[17] 原文：这次的《周边事态法》却没能激起当年（一九六〇年）那样大规模的市民抵抗运动。在这个事实的背后……一股特殊的国民情绪正在形成。在不会太远的未来、这种情绪可能会导致法西斯主义的回潮。①①『小说的方法』河北教育出版社、二六七頁。

[18] 原文：曾彼此杀戮的人们、相互被杀的人们、宽恕吧！　必须准备随时互相厮杀的幸存者们、宽恕吧！……曲子的这般静谧、似乎是因为人们曾流淌了那么许多的鲜血、才从这血泊之中生发而成的吧。不会再度发生这一切吧……与所有国家和民族概无关联、它不容任何分说、却又极为怜爱地……。

[19] 原文：曾彼此杀戮的人们、相互被杀的人们、宽恕吧！　必须准备随时互相厮杀的幸存者们、宽恕吧！……曲子的这般静谧、似乎是因为人们曾流淌了那么许多的鲜血、才从这血泊之中生发而成的吧。不会再度发生这一切吧……与所有国家和民族概无关联、它不容任何分说、却又极为怜爱地……。

[20] 原文：在那危险的时刻闪现在心头的某种记忆。ベンヤミン『歴史哲学テーゼ』。

[21] 原文：与叙述恰当的故事比较起来、没有什么哲学、没有什么分析、没有什么格言在寓言的强度和丰厚上能够如此地意味深长。②《法律现代主义》中国政法大学出版社、二四六頁。

# 「僑詞」の帰順と近代中日文化の相互作用
## ――「衛生」、「物理」、「小説」を例に――

馮　天瑜
（翻訳：及川　淳子）

西洋の専門用語を対訳した近代の漢字の新語は、その多くが「中国―西洋―日本」という三辺の相互作用のプロセスの中で形成され、長いものでは一、二世紀、甚だしきに至っては三、四世紀の間を旅し、変遷して初めて定型化したものもある。よって、これらの新語の起源および脈絡は、ややもすれば長い時間をかけた変遷の中で曖昧なものになってしまい、そのために若干の影響力のある論著や外来語辞典などにおいても、ある新語の起源について見当違いであったりもする。特に、もともと中国が制定した新語について「日本が起源の言葉」となってしまうことがままある。このような問題が起こるのは、その原因のひとつに、中国の古典（例えば明末の工芸の集大成である『天工開物』、造園の集大成である『園治』）が中国では伝承が途絶えてしまったが、日本では広まって近代になってから中国に逆輸入され、その中の語句が中国人によって「日本が起源の言葉」と見なされてしまったということがある。張薇の博士論文『園治文化論』における考察によれば、これまで造園業界で日本から輸入されたキーワードだと見なされてきた「造園」という言葉も、実は「中国が起源の言葉」であり、明末の鄭元勲が記した『園治』の撰題詞には、すでに「古人百芸、皆伝之於書、独無伝造園者何」のように「造園」という言葉が使用されていた。園林学者の陳植は一九二〇年代に日本に留学し、清代以来三〇〇年近くも伝承が絶えていた『園治』を目にし、後に『造園学概論・自序』（中国建築出版社、一九八八年）の中で次のように記している。

造園之名、……不諳其源者、当亦以為我為日本用語之販者耳！　抑知日人亦由我典籍中援用邪？　斯典籍為何？　乃明季崇禎時計成氏所著之『園冶』是也。

このように、伝承が絶えてしまった中国起源の言葉を日本起源の言葉であるとした誤った状況は、ある程度代表的なものである。

二つ目の原因は、明清時代に中国に来たイエズス会の人々と、清末に中国に来た宣教師たちが、中国の人々と共同で制定した西洋の概念を対訳した漢字の新語にある。当時、中国ではまだ広くいきわたっていなかったが、急速に日本に伝わり、日本で普及して新たに改造され、清末から民国初期に日本に渡った中国人留学生たちが、これらの新語を中国に伝えて、中国人が「日本の新しい名詞」としたものもある。これもまた逆輸入された言葉であり、「外来語」よりも「回帰僑詞」という呼び名がよりふさわしいであろう。

## 1　「衛生」の故郷

中日語彙関係を論じる多くの著述と外来語辞典において、いずれも「衛生」は日本起源の言葉とされている。「日本名詞」を嫌悪する彭文祖は『盲人瞎馬之新名詞』の中で、「衛生」をわざわざ「日本語臭さ」のある言葉とし、文法と道理に合わないと非難して消去するよう主張した。実は「衛生」とは正真正銘の中国の古語であり、完全に中国語の造語法に適うもので、語形から語義（生命を守る）が容易に理解されるものである。近代の日本人がこの中国の古語を借用して西洋の専門用語である hygiene を翻訳し、かつて日本への訪問を請われていた中国の読書子はその根源を追究し、この言葉が道理と文法に適うことを論証したのであった。

「衛生」は『庄子・庚桑楚』が出典である。楚人の南栄朱が老子に拝謁し、病を治す術の教えを求め、老子と次のような対話があったと語られている。

〝朱願聞衛生之経而已矣。〟

老子曰：〝衛生之経、能抱一乎？〟

郭象の『庄子注』は「衛生」の解釈を「防衛其生、令合道也」としている。

庄子には「養生」という言い方があり、『庄子・養生主』には「文恵君曰：〝善哉！　吾聞庖丁之言、得養焉〟」とある。「衛生」すなわち「防衛其生」とは、「養生」と比較すると生命を保護するという含意がより強烈である。庄子はのちに「衛生」という言葉をよく人について用いるようになり、東晋の陶淵明は『影答形』において「存生不可言、衛生毎苦拙」と記している。清の唐甄は『潜書・五形』において「貴人之処、衛生常謹」と記している。これらの用例に見られる「衛生」は、いずれもその生を防衛し生命を守るという意味である。古典の中には「衛生」を書名にしたものもあり、例えば元の羅天益の『衛生宝鑑』や、胡瑩の『衛生易簡方』などがある。清朝末期に中国にやってきた宣教師が編纂した『英華字典』では to protect one's life を「衛生」と訳しており、その後傅蘭雅は一八八一年に訳著『化学衛生論』を刊行した。「衛生」という一言から明らかであるように、古代から近代に至るまでの中国ではそのまま用いられており、その含意も一貫していて「防衛其生、保衛生命」である。

幕末、明治の間、日本が西洋医学と保健知識を翻訳紹介した時に、かつては「摂生」、「養生」、「健全」などの古代中国語を用いてhygieneを翻訳していたが、最終的には「衛生」という訳語を定めた。明治年間、日本は医学、保健の類の書籍や刊行物の中で、「衛生」という言葉を使用するだけでなく、さらに明治一〇（一八七七）年には「字面が高尚である」という理由によって、内務省管轄下の医療、保健業務を主管する部門を「司薬局」、「医学局」から「衛生局」と改名した。しかしこのような新しい部門の名称は認められず、日本の官民においては依然論争があり、局の名前を「衛生」から「養生」に変えるべきだという主張もあった。

光緒一三（一八八七）年、総理衙門が協議して派遣遊歴の規定を策定し、朱筆による評語「依議」によって試験が行われ、選挙によって派遣人員を選び、兵部の漢方医である傅雲龍が第一位となって派遣され、日本とアメリカを遊歴した。同年八月に傅氏は日本に到着し、明治二〇年末（一八八七年一二月一三日）に内務省衛生局を訪問した。その際、署名をするか否かで頭を悩ませた衛生局局長兼元老院議官長と専門官は、「傅雲龍に衛生は適当であろうか？」と教えを請い、傅雲龍はすぐに『衛生論』という一篇（傅雲龍『遊歴日本図経余記』に収録）を記したのであった。まずは、その問題の提起から始めよう。

衛与医、皆所以遂其生也、意将毋同、然而説異。医恒施于已疾、衛則在于未疾也。先是、明治八年設司薬、医学一端耳：十六年、易名衛生試験所。表飲食之比較、図服用之損益、固合化学、算学、医学、物理学、而自成一衛生学矣。長与氏犹慮名実未符、問雲龍至再。

ここからわかるように、明治二〇年に至るまで、「衛生局」はすなわち命名から一〇年間も、日本の内務省衛生局の名前としての論争が終わっていなかったのであり、故に局長と専斎局長は漢字文化の母国からやって来た華人学者の論証を望んだのであった。傅雲龍は期待に応えて『衛生論』において明快な論を述べ、「衛生」という言葉のいきさつを詳細に考察したのであった。

案『説文解字』〝衛（繁体字〝衞〟——引者注）、宿衛也、従韋、帀、従行、行。衛也、帀之言周。〟『史記』衛令曰周慮以此。然則衛生云者、有护中意、有捍外意、不使利生之理、有時而出：不使害生之物、乘間而入。穢者、潔之仇也、去穢即以衛潔。贋者、真之賊也、辨贋即以衛真。過而不及者中之弊也、退過進不及、即以衛中。潔也、真也、中也、皆所以生也、独医云乎哉。或謂何不曰養？曰：養、难言也。以心以气曰誰、有自然之道、以力以物曰衛、有勉然之功。今日之勉然、未始非自然基：然以学言、則不必高言養也。目以衛生、誰曰不宜？

傅雲龍は「衛生」という言葉の構造と内包から分析に着手し、この言葉の含意の正しさを論証し、「養生」と比較して医療、保健の政府機関の名称によりふさわしいものだとした。

傅雲龍が日本の内務省衛生局局長に答えた論文『衛生論』から、「衛生」という言葉は古代中国語の言葉が日本人に借用されたものであり、中国は「衛生」の「故郷」であるということがはっきりとわかる。近代の日本人は、この名称の含意についての意見が定まらない時に、「故郷の人」に調停と解釈を求めたのである。傅雲龍が日本を訪問してから十数年後、日本へ逃亡した梁啓超は一九〇〇年に『清議報』第四一号に発表した文章の中で、日本は「設衛生潔浄諸局、以衛民生」であると述べ、「衛生」の解釈を「以衛民生」とし、これは「故郷の人」による「衛生」という言葉についてのすばらしく明快な説明であった。当然のことながら、日本人は摂生、保身、養生、衛生などの多くの漢語でhygieneを翻訳し、清末の中国人の翻訳事業にも影響を与えた。一九〇八年に上海商務印書館が出版した進士・顔恵慶らの編纂による『英華大辞』では、hygiene の翻訳を「保身学、衛生学」としている。一九二八年に商務印書館が出版した黄士復らの編纂による『総合英漢大辞典』では、その翻訳は「衛生学、健全学」となっている。これらのことからわかるように、近代的な意味の「衛生」という言葉は、中—西—日の三つの語彙の双方向の交流の中から生まれたもので、「中国の古語が——日本に伝わり——日本が西洋の専門用語を翻訳するのに用い——中国にまた伝えた」というような、国家を跨ぎ、文化を跨ぐ旅を歩んだのであった。「衛生」は「僑詞の帰順」の事例であり、この「帰国華僑」はすでに出国以前の本来の姿とは異なり、その気質、内包するものも外来の新たな意味を有していたのである。

## 2　「物理」と『物理小識』

近代日本は「新中国語」の制作方法の一つであり、中国の古典の言葉の意味を原義から派生義へと変化させて西洋の概念を翻訳しており、「物理」はその一例である。近代的な意味を得た「物理」あるいは「物理学」は、通常「日本起源の語」と見なされている。しかしながら、この判断にはまだ検討の余地がある。これは、中国の「物理」に源を発し、近代的な意味が与えられただけでなく、しかもその近代的な意味が得られたのは、明末、清朝初期の中国の学術用語と大いに関係があったからなのだ。ゆえに、「物理」は「帰国華僑語」に入れることができる。

古語の「物理」は「物」と「理」から成っており、「物の道理」を省略した言葉である。「物」は世の中にある万物を指し、『説文解字』には「物、万物也」とある。「理」は条理、規則を指し、『韓非子・解老』には「理者、成物之文也」とある。ここでの「文」の意味は文章の筋、規則を意味する。「物理」が言葉としての体裁を整えて初めて現れたのは戦国時代の佚書「鶡冠子」であり、『漢書・芸文志』に「龐子云：愿聞人情物理」とある。ここでの「物理」は全ての物事の道理を指している。西漢時代に出版された『淮南子・覧冥訓』には「耳目之察、不足以分物理」、『晋書・明帝紀』には「帝聡明有機断、猶精物理」とあり、いずれも事の道理を指している。晋の楊泉が著した『物理論』は、天文、地理、工芸、農業医学に言及し、晋代に流行した玄学を批判したものであった。宋代の理学家である二程と朱熹は常に「物理」を議論し、朱熹の『大学章句・補格物伝』には「天下之物、莫不有理」と記されており、その「物理」とは依然として広く「事物の理」を指すものであった。

明末にイエズス会が中国に入り、西洋の古典物理学をも含む西洋学術をもたらした。ヨーロッパでは、物理の原語はラテン語の physis で、ギリシア語の「自然」から演繹したものである。古代ヨーロッパの物理学（physis）は自然科学の総称であった。これは一つの広範囲にわたる概念だが、しかし古代中国語の「万物之理」の「物理」と比較すれば、わずかながら専門性と特殊性を備えている。中世末期と近代初期に至るまで、ヨーロッパではすでに物理学（自然科学）と人文学（文、史、哲など）が形成され、神学と並んで学科の分野を形成していた。中国に入ったイエズス会のイタリア人 Giulio Aleni（一五八二―一六四九）は『西学凡』（一六二三年刊行）を著し、ヨーロッパの大学の学科――文、理、医、法、教、道などの六学科を紹介した。中でも「自然科学（音訳すればフィロソフィー）」はさらに六つに分類することができ、その一つは「Logica（イタリア語訳の「道理学」）」で、自然の研究を指し、自然科学の総称である。このような文、理、医、法、神学（教、道の二科で神学を指す）は、それぞれに道を分けて発展し、自然科学と社会科学は区分されて、中国伝統の自然科学と社会科学が混然一体となった状態とは異なるもので、明末、清朝初期の開明的な学生に知らず知らずのうちに影響を与えた。例えば徐光啓（一五六二―一六三三）は西洋科学技術の知識を「格物窮理之学」[1]と称し、それは西洋の古典的な物理学（自然科学の総称）の含意に極めて近いものがあった。徐氏はこの学問が中国に欠けていると認識していたのである。その他、「有窮理極物之癖」の学者である方以智（一六一一―一六七一）も、西洋の学問が「補開辟所未有」[2]であることを認識しており、これもつまり西洋の学問が中国の伝統的な学術の不足を補うことができるという認識であった。方氏は西洋の学問の啓発のもと、「物理」というこの古代中国語をある程度改めたのである。彼はその著書『物理小識』（清康熙三年、すなわち一六六四年刊行）という一冊を著し、これは「万暦年間、遠西学入」[3]の影響のもとに書かれたものであった。その「物理」はすでに「万物之理」から「学術之理」の意味に変化して主に自然科学の各分野を指し、人文学のある部分にも関わり、それは以下のようにこの本の各巻の目録からも見てとることができる。巻一：天類、暦類、巻二：風雪雨暘類、地種、占候類、巻三：人身類、巻四：医薬類上、巻五：医薬類下、巻六：飲食類、衣服類、巻七：金石類、巻八：器用類、巻九：草木類上、巻十：草木類下、鳥獣類上、巻十一：鳥獣類下、巻十二：鬼神方術類、異事類。『物理小識・総論』には「物理」のそれぞれの学問における地位と役割に関して、次のような説明がある。

言義理、言経済、言文章、言律歴、言性命、言物理、各各専科、然物理在一切中、而易以象数端几格通之、即性命死鬼神、只一大物理也。

この話は、二つの点に注意する必要がある。その一つは「物理」と義理（儒家の哲理）、経済（経世済民之学、政治学を指す）、文章（文学）、律暦（天文暦法）、性命（人性天命之学）が並列で「各専科」の一つであり、これは明らかに自然科学および技術的な知識を指し、伝統的な「万物之理」の「物理」とはすでに異なっている。次に、各種の事柄と現象の中には、いずれも「物理」が隠されており、これは「万物之理」の意味における「物理」という言葉が使われている。ここで明らかなことは、明清時代に方以智が論じた「物理」とは、「自然科学之理」と「万物之理」の二重の意味を兼ね備えており、その重点は前者にあって、義理、経済、文章などと並列された専門性のある「物理」の議論は、方以智の一つの貢献であった。

日本では江戸時代に大量の漢文西洋書（『坤輿全図』、『職方外紀』、『遠西奇器図説』など）が入り、方以智『物理小識』も同じように日本に入ったのであった。「洋書解禁」の後、日本が漢文西洋書を輸入することはさらに多くなり、『物理小識』の輸入量は大幅に増加した。『唐船持渡書籍目録』に掲載されているところによれば、文化二（一八〇五）年には長崎から『物理小識』三五三冊が輸入され、これは当時では相当な数字であり、日本の学界（主に蘭学家）のこの本に対する熱烈な需要を表していた。蘭学の開祖である杉田玄白（一七三三―一八一七）の『解体新書』（一七七四年刊行）、志筑忠雄（一七六〇―一八〇六）の『暦象新書』（一七九八年刊行）などの蘭学の著作は、いずれも『物理小識』を多く引用しており「座右の書」と見なされていた。蘭学者の山村才助（一七七〇―一八〇七）の『訂正増訳採覧異言』には、西洋、漢土、我が国という三種類の「引用書目」が列挙されており、その漢土書に『物理小識』がある。『物理小識』が日本で広まったのと同時に、この本の大量の語句が日本の蘭学の語彙に入った。その重要なものとしては、例えば「天類」の「空中、石油、植物、太西（泰西、遠西）、蒸餾」、「暦類」の「赤道、黄道、質測、恒星、歳差、望遠鏡、経緯度、地球、乗除」、「風雪雨暘類」の「西洋布、冷气、発育」、「地類」の「死海、空气、地震、水晶、窮理」、「人身類」の「循環、肺管、食管、賁門、幽門、直腸、筋、動脈、膀胱」、「医薬類」の「経路、霍乱、外科、骨折、按摩」、「飲食類」の「密封、消化」、「金石類」の「鍍金、試金石、浄水、舶来、洋船」、「鬼神方術類」の「裸体、透画法、雷電鉄索、写真」などである。これと同時に、『物理小識』の「自然科学之理」の意味における「物理」という言葉も日本人に受け入れられ、蘭学家は「物理」を「万物之理」のように広範には理解しなくなり、自然科学の総称と見なすようになった。それは、「物理」が近代の日本人にとって、西洋の近代物理学（Physics）の翻訳として基礎を固めたということであった。

近代のヨーロッパにおいては、産業革命の展開と自然科学の発展にともない、自然科学の各分野は独立した学科（例えば天文学、地質学、化学、生物学など）として成長し、物理学はすでに自然科学の総称を指すのではなく、その他の自然科学の学科と並列する一つの学科になった。日本は江戸幕府の末期以降、西洋の物理学についてはある程度の翻訳や紹介があったが、そのようにして翻訳された名前には「究理学、理学、究理術、自然学、窮理学、博物、格物、学性理、性理、性理之学、格物総智、格物之学」などがあり、明治五（一八七二）年に至るまで、福沢諭吉の『改定増補英語箋』では依然として「窮理学」という言葉が用いられていた。同年、福沢は『訓蒙窮理発蒙』三巻を刊行したが、やはり「窮理」という言葉が際立っていた。それ以後も、なお「窮理」と命名した多くの書籍が出版された。これらの翻訳は中国からもたらされた後期の漢文西洋書の影響を受けており、例えば『英華字典』（一八四三年刊行）は Physics を「性理、格物之学」と翻訳しており、合信（一八一六—一八七三）の『博物新編』は「博物」と訳し、丁韙良（一八二七—一九一六）の『格物入門』では「格物」と翻訳している。これらの翻訳は、なお自然科学の総称という意味から離れてはいなかった。

日本では西方の近代自然科学の一つの専門——Physics を「物理」と称した。明治五（一八七二）年に文部省が編纂し、片山淳吉（一八三七—一八八七）が執筆した小学校の教科書『物理階梯』（一八七五年刊行）と、明治九（一八七六）年に発行された『改正増補物理階梯』がその始まりである。この本はイギリスとアメリカの物理学の少年読み物を編集したもので、その内容は総論、物体論、物性論、偏有論、動静及速力、単動及復動論、双力運動論、運動力論、重心論、運重器、杠杆論、滑車論、斜面、楔及螺旋論、摩軋論、静水論、水圧論、諸体本重、動水論、（流水論）、大気論、空気的碍性論、音響論、音的速力論、温論、光論、陰影及光的反射論、越歴論、（電気論）、天体論、四季論、などである。以上のことからわかるように、『物理階梯』の「物理」はすでに自然科学の総称ではなく、力学、音響学、光学、電気学などを含む近代の物理学を指している。このような近代的な意味の「物理」の概念は、中国の後期の漢文西洋書から来ているものだ。明治八（一八七五）年に刊行された『物理階梯』には、その「訳字」は『博物新論』、『格物入門』、『気海観瀾』などから来ていると書かれている。前掲の二冊はいずれも「中国にいる西洋人が著した本」であり、

『気海観瀾』はすなわち蘭学者の青地林宗が著した本（一八二七年刊行）で、その中では漢文西洋書を参考にしたものが少なくない。『物理階梯』には「科学、物理、親和（科合）、蒸発、分子、固体、流体、大气、引力、重力、元素」などの専門用語があり、漢文西洋書のものもあれば、古語に近代的な意味を注入したものもあり、「物理」はその一つの例である。

哲学家の西周は一八七四年に著した『百一新論』の中で、「心理」と「物理」を論じている。

同じ道理で、言ってしまえば同じだが、実は理には二種類があり、……そのひとつは心理といい、もうひとつは物理という名である。物理というものは、すなわち自然の理である。……物理は"APRIORI"といい、先天の理である。心理は"APOSTERIORI"といい、後天の理である。

これは、哲学の面から「物理」と「心理」を区分したものである。

明治八（一八七五）年、東京大学の前身である開成学校が設置した学科の中に、「物理学」という科目があり、これはすでに自然科学における一つの専門の物理学を指すものであった。明治一〇（一八七七）年に東京大学が創立されると、理学部は物理学科を設置した。この「物理」は英語の Physics の対訳で、現在の「物理」の意味である。一八八八年、日英独仏対訳の『物理用語辞典』が出版された。

一八九〇年、日本人の藤田平八は盛挺造が編集した近代物理学が反映された書を中国語に翻訳して『物理学』と名付けた。中国人の王季烈はこの本に潤色と再編集を行い、江南機器製造局が印刷した。これが中国語による最初の『物理学』である。鄭観応の『盛世危言』では、まず政治論文の中で近代的な意味として「物理」という言葉を使用している。一九一二年に京師学堂は北京大学と改名し、自然科学の学科に「物理学門」が設けられ、一九一七年には「物理学系」

が設けられた。近現代の学科の意味における「物理」という語は、この時から中国で広まり、自然科学の中の一つの基礎部門を指すようになった。それは物質の運動の最も基本的な規則と物質の基本構造を研究するもので、「物理」の古典的意味――「万物之道理」はもはや使用されなくなった。「物理」の「自然科学総称」の意味は、自然科学あるいは博物学において述べられている。

換言すれば、「物理」は古代漢語の言葉で、その意味は「万物之理」であり、明清の時代に方以智の『物理小識』が「物理」という言葉に「自然科学之理」という意味を込めた。明治初年の日本の『物理階梯』は「物理」をphysicsの対訳とし、自然科学の一つの専門として物理学を指すようになり、この言葉は完全に近代的な意味へと転換した。その間、『物理小識』は「物理」という概念の古今の変化において重要な仲介的役割を果たし、日本人は『物理小識』の「物理」の概念に基づいて、「物理」とPhysicsの対訳を完成させたのである。この意味において、「物理」は「回帰僑詞」と見なすことができるが、しかし帰国以前に日本においてすでに近代的な意味の洗礼を受けたのであった。

## 3 「小説」の里帰り

今日人々が聞き慣れて詳しく説明することのできる「小説」は、文学上の一種の形式を指すもので、それは独特な叙事の方式により、ある環境における人物の相互の関係や、行動と事件、また相応する心理状態と意識の変化などを具体的に描写するものである。このような意味における「小説」は、日本人が英語のNovelから作った外来語の一つであるが、しかしその翻訳時には中国の古語の「小説」を借用し、その固有の意味を踏襲した上でさらに派生させ、「小説」の近代的な意味を作り上げたのである。この点において、「小説」も「回帰僑詞」と言うことができる。

古代漢語の「小説」という言葉は、『庄子・外物編』の「飾小説以干県令、其于大達亦遠矣」[4]を出典とし、ここでの「小説」の意味は民間に伝わるもので、低俗で主な内容もなく、一種の文体を指すようなものでもなかった。古代漢語は「小説」に文体という意味を与え、まず後漢初年に著された桓譚の『新論』に「若其小説、合叢残小語、近取譬論、以作短書、治身理家、有可観之辞」という記述が見られる。「小説」の古典的な論説については、『漢書・芸文志』に見られる。班固は『芸文志』において戦国時代以来の学派、流派を儒、墨、道、名、法、汪陽、農、縦横、雑、小説の「十家」に帰納させた。小説家の解釈については次の通りである——

小説家者流、盖出于稗官、街談巷語、道听涂説者之所造也。孔子曰：〝雖小道、必有可観者焉、致遠恐泥。〟是以君子弗為也、然亦弗滅也、閭里小知者之所及、亦使綴而不忘、如或一言可采、此亦芻蕘狂夫之議也。

顔師の古注によれば、「稗官、小官」であり、また如淳を引用すれば、「細米為稗。街談巷説、甚細碎之言也、王者欲知閭巷風俗、故立稗官、使称説之」とある。古代においては「稗官」と「野史」は並列で、「大言」に「正史」が相対し、小説あるいは小説家の別称となっていた。『芸文志』が論じる「小説」は、紙面が小さく、テーマも低俗で小さく、噂の類を記述したものであったが、しかし庶民の意図を反映し、題材を取材する場所もあった。魯迅は、『漢書・芸文志』を「小説」と称し、「これこそが現在のいわゆる小説なのだ」と考えた[5]。

古代の中国において、「小説」は巷の言葉、逸話や珍聞を話す言葉で、庶民の心情や風習を反映し、故に朝廷は小官（稗官）を設けて収集し、庶民の風俗を観察したのであった。中国の図書の「経、史、子、集」の四つの分類の中では、小説本は子の分類に入るか、あるいは「史遺」として史部に入っている。しかし、そのほとんどについて、「小説」は長期にわたって公の場には上らない「劣った文化」として見なされ、見るべきところはあるものの、しかし結局のところは「小道」で、故に「君子不為」であったのだ。しかし、巷の噂や伝聞は、それらが生き生きと庶民の生活と心理状態を表現していたために、庶民からは深く受けられ、後漢、魏晋、隋唐以来、神話や伝説、怪奇小説、伝奇的などの歴史物語は絶えず発展し、小説の先駆けとなったのであった。宋明以降、講談本の小説や、各回に分けた長編小説が競いあうようになり、特に明代の『三国演義』、『水滸伝』、『東周列国志』、『西遊記』、『封神演義』、『金瓶梅』、『三言二拍』などの長短編が世に現れて、小説は多種多様な盛観を呈した。文学理論では、李贄（一五二七—一六〇二）が小説を文学の地位に昇格させることを強く主張し、小説には『論語』、『孟子』、『左伝』、『史記』と同じように教育的効果があると見なした。清朝初め、金聖嘆（一六〇八—一六六一）は『水滸伝』を「天下六才子書」の一つと称し、その『水滸伝』批評本は世間に知られるようになった。

古代漢語の「小説」は早い時期に日本に伝わったが、しかし巷の噂や逸聞瑣事を記した文章という意味では、鎌倉初期の『宇治拾遺物語』のように、日本は「物語」（いわゆる故事、伝奇）という言葉をより多く使っていた。江戸時代の小説家である曲亭馬琴（一七六七—一八四八）は「物語」は「稗官小説」に相当すると指摘している。日本の古代、中世、近世に盛んであった「物語」（代表作は、例えば『竹取物語』、『伊勢物語』、『源氏物語』など）は、まさに小説という文学形式の展開であった。近代以来、日本は「小説」という韻文ではない文学形式によって人物や物語の描写を多く行ってきた。小説家兼文学評論家の坪内逍遥（一八五九—一九三五）は一八八五年に『小説神髄』を著し、「小説」という言葉で英語の Novella を翻訳した。この英語はラテン語の Novel（新しいという意味）から変化したもので、想像のもの、非現実のもの、虚構のもので物語を作成するという意味である。

坪内逍遥は「小説の中枢は人情と世の中の風俗にある」と指摘し、また「小説の主な特徴は伝奇性にあり、社会の風俗を描写し、人生と事件に対する展開である」と述べた。これは古代漢語の「小説」の固有の意味を踏襲し、さらに——「人生を再現する」という意味を派生させたもので、「小説」に現代的な意味を持たせたのである。ノーベル文学賞受賞者の川端康成（一八九九―一九七二）は坪内逍遥の小説論の基礎に立ち、小説は「人生」を表現するものだと強調し、小説は「人生の叙事詩」であると見なした[6]。当然のことながら、ここでの「詩」は換喩法であり、川端は、小説は散文芸術であるとして、韻文芸術（詩歌）との比較を指摘している[7]。坪内逍遥が小説を概括したもう一つは虚構性であり、彼は『時代小説の脚色』において、「小説家と正史家には違いがある」、小説家には「ストーリーを多少でたらめに誕生させる嗜好」があり、正史には虚構が許されないが、小説は虚構を許すばかりか必要とするのであって、小説家は虚構のストーリーの嗜好と能力を持たなければならないと述べている[8]。同時に、坪内はまた小説が「写実」を求めることを強調し、川端は小説が人生を反映して「芸術的真実」を追究し、「美的表現」であるべきだと強調した[9]。幕末の作家である曲亭馬琴は、金聖嘆の『水滸伝』批評を参考に、「稗史七法則：主客、伏線、襯染、照応、反対、省筆、隠微」をまとめた。その後夏目漱石の『文学論』がこれらを小説を構成する基本的な内容とした。要するに、近代日本が形成した「小説」の概念および「小説論」は、西洋の小説の理念を汲むと同時に、中国の伝統的な小説観をも踏襲し発展したのである。

坪内逍遥が「小説」に近代的な意味を与えた後、明治の中期から末期にかけて小説という言葉は日本で広く使われるようになり、「長編小説」、「短編小説」、「社会小説」、「政治小説」、「問題小説」、「私小説」などの言葉は、書籍や新聞の隅でよく見かけるようになった。清末の中国にも伝わり、啓蒙思想家は小説というこの通俗的な文学様式を借りて、国民の文化と知識を開いて、ついに清末の「小説界革命」が起こったのである。一八九七年、厳復、夏曾佑が天津の『国聞報』において『本館附印説部縁起』を発表し、新しい小説を翻訳紹介し、これが「小説界革命」の前触れとなった。しかし、厳、夏はまだ「小説」という言葉を使わずに「説部」という言葉を使っていた。一八九八年に梁啓超は『訳印政治小説序』を表し、小説の翻訳によって中国の現実に関心を抱くことを提唱した。梁氏はここで「小説」と「政治小説」という言葉をいずれも日本の新しい名詞から借用しており、それらは近代的な意味の「小説」を指していた。梁氏自身はそれまで努力して政治小説を創作し、政治の改良を主張し宣伝したことがあった。清末の「小説界革命」の代表作は、梁啓超の『論小説與群治之関係』であり、小説の地位を高めることを強く主張し、小説の社会的機能を重視し、小説が「社会を改良し、庶民を啓発する」ものになるよう求めた。清末に小説の創作と翻訳が盛んになったころ、書かれた小説、翻訳された小説は千数百種類になり[10]、『官場現形記』、『二十年目睹之怪現状』、『老残遊記』、『孽海花』などの四大譴責小説、林紓翻訳の『巴黎茶花女遺事』、『黒奴吁天録』などは影響力のある作品であった。五・四運動の時期まで、魯迅などの白話小説は新文化運動の一つの大きな力だった。魯迅は一九二〇―一九二四年まで北京大学で中国の小説史の講義をし、『中国小説史略』[11]の名で出版した。これは中国小説史の先駆けとなった作であり、「小説」の概念に関しては、『漢書・芸文志』における言い方を受け継いでおり、また近代の西洋の概念をも汲んで「小説」に新たな境界線を定め、「小説」の古典的な意味から近代的な意味へと転換を完成させたのであった。周作人などは坪内逍遥の『小説神髄』の評論を通し、近代的な意味の「小説」の概念の中国における伝播を推進した。「小説」という言葉は、「古代漢語の言葉が――日本に入り――近代日本人が英語の Novel の翻訳とし――中国へ伝えた」という過程を経験したのである。故郷に帰った「小説」は近代的な意味で広まり、「巷の噂」、「逸聞瑣事」の古典的な意味は、言葉の背景と蘊蓄として依然として潜んでいた。小説は、伝奇的な特色と虚構の手法により、「人生の叙事詩」と「社会の風情画」を構成し、それらはいずれも小説の古典的な含蓄と密接に関係しているのである。

## 注

[1]『泰西水法序』『徐光啓集』上海古籍出版社一九八四年版、巻二。

[2] 方以智『通雅』巻首之一、『考古通説』。

[3] 方以智『物理小識・自序』。

[4] 魯迅は『中国小説的歴史的変遷』の中で、「〝県〟是高、言高名；〝令〟是美、言美誉。但這是指他所謂瑣屑之言、不関道術的而説、和后来所謂小説并不同。〟」と指摘している。

[5]『中国小説的歴史的変遷』『魯迅全集』第九巻、人民文学出版社、一九八一年版、三〇二頁。

[6] 川端康成『小説の構成』スティルス社、一九八三年版、二九頁。

[7] 前掲『小説の構成』三〇頁。

[8] 坪内逍遥の言論は明治文学全集一六『坪内逍遥集』昭和四四（一九六九）年、筑摩書房を参照。

[9] 前掲『小説の構成』三三、三六頁。

[10] 阿英の統計によれば、清末の一〇年間に出版された小説は一五〇種類、その三分の二は翻訳小説であった。銭杏邨（阿英）『晩清小説史』参照。

[11]『魯迅全集』第九巻、人民文学出版社、一九八一年版。

# Ⅳ　日中文化研究

# 新しい日本と新しい中国とを結ぶべき紐

## ——陶晶孫『日本への遺書』を読む——

楊　剣龍
（翻訳：孫　軍悦）

## 1

陶晶孫は、現代史における伝奇的な人物である。無錫に生まれ、一〇歳で両親とともに来日した晶孫は、日本の小、中学校で教育を受け、九州帝国大学医学部を卒業した。医学教授として、生理学、衛生学、寄生虫学などの分野で功績を残しただけでなく、文学にも傾倒していた。心理分析法を駆使しながら、教師と学生間の恋を描いた作品『木犀』を同人誌『グリーン』に発表し、左翼雑誌『大衆文芸』の編集にも携わった。また、音楽的才能にも恵まれ、東北帝国大学で交響楽団を創設し、自ら指揮者を務めた。論文『舞台効果と音響』のほか、舞台劇『西部戦線異状なし』の中の『揺籃曲』も彼の作曲であった。さらに、中国現代人形劇の先駆けとして木人戯社を創建し、人形劇の発展に大きく貢献した。左翼作家連盟に参加したため、国民党政府に指名手配されたが、一方、潘漢年の指示を受け、反戦情報の収集に当たったがゆえに漢奸という汚名をも着せられていた。指示に従って台湾に渡り活動していたが、左翼に対する迫害を逃れるために家族とともに日本に亡命した。一九五二年二月一二日、癌を患った晶孫は日本で亡くなった。享年五五歳。逝去後夫人弥麗が晶孫の遺した日本文を一冊にまとめ、『日本への遺書』という題名で、一九五二年一〇月一五日に創元社から出版した。

『日本への遺書』は日本で大きな反響を呼び起こした。手塚富雄は「日本のことをそこまで知りぬいた日本の友人の手痛い文明批評である」[1]と評し、草野心平は「広範な意義をもつ近代東洋文化を流れるパトス」だ[2]と述べた。伊藤虎丸は「日本に対する彼の批判は、日本の良心的な知識人に、戦後の廃墟と侵略戦争への反省に立つ新しい日本の建設に取り組む決心をさせた」[3]と語った。また、奥野信太郎は、「中国と日本との関係についてこれほど教訓と示唆に富んだ文章といふものはさうやたらにあるものではない」[4]と評価し、竹内好は「明治の日本へのノスタルジアをふまえて今日の世相を嘆いている予言的な文章は、独特の風格と相まって、私の胸の奥にひびく」[5]と書いた。著名な作家佐藤春夫は「あの苦渋に満ちた皮肉とユウモアとの中間の表情で内心には温雅な好意に富んだ日本への文明批評も再び見ることが出来ないのは腹立しい程に悲しい。……新らしい日本と新らしい中国とを結ぶべき紐が思ひがけなくぷつつり断たれたやうな思ひは自分ばかりではあるまい」[6]と、晶孫の死を惜しんでいた。佐藤春夫は晶孫を新しい日本と新しい中国を結ぶべき紐とみなしているが、『日本への遺書』はまさにそうした晶孫の姿を如実に現している。

## 2

『日本への遺書』は二部に分かれている。第一部に収録されたのは五〇年代初頭日本で執筆された文章であり、日本での見聞と思考がまとめられている。第二部には、三〇年代末期から四〇年代初期にかけて書かれたエッセイが収録され、その時代における生活の記録と過去への回想が綴られている。晶孫は一九四六年に潘漢年の命を受け台湾に渡り、そのまま台湾に留まった。一九五〇年代の初め、地下で活動していた台湾省共産党委員会の書記の逮捕と裏切りにより、晶孫は家族とともにひそかに日本に脱出し、後に東京大学で中国文学を講ずることとなった。第一部に収められたのは即ち日本に亡命してから書かれたものである。

晶孫は日本に滞在する間、日本で見聞きしたことや考えたことを率直に語り、とりわけ日本への痛烈な批判を展開した。

晶孫は日本の中国に対するむやみな軍事侵略を批判する。『落第した秀才・日本』において、彼は日本が明治維新によって文明開化、富国強兵を実行したが、その後「政策を間違え中国の維新、即ち中国の革命に協力せずこの機会に袁世凱や張作霖といろいろなことを起こし、いわゆる侵略の結果を来した。その結果としてこのたびの戦争では中国大陸で多くの人民家族に殺害、離散や戦災を起こした。傷痍とか未亡人とか混血児に至るまで日本に今あるものは中国にも残して来た」と批判し、中国人がそれを日本と清算しようとするのではないと断った上で、「降伏の約束しながら近ごろはそれを逃げてしまった形である」と指摘した。また、「遠慮なくいえば、日本もドイツも、一度暴れたために、先生に落第させられた秀才である。汚い植民地人民の後ろに並べられてしまった。努力して再び進むのに「再び優越」しようと言って他の生徒をつきのけたり、軽べつしたら、また先生に叱られる」と、日本を落第した秀才に喩えた。『箱根遊記』では、箱根の美しい景色を見物する際の、日本人の友人との会話を借りて、「日本は維新という改革で勝利の味を嘗めた。その代わりに誤った道に入ってしまった。中国革命に干渉して誤りに誤りを重ね、人を害しようとして自分を害してしまった」、「中国人は自ら人に迷惑をかけずに生きていた。日本軍は何のいわれもなく、口実すらなくて攻めてきた」と、中国を侵略した日本の横暴さを批判した。

晶孫はひたすら欧化の道を突き進む日本を批判する。『中日友好のために』において、中国文学が日本人一般に甚だ遠いことを取り上げ、その理由として「日本上代はその文化を中国一辺倒に取ったが、明治から西欧文化に一辺倒して、今まで中国一辺倒につかった能力を西欧に傾倒したからである」と説明する。「西欧一辺倒して、文明開化、富国強兵となると共に、現在の中国は軽蔑すべき国となり、中国を知る必要もなくなり、中国のことは日本大衆とは隔離された」。その結果「中国の社会、中国の新しい文学は「浪人」が紹介する魔都とか阿片とか云う猟奇以外にはなくなった」のである。そして、「西欧文化に傾倒した結果は十一年前の真珠湾攻撃から始まって、折角仲間入りした列強から蹴落とされた、ところが今では、奇怪にも、かつての我国の宦官志願者が、我身の某処を切り、隣家に唾し、エチケットを習って、賄賂を用意して、仕官に出掛ける如く、懲りずに再び列強に取りすがるべく志願に出掛けた、魯迅の所謂奴隷を志願してなお成らずと云う境地に大衆は置かれる」と、西洋列強に追随する日本の醜態を宦官の屈辱的な姿に擬え、怒りを隠せなかった。

晶孫は日本人の模倣好きを批判する。『日本に住む楽しさ』において、ラジオから流れる西洋音楽やピアノの練習という話題から、日本で一〇年間ピアノを習った自分の経験を思い出し、「骨折って先生と同じような音楽になるようにしたことは、それが当時の音楽の作風であったろう、猿真似は卒業式に先生が造ってくれた式辞をよむようなもの」、「一体に芸人がすることを素人が真似ることがすきで、勿体がることの好きなのも日本人だ」と歯に衣着せぬ批判をした。彼は日本人のまじめさを賞賛する一方、創造性に欠ける模倣を批判する。「日本人は何でも本気でやる、月謝を払ってバレーを習う、頑張る、りきむ、負けず嫌いだ、だから科学も文化も芸術も進んだ、私も少年時代をその中でくらしたからよく知っている、ただ日本人は自分でも気がついて、多くの人が書いているように、政治的模倣（原文はイミテーション──訳注）をやる」と、ピアノの模倣だけでなく、日本の政治的模倣をも俎上に載せた。また、『近頃の日本』では「私から見ると、どうも民族の性格と云うものは根性となって残るし、いらぬ外来の真似もまた早い。その時はプラスにならない」と指摘する。

晶孫は日本人が一律の民族的根性にこだわるという。『近ごろの日本』では、日本の制服について、台北帝国大学で協力をお願いした教授がなお仙台平の袴に下駄を履いていたことを取り上げ、「中国人がコスモポリタンであるに比べて、日本人は、国粋が抜けないもののように見える」と評する。また、ある男が頭のテッペンにおできが出来て髪が残らず刈られたのにがっかりしたことに対し、「なるほど、日本では一律を好むらしい。掛声一つでどうにもなるらしい。もしみなが頭を剃って総理を守る時にはこの人はまた延びる頭髪を恥辱と考えるに違いない」と批評した。

滞日中に書かれた文章の中で、晶孫は日本の現状を見つめながら、自分の感想と批評を加えた。例えば、『日本見録』では、「中年以上の人々の顔色はさほどよくない」、「大学教授が貧乏」であると、戦後日本の困窮さにさりげなく触れ、『入院記』では、自らの体験に基づき、スチームが通らない病室の寒さや、看護婦が心を尽くし、職責を果たしていないことを批判した。『蘭花の変り咲き』はある大学病院（台湾の大学病院―訳注）の看護婦長の威張り散らした態度を通して、日本の人事制度を批判した。一方、『セントラルサプライの泥棒』や『漢文先生の風格』では、郭沫若の夫人安娜にまつわる回想が、ユーモア溢れる筆致で生き生きと描かれている。

伊藤虎丸が指摘したように、「陶晶孫の『日本への遺書』での日本に対する〝文明批評〟はまさしくこの〝形而上学的な罪〟の指摘であり、日本近代の精神の在り方への批判」[7]であった。幼い頃から日本で育ち、日本の歴史と現状を知り尽くしているがゆえに、陶晶孫は新しい日本と新しい中国を結ぶべき紐帯《ちゅうたい》として、日本を具《つぶさ》に観察し、鋭い批判を繰り広げていた。その轟くような声は日本の知識人の覚醒を喚起したのである。

## 3

『日本への遺書』の第二部には、二〇世紀三〇年代末から四〇年代初めに書かれたエッセイが収められ、その時代における作者の生活と心情が綴られていた。

一九三〇年、陶晶孫は中国左翼作家連盟の発起人として、左翼作家連盟の設立大会に参加した。左翼連盟の刊行物『大衆文芸』の編集者を務め、文芸大衆化についての討論に加わった。また、ドイツ人作家レマルクの『西部戦線異状なし』やシンクレアの『スパイ』の翻訳と脚色を手がけ、左翼の上海芸術劇社の演出を担当した。さらに、中国の進歩的現代人形劇の創作にも取り組み、その発展に大きく寄与したのである。一九三七年盧溝橋事変後、戦火はいよいよ上海に及んだ。夫人弥麗が三人の子どもを連れて日本に避難したが、晶孫は独りで上海に留まった。彼は潘漢年の指示を受け、日本人との広範な交友関係を駆使し、共産党のために活動していた。日本の政界と軍部の要人らと渡り合いながら、種々の反戦情報を収集した。しかし、大東亜文学者大会に出席し、汪精衛偽政権で中日文化協会事務局長を務めたため、「周作人に劣らぬ文化大漢奸に成り下がった」という非難を浴びせられた。

『日本への遺書』の第二部において、この間の生活と心情は「日記」という形で綴られていた。例えば、妻子と離れ、独りで上海に留守した間の出来事を記したのは『留守番日記』である。妻子を郵船会社の船に載せ、離別の悲しみに堪えざるをえないことや、ダンスホールが病院に様変わりし、ダンサーが篤志の看護婦となったこと、郷里の家にあったものが焼けたり取られたりしたが、書物だけはみな残っていたこと、犬が犬小屋に餓死していたこと、「佐藤操の雇人」の身分で虹口区の旧居に戻ったこと、家が泥棒に入られ、壁にあるブロンズの鹿と裸体画がなくなったこと、留守中に賓萍の映画を見たこと、ポプラは戦火で枯れ、蔦がみずみずしい若葉を吹き出したことなど、些細な日常の記録から戦時中の留守生活の寂しさと重苦しさが滲み出ている。『通勤日記』は日本が上海に設立した自然科学研究所に勤務していた頃の記録である。研究所の専用バンで通勤し、時計がないため天理教の太鼓を基準にしたこととか、運転手が武装警察官に鑑札を調べられ、それに反抗したら鑑札が取り上げられたこととか、夏にサマータイムが実行され、バンが二時間と二〇分も早く発車することとなったため、夜が明けないうちに家を出ねばならないことなどが記されている。フラワーボードのように新しく塗装されたバンが装甲車や機関銃の並ぶ道を無言に走り、警察がいたるところで人を捕まえ、救急車が自動車に轢かれた負傷者を乗せて先を急ぐ光景には、戦時中の上海の状況が窺われる。『弱虫日記』は、日本療養中に参加した新城新蔵先生の葬儀の様子を記していた。「大砲の弾が飛んで来ても泰然として研究に従事しなければ」という先生の説諭や、多くの若者が参加した盛大な告別式、列車で見た先生と犬の夢などを通して、新蔵先生への敬愛と哀悼の念を表していた。

また、文集の中で、現代作家との交遊を記し、その人格と作品を批評する文章も少なくない。『プシュキン・ゴルキー・魯迅』は、上海で三文人が記念されたことを取り上げ、特に魯迅の葬式に行った時のことを語った。魯迅が亡くなる三日前に、晶孫は「彼の家の前で幌自動車の中から平ったい汚い帽子をかぶって出て来たのと出合」った。そして、彼はこう言う。「魯迅の文章は中国の土地から、家庭から出て来た青年には親しみと理解を受けた。そのため彼の下に一大群衆があったことは特記すべきものである」、「この傑出した巨岩のような邪魔者が、しかし人を見、時代を見、そして針さす批評を残し、またそれを青年群衆の中に植えつけた。これは不滅である」。一方、魯迅の七周忌に書かれた『魯迅と周作人』では、魯迅と周作人の不仲について、第一に魯迅が母親の承諾もなく許広平と結婚したことは「周作人氏に大変気に障られている」、第二に「文学の方では魯迅の進むべき道は勇敢であり、作人氏の方は穏健である」という考えを示した。『昔話』は、上海滞在中の郁達夫との付き合いを書き記したものである。みなが魯迅を罵倒しているのに郁達夫だけは魯迅と付き合っていた。作者から見れば、郁達夫は「生まれつき几帳面な男でない」。晶孫は、郁達夫に『大衆文芸』の編集を引き継いでほしいと頼まれ、お酒に付き合っていた。「彼は大抵朝の十時頃から酒を飲み、朝飯昼飯の如きものを食うので私はいつもお相伴する」、「我々は酒を飲みながら文士の噂をする。だが彼は皮肉は云うが悪口は云わない」と懐かしく語った。『藤村雑記』において、晶孫は、島崎藤村らが作った『文学界』は「確たる主唱をもって日本の文学伝統をなす、〝あわれ〟の精神を発展せしめている」と高く評価した後、藤村の『新生』を翻訳した徐祖正は「留日の時よくお会いした静かな人」だと追懐し、「藤村と同じく氏も基督教であり、昔と変らず独身で書斎に暮らしておられた。氏は私を公園の樹下に招じ香茗［香のよいお茶］を飲み、言葉少なに二日を暮らした」と、北京で徐を訪問した際の思い出を記した。『曼殊雑談』は、蘇曼殊に対する彼の理解と感想を書いたものである。日本に留学した当時、「曼殊はこの浪人留学生の状態にあった」、帰国後「十数の学校の先生をした」と聞いた。曼殊は「大少爺《ぼっちゃん》気質」であり、「自負心は多いが弱く、金離れがいいが貧乏で、頭がよくて理解がいいが怠けものであると云う性格である」。「これは延いて曼殊の生活振りとなり、教職も長続きせず、金はつかってしまい、そして漫遊癖があってあちこち歩く、と云ったような生活をするようになった」。曼殊の死因についていろいろ調べていた晶孫は、「その下痢はなかなかなおらず春より夏までかかる」という医者の言葉と、「かねての彼の病弱と合わせて腸結核症ではないかと」推測する。国籍の問題となると、晶孫は「彼は完全な日本人にしろ何にしろ一個の中国人である。と云うのは彼の性格、彼の行動はついに中国人である」と断じる。

晶孫はときどき雑感の形式で幼少時のことを回想する。『少年時代の思い出』では、六歳から一〇歳頃まで過ごした郷里が描かれている——江南の家は入口から門が幾棟も並んでいる。娘は全然無学で終わるか、あるいは非常に文学が出来る。家庭で先生を頼んで子弟を教えてもらうが、暗誦が出来ないと「戒板」で掌が叩かれる。読書人の家は入るほどに精緻になり、子弟が父の目を掠《かす》めて麻雀をする。佛教を基調とする提灯行列が田舎から出て街中をねり歩く。寡婦の祖母が子を育て上げ名を成さしめたので扁額《へんがく》と牌楼を造る許可を得る。幼時父親の文章友達の娘と婚約したが、親初めて上海に出て清談する。科挙の廃止とともに読書人があちこち出来た茶館に出かけて倹約家の父同士の喧嘩で破談になる。まず、『初めて汽車に乗った話』では、東洋車《じんりきしゃ》やガス灯、四馬路を見る——実に民俗的色彩の豊かな筆致である。中天にかかる月を眺めていたことなど、石炭をシャベルで放り込む火夫と川の中を流れてくる水草、家の父が最下等の切符を買ったことや、初めて汽船に乗った時の思い出が語られていた。その次、シュッシュッという蒸気の音を聞き、窓の外を一本一本の電信柱が飛んで行くのを見ながら、電報がいかに電線を沿って伝えられるかを想像したこと、鎮江トンネルにまつわる噂、上海に到着した後は電車やガス灯や宿屋しか覚えていないことなど、初めて汽車に乗った時の体験が綴られたのだ。『烹斎雑筆』では雑記の形式で折々の感懐が記されている。作者の作った曲を入れるために『創造』の第二期が横書きに改められたこと、ハイド公園の樹下で男女が長い接吻をしたこと、文人を慕う女子が「有名」を「有銭（金持ち）」と間違えたこと、批判と思索を欠く学者もいれば批判をなして緑陰に逍遥する学者もいること、また、留学三〇年後に息子の留学を見送ること、文学の普及運動への参加を呼びかけること、中国大家族主義下の女子独立の矛盾などが語られている。

## 4

晶孫のエッセイは耽美的な小説とは違い、誠実で質朴である。草野新平は、『日本への遺書』をこのように評価している。「このような日本語の個性に富んだ、驚くべき文章は、彼の独特な智恵を表している。彼はユーモアと風刺という武器を以って俗文化に痛烈な批判を浴びせた」[8]。中国語に翻訳された『日本への遺書』もこのような独特な風格を髣髴させる。

『日本への遺書』は見聞録のように飾らぬ表現で綴られている。二〇年ぶりに日本に戻った晶孫は、再び旧地に訪れたような気分と視点から、耽美的な雰囲気や幽遠の趣を求めず、見聞録の形式で、日々の出来事と感想を淡々と描いている。飛行機の着陸から書き始める『日本見聞記』は、文字通り、東京で見聞きしたことをそのまま書き記している。着陸前の東京上空の美しいイルミネーション、制服に身を包み、顎がツルツルしている空港の役人、「支那」という言葉を使わない新宿の中華料理店、日比谷の交差点で交通整理をする巡査のまるで京おどりの舞妓のような手つき、賑やかな街を歩く綺麗に着飾った女性、道路を横切った時に警察に呼び止められた体験、汽車から眺めた関東平野の景色など、込み入った筋もなければ、奇を衒《てら》うこともなく、ただ行き先で見聞きしたことを、生き生きとした表現で克明に記録しただけであった。『入院記』では、日本の某大学病院に入院した時に観察したことが書かれ、建物の外観や暖房の入らない病室、看護の行き届いたところと足りないところ、窓外の美しい景色などを記した。また、牛乳屋がある日配達を忘れたこと、新聞屋が新聞の販売を独占したこと、食事が往々にして冷めてしまい、患者が病室で自炊していること、教授回診の時に若い医者が足でベッドを小突いたこと、雑仕婦が廊下の清潔さを保てないこと、病院の看護婦は医師バツーンに見習うべきことなどが記されている。医学教授でもある晶孫の目には、病院のよいところも悪いところも一層鮮明に映っていたに違いない。自らの体験と感想を素直に表現したその言葉には、彼の誠実さがよく現れている。

『日本への遺書』は、平淡な記述の中に批評が織り交ぜられている。収録された文章には、見聞を語りながら感想を述べ、批評を加えるという特徴が随所に見られ、思索の奥深さを覗かせる。例えば、『近頃の日本』は「たしか裃と云うのは日本の役人の制服と思う」と日本の制服の問題を取り上げ、日本（中国の誤り―訳注）の漫画では日本人は必ず下駄と袴を穿いていることや、戦後の台北帝国大学で協力をお願いした教授がなお袴と下駄を穿いていたことに対し、「中国人がコスモポリタンであるに比べて、日本人は、国粋が抜けないもののように見える」と指摘した。また、「見えざる制服」にも言及し、金を渡す座談会、ビールを無料で飲ませてくれる集会、会費を払う会に参加した経験を語った。

家にやって来て断末魔について書けと頼んできた記者の話をした後、作者は「他人の断末魔をかいたら自分が断末魔になる」と付け加える。国立病院の外科に通っていると、ある男が頭におできが出来たため髪が刈られ、がっかりしていたのを見て、「なるほど、日本では一律を好むらしい。掛声一つでどうにもなるらしい。もしみなが頭を剃って総理を守る時にはこの人はまた延びる頭髪を恥辱と考えるに違いない」と論じる。靴磨きやエレベーター、新橋の駅を鳴り響く下駄の音、洋装の日本娘など戦後日本の変化をスケッチした後、しかし「日本精神は少しも変わらない。山麓に煙突や送電線が一杯になっても富士山のテッペンが少しも変らないように」と指摘し、記述と批評を織り交ぜながら日本の現状と変化についての自らの考えを表した。『中日友好のために』では、中国文学が日本人一般に甚だ遠いことに触れ、「西欧一辺倒」した明治以来の歴史を回顧し、「日本はもう一遍振り出しから進み、初めてアジアに戻る」という意見を示した。そして、『落第した秀才』において、明治維新によって富国強兵を実現した歴史を振り返り、中国侵略の悪行に関しては、日本は「一度暴れたために、先生に落第させられた秀才」であると評した。このように、晶孫は文章の中で、日本の歴史と現実に対する深い洞察と思考に基づきながら、批判的な意見を述べていたのである。

晶孫は日本の歴史に関する豊富な知識と現実に対する鋭い観察に基づき、適切な文明批判を繰り広げていた。辛辣な風刺にユーモアがあるのは、この文集のもう一つの特徴である。『日本に住む楽しさ』では、次のようなエピソードが書かれている。親戚の家に仮寓していた頃、近所のお嫁さんがピアノが上手なので、来訪した友達は「私」がピアノをひけることを口にした。すると、「私は旧悪がばれたように慄然と」し、上海である知己の青年にピアノの間違いを指摘され、自分のひくピアノが「猿真似だった」ことに漸く気づいた話をした。「猿真似は卒業式に先生が造ってくれた式辞をよむようなもので一行飛ばして読んだり、漢字をよみ違えたりするようなものだ」という喩えは実に面白い。また、カトリックの友達が「私」にピアノを貸してやると言った場面では、「私はこれにも驚いた、日本ではそんな云い方はしない、ストラヂヴァリウスの名器をいつも家宝のようにして大切にして喜ぶ、嫁入り先ではピアノを用意して待っている、嫁さんは自分愛用のピアノを連れてくる、だからあの母屋にはピアノが三台とヴァイオリンが三つある」と、ユーモアの中に風刺があり、諧謔の中に批判が込められている。戦時中の留守生活を面白おかしく書いたのは『留守番日記』である。「戦争のために私が郷里の家にあった物は焼けたり取られたりした。しかし書物はみな残っている。誰もいらないらしい」、「私の家にあったその他の物も大変少なくなった。何遍かの事故で、故物はもうなくなってしまった。廃園にある一本の桐の木を眺めていると我が没落小地主の実相が見えるようだ」といった言葉に、なすすべもない自己への嘲笑が込められている。また、餓死した「犬の骨を拾い、爪を拾い、毛を集め、子どもらが書き初めの唐紙に「餓死小事、失節事大」と書いて忠犬の霊に手向け」る、というやや大げさな行動を以って、節操のない者に対する批判の意を表した。

伊藤虎丸は「戦後五十年と『日本への遺書』」において、日中友好関係の視点から『日本への遺書』の再刊の意義を次のように指摘した。「ここには自由な精神の反省を通しての発展という、西欧近代の精神的伝統の受容を共通の基盤としながら、それぞれ自己の文化的個性を発見するという、アジア近代の共通の課題が示唆されているのではないだろうか。それを今日の日中友好の出発点として「再確認」することにこそ、本書が今年の八月十五日を期して再刊されることの、一番大きい意義があるだろう」[9]。そして、中国における『日本への遺書』の翻訳と出版によって、少なくとも我々は、陶晶孫の晩年における文筆活動と戦後の日本文化に対する批判を理解し、戦時中の上海における留守生活の様子と心情を窺うことができる。陶晶孫は新しい日本と新しい中国を結ぶ紐帯《ちゅうたい》である。今日『日本への遺書』を再読することは、グローバル化の中で自民族の文化的弱点を反省し、日中友好の未来を考える上で、重要な意義を持つのであろう。

# 参考文献

[1] 伊藤虎丸「戦後五十年と『日本への遺書』」『給日本的遺書』上海文芸出版社、二〇〇八年八月、一七八頁。
[2] 草野心平「近代東洋を流れるパトス」張小紅編『陶晶孫百歳誕辰記念集』百家出版社、一九九八年一二月、二二二頁。
[3] 高建国「奇人与奇書—陶晶孫及其『給日本的遺書』」『給日本的遺書』上海文芸出版社、二〇〇八年八月、二〇二頁。
[4] 前掲・高建国「奇人与奇書—陶晶孫及其『給日本的遺書』」二〇二頁。
[5] 竹内好「明治日本へのノスタルジア」『朝日新聞』一九五二年一一月三日。
[6] 前掲・伊藤虎丸「戦後五十年と『日本への遺書』」一八一頁。
[7] 前掲・伊藤虎丸「戦後五十年と『日本への遺書』」一八三頁。
[8] 前掲・草野心平「近代東洋を流れるパトス」二二二頁。
[9] 前掲・伊藤虎丸「戦後五十年と『日本への遺書』」一八六頁。

# 中国人の日本における国際理解に関する研究

楊　暁文

## 1　はじめに

本稿は、日本における国際理解について、異邦人である中国人の視点から考察を試みるものである。

本題に入る前にまず、国際理解とは何かを明らかにしておく必要がある。国際理解はまことに定義しにくい。弾力性に富み、いくつもの層をもっており、いろいろな角度からその解釈がなされうるからである。

そこで、三省堂の『大辞林』で「国際」を引いてみた。

「一つの国だけではなく、いくつかの国にかかわっていること」とある。

ここから出発して、筆者は国際理解を次のように定義する。

「外国・外国人（それに近い立場の人々）との間におけるパーセプションギャップを克服するプロセス」

この定義に基づきつつ、日本における国際理解の現状とは何か、そして、日本でいかに国際理解を実現させるかを探ってみたい。

## 2　国際理解の基礎

国際理解を進めていくために、まず国際認識がなければならない。国際認識とは文字通り国際理解に対する認識であるが、それは差異意識と寛容態度からなっている。

外国人に出会ったりすると、頭の中では「これは外国の人だ」「自分とは生活習慣や精神構造などの面で違うんだ」とわかっていながらも、実際の問題にぶつかると、無意識のうちに、自らの発想や価値観や行動様式をもとにしてそれにあたっていく心理的傾向が見られがちである。外国の物事、外国人の一挙手一投足などをつい自分のそれらと比較して、同じところを見つけ出せば胸をなで下ろしたりして喜ぶのだが、異なった部分に出くわしては「変だな」「変わってるなあ」と思い、その次元で済ませてしまうことがよくあるのではないだろうか。現に、来日したアジアの人々は顔が日本人に似ているから、たとえば欧米人に比べて交流しやすいところがあるかもしれないが、自分の国の言葉を口にしたら、振り返られたり、じろじろと見られたりする、というのもしばしば耳にする。

異なった環境に生まれ育ち、違った伝統の中で成人してきた外国人がこちらといろいろな面で同じでないことはむしろ当然である。自分の物差しで測らずに、まず違いは違いとして正しく認識する、つまり「同」よりも「異」を重要視するのが、国際理解の本来あるべき姿勢ではないだろうか。これが「差異意識」である。

「差異意識」で差異がわかってきたところに、広い心をもってそれを受け入れるスタンス、すなわち「寛容態度」の重要性が見えてくるのである。

本稿の冒頭で国際理解を定義するときに、外国人の後に括弧付けで「それに近い立場の人々」と書いているが、これは、種々さまざまな理由で、もともとは外国人ではないけれども実際には外国人的なところを多分にもった人たちを指していう。具体的に日本の場合を見てみれば、中国残留孤児（この言い方には不適切なところがあるように思われる。「中国残留孤児」は「中国に残留した孤児」という意味に取れるし、「中国（人）の残留孤児」というふうに読まれてしまう可能性が字面から生まれることはなくもない。しかし、まぎれもなく彼らは日本人である）、帰国子女はその典型であるが、両者を日本人と見ると同時に、歴史的な事情などにより、外国人として受け入れなければならない部分もけっして少なくない。そこに「寛容態度」が必要となってくる。

「差異意識」にせよ、「寛容態度」にせよ、これらは国際理解の基礎をなすものであり、その前提であり、その第一の段階である。この段階において、国際理解を始める前の心の準備をすることができ、形而上の国際理解がはかられる。しかし、ただ認識するだけでは畳の上の水練に等しく、その具体化、つまり実際の行動を示さないかぎりあまり意味をもたないし、いつまでたっても国際理解は空論となってしまうであろう。ゆえに、第二の段階、実際に努力して自分のものにしていく必要のある国際教養の段階へと進んでいかなければならないのである。

## 3　国際理解に必要なもの

日本ではマスコミなどによって国際理解の雰囲気が作られてはいるが、身の回りの実際を見てわかるように、現実的に、本質的に国際理解を行っているのは、あくまでもマイノリティーに属している。

この現象を生み出した背景には、国際教養（国際理解をするために身につけておくべき基本的な素質）の問題があるようである。

教養といえば、いろいろな要素が含まれてくるが、ここにいう国際教養は、主に二つのことを指す。外国語の即戦力とエチケットの心得である。

中学校で外国語を三年間勉強する。高等学校に入ってからさらに三年間外国語の訓練を受ける。大学では第一外国語の英語以外に、第二外国語もある（昔はドイツ語やフランス語が主流であったが、今は中国語、韓国語といったアジア言語が日本の大学における第二外国語の中心となっている。この変化に時代的、政治的、経済的、若者の心理などの複雑な要素を見出すことができる）。

一方、日本にきた欧米人が比較的もてはやされるという事実もある。彼らの英語が格好よく見えるからである（本質的には、ただ「格好よく」ではなく、過ぎ去った「欧米時代」とよぶべき二〇世紀のアジアにおける「欧米一辺倒」の影響がある。この現象は日本だけではなく中国、韓国、シンガポールなどにおいても見受けられる）。

そして、日本政府も英語の普及とレベルアップに力を入れている。現に、大学前の段階において、英語のネイティブスピーカーを学校へ大量に派遣したりしている。大学では英語を母語とする話者が数多く教鞭をとっている。「英語が使える日本人」というプロジェクトも大々的に実施されていた。

こうした英語学習のよい環境が準備されていながら、実際に英語が完璧に使える日本人があまり見られないのが実状のようである。

何故であろう。いろいろな原因があるように思われる。

一つは入門の問題。日本における英語入門教育は種々さまざまであるが、英語を正しく発音するには最も必要不可欠な「国際音声記号」を入門の段階において、あまり教えないという点では一致をみせている。大学に入る前後まで「国際音声記号」をよく身につけていない若者たちが日本語のカタカナで英語を読んでしまう傾向はいちじるしい（現に英語にわざわざ日本語のカタカナで読み方を表記する辞書もある）。その「カタカナ英語」は日本において通用するかもしれないが、大学を卒業して会社に入り実際のビジネスの場では通用しない。そこでもう一度社会人向けの「英会話教室」で入門書からスタートする、というのが日本における英語事情である。

もう一つは受験の問題。通勤地獄に負けないくらいの受験地獄（近年の少子化の影響で緩和される傾向にはあるが）で知られる日本において、スピーキングもしたいけれども、受験のために後述の「ペーパー外国語」を勉強しなければならない。「ペーパー外国語」の成績がよければ受験の際にものをいわせることができるが、そうなればなるほど、スピーキングやヒアリングの力が育たない、という二律背反の現象が観察できる。目でわかるが、口に出していうことが苦手だというネックは、最終的に日本の外国語教育の構造的な問題、システム的な問題につながっている。

いま一つは「ペーパー外国語」。ここにいうペーパーとは本、資料、教科書などのことであるが、歴史的に（明治時代の「文明開化」から）日本の外国語教育は「読む」「書く」に重きを置いているだけに、その教育を受けた者が自然にその方向で伸び広がり、結果としては、「読む」力、「書く」能力だけを身につけることとなる。ゆえに、外国書籍の読解や外国人との文通はできていても、ペーパーばかりでは解決が難しい場合、とくに国際化が深化するに伴って、人的交流が盛んになっていく流れの中で、外国語そのものでコミュニケーションを行う必要性、つまり実際に外国語を「聞く」、外国語を「話す」必要性に迫られてくるのである。

だからこそ、国際理解をするには、外国語の即戦力が必要かつ重要になってくるわけである。

外国語の即戦力のほかに、国際教養として、外国のエチケットを心得ておくことも大切である。外国人と接触するときに、自分がどのように感じられるかはつねに気になりがちであるが、その試金石はエチケット、つまり往々にして外国の礼儀作法や常識によって判断されるのである。逆に、外国人が日本に来た場合、日本のそれで判断されたりするのが普通である。

実際にあったケースをケーススタディーという方法で分析してみよう。

ある日本人の友人が中国の宴会に呼ばれたことがあった。まず種類の多い前菜が出され、しばらくするとフルコースが食卓に並べられた。それからギョウザ、肉まんじゅう、タンタン麵、そしてスープ類……。彼はベルトを何度も緩めたが、料理が次から次へと運ばれてくる。その家の主人は熱心に「熱いうちに」と勧めたり、彼のお皿においしいものを入れたりする。彼は胃袋を最大限に満たしてからも無理に食べ続け、とうとうお腹をこわしてしまうはめになった。

招待する側と招待される側の両方における相互のエチケットに対する不案内が、この「悲劇」を惹き起こしたのである。

まず中国では、人を食事に呼ぶとき、料理の種類が多いうえに、量が十分でなければならない。客のお皿がきれいになるたびに、すばやく補充をする。客は頬張る。すると、こちらもまた何かを作らなければ落ち着かない。客が腹いっぱいになった場合、そのお皿に入れられたものをそのまま残す。これは「私はもう食べられないよ」という合図である。招待する方もこれを見て、「お客さんが残すほど、おれはたくさんの料理を作り、心を尽くした」と満足するであろう。

それから招待される日本人の友人の方を見てみれば、お皿に何かを入れられるたびに、「これには招待する側の気持ちがこめられている。きれいに食べてしまうのは礼儀だ」と思い、ごちそうを平らげる。満腹感を覚えるにつれて苦しくなってくるが、「出されたものを食べないと失礼だ」と頑張り続ける。そう頑張れば頑張るほど、お皿に料理の予備軍がやってくるのである。

つまるところ、どちらも真心をこめて努力し続けたので、悪意などは少しもなかったにもかかわらず、お腹がいっぱいになればそのまま残すという中国のテーブルマナーと、出された料理をきれいにしないと失礼だという日本のテーブルマナーをお互いに知らなかったところに、この「悲劇」が生まれたわけである。

テーブルマナーはあくまでも国際教養の一つであって、それ以外のエチケットも身につけなければ、国際理解に支障をきたしやすい。それらが身につくには、レファレンスブックなども必要でかつ重要であるが、海外旅行に行った際に、ショッピングなどにばかり気を奪われないで、その土地に住む人々と真のふれあいを試みたり、留学、就学、研修、仕事などで来日している人たちとの積極的な接触にチャレンジしてみたりするのが、最も直接的、最も効果的な方法であろう。

## 4 国際理解の実践

国際認識をもち、そこから出発して国際教養をも身につければ、心（精神上、思想上）の準備ができて、ある程度の能力も培われてくる。今度はそれらを生かす段階、すなわち第三の国際活動という実践的な段階となる。国際活動、文字通り国際理解に関する活動であるが、それを展開していくには以下のような二つの確実な方法がある。つまり、「請進来」と「走出去」である。

「請進来」という言葉は中国でよく用いられていた。字面からもわかるように、どうぞ入って来てください、という意味合いであり、外部の学識経験者などを自分のところに招いたりして内部の活性化をはかり、相互の理解を深める。日本で具体的に国際活動の「請進来」を行おうとすれば、次のような人々がその主な対象となるであろう。

在日留学生。日本政府が打ち出した「留学生一〇万人計画」の目標はすでに達成し、「留学生三〇万人計画」が実行に移されようとしているが、その中身を詳しく見てみると、中国大陸、韓国、台湾からの留学はつねに留学生のトップ3であり、中でも中国大陸からの留学生は在日留学生の半分以上を占めている。留学生たちの専門が違っていても、意識的に、あるいは無意識的に日本とは何か、日本人とは何かを自分の研究テーマにしている。彼らはいろいろな分野で、昔から今日までの資料を駆使して、論理的に、体系的に経済大国、長寿大国、漫画大国（これからは環境大国になろうとしている）の日本の「謎」を解いてみる。「灯台下暗し」という諺があるように、彼らによって明らかにされた真実もけっして少なくはない。

外部にいる留学生たちの学問的な日本研究に対して、日本の会社などに就職した外国人のように日本社会の内部に入って仕事をしている外国人たちのそれは、ある意味ではもっと的を射ているかもしれない。というのも、日本人の建前と本音、内輪と部外、外面と内情、ジャパニーズスマイル……などは世界的に有名だからである。

日本におけるホームステイ的滞在者。長く日本にいると、日本に対する認識が深まっていく反面、日本化されたりして、マンネリズムにも陥りやすい。初めて日本の土に足を踏み入れた人々の目には、すべてが新鮮なので、「老日本(長く日本にいてジャパンナイズされた人をからかう中国語)」のすっかり忘れてしまった初心の日本を彼らはフレッシュな感覚でとらえていくからである。

帰国子女、中国引揚げ者子女(この表現も「中国残留孤児」と同じく、誤解が生じやすい)、外国人子女、難民子女。海外から帰ってきた子女たちは在住国で育ったり教育を受けたりしているケースが多く、その文化的、環境的な薫陶のなかで成人してきた。外国人や難民の子女はいうまでもなく外国文化の素質をもっている。比較の視点から日本とその在住国(あるいは祖国)を見てみようとするところが、これらの青少年に共通している。

「請進来」の対象としては、専門的に日本を研究している留学生や在職者がいちばん理想的であろうが、たまにしか日本人と出会わないホームステイ的な存在も大切だし、ややもすると日本人と同一視されがちな帰国子女等もりっぱな「請進来」の対象である。この四者を一堂に会させるのはたいへん難しいが、国際化が日毎に進んでいる日本では、外国人の数がどんどん増えていくなか、身近かつ確かな「請進来」のパイプを作り、最終的に実を結ばせることはけっして不可能ではない。

日本において、外国人、あるいは外国人に近い立場の人々を自分のところに呼んでくる「請進来」はとても現実的な国際活動の手段であるが、反対に、「古巣」を出ていき、自ら進んでやる、より主体的、より能動的な国際活動のしかたもある。これは、「走出去」（そこを出ていくという意の中国語）である。

「走出去」には三つのレベルがある。

まず家庭（個人）のレベル。社会が発展するにつれて、生活が便利になってきた。一方、物に頼りすぎて、人間は疎外されてしまい、インターネット、メール、携帯電話などが騒がれていながらも、それらの普及が却って、閉鎖的な心理傾向にある現代人同士のコミュニケーションの困難さを助長する、という皮肉な結果をも来している。「遠くの親戚より近くの他人」という諺も「遠くの親戚より近くのコンビニ」の「替え歌」になり、家に閉じこもってテレビのお相手をしているのが日本の日常風景ではないだろうか。このままでは、国際活動は縁遠い話となるであろう。積極的にわが家の門を出て、外の広い世界の現実にふれ、外国の人々とのふれあいを通してはじめて、国際理解が実現し始める。スタートが家庭（個人）レベルの小さなものであっても、その実行力があるかどうかが決め手となる。

それから地域のレベル。来日してはじめて「地域」という日本語のもつ重みがわかるようになった。外国にいては日本人がよくかたまり、国内に戻ってくると、その日本人たちがまた自律的にそれぞれの地域に細分化して、地域社会を形成し（遠くへ行った場合は県人会などがその分身となるが）、いろいろな意味でそこを牙城として、居座り続ける。ＰＴＡはその代表的なものの一つに数えられよう。学校にとって、ＰＴＡは地域社会を代表しているが、その地域社会の肝心な代表は自地域に目を向けるばかりで、他地域との交流がともすれば希薄になりがちである。地域における国際活動もまた同じようなものではないだろうか。要するに、自らの地域での国際活動はもとより、よその地域のそれをも視野に入れて、緊密に連係をとっていけば、より質の高い国際理解ができることになるであろう。

家庭レベル、そこから一歩進んだ地域レベルでの国際理解の実践を成し遂げれば、今度はもっと大きな地域、すなわち国のレベルのそれを試みてみよう。国際間の姉妹都市や姉妹校などはその一環であるが、家庭から出発し、さらに地域も出てより豊かな国際活動をするための、もっと現実的に行いやすい方法がある。海外旅行が国内旅行の感覚でなされる今、自らの国から旅立ち、外国へ行って、本番の国際活動をやってみてはどうか。ここでとくに強調したいのは、ただの旅行の感覚では本質的な国際理解はいつまでたっても望めない、ということである。大江健三郎がそのノーベル文学賞受賞講演「あいまいな日本の私」のなかで指摘した「自信にみちた謙虚さ」をもって、その国で生活している人々と直にふれあうことによって、楽しみも満喫するであろうが、同時に異文化の核心に迫る過程での挫折や苦痛を味わうことも少なくない。言い換えれば、国際活動は幸せを参加者に感じさせるとともに、痛みも伴う。それらの「悲喜劇」の活動を経てはじめて、真の国際理解が結実する。異文化コミュニケーションと同様に、国際理解はただスローガンを掲げるだけの容易いことではけっしてない。絶えない国際間の紛争や戦争はその何よりの証拠である。

「請進来」にせよ、「走出去」にせよ、これらによる国際活動の目的は、いうまでもなく国際理解を促進し実現させることにある。ゆえに、その具体的な状況や条件を正しく把握し、「走出去」を先にしてもよいし、「請進来」と「走出去」を同時にできればそれに越したことはない。とにかく、形式に拘泥せず、自らにマッチした国際活動を続けることが重要である。それが国際理解を一歩一歩前進させてゆくのである。

## 5　国際理解の完成度——むすびにかえて

以上のように、紆余曲折を経て、国際理解がついに軌道に乗るが、それが本質的にどれだけ達成されているかをはかる必要もまた生まれてくるのである。これは国際理解の最後の段階、すなわち国際完成度の段階の主要な内容となる。詳しく検討してみれば、この国際完成度は物質的完成度と精神的完成度とに分けることができる。日本におけるそれらを徹底分析してみよう。

まず物質的完成度のほうを見てみることにしたい。文字通り物質面における完成度であるが、具体的に日常生活のなかのなかの衣・食・住・行に反映されている。

国際化が進む今日、民族衣装はアイデンティティーを示す一つの形態として依然その役割を果たしているが、普段の暮らしでは国際色豊かな衣服が鮮やかに人々を彩っている。日本の場合、道行く男たちの服装を見てみると、中国のスーツ、フランスのネクタイ、イタリアのベルト、ブラジルの革靴……。レディーたちのファッションとなると、もう数え切れない。過度のブランド志向という行き過ぎを除いては、自分の好み、趣味、センス、美意識を体現すべく、世界中のそれに合ったものを求めていくのが非難されることもあるまい。日本の現実はこのことを雄弁に物語っている。

食文化という言葉がある。中華料理を口にすれば中国の歴史の重みが身に沁みてくる時もあるだろうし、フランス料理のフルコースを楽しむ際にヨーロッパのエチケットを実感できる。「目で食べる」日本料理をご馳走になると、日本文化についての理解に大いに役立つ。

日本に来る前に、「襖」と「障子」の区別をいくら頭の中で考えていても、その具体的なイメージは浮かび上がってこなかった。「百聞は一見に如かず」と思い、日本にわたってみたら、案外「襖」の部屋にも慣れて、「障子」も承知した。近年の日本においては、外国からの輸入住宅も多くなってきつつあり、実際の住宅を通して、多少とも国際理解にはプラスになるであろう。

「衣」服を身につけ、「食」事を済ませてから、日本のみなさんは「住」宅を出てどこかへ「行」く。近くであれば、徒歩か自転車で十分よいが、遠くへ足を運ばなければならない場合、車などの世話になる。日本車、アメリカ車、ドイツ車、フランス車、イギリス車などがそれぞれ自らの文化を具体化している。文化の具現以前に、往々にして国家間の経済摩擦の原因となっている車であるが、このごろ、外車に乗る日本人も増え、同時にアジアカーなどもどんどんアジア諸国や欧米諸国へ流れているのを見て、国際理解の一環となれば、と願わずにはいられない。

このように、衣・食・住・行は国際理解を助け、うながすことがある程度でき、それをはかる客観的基準ともなるが、それを根本的に決定づけることができない。つまるところ、これらはモノを土台としており、物質中心的で、そこに人間的な側面、つまり人間同士で行われるべきふれあい、コミュニケーション、意思の疎通などが不足しているからである。

「諸国家間の物理的な距離を縮めても、それと同時に諸国民、各国間の心理的なへだたりを縮めないかぎり、何にもならない」とJ・ハックスレーが語ったように、国際理解の究極的な達成は、精神的完成度、すなわち国際理解を能動的に行おうとする人々の内面におけるそれの出来具合である。日本の国際理解の場合を見てみれば、物質的完成度は非常に高いが、一方、精神的完成度が比較的低い。これは日本人の「人間的無関心」に由来しているようである。

ここにいう「人間的無関心」には、二つの意味合いがある。この「無関心」の主体は「人間」であり、「人間」によって「無関心」という現象が生み出されているというのが一つ。「無関心」の対象は「人間」で、「人間」以外のもの、たとえばペットや機械をもっぱら理解の相手としている社会的傾向というのが二つ目の意味である。

さて、この「人間的無関心」はどのようにして生まれてきたのであろうか。以下のように、主に三つの原因があると筆者は考えている。

一つは地理的なエレメント。周囲を海で囲まれた日本は島国で、自然条件的にクローズドになりやすく、いわゆる「島国根性」を形成し、日本の風土に深く根ざしており、明治維新まで、とくに江戸幕府による「鎖国時代」にそれが極に達していた。鎖国に生きていた人々の心も閉ざされるようにならざるを得なかった。

もう一つは民族構成的なエレメント。よく言われているように、日本は「単一民族」である。少数民族としてアイヌ族は存在しているが、今では、もう観光化・形骸化されていて、少数民族のもつ実質的なものが希薄になっている。民族間の交流が少なかった歴史的な歩みがややもすれば、「異民族」や「異邦人」に対する排他的な心理的傾向につながっていく。

いま一つは明治維新後の技術や生産に傾斜した発展を進めてきたゆえに生じた人間疎外である。明治政府のスローガンに「文明開化」「殖産興業」「富国強兵」とあるが、「殖産興業」と「富国強兵」は物質主義に重きを置いた政策であったし、精神的なおもむきをもった「文明開化」も残念ながら、皮相なところにとどまったことが多かった。その伝統が日本の工業の成功、経済の発達にみごとなまでに受け継がれてきたが、同時にそれによって人間自身が次第に疎外されてきた感がなくもない。

これまで述べてきたことをまとめていえば、物質的完成度をそのまま保持し、精神的完成度に、とくに「人間的無関心」への関心に力点を置き、それを高めていくことこそが、日本における国際理解の確かな展望ではないだろうか。

# 新渡戸稲造と日本の文化外交

劉　岸偉

## 1　「日本の胡適」新渡戸稲造（一八六二―一九三三）

一九四三年四月、日本占領下の上海において、雑誌「東西」は創刊された。瞬く間に消え去る彗星のごとく、わずか二号で夭折してしまったとはいえ、「東西文化を評論し、世界知識を紹介する」というう表紙のキャッチフレーズが示すように、東西文化の融合を訴えるという点で異色なものだった。「創刊の言葉」には、中国における日本研究の遅れを咎める文面が見えるが、その後に続く一文、「しかし（日本を）研究しない弊害を、今日に至って、すでに人々はこの目で見ているし、現に身に受けている」という評言は、日本の大陸侵略をほのめかす言葉にとられかねない含みがあり、占領下の雑誌にしては珍しいものである。

実は「東西」の版元は、古今出版社であり、社長の朱樸（朱省斎）は汪兆銘政府の宣伝部の要職に就いている人物である。「東西」が創刊される一年前の一九四二年、個人出資の形で、朱樸は歴史故実や人物素描を主とする月刊誌「古今」を刊行した。雑誌の編集に、周黎庵、陶亢徳が携わり、執筆陣には、汪兆銘をはじめ、周仏海、陳公博、梁鴻志といった当時の南京政府の要人や、周作人、沈啓无、紀果庵、柳雨生、蘇青などの著名な作家の名が連なる。これだけの顔ぶれを揃えた雑誌は、日本占領区域ではほかになかった。

時は汪兆銘の南京政府が日本と協定を結んでアメリカ、イギリスに宣戦布告した（一九四三年一月九日）直後だったし、このような背景を持っているだけに、「コスモポリタニズム」の色彩に彩られ、文化間の理解と融合を唱える「東西」の姿勢は興味深い[1]。

雑誌創刊号の巻頭を飾ったのは、新渡戸稲造の「東西論」である。「東西論」は、昭和三（一九二八）年、実業之日本社から刊行された著者の随筆集『東西相触れて』に収められた同名のエッセイである。次の一節をまず見てみよう。

東西の諒解を図るに当つて、勿論国家の斡旋は欠くべからざる条件であるが、これは寧ろ形式、法理上のことであつて、事実上、精神的にこの目的を遂行するには高き人道の立場或は深き学理に基いて、理由もなきに常に他国を敵視するが如き、狭小なる国家主義を脱したもの、力によらざれば、実現は不可能である。個人としても国民としても自ら悪意や猜疑心を以て暗雲を立て、東西の方角までも朦朧たらしむるに代へ、善意と友情によりて碧空一点の雲翳を止めざる所まで昇るを要する[2]。

要点をまとめると、およそ二つある。異なる文化間の理解と融合をはかるには、偏狭なナショナリズムを超えなければならない。そして一個人、一市民とはいえ、相互理解を促進する外交の一翼を担えるということである。もしこの文章を執筆した著者のモチーフからしばらく遊離して、昭和初期の日本と国際社会といった歴史的文脈を捨象してかくのごとく概括すれば、新渡戸稲造が「東西論」で訴えたことは、二十一世紀の日本政府が推進しようとしている「市民レベルの文化外交」の理念に通底するものがあるように思われる[3]。

「東西論」の中国語訳の冒頭に、編集部の短い紹介文が載っている。

この文章の作者は「日本の胡適」と称された。生前は長年国際連盟に勤め、北米でたびたび講義を行い、日本の国民外交に尽力すること甚だ多い。蓋し一人の国際主義の人物である。この文章は地理と民族の視点から国々を強いて東西に分けることの無意味を説明し、東西協調の必要を力説した。仁者の言にして、我々が読み返し、じっくり考えるに値するものである。

若い頃から「太平洋の橋」になることを志して、一九二〇年より六年間にわたって国際連盟事務局次長としてジュネーブで活躍した新渡戸は、『武士道』(Bushido, the Soul of Japan)などの著者として知られる一方、京大、東大教授、一高の校長を歴任した学者、教育家でもあった。こうした経歴を見ても、「新文化運動」の旗手として知られ、北京大学教授、校長を歴任し、国民政府のアメリカ駐在大使も務めた胡適博士に譬えられる故がわかる。胡適もそうだったが、新渡戸はいわば職業外交官ではなかった。しかし学者、教育家としての経験、見識、人脈、語学力を活かして国民外交、文化外交につとめたその業績は、近代日本外交の遺産の一部として、今日もなお語り継ぐべきものがあるように思われる。新渡戸稲造が生きていた国際環境、その歴史的コンテクストを踏まえて、彼の外交理念と実践、その光と影を分析し、その意味を考察することは、二一世紀の日本の文化外交のあるべき姿を考える一助となるであろう。

## 2 国際協調とリベラリズム



明治二七（一八九四）年八月一日に勃発した日清戦争は、近代日本が経験した初めての対外戦争であった。その前日の七月三一日、外務大臣の陸奥宗光は欧米各国の使節に書簡を送り、清国との開戦を通告した。その文面にはこんな一節がある。

帝国政府ハ帝国ト清国トノ間ニ起リタル紛議ヲトテ正當且ツ永遠ニ妥協ナラトメント欲シテ種々ノ公明正大ナル手段ヲトリ尽シタルニ拘ハラズ此等尽力モ更ニ其効ヲ奏セザル事判然セリ……[4]。

文中の「正當」とか、「公明正大」云々は外交辞令の常套ではあるが、この戦争を企てた日本の指導部が極力外部の視線、特に欧米の文明国の反応を気にしたのが事実であった。この戦争は日本が「蒙昧」の域を脱して、近代化を成し遂げた一つの到達点を内外に示している。宣戦直前の七月一六日にロンドンで日英通商航海条約が調印されたことは象徴的なものであった。

帝国主義時代の荒々しいパワーポリティクスの怒濤のただ中に巻き込まれた明治日本にとって、文明国の列強、とくに英米両国との協調関係は最優先に維持すべき課題であり、外交政策の指針であった。五百旗頭真氏が指摘したように、日清戦争期の陸奥宗光外相と日露戦争当時の小村寿太郎外相は、いわば帝国主義時代における英米重視外交の指導者であったのに対して、帝国主義以後の状況における経済実利主義的色彩の濃い親英米的な協調外交をもって、一九二〇年代をリードしたのが幣原喜重郎だった[5]。

新渡戸の外交思想は陸奥、小村以来の対英米協調の流れを汲むものであり、またリベラリズムという思想的立場と経済重視という点では、幣原外交の姿勢に最も近い。日露戦争がいよいよ終局へ向かい、日本が海戦に勝利した一九〇五年五月、新渡戸は神戸の高等商業学校で「商業道徳」(Commercial Morality) と題する英語の講演を行った。原稿も持たずに新渡戸は滔々としゃべりはじめた。まだ戦争の最中ではあるが、彼はすでに戦後の展望にふれている。

私たちの一部分の商人について、私はいつもその不正直と全く名誉のセンスの欠如を恥ずかしく思います。私は外国人に対して、私たちの国と歴史のことを誇りに思いますし、私たちの騎士道の崇高な理想を誇りに思います。そして私たちの陸と海での勝利を誇りに思います。しかしながら、話題は商業にかわると、ちっとも自慢に値するものがない。私はいつも自分に問いかけるのですが、つまり戦争が終わったら、私たちの若者は何をすればいいのか、彼らは能力と精力のはけ口をどこに求めたらよいのかという質問です。あなたたちの中で、ある者はこう答えるでしょう。「商業です。私たちは貿易を運ぶ船を持っているのではないか、そして私たちは数百万の外国資本を借りて新しい企業を始めたことに成功したのではないか」と。そのとおりです。とても真実の答えです。しかしこれらの船は足りるでしょうか、商業の知識は足りるでしょうか。資本金が足りるでしょうか。いや、答えはノーです(日本語訳はすべて拙訳、以下同)[6]。

そしてまた商業学校の学生たちに次のように呼びかけている。

国が君たちを剣と銃で運命を決する戦場に行かせる時がいつ来るかは知らないが、しかし、間もなく君たち全員がもっと平和な、だが少しも激しさの減らぬ戦場へと呼び出されることを私は知っています。そこでは決して単なる機械のように動かされることはないと思います。君たちは自分自身の道徳信念を持たなければなりません。そして戦場と違って、将軍の命令の言葉に動かされるのではなく、それぞれ自分自身の指令によって行動しなければなりません。いまから、君たちはその用意ができていますか。このような闘争にそなえるために君たちを助けるものとは何でしょうか。われわれの武士たちには昔武士道の教訓で鍛えられた心の準備がありました。しかし新しい闘争において、君たちは武士道よりもすぐれたものが必要です[7]。

新渡戸は日本国家の戦争を決して否定しないけれども、将来の世界においては、軍事力のみにたよるのではなく、経済的実力と商業実務の手腕が問われるに違いないと認識した。一九世紀ローマ史の泰斗モムゼン博士の言葉「剣を以て得たる領土は、剣を以て喪はる可し」を引いて、「如何に軍国の名あればとて、剣を以て終始することは難し」と訴えた[8]。

日露戦争が終結した翌年の一月、新渡戸は英文エッセイ「新しい年の新たな責務」(New Duties of the New Year)の中で次のように語っている。

私たちは製造業、商業、農業の英雄——工業の名将、労働の騎士をもつようにしましょう。そして血まみれの剣を打ち直し、鋤きの刃や原動機に造り替えましょう。私たちの次の戦いは小銃と大砲をもってやるものではなく、算盤と帳簿でもってするものです。満州の原野において戦うのではなく、世界の市場において戦うのです。ただロシアを相手にするものではなく、地上のすべての国民を相手としましょう。優秀な青年、選りすぐった頭脳をこの偉大で、無敵な実業の大軍の競争に参加させましょう[9]。

半世紀以上も前に書かれた言葉ではあるが、あたかも平和主義と経済立国をめざす戦後日本の見取り図を描いたかのように、時代を先取りする見識を示している。

昭和四（一九二九）年一月一六日と二月八日の二回にわたり、新渡戸は早稲田大学で「新自由主義」と題する講演を行った。その冒頭に、次の如く述べている。

新自由主義といふ問題を述べるにあたつて、先づ私はどういふ心がけで、このことについてお話するかといふと、これを学術的の問題として研究するのでなく、一つの生きた思想問題として取扱ひたい、と思ふのである。私も随分長く生きてゐるが、今日のやうに、行詰つた、暗黒な、日本を見たことがない。いやしくも国を憂ふるものは、政治家といはず、学者といはずどういふ心がけをもつてこの時運に直面すべきか。この点を十分に考へたいと思ふのである[10]。

この講演に先立つ一年ほど前の状況を振りかえってみよう。昭和三年三月、日本国内の左翼運動の台頭を抑え、共産党員など運動家を治安維持法違反の容疑で一斉に検挙する三・一五事件があり、五月に中国の済南に入城した蒋介石の北伐軍が四月の田中内閣の決定により山東に出兵した日本軍と衝突した済南事件が起きた。そして六月四日、ついに軍部の暴走の前触れでもある、関東軍による張作霖の爆殺が実行された。「行き詰まった、暗黒な日本」とは、こうした日本のファシズムへ走る傾向と共産主義運動という左右両面の動きに対して深い憂慮を表したものである。数年後愛媛の新聞で報道された「日本を滅ぼすものは共産党と軍部である」という言葉もこの延長線にあるもので、彼の中道政治の立場の表明である。

新渡戸のリベラリズムは大正デモクラシーの色に染まる一方、君主立憲の政体に抵触するものではない。国際連盟事務次長在任中に行った講演や新聞への寄稿を集めて出版した『日本人の特質と外来の影響』(Japanese Traits and Foreign Influences) の中で、新渡戸は一章を割りあてて、民主主義の原則と君主制の形式とは相容れないどころか、調和していることを強調した(第四章「日本の君主制の倫理的基礎」参照)。この折衷主義は彼の「自由論」の解釈にも反映されている。「新自由主義」の講演の中で、自由という概念をはき違えるフランス革命の弊害にふれて、英国流の自由の真意を説く。特にミルの『自由論』を取り上げ、自由の限界を論じた。つまり個人の自由を尊重するが、しかしながら隣人を害するような自由を抑えるべきだという。ところが、ミルの On Liberty で説いた自由とは、まず、第一義的に、政治権力や社会によって個人に対して合法的に行使され得る力の限界を意味している。一八七二年、中村正直によって『自由之理』という題名で翻訳された時、ミルの言葉、By liberty, was meant protection against the tyranny of the political rulers. という一節は「リベルティ(自由トモ自主ノ理トモ云)トイヘルモノヲ以て、君主ノ暴虐ヲ防グ保障トナセリ」と訳されている。しかし、新渡戸は「新自由主義」の中で、この「君主ノ暴虐ヲ防グ保障」としての自由にほとんど触れていなかった。

体制内の新自由主義とはいえ、新渡戸の外交理念の根底にリベラリズムの発想が流れているのが事実である。つまりフェア・プレイとジャスティスを説く協調路線である。新渡戸はさまざまな場合において、インターナショナル・マインドすなわち国際心を説いている。早稲田大学での連続講演の中で、渋沢栄一の逸話を披露した。ある狂信的な徒が大きな会を拵えることについて相談に来た。日本は世界を支配すべき使命を持っているという。渋沢さんがいうには、「私は愛国心について、誰にも譲らぬつもりであるが、世界を乗取ることなどには賛成は出来ない」と。新渡戸はこのような狂信的拡張主義は国際心と相反するものだという[11]。また「日本人としての世界観」という文章の中で、次のように述べている。

東西の合致点なり、或はその差異を見ても、単に、我は日本人なりといふばかりではなく、我は一個の人間である、もちろん日本自身のことに関しては日本人であるけれども、同時に、世界共通の人類の一員であるといふ立場から、これらの問題を研究すれば、いさゝかの偏見もなく、どういふところで融和が出来るか、また、どういふところが融和出来ないか、そしてその場合には、いかにして日本の思想を向うに伝へることが出来るか、また彼方の長所をいかにして採ることが出来るか、といふことも、冷静に且つ客観的に、よくわかるはずであると思ふ[12]。

ここで述べられた理念と思想は、残念ながら、昭和初期から次第に混迷を深めていく日本社会において、それを育み、成長させる土壌を失っていく。ついに、一九三一（昭和六）年、満州事変が勃発し、新渡戸の外交理念の真価が問われる時が来たのである。

## 3 日本文化の解釈者——『武士道』を中心に

新渡戸稲造の生涯の仕事を振り返ってみると、文化仲介者としての活動はとりわけ人目を引くものである。「太平洋の橋になる」というエピソードは、一九〇七年出版の『帰雁の蘆』の冒頭に触れていたし、五年後に出た英文の著書The Japanese Nation の序文の中でも回想されている。それらの記述によると、新渡戸が明治一六（一八八三）年九月、東京大学に入学した時、主専攻の経済学のほかに副専攻として英文学を選んだ。文学部長の外山正一に「英文をやって何しますす」と問われると、「太平洋の橋になりたいのです」と答えた。そしてさらに「日本の思想を外国へ伝え、外国の思想を日本に普及する媒酌になりたいのだ」という[13]。
晩年の新渡戸は自分の天職を「通訳」という言葉で言い表している。『人生読本』に収められた文章の一節を引用してみよう。

僕は自ら通訳と称してゐて英語で書物や論文も始終書いてゐるが、遺憾乍ら僕の書くものに後世に残るものはあるまいと思つてゐる。（中略）自ら通訳たるを以て天職と心得てゐるため、西洋のことを日本語に通じ、日本のことを外国人に了解せしむるだけのことを以て務と信じ、自分で何の研究もなければ、人に勝れた卓見もない、単に甲のいふことを乙に伝へ、乙から学んだことを甲に知らせるだけのことである。従つて、書くものもその時に何かの役をなせば、後世迄伝はらずともと自ら断念してゐる[14]。

日本と西洋との意思疎通や相互理解を促す「通訳」（interpreter）として、新渡戸は大きく貢献したのだが、その両面向けの仕事の中で、日本の歴史、国民性を英語で解説し、世界に発信するという日本文化の「解釈者」（interpreter）としての著作活動が果たした役割はより重要なものであり、とくに注目に値する。一八九九年、アメリカで出版された『武士道』を皮切りに、交換教授として北米で講義した時、また国際連盟事務次長時代にまとめた一連の英文著書は近代日本の立場を代弁し、日本の国民外交、文化外交の重要な一翼を担っていたと言える。その主な英文著書を以下に示す。

*Bushido: the Soul of Japan* 1899.
*Thoughts and Essays* 1909.

*The Japanese Nation: Its Land, Its people, and Its Life* 1911.
*Japanese Traits and Foreign Influences* 1927.
*Japan: Some Phases of Her Problems and Development* 1931.

これらの著書について、公平に論評すれば、新渡戸自身も認めたように、概して独自の研究による見解が少ない。しかし、ラフカディオ・ハーン、アーネスト・サトウ、チェンバレンなどの外国人知日家に伍して、英語で日本のことを紹介した新渡戸の活躍は、世界史に登場した新興日本に個性の顔をもたせて、西洋人の耳目を一新した。近代日本の世界へ向ける発信者のパイオニアとしての役割を認めなければならない。また二一世紀の今日においても、日本の経験を、一地域の特殊性として片づけるのではなく、世界に通ずる言葉で説明する、いわば「民族経験の理論化」は、これからの日本外交に課せられた重要課題である。この意味において、新渡戸の実践は再検討する価値がある。

日本の文化伝統についての新渡戸の解釈は、既成の学説に依拠するところが大きいけれども、ただ単に「甲のいふことを乙に伝へ」という受け売りでは決してないのである。寧ろ彼個人の経歴、教養の色に深く染まる産物であると言うべきであろう。「ニトベ」の名を世界的に高めた、彼の代表作『武士道』(*Bushido: The Soul of Japan*)はその典型的な例である。その書物は一八九九年、アメリカ(The Leeds and Biddle Company, Philadelphia)で出版された時、「第一版序」において、新渡戸は本書執筆の動機にふれて、こう語っている。

約十年前、私はベルギーの法学大家故ド・ラヴレー氏の歓待を受けその許で数日を過したが、或る日の散歩の際、私どもの話題が宗教の問題に向いた。「あなたのお国の学校には宗教教育はない、とおっしゃるのですか」と、この尊敬すべき教授が質問した。「ありません」と私が答えるや否や、彼は打ち驚いて突然歩を停め、

「宗教なし！　どうして道徳教育を授けるのですか」と、繰り返し言ったその声を私は容易に忘れえない。当時この質問は私をまごつかせた。私はこれに即答できなかった。というのは、私が少年時代に学んだ道徳の教えは学校で教えられたのではなかったから。私は、私の正邪善悪の観念を形成している各種の要素の分析を始めてから、これらの観念を私の鼻腔に吹きこんだものは武士道であることをようやく見いだしたのである[15]。

この書物は日本の歴史の腊葉集中に保存された古代の徳、「道徳体系としての武士道」の解説でありながら、武士道という観念は日本史の中でいかに形成され、どんな性格のものなのかを文献で解明し、史料をふまえた「歴史的考察」ではない。この著書の非歴史的性格について、多くの論者が一致して指摘しているところである[16]。新渡戸自身の説明によると、彼の試みは第一に武士道の起源および淵源、第二にその特性および教訓、第三にその民衆に及ぼした感化、第四にその感化の継続性、永久性を述べるにあるという[17]。そして第一に関してはごく簡単かつ大急ぎに述べるに止めるのに対して、記述の重点を第二部分の「特性および教訓」に置いたのである。

『武士道』を通読していればわかるように、本書は著者が少年時代に教わった道徳薫陶を――新渡戸がそれを武士道の「特性と教訓」と名付けたのだが――後年学校教育で受けた西洋流の教養と人格主義の視点から見直して、「武士道」という名を借りた、日本人の精神の一側面を分析した国民性論である。本書に取り上げられた「義」「仁」「勇」「礼」「誠」など主に近世儒教に由来する徳目は、確かに江戸時代の武士の価値観に取り入れられたものだが、武士という特殊な職能集団が登場した経済基盤やそれに生まれた主従関係といった早期の戦国武士、鎌倉・室町武士の生き方、性格、とくに仏教との深い関わりについて、新渡戸はほとんど触れていないし、「自殺および復讐の制度」という一章があるが、切腹、仇討ち、殉死という掟の背後にある、歌舞伎者、念者に一脈通じる心性――愛と死のエロスに一言も言及しなかった。そして武士道のイデオロギーの成立を考察する上で避けて通れない文献の一つ、佐賀藩士山本常朝の『葉隠』の存在を新渡戸は知らなかったらしい。

このように、日本の歴史についての知識の欠如と対照的に、新渡戸の『武士道』は、実に豊かな西洋文化史、思想史の素養を見せている。ホメロスの『イリアス』、『旧約聖書』、シェイクスピアの作品を手当たり次第に引用し、アリストテレス、デモクリトス、ヴェルギリウスの古代哲人・詩人から、ダンテ、デカルト、モンテスキュー、バルザック、ゲーテ、カーライル、ニイチェ、スコット、アーノルドなど西洋中世・近代の思想家、文人を随所に引き合いに出している。同書に登場した孔子、王陽明、上杉謙信、熊沢蕃山、武田信玄、本居宣長といった東洋人が二二名であるのに対して、言及された西洋人は作品の登場人物を入れると、一三三名にのぼっている。

明治八年、一四歳の時に東京英語学校に入学し、一六歳、札幌農学校に第二期生として入り、アメリカ式の教育を受けた新渡戸の知的バックグランドを考えれば、こういった知識、教養のアンバランスはやむを得ない一面もある。それに英語圏の読者を念頭に執筆された著作なので、西洋文化との比較、参照はごく自然な選択であると言える。しかし新渡戸稲造の『武士道』の最大の特徴は、その非歴史的性格と表裏一体となっている、西洋的視点からの日本伝統の再解釈である。つまりキリスト教人格主義に基づく「武士道」の再定義、再解釈である。

札幌農学校の草創期の指導者であるウィリアム・スミス・クラーク博士の「紳士であれ」という人格教育は若き新渡戸に深い感化を与え、晩年に至るまで彼の人生の指針となったのである。一九〇五年に書いた英文エッセイ「平民主義」(Plebeianism)の中で、武士道を国民の人格教育に押し広げて利用すべき考えを示している。


私たちは武士道、あるいは士道という一種の騎士道の道徳規範について、すでに多くのことを聞いている。それは我が国民道徳の基本であり、礎石であり、支柱である。だが、時代が変わり、侍はもう存在しないが、武士の品格を鋳造したそれらの道徳訓はなお残っている。この武士道は変化した環境に適応せねばならず、平民化しなければならない。かつて社会の頂上や中腹を照らした光はいまやその社会の裾野にまで照らさなければならない。「士道」は人民の道たる「民道」へと移行すべきである。教育の進歩により、戦を事とする貴族の武士は消え去り、「平民」（平常の、むしろ平和の民と訳しよう）は陣頭へ現れ来なければならない[18]。

後年、早稲田大学で行われた講演の中で、「人格の意義」について、こう語っている。

西洋人は、パーソナリテーを重んずる。パーソン即ち人格である。日本では人格といふ言葉は極めて新しい。私等が書生の時分には、人格といふ言葉はなかつた。パーソンといふ字はたゞ「人」と訳してゐた。しかし仔細に調べると、メンといふ意味とは違つて「人たる」といふ字である。格といつても資格といふやうな意味は毛頭持たない。人工的な、或は社会が拵へ上げる資格などとは、まつたく違ふ意味である。孟子が度々いつた「人は人たり我は我たり」の意味を持つその人格である。（中略）

とにかく西洋では、宗教の関係上、パーソンといふことを頻りに説いたものであるから、一般人にもその意味が薄ぼんやりとわかつてゐた。なほその上に、これが宗教から来たために、「神もパーソン、我もパーソン。」といつて、非常に人間の位を引上げ、人格といへば、いつも神に対する言葉のやうになつてゐる。そして全智全能なる神と、何事にも至らない自分のパーソンとを始終較べて、己をより向上させることに努めてゐる[19]。

人格主義はまた新渡戸の教育思想にも深く浸透している。彼によれば、大学教育の使命と目標とは、高き人格の養成、「人間を造る」ことである。「大学は職業を授ける所に非ず」、「専門だけの専門家は、人間としては片輪である」とか、「学問の目的は、高等なる判断力を養ふこと」といった新渡戸の言葉に接して、とかく目先の実利しか見えぬ、功利主義に流されている日本の大学教育の現状を思うと、教育家である新渡戸の卓見に感じ入るのである。

キリスト教人格主義の視点から日本人の道徳生活のある側面を再解釈した『武士道』は、欧米の読者に好意的に迎えられ、大きな成功を収めた。一九〇五年一月の「増訂第十版序」によると、この書物は英語国民の間で広く読まれ、版を重ねたのみでなく、ドイツ語、ボヘミヤ語、ポーランド語に翻訳された。そして、ノルウェー語、フランス語、中国語版も計画中であるという。「武士道」は不撓不屈という日本人の人格主義の標識として認識され、日清・日露両戦争後、新興国家として台頭した日本の国際的評価を高めるのに役立ったのである。

人格主義の信念をもち、外交、国際政治の場において、フェア・プレイを標榜した新渡戸だが、武士道にそぐわぬ日本人国民性の暗黒面について、目にしたくないだけに、苦々しい思いを抱いていた。晩年、早稲田大学でなされた講演で、第一回国際連盟総会のエピソードを紹介した。阿片の調査で嘘をついた中華民国外交官の欺瞞を一喝した後、田中義一内閣の中国政策、とくに満州での所為にふれて、こう語った。

嘘かほんたうか、新聞などによると、田中さんは満州でいろいろなことをやつた。もちろん田中さん自身ではあるまい。けれども田中さんの周囲の人々には、二十年以前の支那通が多いさうである。二昔も前の夢を見て、昔風の仕事をされては適はない。新しい支那などは知らない。実に国際的の習慣も歴史も傷けられるやうなことまでやつた[20]。

日本の新聞では決して報道しなかった事実だが、北中国で、満州で、阿片の密造、密売を牛耳り、暴利をむさぼったのが当の日本浪人であり、日本軍人であったことを新渡戸は知っていただろうか[21]。

## 4　新渡戸の「東西観」――アジア認識の本質

一九三一年九月一八日、日本の中国大陸侵略の序曲である「満州事変」が勃発した。それをきっかけに、日本に対する国際社会、とくにアメリカの世論が厳しいものとなった。日本の朝野が軍国主義へ傾斜していく中で、中国に対して不干渉政策をとり、協調外交を貫こうとした幣原外相は、「国辱外交」「軟弱外交」の罵声のなかで退陣した。一方、外交理念において、幣原の同志である新渡戸は、満州事変の翌年、アメリカへ渡り、大学、学会や新聞、ラジオなどで講演を行い日本の行動を弁護したのである。

アメリカでの新渡戸の言動は、それまで彼の経歴と信念を知っている人々の目には不可解なものとして映り、批判にさらされたのである。一九三二年五月雑誌 *The New Republic* に発表されたレイモンド・レスリー・ビュエルの「新渡戸博士への公開状」（An Open Letter to Dr. Inazo Nitobe）には、こんな言葉がみえる。

　現在の日本の体制を考慮するとき、私達はあなたが沈黙するということなら理解出来るのです。でも、無批判に日本の軍国主義を擁護するというやり方は私達の理解を超えています[22]。

こうした日本弁護に見られる理念と現実との乖離について、従来から、軍部の圧力に屈した新渡戸の変節と転向と捉える批判がある一方、不本意ながら自己の良心の屈辱を忍んで、平和の道を求めようとした苦心であるという見方もある。しかし、新渡戸の生涯と思想を公平かつ客観的に考察すれば、満州事変後の彼の言動は変節でもなければ不本意でもなく、ごく自然な反応だったことがわかるのである。

一九三二年の秋、新渡戸はカリフォルニア大学において、約二十回の連続講義を行った。後に『日本文化の講義』(*Lectures on Japan*)と題して、著者没後メリー夫人が整理して東京の研究社から公刊した。満州問題を正面から取り上げた「満州問題と日中関係」の一章が収録されている。講義の冒頭で、新渡戸は日本の侵略を国際連盟に提訴した中国の言い分は扇情的な宣伝だったのに対して、無口で控えめの日本は事実を直視し、真実と正義が勝つだろうと信じるほど古風なのであるという。そして次のように話を続けた。

私は、これまでの講義の中で、しばしば、わが国民は現実主義的である、と繰り返し述べてきた。日本人は、議論よりも証拠により重きをおく。アジア的な物の見方は、一般には理想主義的である。その故にこそ、偉大な宗教や哲学が生み出されている。しかし、この点に関していえば、日本民族は、アジアの代表としては不十分である。日本人は、大地にしっかり足を踏みしめていて、空中に城を築くようなことはしない。したがって、彼らがしゃべるのを聞いたり、彼らを眺めたりしても、面白くもおかしくもない。理想主義的な国民が、どのような未来を享受しようとも、彼らは現在のところ政治的混乱状態の中にある[23]。

大地を踏みしめて、現実を見つめるという日本民族の現実主義の対極の彼方に、新渡戸は「アジア的な物の見方」を持ち出した。「理想主義」という一見遠慮がちな言い方をしているが、彼の文脈では、それは幻の空中楼閣を夢見る空理空論に耽る中国人に対する皮肉にほかならない。この「理想主義」の帰結として、「政治的混乱状態」の悪果を結んだという。新渡戸はさらに「滅ぼしたい国がある時は、それを哲学者たちの統治に委ねるつもりだ」というナポレオンの言葉を引いて、仏陀の国と孔子の国の現実は、この反語的な表現を確認しないだろうかと蔑みの笑いを見せた。

この後の講義で、新渡戸は満州の帰属について、一応中国の主権を認めたものの、この地域の「政治的混乱」は、いかにロシアの南進の野望にチャンスを与えたか、そしてロシアの南進はいかに日本の生存の脅威となったのか、日本にとって満州が防衛的に、また経済的にいかに不可欠なのかを説明し、日露戦争の経緯を付け加え、満州における日本の特殊権益の正当性を雄弁に述べたのである。

かつて国際政治におけるフェア・プレイを外交理念としただけに、かくの如く日本の行動を弁護した時、新渡戸はやはり多少後ろめたさを感じたのだろう。「道徳的な主張というものがあるが、それは政治の世界では役に立たない」と言って、「東西相触れて」で述べていた理想論をひそめて、あくまでパワーポリティクスの論理を前面に出して法的な諸権利を主張するのである。一九二〇年代、ウイルソンが民族自決や正義人道を説いて以来の世界の流れから見れば、大きく後退したものと言わざるを得ない。

満州事変勃発のきっかけについて、新渡戸は再び中国の「政治的混乱」を取りあげた。つまり中国官憲の無責任と政治の無秩序は満州における排日の狂気と暴力を招き、在満日本人の生命と財産を脅かしたという。局所から見れば、新渡戸が列挙したことは歴史的事実だったかもしれないが、満州事変の本質——明治以来の、日本国家の対外拡張の欲望に彼は一言も触れなかった。あたかも中国の「政治的混乱」はすべての災いの元であり、主権を侵されたのも自ら植え付けた悪果であり、身から出たさびだという論法である。

政治権力の腐敗やそれに由来する「政治的混乱」は、侵略される側の反省の材料にはなるが、侵略する側の口実には決してならないということを新渡戸は考えようともしなかった。かつて田中内閣の支那通たちのことを「新しい支那などは知らない」と批判した新渡戸だが、彼自身も二〇年代以降、高まりつつある革命中国のナショナリズムが必然的に国家統一と主権への正当な欲求に結実するという現実に目をつぶっていた。一言でいえば、それは相手の立場を思いやる想像力の欠如である。

満州問題について表明された新渡戸の見解は、軍部に強要されたものでは決してなかった。むしろ長年にわたる彼の

「東西観」、とくにそのアジア認識に基づくものであった。一九〇六年五月、満州の農政を調査した時に奉天で「支那は孔子に対する回答であるのか」(Is China an Answer to Confucius?) という英語の短文を書いた。

支那に来て以来、「ここは果たして孔子と孟子の国なのか」という疑問が私の胸に去来していた。そしてこの最初の疑問はまたその他の疑問を起こした。つまり「この国の政府は聖人たちの教訓による道徳的結果なのだろうか」、「ここの人民は彼の賢者たちが教えた規範の論理的結果なのか」と。もしこの国、ここの人民は儒教の産物であれば、私がかつて孔子を尊敬していたことを残念に思う。政府組織の全体に陰に陽に蔓延る何と徹底的な腐敗なのだろう。高位に登り、四億の民に号令する、何と卑劣な為政者なのだろう。不義の輩は何と「正義」の名の下で同胞に不義を行ったのだろうか。支配構造の全体にうんざりするぐらい人を失望させるものが満ちているのである[24]。

清末中国の実状を思うと、中国人として汗顔の至りで、弁解する余地もない。そして朝鮮については、ほぼ同じ時期に(一九〇六年一一月)、新渡戸は「朝鮮における原始生活と死の支配」(Primitive Life and Presiding Death in Korea) の一文を書いた。

朝鮮の衰亡の責任といえば、その国の気候でもなければ、そこの土壌でもない。ここで、人々はあるいはスペイン人が言い慣れていた格言を適切なものとして援用するであろう。「天地ともに善し、唯悪しきものはこの二者の間に存するものなり」と。曰く「ただ人間だけが下劣である」、すべての罪悪は彼より生ずるのだ[25]。

さらに「戦後の事業」というエッセイにおいて、朝鮮人のことを「政治的本能を欠き、経済的常識に乏しく、智識的野心無き、彼の薄弱なる女性的国民」と呼び、「日本人の重荷」となったという[26]。「アジア停滞、未開、退嬰、野蛮というアジア認識は明治以降広く日本人に見られるものである。新渡戸のそれも、「アジアの悪友と訣別する」と宣言した福沢諭吉の延長線にあるということが言える。新渡戸はしばしば「東西」融合を唱えるが、その東西論を細心に読めば、西洋とは常に英米といったアングロ・サクソン民族を意味しており、東洋とは多くの場合、日本を指していることがわかる。「東西相触れて」という文章で、偏狭な国家主義を退け、東西の理解を力説した後、東西融合の使命について、「東西の文化を悉く咀嚼し世界的完全なる発達を遂げる者は大和民族ならんか」というところに彼の本意がある。インターナショナル・マインドを常に説いていながら、新渡戸の国際視野にはアジアがしばしば欠落していたのである。

## 5　結び

明治国家が世界史の舞台に登場して以来、その外交政策は欧米諸国との協調路線を保ちながら、現存の秩序と枠組みを打ち破り、「発展」「拡張」への衝動につねにつきまとわれていた。西洋を熟知するという経歴と素養を活かし、日本文化の解釈者の立場で国際社会に向けて日本の国益を代弁した新渡戸の活動は、近代日本文化外交の先駆となり、その重要な資産であった。「協調」と「拡張」という両者の均衡が崩れ、デモクラシーの文民支配が失われ、軍部主導のファシズムへ傾いていく困難な時代に、国内リベラル良識派の代表として、協調外交を堅持し、日米衝突を極力避けようと奔走した新渡戸の努力は評価されるべき側面もある。しかしナショナリズムの克服をめざし、国際政治においてフェア・プレイとジャスティスを唱える彼の外交理念は、パワーポリティクスに内在したダブルスタンダードをもつが故に、土壇場で挫折せざるを得ない性質のものであった。

一九五六年、岸信介内閣は『外交青書』で、「国際連合中心」「自由主義諸国との協調」「アジアの一員としての立場の堅持」という外交三原則を打ち出した。この平和的協調主義路線は戦後日本外交の主流であった。自由貿易体制と市場経済が継続しながらも、国際環境が大きく変動しつつある今日の世界において、日本外交は「協調・順応」と「自主・能動」という新たな均衡を求める試練の時代を迎えるであろう。そして日本の立場を世界に通じる論理と言葉で説明する「民族経験の理論化」もつねに要請されるに違いない。新渡戸稲造の外交理念と実践を分析し、その得失を論評することは、二一世紀の日本外交の見取り図を描くのに少なからず参考になると信じる。

## 注

[1]『東西』創刊の意味、及び日本占領下に刊行された雑誌や作家活動などに関しては、拙著『小泉八雲と近代中国』（岩波書店、二〇〇四年）第四章の考察「戦時下の小泉八雲」を参照。

[2]『新渡戸稲造全集』（教文館、昭和四十四年）第一巻、一六一―一六二頁。

[3]二〇〇四年の一二月、当時の小泉首相の私的諮問機関として、「文化外交の推進に関する懇談会」が発足された。まとめられた報告書「『文化交流の平和国家』日本の創造を」では、市民レベルの文化外交の重要性を指摘し、諸外国との相互理解や信頼には一般市民の理解促進が政府の態度にも大きな影響を与えるものだとしている。「外交空間」を国や政府に限らず、民間機関、メディアなど広い視野でとらえるべきだという。

[4]「清国ト戦争状態ニ入レル旨通告ノ件」『日本外交文書』（外務省編纂、日本国際連合協会発行）第二七巻第二冊所収、六八七号、三二四頁。

[5]五百旗頭真編『戦後日本外交史』（有斐閣、二〇〇六年）七頁参照。

[6]*The Works of Inazo Nitobe* Vol. Ⅰ, University of Tokyo Press, 1972. p.298.

[7]ibid., p.300.

[8] 明治四四年二月九日、東京毎日新聞に載せられた「軍国を以て終始せざれ」。『随感録』所収、『新渡戸稲造全集』第五巻、二九七頁。
[9] *The Works of Inazo Nitobe* Vol. Ⅰ, p.277.
[10] 『新渡戸稲造全集』第六巻、一八七頁。
[11] 『内観外望』所収、『新渡戸稲造全集』第六巻、三一三頁参照。
[12] 『西洋の事情と思想』所収、『新渡戸稲造全集』第六巻、六四五頁。
[13] 『新渡戸稲造全集』第六巻、二〇頁。The Works of Inazo Nitobe Vol. Ⅱ 参照。
[14] 『新渡戸稲造全集』第一〇巻、二八四頁。
[15] 『武士道』(矢内原忠雄訳、岩波文庫)一一頁。
[16] 例えば、太田雄三著『太平洋の橋としての新渡戸稲造』(みすず書房、一九八六年)六八頁参照。
[17] 『武士道』前掲書、二六頁。
[18] *The Works of Inazo Nitobe* Vol. Ⅰ, p.208.
[19] 『西洋の事情と思想』所収、『新渡戸稲造全集』第六巻、五六三頁、五六四頁。
[20] 『内観外望』所収、『新渡戸稲造全集』第六巻、三一八頁。
[21] 佐野真一著『阿片王——満州の夜と霧』(新潮社、二〇〇五年)は、里見甫の生涯を手がかりに、満州における阿片の利権に絡んだ人間模様や、関東軍などが阿片取引に深く関わっていた実態を活写している。
[22] 『太平洋の橋としての新渡戸稲造』前掲書、九一頁参照。
[23] 『新渡戸稲造全集』第一九巻、二七四頁。
[24] *The Work of Inazo Nitobe* Vol. Ⅰ, pp.292-293.
[25] ibid. p.326.
[26] 『新渡戸稲造全集』第五巻、六六頁。

# 「変節」に寛容な日本的現象
## ——「変節」「転向」考察その1——

王　敏

## 1　ある指摘

オーストラリアきっての知日派学者のG・クラーク氏がいる。氏は「日本人は理解しにくい存在」という非難に対して「日本人は集団指向、感性志向」と分析している。豪州外務官として中国に長期間駐在した後、日本に新聞社特派員として来日して現在は上智大教授という経歴の持ち主である。日中両国語を話し、東アジア三カ国について実際に触れて比較できるのが強みである。この隣国関係の各社会から受ける印象がまったく違うことに驚き、とくに関心を深めた日本人論の著作をいくつか発表されている。東アジア地域の文化の違いを認識したうえでアイデンティティの深層に迫っている。

「中国が紀元前から日本に与えた文化的影響は多大なものがあるが、両者の精神構造（メンタリティ）は著しく違っている。……私なりの経験からいえば、一見西欧化した日本人よりも中国……（人）……のほうが、欧米的な波長をもっている…極めてイデオロギー的で原理主義的、つまり合理主義を強調する」

「韓国と日本を比較した場合……韓国人は……イデオロギー的でもあり、儒教やキリスト教にも強く影響され……原理原則に厳しい民族でもあるので、われわれ欧米人には理解しやすい」（以上、『誤解される日本人』講談社）

原理原則をもとに動くというのはどういうことか。正しいか間違っているか、という基本認識で判断することを習性にしていることになろう。中国人も韓国人も儒教という共通基盤で通じ合うところがある。正邪を見極める習癖を隠さない。曲がった心を一番嫌う。これは強烈な行動力になり、時には妥協のない反抗精神になる。韓国人は中国以上に儒教化した社会で、主張することが普遍的と言われる。

文化習慣の違いは身近なことにも現れる。暮らしぶりを比較すれば違いがよく分かるはずである。

## 2　関係性思考の日本なのか

### ❖――（1）選挙圧勝後の「復党」騒ぎ

アメリカでも中国でも、日本の政治の動きに戸惑う日本研究者とよく出会う。二〇〇六年一二月五、六日、首都ワシントンで「アメリカ大学第一〇〇回ワシントン・アジアフォーラム・日本の外交政策」（アメリカ大学主催・ライシャワー研究所協賛）が開催された。これに招かれて筆者は国際シンポジウムに参加した折、リアルタイムの日本政界の動きが活発なテーマになり、政権政党で起きた「復党」問題が対象になった。多くの日本研究者にとって極めて理解しがたいできごとであったことをあらためて教えられたのである。

日本の政治は平時でもわずかの間に様相が急変することがよくある。二〇〇一年春以降五年以上続いた小泉純一郎自民党内閣の後継として二〇〇六年九月、安倍晋三内閣が誕生した。一年経つか経たないかの九月、突然安倍内閣が総辞職して新しい福田康夫内閣に替わった。またまた一年後の二〇〇八年九月、麻生太郎内閣にバトンタッチした。外国人の日本政治研究が進まないといわれるのは無理ないと思う。内閣の顔が変わっても政策の違いがとくに強調されたわけではない。内閣支持率とやらが落ち込み国民に飽きられた、というのが顔の変わるもっともらしい理由とされた。内閣交代の事情が分かりにくいまま、ただ変化が起きたのである。先進国の中でも内閣交代が頻繁すぎるのも外国人を惑わせている。

派閥がらみの日本政界の動きほど欧米人から不可解に映るものはない。理念や政策より派閥や義理人情を優先した急展開がしばしば起きているからだ。あらためてこのことを思い起こさせたのが、安倍内閣時にあった郵政民営化に反対した議員の自民復党騒動のようである。

安倍政権として落ち着いた四カ月後の二〇〇七年早々、一月三日付け朝日新聞にヨーロッパ総局長の手紙スタイルの記事が載った。「改革、捨て身でこそ」という見出しで、欧州諸国にも長期政権を続けたポスト小泉として鮮烈なデビューに映った安倍政権に対する好感度が復党騒動で急速に萎えてしまった事情を明らかにしていた。

その理由について当該記事は、はっきり書いている。「日本の事情が遂一、海外に伝わるわけではなくても」「郵政民営化に造反した議員の復党や、道路特定財源見直しをめぐる姿勢の後退、政府税調会長や閣僚の不始末」などへの対応は「君子豹変」の事例と映り、欧州流の思考では理解できないと眉をしかめているのである。フランス紙は「『あいまい戦略』は民主主義ではない」と手厳しく批評したという。

「復党」問題とは、小泉純一郎元首相による郵政民営化を最大の争点にした二〇〇五年夏の総選挙で与党の自民党が分裂して民営化に賛成した候補者は公認され、反対した候補者は「反自民」の烙印を押され、一部は別の党を結成して対抗した。選挙公約と位置づけられた政治家の重い信念として有権者には受けとられたと思われる。民営化反対の有権者はそれを公約にした候補者を信じて重い一票を投じたはずである。この総選挙では民営化推進を打ち出した自民など与党側が大勝したため、反対した候補者の多くは苦杯をなめた。総選挙直後まで続いた一連の郵政民営化賛成・反対劇については政情を知らない外国人も説明されれば、ほとんど疑問を抱かず納得するであろう。

ところが、総選挙後まもなく矛盾に満ちた流れが起きる。日本で生活している外国人にも分からなくなったという。総選挙後に開かれた特別国会で、民営化に反対して自民から除籍されて当選した議員のほとんどが法案の賛成に転じた。有権者に民営化反対を公約していたにもかかわらず、賛成に豹変したのだ。自民中心の与党の大勝利にあおられて、民営化賛成の流れに乗り遅れまいとした行動が一斉に起きた現象である。外国では公約というのは本来、それを主張した政治家の理念、信条と一体のものである。状況が変わったからといって、ふつうは短時日のうちに公約は反故にできるものではないだろう。

だが、日本では、信念としての公約が貫かれなくても、政治家が許容される実態はこれまで何度も実見してきた。政治家の弁明がまかり通る。「郵政民営化法案の全体に反対していたのではないから」「法案提出までの党内議論の進め方に横暴なところがあって反対した」など、反対を返上した個人的な事情を正々堂々と語るのである。日本の政治が思想や主義を決断の基準にしていないことを露呈したと思われてもしかたがない。

安倍政権は、スタートしたときから郵政民営化を推進した小泉政権の継承を唱えたはずだった。ところが、政権発足時から「復党」を許容する動きが本格化した。角度を変えてみれば、安倍政権自体の「変節」とも受け止められるのではなかろうか。復党劇が、先述したワシントンにおける国際シンポジウムで不可解なできごととされたことは言うまでもなかった。

二〇〇七年春の復党許可は少し前まで同じ自民党だった無所属の国会議員への温情とされた。総選挙後の特別国会で「変節」の賛成票を投じたことが一つの条件ではあったが、「変節」はまったく問題にならなかった。喧嘩した親友がよりを戻しただけにすぎない、という趣旨の言葉が、復党議員を迎えて語られた。大臣経験者で一人、郵政民営化法に反対し続けた国会議員に対して、春では復党を許さなかったものの、八月の第二次安倍内閣発足まもなく復党のエールが飛び交いはじめた。

一般論になるが、政治は主義主張のせめぎあいという性格のものである。外国にとっては、政党は公約を掲げて実現に向かう。公約が理念と信条を貫く大義の結晶とされる以上、簡単に替わったり替えられたりするものではないはずとされている。最近はマニフェストと言っているが、公約もマニフェストも同じことであろう。

理非曲直の判断を求める要請には原理原則がもとになることが多い。日本の政界でも、攻めることを目的にしている野党側は論理を武器にしている。批判勢力はエスタブリッシュメントの不合理を突くのが一番である。これに対し、与党側は概して、黙して語らずの姿勢で応じることが多い。決意表明を繰り返していれば周辺を納得させる空気ができあがる。説明責任を果たさないで済ませられてきたために、論争が不十分に終わることが日本の政治の習慣になったところがある。原理を振りかざさないところが大人の対応と見られるからであろう。

ここで一つの見方を提供できる。それは、日本人を中国人、韓国人や西欧人と分けているものは、原理原則で対応する習性ではなく、感性でもって対応する習性があるのではないか、ということである。原理原則にこだわらなくて済むから、外から思想がやってきても受け入れてきた。幕末・維新における西洋思想や学問の積極的輸入でも、先の大戦後、アメリカ文化への転進でも、原理原則の判断で「解禁」の対応をしたわけではない。もっとほかの感性的な対応によって、理屈に関係なく激変が起きたのである。この激変した事実を原理原則対応の目線で追えば、「変節」と思われる現象として映るのである。ここで「変節」現象の発生背景を思考パターンの角度から少し分析してみる。

## ❖——（2）「変節」と「転向」の違いは

三十余年前、中国の大学で日本語を学んでいたときのことである。初めて思想の変節を指す言葉として「転向」という日本語に出遭った。独特の意味に沿う中国語は見あたらず、近似値の訳語として思い浮かんだのはごくふつうの言葉の「変節」または「背叛（背反）」ぐらいであった。かなり否定的な色合いで使われる言葉である。日本語でも同じであろう。いい意味では使われない。「裏切り」「裏切る」と重なる使い方が見られることが多い。

日本語における「転向」のもともとの意味は「向きを転じる」であることは言うまでもない。これを思想レベルに当てはめて、主義主張の変更を指すように用いたと推察できる。このことから「転向」の使い方を少し考えてみれば、「変節」の意味をもたせたうえに「裏切り」も含めた用法を伴っていると思われる。「変節」と同義語であるが、「変節」に比べて即物的な意味合いが強まっている。現象説明として使われるところがありそうだ。中国語で「転向」は、「方向が分からなくなる・見失う」という動詞的な意味の言葉である。「転」の「ぐるぐる回る」意味の発展と考えられる。思想的な使用法例はない。

日本語を学習していた当時、同級生たちと「転向」の中国語翻訳について議論してみた。「転向」のままでは、たとえば道に迷った表現と受けとられるだけである。「変節」と訳せば、主義主張を曲げた面が浮かび上がって人間のマイナス評価になる。「裏切り」もそうであるように価値判断がつきまとうのが中国語の世界である。結局ぴったりの中国語訳が見つからなかった。これは言葉の問題を超えた、もっと奥深い違いがある何かを感じ取ったのである。単なる言葉の違いではなく、言葉を生み出し定義付ける背景について考え出したことはいうまでもない。文化への認識が生まれた。

中国の社会には、特別の事情がない限り「転向」行為を許したり発想したりする条件がない、むしろ厳しく批判してきた。はっきりいって、「転向」という概念すら生まれるはずがない社会である。「変節」は人間としてあるまじき思想的豹変という意味でしか使われない。もしも「転向」の定義を示す新語を作っておいても社会には実際に使用する機会がないため、すぐ消えるしかない。まだまだ中国人になじまない「転向」の思想的な意味合いだが、「変節」に置き換えるよりイメージが伝わるかもしれない。中国語訳には現在、「転向」という表記をそのまま使い、解説や注釈を付す方法をとっているケースが多く見られるようだ。

日本では第二次大戦以前に「転向」が社会現象になっている。軍国主義が膨張するにつれ、反戦・非戦の考えをもつ人たちに弾圧を加えた。共産党員とその関係者や自由主義者などを治安維持法違反容疑で逮捕し、多くは容赦ない拷問で思想の転向を迫ったという。転向の本来の使い方は共産主義者が共産主義を放棄することを指したとされ、この用法定着のきっかけになったのが一九三三年、共産党の最高指導者であった佐野学（一八九二―一九五三）、鍋山貞親（一九〇一―一九七九）の獄中「転向」声明だった。二人の「共同被告同志に告ぐる書」の影響は大きく、既決囚党員の約三六％、未決囚党員も三〇％が続いたという。佐野は思想的には戦争遂行の協力者になったが、歴史学者として戦後は早大教授も務めた。転向後の鍋山も佐野と同様に反共主義を通した。

国家の政策に反対する考えを曲げなければ大概苦しみのうちに命を奪われる結末が待っていた。慶応義塾大学生のときからマルクス主義理論家として活躍した野呂栄太郎（一九〇〇―一九三四）は獄死である。哲学者三木清（一八九七―一九四五）はマルクス主義に理解を示したとして軍部ににらまれ、何度か逮捕された。最後の獄は終戦の年の一九四五年三月のことで八月の終戦を迎えても釈放されず、疥癬の皮膚病に苦しみながら九月に亡くなったという。思想の変節を拒んだ結末の悲劇とされる。

二〇〇七年七月、九八歳で亡くなった宮本顕治・元共産党議長の場合は非転向で知られた。一九三一年、弾圧が厳しくなる中、東大を卒業してすぐに入党。佐野らの転向声明にもひるまず一九三三年一二月に治安維持法違反などで逮捕されて無期懲役判決を受けた。政治犯専門の北海道・網走刑務所に収容された。釈放は四五年一〇月のこと。終戦から二カ月後である。弾圧は自由主義者にも及び、経済学者河合栄治郎（一八九一―一九四四）の場合は著作が狙われて起訴され、一九三九年に東大教授の職を追われた。しかし、主義を曲げることを嫌い、晩年は沈黙する。このように、だんまりを決め込んだ知識人が多かったのであろうが、戦争に対して責任を自覚して戦後の発言は比較的大人しいという印象はぬぐえない。これに比して、転向現象の多くの当事者が寛容な社会に生かされて、戦後もふつうに活躍している。

時代が変わり、往時の「転向」という言葉も忘れられているが、日本政治の多変現象に対しても「変節」、または「振り子」と言われている。中国や欧米の日本研究家にとって関心事でありながら、頭を抱えることが多い。だいたい理解不能の辛酸をなめている。派閥の力学や義理人情が独特のベクトルとして働いているからである。表に出ない動きであるうえに、それを補う当事者による説明が不十分なことが多い。思想・原則が突然消えてしまう日本の政治のあり方には大概の外国人研究者は頭を抱え込む。外国で「変節」はときにはより厳しい「裏切り」という言葉で非難されても言い返せないときがあろう。

日本人の「変節」が鮮烈に外国人に印象づけられたのは、太平洋戦争敗戦を機にアメリカ軍に対して一八〇度転換した態度であろう。占領されたとき同じ枢軸国ドイツにおけるような抵抗がほとんど見られなかったのが日本である。国民を総動員して「鬼畜米英」と叫びながら戦争に突き進んだ。米英を不倶戴天の敵とした。ところが終戦の日を境に反転して、米英への親近感に変わる。一日で豹変した日本人に、占領軍司令官のマッカーサーは驚いたという。

キリスト教やイスラム教は教義から成り立っている。「聖書に書いてあることが本当のことだと文字通り信じることが、キリスト教の信仰」（東京大学仏教青年会『仏教文化』第四七号二〇〇八年三月刊）という橋爪大三郎氏（講演記録「世界の中の日本仏教」）の指摘は原理主義者の精神構造を言い当てている。キリスト教、イスラム教がそれぞれ国民宗教になっている国では、信仰の放棄、あるいはキリスト教からイスラム教へ、イスラム教からキリスト教への改宗は一般的に「変節」という範疇に入るだろう。キリスト教やイスラム教などの国の人々は自分たちなりの思想や原則を前提にしながら異文化を見ているところがある。

ふだんの行動パターンから、欧米人は、日本人の鬼畜米英の標語が思想の産物でないことが考えられなかったようだ。ナチドイツで遂行されたユダヤ人のホロコーストが人種差別論で裏打ちされていたことを思えばうなずかれるであろう。標語「鬼畜米英」を支える理論なり思想なりがあると見られたとしてもおかしくない。思想として固まった考えを日本人は共有していると思われたのである。欧米人に通じる思考パターンが中国人にもある。それは儒教的思考の通路によるものである。日本人に対しても欧米人と同様に、思想的な判断基準を想定しがちである。

終戦の前と後を比較した国民レベルの「変節」が外国人研究者の間で日本研究における関心事であることを教えられた事例がある。

二〇〇六年五月のこと、米国・戦略国際問題研究所（CSIS）の記念研究員を務めるMs. Peng Bai（Claire）氏の来訪を受けた際、日本人のアイデンティティに話が及んだとき、終戦直後の国民的規模の「変節」について意見を求められた。また同年九月には、デンマークの有力紙『Jyllands-Posten』紙のTor Tolstrup編集委員の取材も受けた。同編集委員は一九九三年から九七年まで東京特派員の経験とその後の頻繁な来日を積む知日派であるが、日本人の「変節」について説明できる成果をまだ見つけられないでいたようである。

ほかにも、日本人の「変節」が海外の日本研究で関心度の高いテーマであることを示す経験が相次いだ。戦後六〇年にちなむ法政大学国際日本学研究所が主催した一連の研究会だった。

パリにおける二〇〇五年一二月の国際シンポジウム「日本とは何か――ヨーロッパから見た日本研究、日本から見た日本研究」（法政大学国際日本学研究所・フランス国立科学研究院・パリ日本文化会館共催）を受けて開かれた日本における研究成果発表であった。もう一つが二〇〇六年九月二六日に、デュッセルドルフ大学東アジア研究所の島田信吾教授が「翻訳と文化アイデンティティ」と題して報告した。さらにもう一つは九月三〇日に、フランス国立科学研究センターの日本研究者ジョセフ・キブルツ教授が「ヨーロッパにおける日本研究と人文科学の未来」というテーマで報告した。

いずれの報告でも、日本研究における関心事として、終戦前後で日本人の価値観に断絶や転回が見られることを取り上げ、マッカーサー司令官に対して日本人が畏怖から畏敬に変わった事例に注目した。このことに加えて、中国人で気鋭の日本研究家である周興旺氏が二〇〇六年刊行の『日本人とは何か』(中国語では『日本人什凭』、世界知識出版社)で似たような問いかけをしている。

日本研究テーマとして「変節」にかかわる問題意識ほど興味をそそるものは少ないかもしれない。日本文化を考えるうえで避けては通れない問題だと思われるからである。この種の問題意識がこれまで外国における日本研究でクローズアップされたが、道筋を立てた研究論文はほとんど出されていなかった。おそらく、一定の答えをたやすく得られにくいから、説明しにくいテーマとして敬遠されているのかもしれない。

さて、変節という日本的現象を内外にも論理的に説明することがどのくらい可能であろうか。とりわけ島田信吾教授の報告を参考にしたい。島田氏は「西洋は固定性思考、アジアは関係性思考」という特徴があると指摘した。「固定性思考」とは絶対的な価値基準や一定の原理原則を判断の基盤にしているという意味と理解すれば、「関係性思考」は不変の原理原則や基準にこだわらず、周りに気遣いを見せながら判断を調整させる思考であろう。だが、アジアが「関係性思考」というのは果たして妥当であろうか。対欧米の場合にそのように受け止められたとしても、アジアを射程内に設定する場合、アジアの中でも古来儒教的価値体系による判断基準を国民的に共有してきた中国と韓国ではある程度「固定性思考」ともいえなくもない。それに対比して、日本が「関係性思考」の典型と考えられよう。

「関係性思考」の観点から先述の〝復党〟を見れば分かりやすくなる。日本人の思考の核をなすものはいつも流動的であり、相対的に変化していく。変化する関係に合わせて事態を調整すれば、全体像の流れが矛盾のように見うけられ、整合性が見えなくなる場合がある。辻褄が合わないと思われる状況も起こりうる。思想問題がからんでしまえば、変化の程度によって「変節」現象が生じてしまう。おそらく固定性思考と関係性思考の違いを比較しながら「変節」行為について整理してもよかろう。

ちなみに土居健郎の新装版『「甘え」の構造』（弘文堂、二〇〇一年）と『続「甘え」の構造』が、まさに関係性重視の日本文化を説いた力論である。二〇〇六年に亡くなった一橋大学名誉教授阿部謹也の『阿部謹也著作集』全一〇巻（筑摩書房）にも、『「世間」とは何か』（講談社現代新書、一九九五年）、『日本人の歴史意識――「世間」という視角から』（岩波書店、二〇〇四年）ほか一連の著書も関係性思考を論じた卓説である。

### ❖――――――（3）「思想」を着替える

「転向」とはどう定義付ければいいのか。ここまで読んでいただいて、思想の関係を通して日本人を考えるとき、転向というテーマを重要な切り口にすべきだということは納得してもらえよう。「転向」は「変節」と通底している。転向あるいは変節について極めて日本的な現象として例証を詳述したが、日本人のアイデンティティあるいは日本文化と絡みあっているところに迫ったことにならなかった。言い換えれば、転向・変節から日本文化・日本人のアイデンティティにアプローチが可能だと思いながら、この方面はまだ十分に書き及んでいないということである。前もって言っておきたい。日本人が転向・変節を糾弾しないことにあらためて触れることになるが、批判を目的にしたものでない。もちろん、侮辱を目的にしていない。ひたすら、日本人と日本文化の魅力を創り出している源泉を新しい角度から説き起こそうとすることに主眼を置いている。

「本来、転向とは、世界観的な機軸としての『正統』と『異端』という二つの極が成り立つ精神風土のもとでの、思想・信条の一方から他方への、宗教的・倫理的な苦痛を伴った移動をいう」（『近代日本思想史の基礎知識』有斐閣、一

九七一年）

「思想・信条の一方から他方への……移動」であるという。思想が原理原則として機能している社会ではこの定義はあたっている。しかし、思想に対する日本の風土は相対化を基本にしている。原則的な価値観を求める姿勢は弱い。「正統」か「異端」か、日本の社会はこの結論を出すことを避けているところがある。他律的な集団益が公然とまかり通っても、その非を責められないところがある。この定義が日本社会においては的を射ていないことが分かる。それで、日本における転向に当てはまる解説が展開されている。

「日本における転向は著しく特殊な様相を呈する。何故なら、本来、『正統』を構成すべき内なる超越的な原理が不在の、日本特有の精神風土のもとでは、『異端』もありえないし、したがって、内なる思想・信条の移動としての転向もありえない。あるとすれば、衣装としての思想の移動という、思想の物理があるのである。日本的転向概念の一つとして『偽装転向』なるものが成立するのは、このような精神風土の固有性に根ざしている。」（前掲書）

転向に寛容な日本社会の性格を指摘した解説である。中でも「衣装としての思想」という表現に惹かれる。日本人と思想の関係を言い当てていると思われるからだ。

「思想は外からやってくる」と考えるのが日本人という言い方をよく聞く。技術にしても思想にしても手段とみなして着替えていく。

養老孟司氏が実に簡潔明瞭に説いている。「必要なら何かの思想を借りておけばいい。その借り物がとことん具合が悪くなったら、『取り替えれば済む』。それが明治維新であり、戦後ではないか」（『無思想の発見』ちくま新書、二〇〇五年）。「日本人はたいてい無宗教、無思想、無哲学と主張する。それが日本の宗教、日本の思想、日本の哲学である」「無思想という思想は捨てたものではない」という。「そろそろ借り物の思想を棚上げにして、自分のからだで経験し、自分の頭で考えてはどうか」と同じ本で指摘している。

養老氏によると、『般若心経』全文二六六字のうち「無」という字が二一あるという。「これこそ無思想の思想そのものである」としている。この「無思想の思想」はいつから成り立ったのだろうか。歴史をさかのぼって体験することが不可能である以上、推測により仏教が伝わる以前、儒教が渡来する以前、原始の「原日本人」の精神文化を推察するしかない。「祇園精舎の鐘の声、諸行無常の響きあり。娑羅双樹の花の色、盛者必衰のことわりを現わす……」。「無」を尊い悟りと自覚したとき、この国民的な古典文学『平家物語』が生まれたという。

日本人は無常観が好きである。「盛者必衰のことわり」を自然に受け入れているところがある。昔も今も変らない日本人の心情かもしれない。般若心経が普遍的な背景であり、「無」に思想の無意味さも汲み取ったと思われる。

また、中江兆民も日本人に「哲学がない」と語った。評論家大宅壮一も『中央公論』に「無思想人宣言」（一九五五年五月号）を発表した。いろいろな機会で、日本に思想がないと話していたと言われる。加藤典洋も『日本の無思想』（平凡社新書、一九九九年）を書きまとめた。夏目漱石が晩年に書いた悟りの言葉「則天去私」もおそらく「無思想」に立脚せざるを得ない心情の発露だろう。思想家丸山眞男もはっきりと『日本の思想』（岩波書店、一九六一年）で「日本に思想がない」と明言した。

日本人は「形」を重んじていると言われる。茶道や華道、剣道や柔道などは、日本の伝統的な「道」である。「形」「型」の意味を思想として論じるのは困難なことであるため、説明を初めからあきらめて、ひたすら「型」への昇華を図ったのかもしれない。

無思想の思想はどこに向かうのか。美意識の形成とは無関係ではあるまい。一斉に咲いて短い命を散らす桜こそ、日本人の美意識の極致かもしれない。日本の相対化した思想という衣装は四季に合わせて着替えるためにいくつあっても許される。

だが、一つの思想を絶対化した文化ではその思想をその文化の血液とし、遺伝子にしている。体質化した文化に異文化を注入することはむずかしい。とくに相反する思想に転換すれば「裏切り」とされ、変節に等しい処遇を覚悟しなければならない。激しい思想闘争を伴うのも必然になる。中国史上では、仏教と儒教との間で何度も闘争があったが、中国社会は儒教構造を維持した。広大な領土と巨大な総人口の中国をまとめあげてきた儒教の功績ははかりしれない。中国史における少数民族による政権としてはもっとも長く続いたのが満族の清王朝(一六一六―一九一二)である。原理原則で動く中国社会に合わせ、満族は自ら儒教の申し子としてへりくだり、中国文化を共有したことが一番の理由である。自分たちの習俗習慣すら捨てた。

明治維新については中国の学校教育でも取り上げる。アジアで最初に近代化に成功した国として日本を評価する。アジアに進出した西洋との接触は中国のほうが早く、中国に向けられた脅威も日本よりはるかに強大であったことを教えられる。なのに、なぜ中国の近代化が遅れたのか。著名な映画監督の陳凱歌氏が「日本の急速な近代化 私には謎」と書いている(二〇〇七年八月二八日付け朝日新聞「歴史は生きている」)。戦後生まれの五五歳。文化大革命のときに青春を送った。近代化をめぐる日中の相違はたいていの中国人が抱くたいへん素朴な疑問である。「明治維新がなければ、日本は滅びたかもしれない。私にとって謎なのは、他の国なら二〇〇~三〇〇年かかる変化が、ペリー来航から三〇年ほどで日本で起きたことだ」と率直に述べている。

中国の洋務運動のリーダーが李鴻章(一八二三―一九〇一)だった。一八七六(明治九)年、中国公使として赴任した森有礼(一八四七―一八八九)が挨拶に出向いた。清朝政府記録によると(呂万和『明治維新と中国』六興出版、一九八八年)、李は中国服、森は洋服で向き合った。洋務派ですら、衣冠は祖先の遺制で簡単に変わるべきでないと伝統の服に固執していた。洋服の着用を見て、独立精神を失ったものとみなして「恥ずかしく思われませんか」といぶかしんだ。森は、「日本は従来から各国の長所を摂取する、恥ずかしがることはありません」、さらには近代化が西洋の科学技術を模倣している段階にすぎないということから「ただうわべの技芸を学んだだけで、西洋のように自分の頭脳から方法を考え出せる者は一人もいません」と語っている。フランスに留学した経験がある森は欧化主義者といわれる。日本語をフランス語に変えることも主張したという。

李が、日本の明治維新後の変わり身の速さを冷ややかに見つめていたことがうかがえるようだ。満族と日本人が重なっていたかもしれない。原則とみなす思想が間違いと思わないうちは別の思想に乗り換えることはとうてい考えられない。儒教を捨てることは中国人を止めることにも通じると思ったはずである。謎と言った陳監督によれば、豹変を繰り返す日本について「民族の特徴として、失敗から学ぶ点があると思う。白村江の戦い（六六三年）で唐に学び、ペリー来航で西洋に学び、第二次大戦の敗戦で米国に学んだ」と、好意的である。

幕末・明治維新を画して儒教から西洋思想に乗り換えたり、戦争の敗戦によって急激に民主主義国家に変貌できたりした日本の謎解きにこう答えを出したわけである。しかし、「失敗から学ぶ」のは日本民族だけではない。

有思想という基本的なスタンスに立つ文化から見れば「束縛のない日本」（ジョン・ネイサン『無約束的日本』中国・華東師範大学出版社、二〇〇五年）はたいへん寛容で、自由な社会である。窮屈さがない社会である。一方、見方を替えれば放任的で、無原則な社会に見えてもしかたがないと思われる。転向を許容する社会の思想土壌は思想の多様と混在の文化であろう。逆に言えば、思想形成に「甘え」を許し、軽薄な印象はぬぐえない。

果たして近代化をもたらした西洋思想もまた日本人にとっては着替えの服でしかないのではないか。そうでないと誰が言えようか。西洋文明を懸命に摂取した。しかし、どんなに西洋文明に学んでも西洋と変わらない文化の国になることはできない。日本は西洋ではない。

一般的に、キリスト教、イスラム教、儒教文化圏の人々は、思想や原理原則を放棄する仕掛けをもっていない。思想は取り替え可能なものという発想がなかったからであろう。思想がなくては言うことも行動することも混乱してしまう精神構造になっているとの見方は間違っているだろうか。

ただし、現代人の思考パターンが変わりつつある。とくに冷戦構築崩壊後、二〇世紀末に生まれた若者の精神構造の変化について拙著を三冊紹介させていただく。『「意」の文化と「情」の文化――中国における日本研究』(中公叢書二〇〇四年一〇月)、『ほんとうは日本に憧れている中国人――反日感情の「深層分析」』(PHP新書、二〇〇五年)、『中国人の愛国心――日本人とは違う五つの思考回路』(PHP新書、二〇〇五年)。

## 3 固定性思考と思われる視点

### ❖――(1) 原理原則の不重視は「沼地」の如き――西洋の視点

キリスト教を誠実に信仰しながら日本文化の独自性とは何かを考え続けた文化勲章作家、遠藤周作(一九二三―一九九六)の小説に『沈黙』(一九六六年)がある。キリスト教への禁教が厳しくなった江戸時代初めにあった史実を掘り起こし、ポルトガルのイエズス会宣教師の棄教をテーマにしている。禁教布教の罪で役人に逮捕された宣教師が「穴吊り」の拷問を執行された信仰者を救うためには棄教しかない。穴吊りに苦しむうめき声が闇に響き、宣教師が神を見限り棄教に至る心の軌跡がつづられる。正義のキリスト教の信仰を棄てて「転ぶ」(転向)正当性を自分に納得させる軌跡が生々しい。

「この国(日本)は沼地だ。やがてお前にも分かるだろうな。この国は考えていたよりも、もっと怖ろしい沼地だった。どんな苗もその沼地に植えられれば、根が腐りはじめる」

これは棄教した宣教師の言葉である。キリスト教布教のむずかしい日本の文化風土を「沼地」と表現した。こう語った人物は正確にはもう宣教師ではない。キリスト教信仰を捨て、日本人になってしまっている。昔は故国で多くの宣教師の卵を指導したこともあった。教え子だった宣教師が布教のために鎖国日本に潜入して捕まったとき、こう言って、転びを勧めたのである。日本の独特の風土文化を見抜いて、西洋文化との本質的な違いを意識させる。

「キリスト教のような一神教の伝統は、日本にはない。日本人の大部分は、ユダヤ＝キリスト教的な意味での超越神や罪の意識を必要と感じることもなく、そういうものに無関心で生きてきた。ニヒリズムと、言えば言えるだろう……「沼地」というのは、その日本人の心性をさしているのである」（新潮社『遠藤周作集』村松剛氏の「解説」）。

幕末まで日本の文化風土は中国の文化や価値観を取り入れ、明治以降は西洋の文化や価値観を吸収してきた。一定の中核をなす思想や明確な原理原則をもたず、外からやってきた思想も文化も拒まないところは驚嘆に値する。どういう宗教もどういう思想も原理原則も受け入れる。日本人の思考回路が相対的でなければできないことである。この日本文化の相対性、寛容性、任意性、融合性は新しいものを吸収する基盤になる一方で、一定の選択基準を固定させない性格を浮かび上がらせる。日本文化のこのつかみどころのないところが「沼地」という比喩になったのであろう。

この「沼地」という日本文化観が宣教師による「外」の視点であることを指摘しておきたい。時代が異なるが、欧米人が戦争中の日本人を駆り立てた標語「鬼畜米英」には理論なり思想なりがあると見ていたことをあらためて思い出したい。おそらく、日本の風土文化を「外」の異文化に基づく視点から見るとき、一つの誤謬が生まれている。日本人も欧米人の思考と同じく、共有した一定の価値観をもとにしていると思い込んでいる。日本にキリスト教を伝えたイエズス会宣教師たちもそう見ていたであろう。とくに仏教を邪教とみなして攻撃した。宣教師たちは、超越神や罪の意識を説き、科学技術と抱き合わせによって、日本人の固有の思想を変更させられると思ったに違いない。

日本にキリスト教を伝えたのはイエズス会宣教師のフランシスコ・ザビエルであることはよく知られている。一五四九年に来日してから二年間、西日本各地で布教活動をした。その後、宣教師が次々訪れ、織田信長がルイス・フロイスを謁見したのは一五六九年で、京都居住と伝道に許可を与えている。信者の数は急速に増え、豊臣秀吉が一五八七年に宣教師を国外追放しキリスト教弾圧が始まるころが最盛期とされ、信者が一〇〇万人に膨らんだともいわれる。『人口から読む日本の歴史』（亀頭宏著、講談社、二〇〇〇年）によれば、日本の総人口は関が原の戦いのあった一六〇〇年が一二二七万人と見られ、最盛期の信者数は一割近くに達したことが分かる。しかし、キリスト教への弾圧は熾烈を極めて、信仰者は表面的にはいなくなった。布教が自由な現代でも人口比で豊臣時代に遠く及ばない。

西洋人にとって、とくにキリスト教信仰者にとっては、宗教とはあらゆる生活の基準である。この世界の秩序は神によって創られたと信じて、キリスト教が絶対的な価値をもっている。キリスト教教義が納まった『聖書』に判断のよりどころを求めるという。

新渡戸稲造が『武士道』（岩波書店、一九三八年）を書くことになった動機について序文で告白している。学校で宗教教育というものがないことに西洋人が驚き「いったいどのようにして子孫に道徳教育を授けるのですか」と詰問され、武士道を再認識したという。日本人と武士道の位置づけについて新渡戸は、西洋人におけるキリスト教と同じと気付いたのである。中国人にとっては儒教がそうである。武士道はそれらと同じ位置を占めていると、新渡戸は見たのである。

しかし、日本人における武士道は、西洋人におけるキリスト教、中国人における儒教と違うところがある。西洋人におけるキリスト教と中国人における儒教との関係は本質的に同じであろう。どちらも価値体系の基本にかかわっている。西洋人が基本的なところでキリスト教の影響受けているところがあると言われるように、中国人にとっては儒教の影響が基本的と考えなければならない。イスラム教の世界でもあらゆる分野にイスラム教の教えが影響している。キリスト教、イスラム教、儒教はいずれも思想として原理原則として位置づけられる。思考と判断の指針になる思想というか原則というか、こういう中心核となるべき教義をもつ西洋人、イスラム文化圏の人々や中国人はデュッセルドルフ大学の島田教授の「固定性思考型」説があたっていると思われる。

これと比較して、武士道は哲学的な意味において思想にはならない。新渡戸も第一章「道徳体系としての武士道」で言っている——

「武士道は……道徳的原理の掟であって、武士が守るべきことを要求されたるもの、もしくは教えられたるものである。それは成文法ではない。……語られず書かれざる掟……」

（新渡戸稲造著・矢内原忠雄訳『武士道』岩波文庫）

新渡戸によっても武士道は「書かれざる」「道徳的原理の掟」にとどまった。武士道の創始者がいるわけではなく、書かれた武士道の原書はもちろんない。根本的に、思想体系として整っているキリスト教、イスラム教、儒教との違いがここにある。直接の教義本はないので、儒教の四書五経を代用したのである。ちなみに、新渡戸は「武士道の淵源」で、仏教、神道とともに儒教を挙げ、「孔子の教訓は武士道のもっとも豊富なる淵源」としている。考えれば、外来思想の仏教や儒教の教えの一部を倫理道徳として日本化したモデルの一つが武士道という見方が成り立ちそうである。

武士道それ自体は外来思想に対してオープンだと思われる。キリスト教が日本に伝わったとき、排外的な行動をとらなかったことが武士道の無思想性を語っている。その後の禁教令の徹底は、豊臣政権や徳川政権の保身から、政権に都合がいいかどうかで判断された暴走であろう。思想として正しいか間違っているかを考えたものではない。

島田教授のいう「関係性思考」を日本文化の特徴として見るとき、倫理道徳に収斂した無思想の武士道は日本文化の象徴的産物の一つとみなしてもよかろう。武士道が無思想の日本文化の「沼地」状態を整理して論理的に訴えようとした。日本文化の発信に貢献していたわけである。「沼地」はキリスト教を引きずり込んで一時は伝道の根を腐らせたと言えよう。

ちなみに仏教の受容に対しても、日本は結婚不可、肉食不可などの厳しい戒律を一方的に解禁した。すべての仏教国にとっても前代未聞の「開放政策」となるが、日本的関係性の思考ならではの脱価値的受容である。

朝鮮半島ではキリスト教が最大の宗教だという。韓国人口の四割が信者といわれる。キリスト教が半島に伝わったのは中国経由で李朝中期の一七世紀で、日本に比べて遅いが、普及ははるかに早く広範である。李朝後期の幾度かの弾圧を乗り越えて普及した。日本とは異なる文化風土があるだけに、思想と哲学として、また原理原則として、また受容した状況も違うと見るのが妥当であろう。それについて、中国以上に厳格な、儒教を国教とした背景を考えねばならない。

### ❖――（2）大義を絶対視――韓国の視点

韓国人なら誰でも知っている民族的古典物語「春香伝」は、中国でも比較的知られた文学作品である。韓国内ではこれまでに十数度も映画化されているという。さしずめ、日本の「忠臣蔵」、あるいは「水戸黄門」の周知度であろうか。烈女の成春香《ソンチュニャン》を通して儒教教義を展開している。

李朝中期の一七世紀ごろ、全羅道の南原地方の代官の息子、李夢龍《イモンニョン》が身分の違うや妓生《キーセン》の娘、春香に一目惚れした。夢龍の愛の告白で、二人の間に愛が膨らむ。ところが、代官の父が都へ転勤になったため、二人は別れなければならなくなった。いつしか永遠の愛を誓い合っていた。夢龍は科挙に合格して立派な役人になれば迎えにくると約束し、春香は待ち続けると誓い、二人は別れた。

しかし、やってきた新しい代官が美しい春香を気に入り奉公させようとした。罪を作り牢獄に入れ拷問を浴びせる。それでも拒む春香に悪代官は怒り、処刑を言い渡した。処刑の直前、夢龍が科挙に合格して悪代官の行政査察で南原に入り、すぐさま逮捕した。二人が誓いを果たして結ばれるという筋書きである。

封建的な男性中心の物語だ、などの批判があるが、春香が何度も不遇に遭いながら命にかえても身分を超えて好きになった男性との愛を守り抜くところが感動を呼ぶらしい。同時に、春香伝ができあがったという一七、一八世紀の李朝は儒教の全盛期でもあり、春香が仁・義・礼・智・信の儒教の五徳の模範として描かれていることを見逃すわけにはいかない。

「韓流」が続いている。韓国の映画・テレビ作品がアジア各国で人気が高い。日本でも中国でも、再放送が高い視聴率を確保している。一回目の放映より二回目、三回目のほうが人々の間で熱っぽい話題になっている。不屈の宮廷女官の物語「チャングムの誓い」(原題は「大長今」)もその一つである。ドラマは、チャングムに何度も不遇な仕打ちを負わせた不正義の一族が滅びて、勧善懲悪で終わる。

李氏朝鮮史で奴婢に落とされながら這い上がった女傑を掘り起こした創作脚本だという。悪だくみと意地悪の絶えない境遇にもたくましく生き抜く美女という筋書きが一話ごとにハラハラドキドキさせる。友情に支えられ、生きる尊さを謳い、感動させる。ドラマ作りの原点を教えられる。全五四話のシリーズは韓国で二〇〇三年九月から二〇〇四年三月まで週末に二話ずつ放送され、視聴率が五〇%を超えた。日本では二〇〇四年のうちにNHKが一回目の放送を始めるとともに反響が大きく、チャンネルを変えて再放送した。放送日が待ち遠しくてしかたがないという声が多かったそうだ。

しかし、あらためて考えると、「チャングムの誓い」を見る印象は日本人と中国人とで異なるに違いない。韓国は、中国で生まれた儒教思想を哲学として忠実に吸収しただけでなく、生活思想としても普及させてきた国である。「儒教の模範生」とさえ言われてきた。脚本も監督も韓国人である以上、「チャングムの誓い」には儒教的要素が随所に表れている。典型的な展開がシリーズ中盤の「倭寇」をめぐる展開で見られた。倭寇とは一五、六世紀、中国から朝鮮半島一帯にかけて東アジアの沿海部を荒らしまわった日本人の海賊集団である。

チャングムは陰謀で奴婢に落とされ、韓国済州島に島流しにされた。不正義の一族に仕返ししたい一念を捨てきれない中で、医女になれば宮廷に戻る道が開けると知ると、人並み以上の精進を積む。生来の天分と努力とで上達していく。島民に認められる医術の基礎を身につけたとき、倭寇が襲来した。倭寇の一団は首領が急病にかかり、治療を受けさせるのが目的だった。倭寇はチャングムが医女見習いと分かったとき、目前に縛った島民を引き立てた。治療を拒むチャングムに対し、「拒むなら、一人ずつ島民の命を奪う」と脅した。やむなくチャングムは、未熟な腕で懸命に治療した。この後まもなく、島の守備兵に倭寇たちは退治される。危機を脱したとき、役所は憎むべき倭寇の首領を治療した行為を理由にチャングムを逮捕した。

島民の命を救うため脅されてした治療が許されないという。弁明を聞く耳をもたない、無慈悲な権力者の横暴として、日本人の視聴者は例外なく怒りを覚えたはずである。ところが、韓国人と中国人には、大義を重視する儒教の筋書きだと分かる。一般論であるが、儒教的生き方では、いかなる脅迫に遭遇しても敵に協力することを不義とする。日本人には不条理と映っても、儒教の教えでは原理原則を貫く筋書きになっている。韓国人や中国人の目で「チャングムの誓い」のドラマ仕立てをいぶかるものではない。当然のこととして納得する。儒教の厳格な教義に基づく展開が一貫しているからである。「チャングムの誓い」が儒教社会の映しという表現は言い過ぎではない。

韓流ドラマ宮廷女官「チャングムの誓い」でチャングムが倭寇への医療行為を責め立てられて逮捕されたシーンは、あらためて例外を許さない原則社会を見せつけた。原理原則で動いている社会では言葉が重要な役割を務める。韓流ドラマの経過は台詞が中心になることが多い。論理的にことを運ぼうとするから言葉が飛び交うことになる。台詞がしつこく繰り返される。時にはたいへん理屈っぽい印象を受けることがあるほどだ。

「韓国のドラマで、恋人たちは道徳を叫んでいる（傍点は原文）。これが道徳志向性である。韓国のドラマの登場人物は、『今のあなたは間違っている。正しくはこうすべきだ』といって他者の人生を決め付ける。また、『愛とはこういうものであるべきだと私は考える』と愛の当為的定義を相手に説教してから、その相手と交際しようとする」

（小倉紀蔵『韓国は一個の哲学である』講談社現代新書）

テレビの映像を見ずにイヤホンだけで音声を聞いていても、韓流ドラマは経過を追えるのである。これに対して日本は、ＮＨＫも民放もテレビ局製作のドラマは台詞なしのシーンが結構重要な展開を見せる。顔の表情や手・指の仕草が重要な役割を果たしている。音声を聞くだけで日本のドラマ展開をつかむのはとうてい無理である。出演者の台詞はところどころで節目になっているにすぎないという印象だ。

日本の社会は原理原則でものごとを律し通すことは融通がきかないとして敬遠される。頑固な人物として遠ざけられる。運用なり例外なり、寛容が尊ばれる社会になっている。日本では儒教を学びながら冠婚葬祭のしきたりにもせず生活倫理にもしなかった。「ブッキシュ」な学問領域にとどめたのである。

儒教は教義としては、仁・義・礼・智・信の五徳に収斂される。五徳をもとに善いことと悪いこと、正義と不義を厳格に仕分ける。正統と異端をわきまえ、正統を堅持し異端は排斥する。仕分け、区別は厳格である。例外を許さない厳格な秩序を、政治・社会から家庭まで、公私の区別なく貫徹することを要求する。こういう秩序が維持されたところでは、大義名分を全うされ、名と利が保証されるというのである。

韓国現代史で軍政末期に起きた一九八〇年五月の光州事件は民主化を望んだ人々の痛ましい記念塚になった。光州は全羅道の中心都市である。軍政に反発して光州市民たちが武器を携えて立ち上がった。軍政は軍隊で包囲して無差別に虐殺したという。正確な犠牲者の数は今もって分からない。しかし、光州市民は永久に惨劇を忘れないという思いでいる。広い共同墓地が特別に整備され、多くの人々が訪れて慰霊するそうだ。韓国朝鮮文化のルポ『ソウルの風景』（明治学院大の四方田犬彦教授著、岩波新書）によると、この墓地に埋葬される資格は蜂起にかかわった市民に限られるという。著書では知人の大学教員に語らせている。

「私には（埋葬される）資格があります。もっとも妻は直接に事件にかかわっていないのですから、私といっしょにここに骨を休めることはできないでしょう」

強い祖先崇拝は韓国も中国も共通している。伝統的に一族一体意識、夫妻の絆も強い。それにもかかわらず、地域共同体における闘争に参画した意識が優先することをやむを得ないと思うか、誇りと思うか、複雑な心境であろうが、夫妻が別々の墓に納まることを受け入れている。主義・原則を共有した同胞への愛を夫婦愛より優先している。大義が優先される社会通念を前提にしなければ理解できないであろう。

韓国社会ではこのところ強烈な大義強調を印象づける動きが加速している。朝日新聞二〇〇七年一〇月七日付け特集面「植民地下の朝鮮」に詳しい。日本の軍事占領が始まった日露戦争の開戦（一九〇四年）から一九四五年の解放まで、過去にさかのぼって日本軍に協力した人々を探し出して罪滅ぼしを迫る動きである。草分けが九一年に発足した市民団体「民族問題研究所」で、約五千人の会員が関係者の証言を集めているという。国民を総ざらいして一人ずつかつての経歴を調べ、リスト作りを進めていて、日本による朝鮮併合一〇〇年の二〇一〇年までに「親日人名辞典」全一一巻の刊行を終えたいとしている。追及の法令「親日反民族行為者財産の国家帰属特別法」に沿って、二〇〇六年には「財産調査委員会」が発足した。「親日派」の財産を国に帰属させて、原状回復が目的という。財産没収である。

この韓国植民地時代の歴史の掘り起こしについて日本人の批判的な声をよく聞く。多くは「なにも、父や祖父の代の古い行為の責任を子孫に取らせなくともいいだろうに」「強制されて、日本軍に協力したケースが多かったはず」というものである。しかし韓国では、当時の日本軍に進んで協力したかそうでなかったか、動機いかんは問われない。動機や途中のありさまよりも、結果的に協力していたかどうかを追及している。大義、正義を優先して考える儒教的規範に基づくなら疑問の余地はないのであろう。「チャングムの誓い」で見たのと同じように例外を見逃さない厳しい姿勢が今も貫徹しているところがあると思われる。

## ❖――（3）「修身」を原点に――中国の視点

中国人における思考の基軸は往々にして無意識に儒教に収斂される。儒教の母胎は大陸に黄河文明が生まれたころから培われた漢民族の素朴な生活観や家族観、倫理観、社会観、自然観、宇宙観などの総体である。学者によっては「原儒」と名づけられるものである。儒教の、思想としての骨組みには孔子（前五五一―前四七九）による独創の部分もあろうが、そのほとんどは組み立てによる成果と思われる。孔子は、人々の考えの諸相について個人差や地域差を切り捨てながら共有化すべき思想として体系化したと見てよかろう。儒教は漢民族にとっては生活とともに生まれた無理のない自然な考えが基本である。

儒教の祖・孔子の活躍は、地図上で遠く隔たっているにもかかわらず歴史的に、インドの釈迦による仏教誕生やギリシャ古典文化の隆盛と軌を一にしている。

中国史では春秋戦国時代と一括して言われることの多い前期の春秋時代（前七二二―前四八一）にあたる。世界史でも稀に見る諸子百家による思想の競争が展開された。百家争鳴と形容される言論のサバイバル戦である。時には分立した国の統治者におもねる思想家も出て、権力争いに巻き込まれて一部では武力を背景にした政争と変わらない、血で血を洗うすさまじいものであったようだ。

サバイバルを儒教は勝ち残って、いっそうたくましい思想になった。その理由は、中国の精神的土壌にもっとも適合した思想だったからである。支配層の統治思想にも、民衆の知恵袋にもなった。中国の風土で育まれた常識が体系化された儒教は中国人にとっては特別な教義ではない。儒教の思想化と生活化である。思想としての儒教の生活化が時代の伸展と共に進行して蓄積した。

孔子自身は自己の思想を体系化した著述を残していない。孔子の死後、弟子たちが記憶した師の言行を記録した、たった二〇編にすぎない『論語』が儒教の最高の教典になっている。おそらく中国で、『論語』が書棚にない家庭を見つけるのはむずかしいのではないかと思う。キリスト教世界における聖書、アラブ世界におけるイスラム教のクルアーン（コーラン）と同じように読まれている本である。

孔子は「なんじ、君子儒《くんしじゅ》となれ。小人儒《しょうにんじゅ》となるなかれ」（『論語』「雍子篇」）と言った。自己修養を厳しく求めたのである。仁・義・礼・智・信の五徳は生き方の骨格と説く。別の徳「孝」に収斂されることもあるが、誤解を恐れずに儒教の原点は何かと問われた場合、それは肉親の情をもとに成り立つ家族道徳に出発しており、むずかしいことが原点になっているわけではないと思われる。

「仁」について孔子は、「汎《ひろ》」く衆を愛す（「学而篇」）という分かりやすい説明をした。キリスト教のように、神のごとく人同士が愛することを求めるわけではない。社会的存在の人間の結びつきを観察して、理想的な生き方を理論化し、これを集団の世界に拡大していったのである。現実的な倫理道徳律と言い換えることができる。

儒教による統治スタンスは「修身斉家治国平天下」に収斂されるが、基本は個人的な鍛錬の「修身」である。修身が原点あるいは出発点である。修養を積む君子像が、家をまとめるだけでなく集団・地域をまとめ、さらには国をまとめる。個人への厳しい取り組みが小世界、中世界から大世界に広がっていく考え方を求める。日常生活に対してもそれに基づく行動が自律されている。やがて天下を治める思想にもなり天下がよく統治できると見るのである。

孔子によると、個々人の自主性を認めたかわりに志操堅固を求めた。『論語・述爾篇』で「憤りを発して食を忘れ、楽しみて以って憂を忘れ、老の将に至らんとするを知らず」とある。ひたすら自己に厳しい生き方を求めたのである。厳しい生き方は「なんじ、君子儒となれ」と共通する。

中国人は男女を問わず修養の成果を競い合うところがある。控えめの日本人には自己主張が激しいと見られているのもこのあたりが原因であろう。自分の考えや意見が修身の道にずれていないと言い張ることが多い。儒教の生活化として、二〇〇五年秋、日本人講師を案内して杭州に出張したときの体験を思い出した。突然の豪雨で急いで空きタクシーを探すはめになった。

次々とタクシーが通り過ぎるが客を乗せている。土砂降りの中、私たちは傘をさして、大通りの交差点に立ち詰めでやみくもに車に向かって手を挙げ続けた。一〇分経ち、二〇分経ち、途方にくれていたところ、一台のタクシーが少し離れて止まり、客が降りた。「空車だ」。私たちは走り寄った。すると、中国人の親子連れと鉢合わせになった。

運転手は即座に私たちに乗るように手招きした。一見して穏やかな人柄と分かる運転手による一瞬の合図だった。私たちは後部座席に乗り込んだ。すると、空いていた助手席に親子連れの若い母親が座り込んだ。運転手の「降りてください」の言葉に、その母親が抵抗した。「このタクシーを先に見つけた。後部座席の人たちは後だ。先に見つけた客に権利がある」。受けてたった年配の運転手は穏やかな調子で「客を選ぶ権利が私にはあるでしょ」。これに対して怒りが爆発した母親。かん高くまくしたてはじめた。「私は降りない。先に見つけたから絶対に譲れない」。五分経ち、一〇分経ち、いつ終わるとも分からなくなった。外で立ちん坊の父親まで運転手に声高に文句を言い出した。「会社にすぐに電話をしてやる。客をバカにしたと言ってな」。これには比較的静かに応対していた運転手も堪忍袋の緒が切れたのか、激しく言い返した。折りよく、客を乗せた別のタクシーがすぐそばに止まって、空車になった。早口でまくしたてていた母親が空車に気付き、ののしりながらもようやく乗り換えたので口喧騒は終わった。

発車した後、日本人講師は「もうびっくり。小柄な若い女性だったのに、どこにあんなエネルギッシュな力があるのかと思いましたよ。私なら、あれだけ時間を気にせずまくしたてられたら、もう根負け。譲りますね。日本人なら、せいぜい文句を運転手にぶつけて引き下がります」と言った。

これに対して大人しい運転手が自分の主張を聞かせてくれていた。「あなた方のほうが年上でしょ。年長に席を譲るのが当然です。とっさにそう判断して、あなた方を乗せることにしたんですよ」「それに日本人もごいっしょと分かって、お乗せしてよかった。杭州は観光第一のところ。外国人を大切にします」。大義優先の考え方を行動に移し、思考の中核に原理原則を沁みこませている例として感銘した。私は「あなたは中国人精神の方ね」と返すと、運転手は「謝謝」と答えていたのを覚えている。それも「修身」に淵源をたどることができる自己修養を表現するものと見ている。

中国社会には儒教という血管がいきわたっていると、あらためて思う。すぐに分かる太い血管もあれば全然見えない毛細血管もある。自覚されなくても隅々にまできっちりと儒教思想を送り続けている。主体的な生き方が目指され、個人としてもタフな精神力の持ち主が多くなるわけである。もちろん、儒教が中国人を形成するすべてというつもりはない。しかし、中国人の最大公約数という位置づけはできそうである。儒教理解が中国人の考え方を理解する重要な道筋の一つには違いない。

# 転向と向き合う作家・辻井喬論

——「変節」「転向」考察その2——

王　敏

詩と小説を書く作家の「辻井喬《つじいたかし》」について、このペンネームと並んで、本名の「堤清二《つつみせいじ》」も知られている。日本では本名のほうがよく知られているようだ。本名を的確に言われる作家というのは少ないのがふつうだ。当然ながら本名で企業活動を展開した功績と言える。一九九一年に第一線を退くまで、西武百貨店を軸に西友ストアーやパルコなどを率いたセゾングループの代表として日本の流通業界の雄であったという実績があまりにも大きいからである。

中国ではどちらのほうの名がよく知られているか。言うまでもなくペンネーム「辻井喬」のほうであろう。長年に及ぶ訪中の顔は、企業人としてよりも文化人として中国と付き合ってきた記録である。特に日中文化交流協会のメンバーという役割発揮が際立っている。

一九二七（昭和二）年生れ。学生時代から詩を書き始める。一九五四年に父親の事業の一部である西武百貨店に入社して企業活動を始める一方で、並行して著作活動。六一年には『異邦人』で室生犀星賞を受賞し、小説でも六九年に発表した『彷徨の季節の中で』が自伝として話題を集めて、辻井喬名が広く知られる土台を確立する。

中国との縁は、一九七三年九月、経団連が中心になった訪中団参加だったという。最初は経済人として中国に登場したから本名でのお目見えであったが、二年後の七五年、二度目からはペンネームで訪中している。文化交流協会による一回目の代表団の一員に加わった。最近では文化交流協会創立五十周年で訪中した二〇〇六年三月、協会会として胡錦濤主席と会い、「日中関係の改善と発展のため貢献したい」と抱負を語った。この会見は中国国内でも大きく報道され、このことからも「辻井喬」の名のほうが中国人には親しみが湧くのである。

作家として名を成すのも大変なことなのに経済人としても大成したというのは、驚異のマルチ才能であると言わねばならない。しかし本人が言っている、「自分の意識としてはそれも八割は辻井喬の活動」と自己を分析している。これは（二〇〇八年）一月から読売新聞に週一回連載した回顧録「叙情と闘争」を予告した聞き書きで吐露した。文筆は事業の傍らの道楽ではなく、文筆家が親の家業を継がされて、社長について経営の才を発揮したというのが正確な見方である。

作家への動機は何だったのだろうか。この動機を探るうちに、特異な生い立ちのうちに「転向」を負わされ、負い目として背負いつつ日本人のアイデンティティを映し出す転向と深刻に向き合っていることを知るのである。

「辻井喬」の生い立ちに重くのしかかるのは「英雄、色を好む」父親である。父親と向き合うことから逃れられない。西武グループ創業者で衆議院議長も務めた堤康次郎（一八八九―一九六四）が父親。五人の女性との間に五男二女をもうけた。辻井は愛妾であった青山操との子とされる。この母は文才に恵まれ、歌人大伴道子として知られる。母について一三歳ごろから歌作の習慣がついたという。同腹の妹と三人の母子家庭のような環境に育ち、父親が時折訪れては命令だけを振るう独裁的な言動に反抗心が生れないはずがない。

「堤康次郎が家父長として独裁する封建的な家そのものであった」（「回顧録　叙情と闘争・二八回目」、読売二〇〇八・八・二。以下「回顧録」）

大学への進学は、日本が民主化した戦後であったことが、辻井に父とは真反対の道を選択させる。二一歳で東京大学経済学部入学直後から共産党に入党した。

「私は父の世界と闘うために経済学部に籍を置きマルクスやレーニンの本ばかり読んできた……」（『彷徨の季節の中で』第五章）

共産党系の青年共産同盟に入り、日本全国の学生の政治活動組織「全学連」幹部として活動する。大学卒業後、社会主義文学などを多く出して活況の出版社に勤務するが、肺結核で入院して療養。退院後に衆院議長になった父に背けず父の秘書になった。一九六〇年は日米安全保障条約改定をめぐって戦後日本の政治闘争の画期となったが、その前年、辻井は父親に先立って渡米、アイゼンハワー大統領に訪日の道筋をつくるべく父との会見を実現させたことが決定的な「転向」になった。

「会見を実現させたことは学生時代、反米を掲げて共産党員として活動していた自分への裏切りとして忘れがたい出来事です」（「回顧録・聞き書き」二〇〇八・一・一九）

心情を「不確かな回心」と称している。おそらく「転向」と変わりあるまい。「転向」とは『ブリタニカ百科事典』によれば、「個人における思想の転換を意味するが、一般には共産主義者が共産主義思想を放棄することをさす場合が多い」とある。日本では、先の大戦前、共産党弾圧の過程で数多くの転向者が生れた。一九三三年、当時の最高指導者であった佐野学（一八九二―一九五三）、鍋山貞親（一九〇一―一九七九）が「同志に告ぐる書」によって共産主義思想の放棄を公表して、雪崩的に転向同調者を生んだことは有名である。一カ月間に既決囚党員の三五・八％、未決拘留中の三〇％に及んだという。

転向現象が転向者を責めることにならないのが日本的なのである。日本では思想・信条が相対的なものとして考えられているからではないか。不動の姿勢はむしろ硬直した人間と判定されることがあるほどだ。「衣装としての思想」と見なし得るのである。

明治日本の思想家の中江兆民は、ずばり日本人には「思想がない」と言い切った。日本人を見つめて今活躍中の養老孟司氏は「必要ならなにかの思想を借りておけばいい。その借り物がとことん具合が悪くなったら、『取り替えれば済む』。それが明治維新であり、戦後ではないか」（『無思想の発見』筑摩書房、二〇〇五年）と述べている。思想に縛られると窮屈であろうという日本人の理屈は少数派ではない。これが国際環境にも柔軟に対応する日本の姿勢の本質かもしれない。臨機応変、自由自在のほうを多くの日本人が受け入れる精神土壌のあることは軽視できない。

近現代の日本史を少し見渡すだけで、簡単に転向の事例を見つけ出せる。辻井の交際範囲にもこうした著名な転向者を挙げることができる。彼らに比べれば辻井は誠実である。転向を自分への裏切りと捉え、人間として苦悩している。六〇年安保反対闘争でついに国会前でデモ学生に犠牲が出た。

「六月一五日一人の女子学生が死んだ。新安保条約が自然成立した一九日深夜、僕は自分をおさえることができなくて、一人で国会前に行った…（中略）…胸中に繰り返していたのは、俺にはここに来る資格などないという呟きであった。その晩、僕は家に戻る気になれず一人で銀座の酒場で飲んでいた。間違いなく僕には資格がなかった。一年半ほど前に僕は訪日を要請しにアイゼンハワーに会っているのだから」（「回顧録・二回目」〇八・二・二）

辻井にとって、日本民主化の過程で思考して得た思想との葛藤であったにちがいない。しかし、日本では転向者を責めない。社会から締め出すことはない。誠実な辻井にはかえって息苦しく「自分を裏切る」ことになるとして、苦悩の生きざまを文学にぶつけたわけである。転向を許さない誠実が、穴埋めする選択、手段を求めたのであろう。日中文化交流協会への懸命な活動もそうだろうし、企業活動の傍ら、日中交流にも尋常ならざる貢献をしている。最初は文化大革命の終盤にもかかわらず一九七六年に実現した魯迅展である。中国との間で政治臭のない展覧会がむずかしい環境下で、文学の面にほぼ絞った魯迅像を浮かび上がらせる展覧であったという。

軍国主義の戦前、右翼の巨頭・頭山満（一八五五―一九四四）が反体制派の大杉栄（一八八五―一九二三）を経済的に支援したという。大杉は右翼・官憲ににらまれて殺害された。辻井の「回顧録」では思想的に合わない三島由紀夫との間に極めて深奥な心情が育まれ、慕われた三島が自害したとき周囲から浮き上がったものの三島を擁護したことが詳細に語られている。転向者に寛大な日本では、思想・信条を超えた付き合いが日常的に生れるのである。

転向と無縁な生き方を尊ぶところが辻井にあったからであろう。これは、転向を自己批判し続けていたためだと思われる。思想・信条に忠実な生き方を他人には求めた例がある。一九七二年のこと、日本政界の野党として大きな位置を占めていた社会党から立候補する、親しい高沢寅男（一九二六―九九）に次のように言っている。

「もしうまくいって選挙に当選しても社会党の立場を貫いてくれ。僕の会社でストライキのようなことが起こっても、君は僕に遠慮せずに、社会党の幹部としての立場でやり通してくれ」（「回顧録・二六回目」〇八・七・一九）

本名の辻井では立場が資本家であり、友人の反資本家の立場の社会党候補者を自分の経営する百貨店労組に紹介する仲立ちをしたのである。転向と向き合った辻井の面目躍如ではないか。誠実な生きざまが告白されていると見なすことができるように思われる。高沢は以後七回当選、党内最左派の論客として一貫して政治姿勢を曲げることはなかった。

現在の日本の政界では、特に野党から与党への政治家の鞍替えはしばしば見られるし、政策論争においても反対から賛成へなどの豹変はごくふつうに見られる。日本は今、一九五五年以降勢力を張り続けてきた自民党（自由民主党）に瓦解の危機が迫っている。思想信条で成り立つ政党の再編が予想され、政治家の姿勢が根本から問われている。二〇〇九年の今年、政権交代あるいは政界再編が現実味を帯びてきた中、主役の政治家たちに辻井喬の生きざまに学ぶ誠実な姿勢が見られるだろうか、注目している。

この論文集は、多くの方々のお世話になった。寄稿者、翻訳者、また法政大学常務理事・星野勉、国際日本学研究所所長・安孫子信の両先生、国際日本学研究センター事務室スタッフ、東アジア文化研究プロジェクト研究メンバーの皆様に感謝の意を表したい。

王　敏

## 責任編集者略歴

王　敏（わん・みん）
法政大学国際日本学研究所専任所員・教授、同済大学（上海）客員教授
主要著書『日本と中国―相互誤解の構造』中公新書、二〇〇八年。『謝々！　宮沢賢治』朝日新書、二〇〇六年。『中国人の愛国心』ＰＨＰ新書、二〇〇五年。『〈意〉の文化と〈情〉の文化』（共著）中央公論新社、二〇〇四年。『宮沢賢治、中国に翔る想い』岩波書店、二〇〇一年。『宮沢賢治と中国』サンマーク出版、二〇〇一年。『花が語る中国の心』中公新書、一九九八年ほか

## 筆者略歴（掲載順）

李　玉（り・ゆ）
北京大学国際関係学院教授。北京大学アジア太平洋研究院副院長、北京大学日本学研究センター主任
主要著書『当代世界史』（共著）。『21世紀中国与日本』（主編）。『太平洋戦争新論』（共著）。『中国的日本史研究』（共著）。『中国的中日関係史研究』（共著）。『中日相互認識論集』（主編）。『文明視角下的中日関係』（主編）。主要論文「戦後日本的農地改革」。「試論日本的大正民主運動」。「三十年代日本法西斯政権的形成及其特点」。「中国的日本研究与中国的日本認識」ほか

葉　国良（よう・こくりょう）
文学博士。台湾大学中国文学系教授・文学院院長
主要著書『石學蠡探』台北・大安出版社、一九八九年。『石學續探』台北・大安出版社、一九九九年。『經學側論』新竹・清華大學出版社、二〇〇五年ほか

王　暁秋（おう・ぎょうしゅう）
北京大学教授。同大学の中外関係研究所長、全国政治協商会議委員、中日関係史学会副会長などを務める。国際日本文化研究センター、東京大学、高麗大学、パリ高等師範学校などで客員教授を歴任
主要著書『中日文化交流史』中華書局、一九九二、二〇〇〇年。『中日文化交流史話』日本エディタースクール出版部、二〇〇〇年。『近代中国与日本――他山之石』高麗大学出版部、二〇〇二年。『近代中国与日本――互動与影響』崑崙出版社、二〇〇五年ほか

徐　興慶（じょ・こうけい）
台湾大学日本語文学研究所教授兼所長
主要著書『東亜知識人對近代性的思考』台北・台湾大学出版センター、二〇〇八年。『朱舜水與東亜文化傳播的世界』台北・台湾大学出版センター、二〇〇八年。『東亜文化交流與經典詮釋』台北・台湾大学出版センター、二〇〇八年ほか

徐　氷（じょ・ひょう）
大連民族学院日本語学部教授
主要著書『中国人の日本認識』吉林大学出版社、二〇〇三年。『日本人の自我認識』吉林大学出版社、二〇〇三年ほか

孫　雪梅（そん・せつばい）
南開大学外国語学院日本語学部助教授
主要著書『清末民初中国人の日本観――直隷省を中心として』南開大学出版社、二〇〇一年ほか

胡　鳴（こ・めい）
浙江旅行職業学院講師
主要論文「周恩来の対日外交と田中訪中」『アジア太平洋研究科論集』早稲田大学アジア太平洋研究センター、二〇〇八年一〇月。「日中国交正常化における竹入義勝の身分と役割に関する考証」『中共党史研究』中共中央党史研究室出版、二〇〇八年第五号ほか

李　怡（り・い）
北京師範大学文学院教授
主要著書『現代四川文学的巴蜀文化闡釈』湖南教育出版社、一九九五年。『日本体験與中国現代文学的発生』北京大学、二〇〇九年ほか

付　建舟（ふ・けんしゅう）
浙江師範大学省高等人文科学重点基地副教授、中国近代文学専攻
主要著書『小説界革命的興起与発展』（中国近現代文学研究叢書）中国社会科学出版、二〇〇八年ほか

羅　振亜（ら・しんあ）
南開大学文学院教授
主要著書『20世紀中国先鋒詩潮』人民出版社、二〇〇八年。『朦朧詩後先鋒詩歌研究』中国社会科学出版社、二〇〇五年。『中国現代主義詩歌史論』社会科学文献出版社、二〇〇二年ほか

許　金龍（きょ・きんりゅう）
中国社会科学院外国文学研究員、日本文学翻訳研究者
大江健三郎著『さようなら、私の本よ！』（中国語タイトル『別了、我的書』）二〇〇七年第四回魯迅文学賞受賞、『自分の木の下で』など大江文学の訳本多数

馮　天瑜（ひょう・てんゆ）
武漢大学中国伝統文化研究センター教授
主要著書『〝封建〟考論』武漢大学出版社、二〇〇六年。『語義的文化変遷』武漢大学出版社、二〇〇七年ほか

楊　剣龍（よう・けんりゅう）
上海師範大学都市文化研究センター主任、教授
主要著書『論語派の文化情趣と小品文の創作』上海書店出版社、二〇〇八年。『広野の呼声：中国現代作家と基督教文化』上海教育出版社、一九九八年。『放逐と回帰：中国現代郷土文学論』上海書店出版社、一九九五年ほか

楊　暁文（よう・ぎょうぶん）
名古屋大学大学院国際言語文化研究科准教授
主要著書『異邦人とJapanese―異文化とは何か国際理解とは何か』白帝社、一九九七年。『豊子愷研究』東方書店、一九九八年。『境外の文化―環太平洋圏の華人文学』（共著）汲古書院、二〇〇四年。『南腔北調論集―中国文化の伝統と現代』（共著）東方書店、二〇〇七年ほか

劉　岸偉（りゅう・がんい）
東京工業大学価値システム教授
主要著書『小泉八雲と近代中国』岩波書店、二〇〇四年。『明末の文人李卓吾』中央公論社、一九九四年ほか

## 訳者一覧（掲載順）

坂部　晶子（さかべ・しょうこ）
島根県立大学総合政策学部助教

林　恵子（はやし・けいこ）
北海道札幌清田高等学校教諭

王　雪萍（おう・せつへい）
関西学院大学言語教育研究センター常勤講師

玉腰　辰己（たまこし・たつみ）
笹川平和財団

及川　淳子（おいかわ・じゅんこ）
法政大学国際日本学研究所客員研究員

小池　陽（こいけ・あきら）
四川外国語学院　東方語学院日本語学部講師

金澤　妙（かなざわ・たえ）

石岡　陶子（いしおか・とうこ）

孫　軍悦（そん・ぐんえつ）
明治大学政経学部兼任講師

国際日本学とは何か？

# 中国人の日本観

――相互理解のための思索と実践――

2009年 8月 15日　　第1版第1刷発行

編　者　王　　敏

発行者　高　橋　　考
発行所　三　和　書　籍
〒112-0013　東京都文京区音羽2-2-2
TEL 03-5395-4630　FAX 03-5395-4632
sanwa@sanwa-co.com
http://www.sanwa-co.com/
印刷所／製本　新灯印刷株式会社


ISBN978-4-86251-059-4 C3036

# 三和書籍の好評図書

Sanwa co.,Ltd.

## アメリカ〈帝国〉の失われた覇権

**——原因を検証する 12 の論考——**

杉田米行 編著

四六判　上製本　定価：3,500 円＋税

●アメリカ研究では一国主義的方法論が目立つ。だが、アメリカのユニークさ、もしくは普遍性を検証するには、アメリカを相対化するという視点も重要である。本書は１２の章から成り、学問分野を横断し、さまざまなバックグラウンドを持つ研究者が、このような共通の問題意識を掲げ、アメリカを相対化した論文集である。

## アメリカ的価値観の揺らぎ

**唯一の帝国は 9・11 テロ後にどう変容したのか**

杉田米行 編著

四六判　280 頁 定価：3,000 円＋税

●現在のアメリカはある意味で、これまでの常識を非常識とし、従来の非常識を常識と捉えているといえるのかもしれない。本書では、これらのアメリカの価値観の再検討を共通の問題意識とし、学問分野を横断した形で、アメリカ社会の多面的側面を分析した（本書「まえがき」より）。

## オバマのアメリカ・どうする日本

**日本のヒューマンパワーで突破せよ！**

多田幸雄　谷口智彦　中林美恵子　共編

四六判　278 頁　定価：1,800 円＋税

●本書は、閉塞感でいっぱいの日本の現状を憂い、その突破口を日本の市民の力に求め、その重要性と可能性を追求したものである。

# 三和書籍の好評図書

Sanwa co.,Ltd.

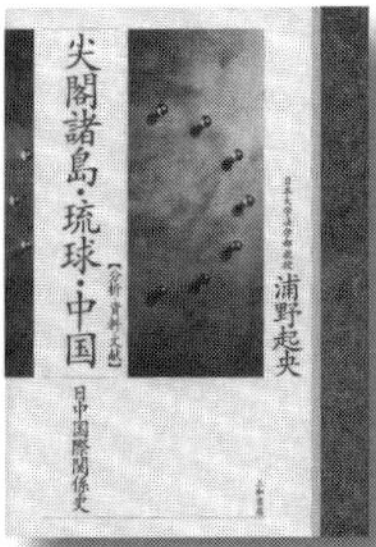


## 増補版　尖閣諸島・琉球・中国

**【分析・資料・文献】**

浦野起央 著

A5 判　上製本　定価：10,000 円＋税

●日本、中国、台湾が互いに領有権を争う尖閣諸島問題……。筆者は、尖閣諸島をめぐる国際関係史に着目し、各当事者の主張をめぐって比較検討してきた。本書は客観的立場で記述されており、特定のイデオロギー的な立場を代弁していない。当事者それぞれの立場を明確に理解できるように十分配慮した記述がとられている。

## 冷戦　国際連合　市民社会

**―国連 60 年の成果と展望**

浦野起央 著

A5 判　上製本　定価：4,500 円＋税

●国際連合はどのようにして作られてきたか。 東西対立の冷戦世界においても、普遍的国際機関 としてどんな成果を上げてきたか。そして 21 世紀へ の突入のなかで国際連合はアナンの指摘した視点と現実の取り組み、市民社会との関わりにおいてどう位置付けられているかの諸点を論じたものである。

## 地政学と国際戦略

**新しい安全保障の枠組みに向けて**

浦野起央 著

A5 判　460 頁 定価：4,500 円＋税

●国際環境は 21 世紀に入り、大きく変わった。イデオロギーをめぐる東西対立の図式は解体され、イデオロギーの被いですべての国際政治事象が解釈される傾向は解消された。ここに、現下の国際政治関係を分析する手法として地政学が的確に重視される理由がある。地政学的視点に立脚した国際政治分析と国際戦略の構築こそ不可欠である。国際紛争の分析も 1 つの課題で、領土紛争と文化断層紛争の分析データ 330 件も収める。